原本備旨

孟子集註 下

松亭 金赫濟 校閱

明文堂

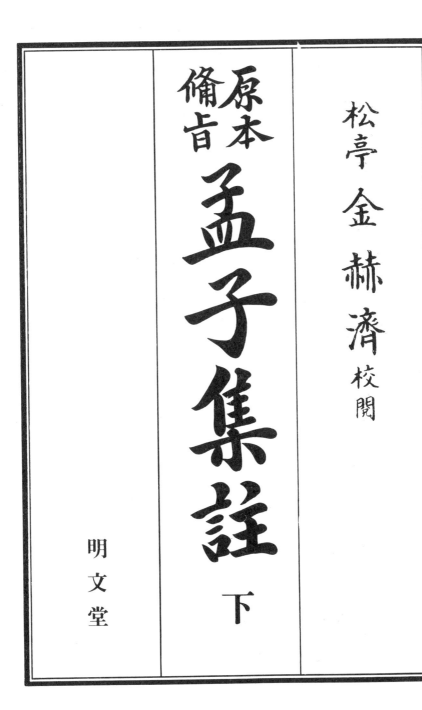

原本備旨 孟子集註目次下

原本備旨孟子集註目次 終

原本備旨孟子集註卷之八

離婁章句下

凡三十三章

孟子ㅣ曰舜은生於諸馮ᄒᆞ샤遷於負夏ᄒᆞ샤卒於鳴條ᄒᆞ시니東夷之人也ㅣ시니라

孟子ㅣ갈ᄋᆞ샤ᄃᆡ舜은諸馮에生ᄒᆞ샤負夏애遷ᄒᆞ샤鳴條애卒ᄒᆞ시니東夷ㅅ人이시니라

●諸馮、負夏、鳴條、皆地名、在東方夷服之地、問舜卒於鳴條則湯與桀戰之地也而竹書有南巡不反禮記有葬於蒼梧之說何耶朱子曰孟子之言必有所據二書駁雜恐難盡信然無他考驗闕之可也○趙氏曰諸馮在冀州之分負夏春秋時衛地鳴條在安邑之西備旨孟子明聖道之同曰世統於道道統於聖嘗考古帝舜有虞之聖人而其生也在諸馮其遷也在負夏其卒也在鳴條夫曰諸馮曰負夏曰鳴條皆東夷之地也而舜生於斯遷於斯卒於斯焉是舜爲東夷之人也

文王은生於岐周ᄒᆞ샤卒於畢郢ᄒᆞ시니西夷之人也ㅣ시니라

文王은岐周에生ᄒᆞ샤畢郢에卒ᄒᆞ시니西夷ㅅ人이시니라

●岐周、岐山下、周舊邑、近畎夷、畢郢、近豊鎬、胡老反○新安陳氏曰今有文王墓、畢在鎬東非楚都之郢備旨又嘗考文王有周之聖人而其生也在岐周其卒也在畢郢夫曰岐周曰畢郢皆西夷之地也而文王生於斯卒於斯焉是文王爲西夷之人也

地之相去也ㅣ千有餘里며世之相後也ㅣ千有餘歲로ᄃᆡ得志行乎中國ᄒᆞ샨若合符節ᄒᆞ니라

地의서르去ᄒᆞ욤이千이오또나믄里며世의서르後ᄒᆞ욤이千이오또나믄歲로ᄃᆡ志를得ᄒᆞ야中國에行ᄒᆞ샨符節을合ᄒᆞ욤ᄀᆞᄐᆞ니라

●註 得志行乎中國、謂舜爲天子、文王、爲方伯、得行其道於天下也、符節、以玉爲之、篆刻文字、而中分之、彼此各藏其半、有故則左右相合、以爲信也、若合符節、言其同也、周禮六節守邦者用玉節守都鄙者用角節凡邦國之使節山國用虎節土國用人節澤國用龍節皆金也門關符節貨賄用璽節道路用旌節○朱子曰古人所爲恰與我相合只此便是至善前乎千百世之已往後乎千百世之未來只是此箇道理○古人符節多以玉爲之如牙璋以起軍旅又有竹符又有英蕩符篆小節竹使者謂之簜節也漢有銅虎符竹使符銅虎以起兵竹使郡守用之凡符節右留君所左以與其人有故則君以其右合其左以爲信也曲禮曰獻粟者執右契右者取物之劵如徵兵取物徵召皆以右取之也備旨夫舜之於文王也一在東夷之地一在西夷之地其相去也千有餘里不爲不遠矣且其一生於有虞之世一生於有周之世其相後也千有餘歲不爲不久矣宜其所行之道有不同也乃舜爲天子文王爲方伯得志而行其道於中國其所以本諸心而措諸事者在舜之道即文之道也有若符節之合而地與時不足以拘之矣

先聖後聖이其揆一也ㅣ니라

先聖과後聖이그揆ᄒᆞ욤애ᄒᆞᆫ가지니라

●註 揆、度音鐸下同也、其揆一者、言度之而其道、無不同也、○范氏、曰言聖人之生、雖

有先後遠近之不同、然、其道則一也、南軒張氏曰聖人純乎天理舜文父子君臣之際盖不同矣其揆一者所契合者天之理也舜與文王易地則皆然○慶源輔氏曰孟子未嘗說著道字然曰行乎中國行便是道曰其揆一揆亦是道○雲峯胡氏曰舜於君臣處其常而於父子處其變文王於父子處其常而於君臣處其變其事不一也而最可見其道之一○新安陳氏曰先後以時言遠近以地言道之同以此心此理言【備旨】然豈特舜文爲然乎先舜文而生爲先聖後舜文而生爲後聖其地相去其世相接或行帝道而帝或行王道而王或以相道行於達或以師道行於窮吾不知其凡幾然其聖聖心極所在其揆度事理者一也孰有不如舜文合符節者哉

○子產이聽鄭國之政ᄒᆞᆯ시以其乘輿로濟人於溱洧ᄒᆞᆫ대 乘去聲溱音臻洧榮美反

子產이鄭國人政을聽ᄒᆞᆯ씨 그乘輿로써人을溱洧에濟ᄒᆞᆫ대

●子產、鄭大夫、公孫僑音喬也、溱洧、二水名也、子產、見人有徒涉此水者、以其所乘平聲之車、載而渡之、【備旨】昔子產相鄭擧鄭國之政而聽之則凡政之可以濟人澤物者皆其所得爲矣乃以所乘之車濟人於溱洧之間豈不亦惠人事哉而其去王政則遠矣

孟子ㅣ曰惠而不知爲政이로다

孟子ㅣ골ᄋᆞ샤ᄃᆡ惠ᄒᆞ고政ᄒᆞᆷ을아디몯ᄒᆞ도다

●惠、謂私恩小利、政則有公平正大之體、綱紀法度之施焉、問以左傳考之子產非不知爲政者孟子姑以其乘輿濟人一事譏之然夫子亦目以惠人豈子產所爲終以惠勝歟朱子曰東坡云有及人之小利無經世之遠圖亦說得好都鄙有章等只是行惠人底規模○慶源輔氏曰惟其恩之出於私故其利之及者小又曰體以理言本也施以事言用也【備旨】故孟子譏之曰子產之是舉也惠則惠矣而不知爲政蓋恩出於己私恩而已利不及遠小利而已若夫政則有經世之遠圖久大之施爲子產惡乎知哉

歲十一月에徒杠이成ᄒᆞ며十二月에輿梁이成ᄒᆞ면民未病涉也ㅣ니라 (杠音江)

歲十一月에徒杠이成ᄒᆞ며十二月에輿梁이 成ᄒᆞ면民이 涉ᄒᆞ믈을病티아니ᄒᆞᄂᆞ니라

● 杠、方橋也、徒杠、可通徒行者、梁、亦橋也、輿梁、可通車輿者、周十一月、夏九月也、周十二月、夏十月也、夏令、曰十月成梁、(夏令曰九月除道十月成梁營室之中土功其始) 蓋農功已畢、可用民力、又時將寒沍、(沍音互) 水有橋梁、則民不患於徒涉、亦王政之一事也、(朱子曰先王之政細大具擧而無事不合民心順天理故其公平正大之體紀綱法度之施雖纖悉之間亦無遺恨如此○雙峯饒氏曰民未病涉要就未字上看十月徒杠已自成了所以民未至於病涉若徒杠到寒時方做則民已病於涉[illegible]且就濟涉之一事言之亦自有王政之可行者如患民之病涉也歲十一月農工甫畢民力可用也可通徒行之杠成焉至十二月農事已畢民力可盡用也則可通車輿之梁成焉車行徒行各有所濟而民自不病於徒涉矣此王政之行於濟涉者亦自無事於乘輿之惠也)

君子ㅣ平其政이면行辟人이可也ㅣ니焉得人人而濟之오리 (辟與闢同 焉於虔反)

君子ㅣ그政을平히ᄒᆞ면行ᄒᆞᆷ애人을辟ᄒᆞᆷ이可ᄒᆞ니엇디시러곰人人마다濟ᄒᆞ리오

● 辟、辟除也、如周禮、閽(音昏)人、爲(去聲)之辟之辟、(周禮天官閽人掌王宮之中門之禁凡外內命夫命婦出入則爲之闢閽人主晨昏啓閉闢闢左右行[illegible]) 言能平其政、則出行之際、辟除行人、使之避己、亦不爲過、況國中之水、當涉者衆、豈能悉以乘輿濟之哉、(朱子曰辟除之辟乃趙氏本說與上下文意正相發明蓋與舍車濟人正相反也○君子能行先王之政使細大之務無不畢擧則惠之所及亦已廣矣是其出入之際)

雖辟除人使之避己亦上下之分固所宜然何必曲意行私使人人知己出然後爲惠又況人民之衆亦安得人人而濟之哉○由此言之君子之爲國不患無惠也患其政之不平耳苟能平其政而凡所以興民興利除害者小大畢擧則政之出於己者非私而利之益於人者不少雖於出行之際辟除行人使之避己亦居尊之體所當然而不爲過也何必以乘輿濟之哉況溱洧乃國中之水當涉者衆一乘輿之濟有限而人之待濟無窮焉得人人而濟之此不特非爲政之體而勢亦有所不得矣

故로爲政者ㅣ每人而悅之면日亦不足矣리라

故로政을ᄒᆞᄂᆞᆫ者ㅣ每人마다悅케ᄒᆞ려ᄒᆞ면日도ᄯᅩᄒᆞᆫ足디몯ᄒᆞ리라

●言每人、皆欲致私恩、以悅其意、則人多日少、亦不足於用矣、諸葛武侯、嘗言治世、以大德、不以小惠、蜀志諸葛亮之相蜀也有言公惜赦者答曰治世以大德不以小惠得孟子之意矣、問孔子以子產之惠爲君子之道而子以私恩小利言之何也朱子曰孔子之言通乎巨細故不害其爲君子之道此承上文乘輿濟人一事而言則私恩小利而已子產之事可謂有不忍人之心矣然先王則以不忍人之心行不忍人之政是以其體正大而均平其法精密而詳盡而其利澤之及人如天地之於萬物莫不各足其分而莫知其功之所自苟有是心而無是政則不過能以煦濡姑息苟取悅於目前其耳目之所不及不免有所遺矣況天下國家之大又安得人人而濟之昔諸葛武侯嘗言治世以大德不以小惠而其治蜀也官府次舍橋梁道路莫不繕理而民不告勞是亦庶幾乎先王之政矣曰子產相鄭能使都鄙有章上下有服田有封洫廬井有伍則亦非不知爲政者橋梁之修尤非難事乃獨有闕於此耶曰聞之師曰子產之才之學於先王之政雖有所未盡然其於橋梁之修蓋有餘力而其惠之及人亦有大於乘輿之濟者矣意者此時偶有故而未就又不忍乎冬涉之艱而爲是爾然暴其小惠以悅於人人亦悅而稱之孟子慮夫後之爲政者或又悅而效之則其流必將有廢公道以市私恩違正理而干虛譽者故極語而深譏之以警其微亦拔本塞源之意也○南軒張氏曰先王之治爲之井田爲之封建與天下公共使俱得其平下至於鰥寡癈疾皆有所養而微至於次舍橋梁芻秣之事亦皆有經制此豈先王强爲之哉因事而制法其法皆循乎天理而天下之人無不被其澤後世欲人人而悅而日亦不足公義私恩之相去蓋如此○慶源輔氏曰此正說子產之用心錯處夫子產固賢但以不知聖人之學是以有時內交要譽之私萌而不可揜孟子明辨之所以立教也[備旨]人人而濟之是欲人人而悅之也故爲政者苟不知大體每人皆欲致私恩而悅之恐人多日少亦不足於用矣私恩之難周如此則王政誠當行而小惠不必施也彼子産但以乘輿濟人洵惠而不知爲政也已

○孟子ㅣ告齊宣王曰君之視臣이如手足則臣視君을如腹心ᄒᆞ고君之視臣이如犬馬則臣視君을如國人ᄒᆞ고君之視臣이如土芥則臣視君을如寇讎ㅣ니이다

孟子ㅣ齊宣王ᄭᅴ告ᄒᆞ야ᄀᆞᆯᄋᆞ샤ᄃᆡ君의臣보미手足ᄀᆞᆮ티ᄒᆞ면臣이君보믈腹心ᄀᆞᆮ티ᄒᆞ고君의臣보미犬馬ᄀᆞᆮ티ᄒᆞ면臣이君보믈國人ᄀᆞᆮ티ᄒᆞ고君의臣보미土芥ᄀᆞᆮ티ᄒᆞ면臣이君보믈寇讎ᄀᆞᆮ티ᄒᆞᄂᆞ니이다

[註]孔氏、曰宣王之遇臣下、恩禮衰薄、至於昔者所進、今日不知其亡、則其於群臣、可謂藐(莫角反)然無敬矣、故、孟子、告之以此、手足腹心、相待一體、恩義之至也。如犬馬則輕賤之、然、猶有豢(音患)養之恩焉、國人、猶言路人、言無怨無德也、土芥則踐踏之而已矣、斬艾(音乂)之而已矣、其賤惡(去聲)之、又甚矣、寇讎之報、不亦宜乎、慶源輔氏曰此說特爲宣王發所謂有爲之言也然臣之報君視君之所施常加厚一等○潛室陳氏曰孟子此語是說大都報應如此若忠臣孝子不當以此自處當知天下無不是底君父[備旨]孟子因齊宣王不能以禮遇臣下故告之曰世之君往往厚望於其臣而不知臣之所以待其君者亦視其君之待之者何如耳誠使君之於臣也視之如手足而委任保全惟恐其有傷則臣之於君也視之如腹心而愛戴護衛惟恐其不至盖君以一體待其臣臣亦以一體待其君其報施之道

宜爾也如其不然而徒有祿賜之文無敬愛之實是視臣如犬馬矣則臣之視君如國人無所怨亦無所德也如其又甚而加以斥逐之辱有刑威之慘是視臣如土芥矣則臣之視君如寇讐幸其亡且樂其敗也夫君以是施臣以是報則君之厚臣亦以自厚君之薄臣亦以自薄也人君可以愼所施矣

王曰禮에爲舊君有服ᄒᆞ니何如ㅣ라아斯可爲服矣니잇고 爲去聲下爲之同

王이ᄀᆞᆯᄋᆞ샤ᄃᆡ禮에舊君을爲ᄒᆞ야服이시니엇디ᄒᆞ여아이에可히爲ᄒᆞ야服ᄒᆞ리잇고

●儀禮、曰以道去君、而未絶者、服齊音咨衰音催三月、 儀禮喪服篇傳曰大夫爲舊君何以服齊衰三月也大夫去君歸其宗廟故服齊衰三月言與民同也何大夫之謂乎言其以道去君而猶未絶也註謂三諫不從待放於郊未絶者言爵祿尙有列於朝出入有詔於國凡畿內之民皆齊衰三月又子夏傳云臣爲君方喪三年 王、疑孟子之言、太甚故、以此禮、爲問、 雙峰饒氏曰舊君其恩已絶尙且爲其君有服不應見在之君而待之如此集註所以云王疑孟子之言太甚 (備旨)乃宣王則疑寇讐之言太甚也故問曰禮爲舊君有服夫謂之舊君則其恩義絶矣而猶報之厚如此不知如何視之斯可以爲服矣

曰諫行言聽ᄒᆞ야膏澤이下於民이오有故而去則君이使人導之出疆ᄒᆞ고又先於其所往ᄒᆞ며去三年不反然後에收其田里ᄒᆞᄂᆞ니此之謂三有禮焉이니如此則爲之服矣니이다

ᄀᆞᆯᄋᆞ샤ᄃᆡ諫홈애行ᄒᆞ며言홈애聽ᄒᆞ야膏澤이民의게下ᄒᆞ고故ㅣ이셔去ᄒᆞ면君이人으로ᄒᆞ여곰導ᄒᆞ야疆애出ᄒᆞ고ᄯᅩ그往ᄒᆞᄂᆞᆫ바애先ᄒᆞ며去ᄒᆞᆫ三年애反티아닌然

後에그田과里를收ᄒᆞᄂᆞ니이를닐온세가짓禮이심이니이러ᄐᆞᆺᄒᆞ면爲ᄒᆞ야服ᄒᆞᄂᆞ니이다

●(註) 導之出疆、防剽(匹妙反)掠(音略)也、先於其所往、稱道其賢、欲其收用之也、三年而後、收其田祿里居、前此、猶望其歸也。朱子曰有故而去非大義所繫不必深爲之說臣之去國其故非一端但昔者諫行言聽而今也有故而去而君又加禮焉則不得不爲之服矣樂毅之去燕近之○慶源輔氏曰導之出疆所以盡防衛之道於在我之境先於其所往所以爲其祿仕之地於所往之國去三年不反然後收其田里所以示拳拳屬望之恩義也○雙峰饒氏曰諫是閉邪言是陳善○問諫行言聽如何又有故而去曰如夫子在其國道非不行只因受女樂便去諫行言聽是平日如此亦有偶然議論不合而去(備旨)孟子曰禮爲舊臣有服者正以舊君待之厚耳當其臣在國時政有害民者諫之而必行政有利民者言之而必聽由是害以革利以興而膏澤自下於民焉此其在未去之時已儼然有一體之視矣及偶有他故不合義所當去而去則君使人導之出疆以盡防衛之道又先於其所往稱道其賢以爲祿仕之地至於去三年不反然後收其田祿里居以示前此屬望之意夫道其出先其往望其反此之謂三有禮焉蓋在國旣行其道去國又隆以禮如此則手足之誼久而不衰故臣於舊君不忘腹心之報而爲之服矣此古君子之禮也

今也엔爲臣이라 諫則不行ᄒᆞ며 言則不聽ᄒᆞ야 膏澤이 不下於民이오 有故而去則君이 搏執之ᄒᆞ고 又極之於其所往ᄒᆞ며 去之日에 遂收其田里ᄒᆞᄂᆞ니 此之謂寇讎ㅣ니 寇讎에 何服之有ㅣ리오

今엔臣이되연ᄂᆞᆫ디라諫ᄒᆞ면行티아니ᄒᆞ며言ᄒᆞ면聽티아니ᄒᆞ야膏澤이民의게下티아니ᄒᆞ고故ㅣ이셔去ᄒᆞ면君이搏執ᄒᆞ고또그往ᄒᆞᄂᆞᆫ바애極ᄒᆞ며去ᄒᆞᆫ日에드듸여그田과里를收ᄒᆞᄂᆞ니이를닐온寇讎ㅣ니寇讎에므슴服이이시리오

●極、窮也、窮之於其所往之國、如晉錮音固欒盈也、左傳襄公二十一年欒桓子名黶娶于范宣子生懷子名盈范鞅以其亡也怨欒氏先是十四年
欒黶強逐范鞅使奔秦故與欒盈爲公族大夫而不相能桓子卒欒祁與其老州賓通欒祁桓子之妻范宣子之女也老家臣之長懷
子患之祁懼其討也愬諸宣子曰盈將爲亂范鞅爲之徵證其有此宣子使城著晉邑名而遂逐之秋欒盈出奔楚冬會
於商任錮欒氏也禁錮之使諸侯不得受○二十二年秋盈自楚適齊晏平仲言於齊侯曰商任
之會受命於晉今納欒氏將安用之冬會于沙隨復錮欒氏也晉知欒盈仕齊故復錮也 ○潘興嗣、豫章人曰
孟子、告齊王之言、猶孔子、對定公之意也、而其言有迹、不若孔子之渾上聲然也、蓋
聖賢之別、必列反如此、新安陳氏曰論語集註釋孔子對定公之語末一說謂君使臣以禮則臣事君以忠此章與之意似然聖言含蓄不露此則英氣發露甚矣孟子亦是述記檀弓篇子思答魯穆公
問禮爲舊君反服之意 楊氏、曰君臣、以義合者也、故、孟子、爲去聲齊王、深言報施詩智反之道、使知
爲君者、不可不以禮遇其臣耳、若君子之自處上聲下同則 豈處其薄乎、孟子、曰王庶幾改
之、予日望之、君子之言、蓋如此、問君臣之義天倫中却與父子一般然愛君之心不如愛父何也朱子曰離畔也只是庶民君子不如此因舉臣罪當誅兮天王聖明日退之此語
如何道是好文王豈不知紂之無道却如此說蓋臣子無說君父不是底道理只得說如此此是去不得處便見得君
臣之義○南軒張氏曰孟子此言非獨齊宣王所當聞爲人君者苟知此義念夫感應施報之可畏而崇高之勢不可
恃反己端本之不可一日忘待臣下以禮養臣下以恩報臣下以忠信則上下交通而至治可成矣若夫在爲人臣者
之分君雖待我者有未至而我所以事君者不可以不自盡玩味孟子三宿出晝之心則庶幾其得之矣○西山眞氏
曰孔孟之言可以見聖賢氣象之分雖然孟子爲齊王言則然而所以自處則不然千里見王不遇故去而三宿出晝
未嘗有悻悻之心猶幸王一悟而追己也曷嘗以寇讐視其君哉〔備旨〕而今也或是之亡矣其爲臣而在國也有諫則
君不行有言則君不聽由是惡政橫流而膏澤不下於民此其在國已無手足腹心之愛矣及其有故而去則搏擊而
拘執之使不得去也窮之於其所往之國使無受而用之也去之日遂收其田里方去而遂絕其歸也則君之視臣不
但如犬馬而且土芥之矣則臣之於君亦不但以國人視之而且寇讐之矣謂之寇讐則君臣義絕又何服之有可見
臣雖去國而猶報之厚者君先之也豈可專責之臣哉

○孟子ㅣ曰無罪而殺士則大夫ㅣ可以去오ㅣ無罪而戮民則士ㅣ可以徙ㅣ니라

孟子ㅣᄀᆞᆯᄋᆞ샤ᄃᆡ罪업시셔士를殺ᄒᆞ면대우ㅣ可히ᄡᅥ去ᄒᆞᆯ꺼시오罪업시셔民을戮ᄒᆞ면士ㅣ可히ᄡᅥ徙ᄒᆞᆯ꺼시니라

●言君子、當見幾平聲而作 禍已迫則不能去矣、南軒張氏曰非特士大夫當知見幾而作之義抑將使有國者聞之悚然不可以失士大夫之心也使大夫士懷去徙之心則國之危亡無日矣衛北風上爲威虐下相携而去之携手同行又携手同車則非徒賤者去貴者亦去矣未幾衛有狄禍可不畏哉○慶源輔氏曰可以者在時宜爲可也失此幾則有欲去而不能者矣此明夷之初所以不食而行遯之初所以有尾厲之戒而孔子往趙所以及河而復也然此特言其常理耳時與位之不同則所以處之者亦異若執此一說以爲臣則凡苟免自私之徒得以藉口矣[備旨]孟子示人曰君子之去就惟視國家之治亂國家之治亂惟視刑罰之當否如無罪而殺士此淫刑之漸也則大夫此時可以去盖不可則止義當然也如待其禍及於大夫則欲去而不能矣豈保身之哲哉無罪而戮民此濫殺之端也則士此時可以徙盖亂邦不可居道當然也如待其禍及於士則欲徙而不得矣豈潔身之智哉此君子所以見幾而作不俟終日也

孟子ㅣ曰君仁이면莫不仁이오君義ㅣ면莫不義ㅣ니라

孟子ㅣᄀᆞᆯᄋᆞ샤ᄃᆡ君이仁ᄒᆞ면仁티아니리업고君이義ᄒᆞ면義티아니리업ᄉᆞ니라

●張氏、曰此章、重平聲出、然、上篇、主言人臣、當以正君爲急、此章、直戒人君、義亦小異耳、慶源輔氏曰上篇言人臣當以正君爲急此章言人君當以正己爲先亦大學其機如此之說也[備旨]孟子戒人君意曰人君一身萬化所從出也欲天下有仁義之俗亦視吾所以感之者何如耳使君而仁焉則百官萬民莫不仁君而義焉則百官萬民莫不義然則爲人君者可不躬行仁義以爲天下先哉

○孟子ㅣ曰非禮之禮와非義之義를大人이弗爲니라

孟子ㅣ 골으샤ᄃᆡ 禮아닌禮와義아닌義를大人이ᄒᆞ디아니ᄒᆞᄂᆞ니라

●察理不精故、有二者之蔽、大人則隨事而順理、因時而處(上聲)宜、豈爲是哉、程子曰恭本是禮過恭是非禮之禮也以物與人爲義過與是非義之義也○張子曰非禮之禮非義之義但非時中者皆是也時中之宜甚大須精義入神始得觀其會通行其典禮此方是眞義理也行其典禮而不達會通則有非時中者矣○潛室陳氏曰程門以爲如婦人之仁宦寺之忠晦翁以爲凡禮義不可泥陳迹如可行於昔而不可行於今可行於人而不可行於己與夫辭之爲禮亦有不辭之爲禮受之爲義亦有不受之爲義行之人則爲禮行之我則非禮惟義亦然大人者義理周偏融通故不爲非禮義之禮義又曰大人則道全識周貫萬變而不膠於其迹故無此蔽學未到大人變通處則必膠於陳迹○雙峯饒氏曰此章緊要在大人弗爲上大人對小人而言大人者言不必信行不必果惟義所在言必信行必果硜硜然小人哉正是相對說○雲峯胡氏曰非禮之禮非義之義皆似是而非大人者隨事順理而不爲非禮之禮因時處宜而不爲非義之義盖不惑於其似而深得夫時中之道者也[備旨]孟子示人酌禮義之中也曰道以至是爲歸學以析非爲要如禮未合於中正即非禮也然而又近於禮是爲非禮之禮義未得於變化即非義也然而又近於義是爲非義之義徇名執迹人皆爲之惟大人者中日審察既極其精體行又極其至則隨事順理禮之中正全平當體矣因時處宜義之變化從乎一心矣豈爲是非禮之禮非義之義哉此所以立古今禮義之極也

○孟子ㅣ曰中也ㅣ養不中ᄒᆞ며才也ㅣ養不才라故로人樂有賢父兄也ㅣ니如中也ㅣ棄不中ᄒᆞ며才也ㅣ棄不才면則賢不肖之相去其間이不能以寸이니라 樂音洛

孟子ㅣ 골으샤ᄃᆡ 中이不中을養ᄒᆞ며才ㅣ不才를養ᄒᆞᄂᆞᆫ디라 故로人이賢ᄒᆞᆫ父兄이

숌을樂ᄒᆞᄂᆞ니만일中이不中을棄ᄒᆞ며才ㅣ不才를棄ᄒᆞ면곧賢과不肖의서르去흠이그間이能히뻐寸도몯ᄒᆞ니라

●無過不及之謂中、足以有爲之謂才、養、謂涵育薰陶、俟其自化也、賢、謂中而才者也、慶源輔氏曰中以德言才以才言德本於性才本於氣賢則兼有才德者也 樂有賢父兄者、樂其終能成已也、爲父兄者、若以子弟之不賢、遂遽絕之而不能敎、則吾亦過中而不才矣、其相去之間、能幾何哉、南軒張氏曰父兄之於子弟敎之之道莫如養之養之云者如天地涵養萬物其雨露之所濡風雷之所振和氣之薰陶寧有間斷乎哉故物以生遂焉父兄養子弟之道亦當如是也寬裕以容之義理以漸之忠信以成之開其明以祛其惑引之以其方而使之自喻夫豈歲月之功哉彼雖不中不才涵養之久豈無有萌焉如其有萌養道益可施矣○慶源輔氏曰集註涵育以天地之生物言薰陶以工治之成物言此循其理而彼自成其形焉無心也蓋父子兄弟之間皆難於責善正其在我者使之自化而已○新安陳氏曰父兄遇子弟之賢其爲敎也易不幸遇子弟之不賢其爲敎也難所以貴乎養之也舜命契曰敬敷五敎在寬寬即養之謂也若急迫以求之見其未化遽以爲不可敎而舍之是棄之也父兄而棄子弟則我之賢爲過子弟之不肖爲不及過猶不及均之爲失中耳相去能幾何哉【備旨】孟子示人盡育才之道也曰父兄之於弟子豈不願其賢而不能無不肖亦在乎善敎之而已蓋以吾之中也養子弟之不中抑其過引其不及從容以俟其自化以吾之才也養子弟之不才開其昏徹其惰寬裕以待其有爲如是則始之不中者可歸於中始之不才者可進於才故人樂有賢父兄而冀其終能成己也如吾中也見子弟之難敎而棄其不中吾才也見子弟之難悟而棄其不才則子弟不能養亦父兄之賢之累矣父兄之賢與其子弟之不肖相去能幾何哉其隙殆不能以寸矣然則爲子弟者固當體父兄之敎爲父兄者又不可輕棄其子弟而不盡所以善敎之道也

○孟子ㅣ曰人有不爲也而後에可以有爲니라

孟子ㅣ골ᄋᆞ샤ᄃᆡ人이ᄒᆞ디아니홈이이신後에可히뻐ᄒᆞ욤이인ᄂᆞ니라

●程子、曰有不爲、知所擇也、惟能有不爲、是以、可以有爲、無所不爲者、安能有所

爲耶、朱子曰橫渠先生云不爲不仁則可以爲仁不爲不義則可以爲義○雙峯饒氏曰凡人旣不肯爲惡則必
勇於爲善上面是有守下面是有爲先有守而後有爲【備旨】孟子示人自擇以爲行事之本曰天下之事有
當爲者有不當爲者凡人之不能有所爲者以其不知所擇而無所不爲也苟人必能審擇焉於不當爲者斷然有所
不爲也然後於當爲者可以毅然有爲自隨所往而皆出於正矣夫豈苟爲者哉

○孟子ㅣ曰言人之不善ᄒᆞ다가當如後患에何오

孟子ㅣ ᄀᆞᆯᄋᆞ샤ᄃᆡ 人의 不善을 言ᄒᆞ다가 맛당이 後患에 엇디 ᄒᆞ료

●此亦有爲去聲而言、問所謂後患者謂得罪於其人耶抑恐其亦言己之不善耶朱子曰是皆有之然斯言
必有爲而發今不可知其所指矣○新安陳氏曰隱惡忠厚之道亦遠害之道也大舜
隱惡而揚善夫子言誰毁誰譽下文但言如有所譽而不言毁可見矣若當官而行有姦慝當言又不可顧後患而緘
默也【備旨】孟子爲不能隱惡者發也曰隱惡固忠厚之道亦遠害之道也如聞人之不善而喜談樂道攻發陰私則人
必怨忿以求傷於我其如後患何哉然則人毋自貽其患可也

○孟子ㅣ曰仲尼는不爲已甚者ㅣ러시다

孟子ㅣ ᄀᆞᆯᄋᆞ샤ᄃᆡ 仲尼는 已甚혼을 ᄒᆞ디 아니ᄒᆞ더시다

●已、猶太也、楊氏、曰言聖人所爲、本去聲分之外、不加毫末、非孟子、眞知孔子、不能
以是稱之、朱子曰所謂本分者事理之至當非苟然而已也學者宜深察之一有小差則流而入於鄕原之亂德
矣○南軒張氏曰孟子於泄柳段干木謂爲已甚而擧孔子待陽貨事以爲之準此不爲已甚之證也
夫子非不欲爲已甚自不至已甚也何也聖人範圍天地而不過者泛應曲當不過其則其不爲已甚者聖人固天則
之所存也世徒見夫子答陽貨見南子等爲不爲已甚獨不思靈公問陳則遂行季桓子受女樂則不脫冕而行爲魯
司寇七日而誅少正卯聞陳恒弑君則沐浴而請討此謂之已甚可乎不深求聖人之權度徒竊語之近似以文其姦
此賊仁義之甚者也【備旨】孟子示人希聖之準曰人皆知聖莫過於仲尼今觀其所知所行皆事之當然初未嘗加毫
末於本分之外而爲己甚之爲矣然則人之願學孔子者亦何必求爲己甚之事哉

○孟子ㅣ曰大人者는言不必信이며行不必果오惟義所在니라 行去聲

孟子ㅣ갈ᄋᆞ샤ᄃᆡ大人은言을信홈을必티아니ᄒᆞ며行을果홈을必티아니ᄒᆞ고오직義의인ᄂᆞᆫ바로ᄒᆞᄂᆞ니라

●必、猶期也、大人言行、不先期於信果、但義之所在、則必從之。卒亦未嘗不信果也、○尹氏、曰主於義、則信果、在其中矣、主於信果、則未必合義、王勉、曰若不合於義、而不信不果則妄人爾、 龜山楊氏曰夫子謂言必信行必果硜硜然小人哉故孟子言此以發明孔子之意○南軒張氏曰君子不必夫信果獨精吾義焉耳義精則言莫非義而無不信之言行莫非義而無不果之行矣○慶源輔氏曰尹氏最得此章之指而集註又述其意而著明之以必爲期尤更有功不然則無忌憚者或得以藉口王氏則又有不合於義而必信必果則爲妄人之說尤盡其弊○雙峯饒氏曰大人者篤實而有光輝以上底人與道爲一不著安排隨時施宜言行何嘗有心於信果耶○雲峯胡氏曰信果自是爲士者當然之事惟至於大人則言行惟義之在雖不先期於信果而自然無不信果也備旨孟子以大人示言行之準也曰凡人言固貴於信行固貴於果但有意信果未必合義惟大人者理極其精而心無偏主言不先意以期必於信行不先意以期必於果但惟義之所在耳義所當信則信之義所當果則果之隨時隨事而不膠於心盡利盡神而適當於理此大人之言行所以爲天下法歟

○孟子ㅣ曰大人者는不失其赤子之心者也니라

孟子ㅣ갈ᄋᆞ샤ᄃᆡ大人은그赤子의心을失티아니ᄒᆞᆫ者ㅣ니라

●大人之心、通達萬變、赤子之心則純一無僞而已、然、大人之所以爲大人、正以其不爲物誘、而有以全其純一無僞之本然、是以、擴而充之則無所不知、無所不能、而極其大也、 朱子曰大人無所不知無所不能赤子無所知無所能此二句正相拗如何蓋無所不知無所不能却是不失其無所知無所能底做出赤子之心純一無僞而大人之心亦純一無僞但赤子是無知無能

底純一無僞大人是有知有能底純一無僞○大人事事理會得只是無許多巧僞曲折便是赤子之心○問赤子之心莫是發而未遠乎中不可作未發時看否曰赤子之心也有未發時也有已發時今欲將赤子之心專作已發看也不得赤子之心方其未發時與老稚賢愚一同但其已發時未有私欲故未遠乎中耳○赤子之心固無巧僞但於理義未能知覺渾然赤子之心而已大人則有知覺擴充之功而無巧僞安排之鑿故曰不失赤子之心著箇不失字便是不同處○赤子無所知無所能大人者是不失其無所知無所能之心若失了此心使些子機關計些子利害便成箇小底人了大人心下沒許多事○雙峯饒氏曰赤子如饑要乳便是欲但饑便啼喜便笑皆是眞情全無巧僞大人只是守此純一無僞之心而充廣之所謂蒙以養正聖功也○新安陳氏曰常人累於私欲而失其赤子之心大人不誘於私欲而擴充其本然之心孟子言此亦是欲人遏人欲擴天理也【備旨】孟子示人當全其心之初也曰人見大人之知能無不至也以爲大人不可及矣不知大人之所以爲大人者由其內不蔽於欲外不奪於物刻刻保守不失其赤子良知良能之心者也蓋能保其本然是以擴充滿其分量而全知全能胥此出矣欲爲大人者亦反求其初心而已

○孟子ㅣ曰養生者ㅣ不足以當大事오ㅣ惟送死아ㅣ可以當大事ㅣ니라 (養去聲)

孟子ㅣ ᄀᆞᆯᄋᆞ샤ᄃᆡ 生을 養홈이 足히 ᄡᅥ 大事애 當티 몯ᄒᆞ고 오직 死를 送홈이아 可히 ᄡᅥ 大事애 當홀이니라

【備旨】事生、固當愛敬、然、亦人道之常耳、至於送死、則人道之大變、孝子之事親、舍(上聲)是、無以用其力矣、故、尤以爲大事而必誠必信、不使少有後日之悔也、(記檀弓上子思曰喪三日而殯)凡附於身者必誠必信勿之有悔焉耳矣三月而葬凡附於棺者必誠必信勿之有悔焉耳矣○王德脩云親聞和靖說惟送死可以當大事曰親之生也好惡取舍得以言焉及其死也好惡取舍不能言矣當是時親之心即子之心子之心即親之心故曰惟送死可以當大事朱子曰亦說得好○雙峯饒氏曰養生今日不及明日猶可補惟送死有不到爲終身之恨他日欲爲不可得矣○新安陳氏曰生事死葬皆當以禮其不可輕忽均也孟子此言非謂養生爲輕但以常變從容急遽校之則送死比養生爲尤重大耳趙岐註云致養未足以爲大事送終如禮則爲能奉大事也按此則以爲字訓當字非擔當之當【備旨】孟子示事親者當知所重也曰人子事親養生送死固當無所不用其力然養生者人道之常從容暇豫子職可以自盡即有不盡猶或可追也不足以當大事惟是送死則人道之大變孝子之事親舍是無以用其力矣況時當倉猝易於不及一有不及將爲無窮之悔此可以當大事也知其爲大事則爲子者當知所以自盡矣

○孟子ㅣ曰君子ㅣ深造之以道는欲其自得之也ㅣ니自得之則居之安ᄒᆞ고居之安則資之深ᄒᆞ고資之深則取之左右애逢其原이니故로君子는欲其自得之也ㅣ니라 造七到反

孟子ㅣ ᄀᆞᆯᄋᆞ샤ᄃᆡ 君子ㅣ 기피 造ᄒᆞᆷ을 道로ᄡᅥ ᄒᆞ욤은 그 自得고쟈 ᄒᆞᆷ이니 自得ᄒᆞ면 居ᄒᆞᆷ이 安ᄒᆞ고 居ᄒᆞᆷ이 安ᄒᆞ면 資ᄒᆞᆷ이 深ᄒᆞ고 資ᄒᆞᆷ이 深ᄒᆞ면 左右에 取ᄒᆞ욤애 그 原을 逢ᄒᆞᄂᆞ니 故로 君子ᄂᆞᆫ 그 自得고쟈 ᄒᆞᄂᆞ니라

●造、詣也、深造之者、進而不已之意、道則其進爲之方也、資、猶藉也、朱子曰資字恰似資給資助一般 左右、身之兩旁、言至近而非一處也、逢、猶値也、原、本也、水之來處也、言君子、務於深造、而必以其道者、欲其有所持循、以俟夫音扶默識心通、自然而得之於已也、自得於已則所以處上聲之者、安固而不搖、處之安固、則所藉者、深遠而無盡、所藉者深則日用之間、取之至近、無所往而不値其所資之本也、○程子、曰學不言而自得者、乃自得也、有安排布置者、皆非自得也、新安陳氏曰有安排布置便是勉强而非自然之得 然、必潛心積慮、優遊厭飫於其間說深造然後、可以有得、若急迫求之、則是私已而已、終不足以得之也、程子曰學者須敬守此心不可急迫當栽培深厚涵泳其間然後可以自得○朱子曰深造者當知非淺迫所可致若欲淺迫求之便是强探力取深造只是旣下工夫又下工夫待其眞積力久則自得之矣○道是進爲之方此是趙岐之說蓋循此進進不已便是深造之猶言以這方法去深造之也以道是工夫深造之是做工夫如博學審問愼思明辨篤行之次序即是造道之方法若人爲學依次序便是以道不依次序便是不以道能以道而爲之不已造之愈深則自然而得之旣自得之而爲我有則居之安居之安則資之深資之深一句又要人看蓋是自家旣自得之則所以資藉之者深取之無窮用之不竭只管取只管有衮衮地出來自家資他他又資給自家如掘地在下藉上面源頭來注滿若源頭深則源源來不竭若淺則易竭矣取之左右逢其原蓋這件事也撞著這本來底道理那件事也撞著這本來底道理事事物物皆撞著這道理如資之深那源頭水只是一路來到得左右逢原四方八面都來然這箇只在自得上纔自得則下面節次自如此○問學是理而得之於身不可以强探力取也必深造之以道然後有以默識心通而自然得之蓋造道之不深者用力於皮膚之外而責效於旦暮之間不以其道者從事於虛無之中而妄意於言意之表是皆不足以致夫默識心通而自得之必也多致其力而不急其功必務其方而不躐其等則雖不期於必得而自然得之將有不可禦者矣未得之固無可居之地得而不出於自然則雖有所居而不安惟自得之則理之在我者吾皆得以居之如人有室廬之安動作起居種種便適自眷戀而不去也○資助旣深看是甚事來無不湊著這道理不待自家將道理去應他且如爲人君便有那仁從那邊來爲人臣便有那敬從那邊來子之孝有那孝從那邊來父之慈有那慈從那邊來只是那道理原頭處自家靠著他左右前後都見是這道理○問程子之說如何曰必須以道方可潛心積慮優游厭飫若不以道則潛心積慮優游厭飫做甚底○慶源輔氏曰自得如子貢悟性天之不可聞曾子唯吾道一貫之語此何待於言語而後見正張子所謂德性之知不萠於聞見者也豈容更有安排布置哉蓋其平日潛心積慮優游之厭而飫之全身在義理之中及其眞積力久理與心融物與性合然後可以有得若有一毫急迫之意便是私己與道便自間斷更如何得到自得田地○潛室陳氏曰君子深造之以道謂以法度而深造之優而游之使自得之饜而飫之使自趣之欲其自得之也自得以下皆爲學之效驗耳左右逢原意最好學至於自得則理只在左右之近觸處見本源此豈我帶來道理亦只事事物物元有道理森然已具吾人自得之餘取之而逢見之耳○雙峯饒氏曰這箇道字便是致知力行之方之字是指所得而言下面居之資之取之皆是指所得言也○徽庵程氏曰君子之學以自得爲貴然有自得之工夫有自得之效驗深造之以道自得之工夫也居之安資之深取之左右逢其原自得之效驗也有是工夫必有是效驗效驗未有所未至必工夫有所未盡也○雲峯胡氏曰非有所造者不能有所得非造之深者不能自得然不以其道則無深造之方法未易到自得之地步深造之以道是未得之先下工夫居安至逢原是自得之後見功効大要在勿忘勿助集註謂有所持循是勿忘以俟夫默識心通是勿助所謂潛心積慮是勿忘優游饜飫是勿助○新安陳氏曰自得之有二說朱子謂自然而得之所附程子說證己說之出於程子也一說謂自得之於己如南軒云不自得則無以有諸己自得而後爲已物也以其德性之知非他人所能與故曰自得此近乎莊生所謂自得其得而非得人之得之意終有弊不如自然得之之說有從容優游之味備旨孟子示人以心得之學也曰君子之學知必求精行必求至進之不已而深造之矣猶必循進爲之道不敢躐等者盖欲其有所持循以俟夫眞積力久自然而得此理於心也惟自得之則心即理理即心而所以居此理者安矣惟居之既安則道理皆吾心所有雖萬感未交而所以藉之爲應物之用者深矣惟資之既深則吾心之理即事物之理將見物感於外理應於內或左或右隨其所取而無不値其所資之本原矣一自得而裕內利外如此此君子所以欲其自得之也然則深造以道之功不容自己矣

孟子ㅣ曰博學而詳說之는將以反說約也ㅣ니라

孟子ㅣᄀᆞᆯᄋᆞ샤ᄃᆡ너비學ᄒᆞ고ᄌᆞ셰說ᄒᆞ욤은쟝ᄎᆞᆺ뻐反ᄒᆞ야約애說호려니라

●言所以博學於文、而詳說其理者、非欲以誇多而鬪靡也、欲其融會貫通、有以反而說到至約之地耳、蓋承上章之意、而言學、非欲其徒博、而亦不可以徑約也、程子曰博與約正相對聖人教人只此兩字博是博學多識多聞多見之謂約只是使人知要也○問世間博學之人非不博却又不知箇約處者何故朱子曰它合下博得來便不是了如何會約他覺不窮究這道理是如何都見不透徹只是搜求隱僻之事鉤摘奇異之說以爲博如此豈能得約今世博學之士大率類此○約自博中來通貫處便是約不是通貫了又博裏面尋討箇約某嘗不喜楊子云言多聞則守之以約多聞了又要一箇約去守他○程子說格物云但積累多後自脫然有貫通處積累多便是博脫然有貫通處便是約○慶源輔氏曰集註所謂文謂詩書六藝之文理謂詩書六藝所載許多道理也承上章言博學詳說則是深造之意反說約則是自得之事但上章以行言此章以知言知與行蓋互相發也○潛室陳氏曰不博則約無所施學到約後許多博處方有受用○雙峯饒氏曰誇多說博學鬪靡說詳說所以博學者非徒誇其多所以詳說者非徒鬪其靡欲人融而會之貫而通之而已這物事未會融時、一箇是一箇纔融了便會爲一約是要約如思無邪毋不敬之類○新安陳氏曰輔氏謂上章以行言竊謂亦兼知與行言之耳此章孟子所謂博學與孔子所謂博學於文同所謂反說約與孔子所謂約之以禮不同蓋約禮以行言反說約以知言也○東陽許氏曰博學詳說以知言約則會其極而於行上見[備旨]孟子承上章之意而言曰君子爲學不外博約兩端多聞多見博學於詩書六藝之文而又詳說其理之寓於文者此豈誇多鬪靡哉蓋將以融會貫道由支派而尋本原反而說歸於至約之地耳此可見詳說之功不容已也

○孟子ㅣ曰以善服人者는未有能服人者也ㅣ니以善養人然後에能服天下ᄒᆞᄂᆞ니天下ㅣ不心服而王者ㅣ未之有也ㅣ니라

孟子ㅣ ᄀᆞᆯᄋᆞ샤ᄃᆡ 善으로ᄡᅥ 人을 服ᄒᆞᄂᆞᆫ 者ᄂᆞᆫ 能히 人을 服ᄒᆞᆫ 者ㅣ 잇디아니ᄒᆞ니 善으로ᄡᅥ 人을 養ᄒᆞᆫ 然後에 能히 天下ᄅᆞᆯ 服ᄒᆞᄂᆞ니 天下ㅣ 心服디아니ᄒᆞ고 王ᄒᆞᆫ 者ㅣ 잇디아니ᄒᆞ니라

[集註]服人者、欲以取勝於人、養人者、欲其同歸於善、蓋心之公私、小異、而人之向背、(音佩)頓殊、(新安陳氏曰一則不能服人人者對己而言一則自然能服天下天下則盡乎人矣非向背頓殊乎)學者、於此、不可以不審也、(朱子曰以善服人者惟恐人之進於善如張華對武帝恐吳人更立令主則江南不可取之類是也以善養人者惟恐人不入於善如湯於葛遺之牛羊又使人往爲之耕是也○南軒張氏曰先王樂與人爲善欲天下擧在吾化育之中如春風被物物蒙其養無不應者未嘗有意於服人而天下之心悅誠服有不期而然者蓋以善道與人共之耳若霸者之所爲其善者不過欲以善服人齊桓會首止而定王世子晉文盟踐土率諸侯以朝王是也學者深見二者霄壤之殊則王霸之分了然矣○慶源輔氏曰以力服人以德服人以事言也其不同易見以善服人以善養人以心言也其不同則難見也孟子之言至此愈密矣以善服人者以善爲己私也以善養人者以善與天下公也○雲峯胡氏曰以德服人蓋對上文以力服人而言謂王

者之服人異乎覇者之服人如子禽疑夫子得聞國政有以求之而子貢答以夫子之求之異乎人之求之耳○新安倪氏曰按孟子二章皆以王覇對言前章公私之分在力字與德字以力服人者挾力以行私而反乎公者也曰德則其理純乎公矣此章公私之分在服字與養字以善服人者認善以爲己私而害乎公者也曰養則其心純乎公矣○東陽許氏曰以善養人謂有善於身而敎化撫字使民同歸於善也【備旨】孟子嚴王覇之辨也曰有國者皆當爲善然其善有不同如人君以善而屈服人者此非誠心爲善未有能服人者也惟能善不獨善而涵養乎人則人亦以善歸之然後能服天下之心借曰天下之人有不心服而王者未之有是理也夫善一也私之則不足以服人公之自可以王天下王覇之分其端正在於此矣人可不審其幾乎

○孟子ㅣ曰言無實不祥ᄒᆞ니不祥之實은蔽賢者ㅣ當之니라

孟子ㅣ ᄀᆞᆯᄋᆞ샤ᄃᆡ 言이實不祥이업ᄉᆞ니不祥의實은賢을蔽ᄒᆞᄂᆞᆫ者ㅣ當ᄒᆞᄂᆞ니라

●或曰天下之言、無有實不祥者、惟蔽賢、爲不祥之實、【南軒張氏曰蔽賢出於媢疾之私方其欲蔽賢也私意橫起不祥之氣固己充溢於中矣天生斯賢以爲人也蔽賢之人妨賢病國不祥孰甚焉】或、曰言而無實者、不祥故、蔽賢、爲不祥之實、二說、不同、未知孰是、疑或有闕文焉、新安陳氏曰前說二實字歸一意然皆無深意味不如闕之【備旨】孟子著蔽賢之禍欲人君知所遠也曰凡人之言無有實不祥者求其言有不詳之實者惟蔽賢之言斯貽害於國家生民足以當不祥之實也聽言者可不知所遠哉

○徐子ㅣ曰仲尼ㅣ亟稱於水曰水哉水哉여ᄒᆞ시니何取於水也ㅣ시니잇고 亟去聲

徐子ㅣ ᄀᆞᆯ오ᄃᆡ 仲尼ㅣ ᄌᆞ조水에稱ᄒᆞ야 ᄀᆞᆯᄋᆞ샤ᄃᆡ 水여水여ᄒᆞ시니므서슬水에取ᄒᆞ시니잇고

●亟、數音也、水哉水哉、歎美之辭、徐子即徐辟 [備旨]徐子問於孟子曰昔仲尼亟稱於水曰水哉水哉夫水一物也似無與於道仲尼何取於水而亟稱之也

孟子ㅣ 曰原泉이 混混ᄒᆞ야 不舍晝夜ᄒᆞ야 盈科而後에 進ᄒᆞ야 放乎四海ᄒᆞᄂᆞ니 有本者ㅣ 如是라 是之取爾시니라 舍放皆上聲舍一讀如字見論語子在川上章

孟子ㅣ ᄀᆞᆯᄋᆞ샤ᄃᆡ 原泉 混混ᄒᆞ야 晝夜를 舍티 아니ᄒᆞ야 科에 盈ᄒᆞᆫ 後에 進ᄒᆞ야 四海에 放ᄒᆞᄂᆞ니 本이 인ᄂᆞᆫ 者ㅣ 이 ᄀᆞᄐᆞᆫ디라 이를 取ᄒᆞ시니라

●原泉、有原之水也、混混、湧出之貌、不舍晝夜、言常出不竭也、盈、滿也、科、坎也、言其進以漸也、放、至也、言水有原本、不已不舍晝夜而漸進、盈科後進以至于海、如人有實行、去聲則亦不已而漸進、以至于極也、新安陳氏曰水惟其有原本所以不已而漸進以至歸宿于海有本者如是孟子自以此句承接上意有本者指原泉如是指混混至放乎四海是之取爾答徐子何取於水也之問謂孔子所以亟稱於水者此意之是取爾本文只是說水如人有實行以下因結語故聲聞過情君子恥之二句推出孟子借水以箴規徐子之意而與下一節集註如人無實行而暴得虛譽不能長久也相對言之[備旨]孟子曰子欲知仲尼之取水乎令夫天下有原之泉其勢混混然湧出不舍於晝夜之間若是乎出之不已矣繼則足此通彼盈滿於科坎而後進若是乎進之有漸矣終則沛然莫禦放乎四海以爲歸若是乎達之至遠矣蓋原泉爲有本之水故能不已漸進以至於海如是是以仲尼亟稱而取之爾

苟爲無本이면 七八月之間애 雨集ᄒᆞ야 溝澮ㅣ 皆盈이나 其涸也ᄂᆞᆫ 可立而待也ㅣ니 故로 聲聞過情을 君子ㅣ 恥之니라 澮古外反涸下各反聞去聲

진실로 本이 업ᄉᆞ면 七八月ㅅ 間에 雨ㅣ 集ᄒᆞ야 溝와 澮ㅣ 다 盈ᄒᆞ나 그 涸ᄒᆞ욤은 可히

서서기듣을꺼시니故로聲聞이情에過ᄒᆞ욤을君子ㅣ恥ᄒᆞᄂᆞ니라

●集、聚也、澮、田間水道也 涸、乾也、乾音干 如人無實行而暴得虛譽、不能長久也、新安陳氏曰水無原本人無實行之譬也溝澮皆盈而涸可立待與上文混混盈科而進以至放乎四海者相反暴得虛譽而不能長久之譬也 聲聞、名譽也、情、實也 恥者、恥其無實而將不繼也、新安陳氏曰集註所謂有實行無實行全從此情實之情字上發揮出來 林氏、曰徐子之爲人、必有躐等干譽之病故、孟子、以是答之 ○鄒氏、曰孔子之稱水、其旨微矣、孟子、獨取此者、自徐子之所急者、言之也、孔子、嘗以聞達、告子張矣、達者、有本之謂也、聞則無本之謂也、然則學者、其可以不務本乎、朱子曰所謂聲聞過情這箇大段務外更就中間言之如爲善無眞實懇惻之意爲學而勉強苟且徇人皆是不實就此反躬思量方得○慶源輔氏曰此章指意都結在後兩句上故集註只以虛名實行爲言而引林氏鄒氏之說以明之蓋孟子之意專欲救徐子躐等干譽之病耳孔子之稱水固不專在此也然由是觀之雖一物具一理亦隨人所取如何爾理固無盡也又曰達者有本謂質直好義聞者無本謂色取仁而行違○汪氏曰水之可觀其源有本其流不息進有漸則以盈科爲量行有至則以四海爲歸○雙峯饒氏曰論孟二不舍晝夜所指不同夫子說道體孟子說有本所謂微旨川上之歎是也孟子只就徐子身上說取切其病而易曉[illegible]苟爲無本之水而非原泉也如七八月之間雨集而溝澮皆盈何有於晝夜之不舍而盈科後進也則其涸也可立而待亦何有於四海之放也水之無本者如是亦何取於仲尼哉卽水而推之則人有實行不已而漸進以至於極者其諸水之有本乎無實而暴得虛譽不能長久者其諸水之無本乎故聲聞過其情實君子深耻之彼躐等干譽者可以惕然深省矣

○孟子ㅣ曰人之所以異於禽獸者ㅣ幾希ᄒᆞ니庶民은去之ᄒᆞ고君子는存之ᄒᆞᄂᆞ니라

孟子ㅣ갈ᄋᆞ샤ᄃᆡ人의ᄡᅥ禽獸에異ᄒᆞᆫ밧者ㅣ幾希ᄒᆞ니庶民은去ᄒᆞ고君子ᄂᆞᆫ存ᄒᆞᄂᆞ니라

●幾希、少也、庶、衆也、人物之生、同得天地之理、以爲性、同得天地之氣、以爲形、其不同者、獨人於其間、得形氣之正、而能有以全其性、爲少異耳、雖曰少異、然、人物之所以分、實在於此、衆人、不知此而去之、則名雖爲人、而實無以異於禽獸、君子、知此而存之、是以、戰兢惕(他歷反)厲、而卒能有以全其所受之正也、(朱子曰人物之所同者理也所不同者心也人必虛靈無所不明禽獸便昏了只有一兩路子明如父子相愛雌雄有別之類人之虛靈皆推得去禽獸便更推不去人若以私欲蔽了這箇虛靈便是禽獸人與禽獸只爭這些子所以謂幾希○饑食渴飲之類是人與禽獸同者有親有義之倫此乃與禽獸異者存是存所以異於禽獸之道理令人自謂能存只是存其與禽獸同者耳○西山眞氏曰人與物相去亦遠矣而孟子以爲幾希者盖人物均有一心然人能存而物不能存所不同者惟此而已人類之中有凡民者亦有是心而不能存無異於禽獸矣惟君子能存之所以異於物也○新安陳氏曰集註知之一字示人以存之之門戰兢惕厲四字授人以存之之法)[備旨]孟子叙舜開道統之傳也曰人物同生於天地無有異也而人獨得形氣之正而能全其性是其所以異於禽獸者特幾希耳此正人所當存而不可去者也然庶民拘於氣稟蔽於物欲將幾希之理去之而不能存惟君子反觀內省察識擴充於幾希之理爲能存之以盡人之道焉

舜은**明於庶物**ᄒᆞ시며**察於人倫**ᄒᆞ시니**由仁義行**이시라**非行仁義也**ㅣ시니라

舜은庶物에明ᄒᆞ시며人倫에察ᄒᆞ시니仁義로由ᄒᆞ야行ᄒᆞ신디라仁義ᄅᆞᆯ行ᄒᆞ시ᄂᆞᆫ줄이아니시니라

●物、事物也、明則有以識其理也、人倫、說見(形甸反)前篇、察則有以盡其理之詳也、物理、固非度外、而人倫、尤切於身、故、其知之、有詳略之異、在舜則皆生而知之也、

由仁義行、非行仁義、則仁義已根於心、而所行、皆從此出、非以仁義爲美而後、勉强上聲行之、所謂安而行之也、此則聖人之事、不待存之而無不存矣、張氏曰明庶物察人倫皆窮理也旣知明理但知順理而行而未嘗有以爲仁義仁義之名但人名其行耳如天春夏秋冬何嘗有此名亦人名之耳○朱子曰明物察倫由仁義行三句以學言之則有序猶格物致知而後意誠心正也自聖人言之則生知安行不可以先後言也○惟舜便由仁義行他人須窮理知其爲仁爲義從而行之且如仁者安仁智者利仁旣未能安仁亦須是利仁利仁豈是不好底知仁之爲利而行之不然則以人欲爲利矣○南軒張氏曰行仁義猶與爲二物由仁義行則如目視耳聽手持足履身與理一而非二也若舜可謂全其所以爲人者而無虧欠矣未至於舜猶爲未盡也人皆可以爲堯舜其本在乎存之而已○西山眞氏曰存之者猶待於用力舜則身即理理即身渾然無間而不待於用力矣○雙峯饒氏曰孟子學舜做箇存底樣子孟子言必稱堯舜直是要人學之

○尹氏、曰存之者、君子也、存者、聖人也、君子所存、存天理也、由仁義行、存者、能之、雲峯胡氏曰庶民不能存無以自異於禽獸君子知此而存之所以自異於庶民存之者君子存者聖人此又聖人所以異於君子也○新安陳氏曰人所以異於禽獸而皆可爲堯舜以得形氣之正而能全其性耳仁義此性中天理之大者也人倫之中仁義行焉仁於父子義於君臣是也君子存之而後存舜大聖人不待存之而自存何以見其不待存之以其知生知其行安行見之也君子必待存之故不能生知必學知焉不能安行必勉行焉孟子所謂行仁義正是存之之君子事也而知未之言所以集註補之曰衆人不知此而去之君子知此而存之不知與知意了然矣知之而後能存存之而後能行知以覺於心言存以存於心言行以行於身言由仁義行存者能之即尹氏此言推之則行仁義豈非存之者能之歟嘗稽之上古開君子之統者其舜乎舜聖人也不假思維之力而明見於庶物之理不待研究之功而詳察於人倫之道其生知如此至於仁義之理乃貫徹於倫物間者舜則由吾根心之仁義而行之非以仁義爲美而後勉强以行仁義也其安行如此此舜之不待存而自得無不存者也

○孟子ㅣ曰禹ᄂᆞᆫ惡旨酒而好善言이러시다 惡好皆去聲

孟子ㅣ ᄀᆞᆯᄋᆞ샤ᄃᆡ 禹ᄂᆞᆫ 旨酒ᄅᆞᆯ 惡ᄒᆞ시고 善言을 好ᄒᆞ더시다

●戰國策、曰儀狄、作酒、禹、飮而甘之曰後世、必有以酒、亡其國者、遂疏平聲儀狄、而絕旨酒、書、曰禹拜昌言、慶源輔氏曰惡旨酒則物欲不行好善言則天理昭著【備旨】孟子承上章言舜歷叙群聖以繼其統也曰自昔聖帝明王莫不以憂勤惕厲爲心自舜開心學之原繼舜之後者禹以禹一事言之於旨酒則惡焉惟恐欲之或熾也於善言則好焉惟恐理之或遺也此禹所以得統於舜也是禹之心一憂勤惕厲之心矣

湯은 執中ᄒᆞ시며 立賢無方이러시다

湯은中을執ᄒᆞ시며賢을立ᄒᆞ샤ᄃᆡ方업시ᄒᆞ더시다

●執、謂守而不失、中者、無過不及之名、方、猶類也、立賢無方、惟賢則立之於位、不問其類也、朱子曰這執中與子莫執中不同湯只是事事恰好無過不及而已○慶源輔氏曰執中則處義精審立賢無方則用人無間○雙峯饒氏曰未應事以前未發之中如何執得須是事到面前方始量度何處是過何處是不及方可執而用之是就事物上執擇善固執也是就事物上擇而執之若先執定這中待事物來便是執一是子莫執中了【備旨】繼禹之後者湯以湯一事言之事必求其正而中道是執也賢必求其廣而方類不拘也行政用人之當此湯之所以得統於禹也是湯之心一憂勤惕厲之心矣

文王은 視民如傷ᄒᆞ시며 望道而未之見이러시다 而讀爲如古字通用

文王은民을視ᄒᆞ샤ᄃᆡ傷ᄒᆞᆫ건ᄀᆞ티ᄒᆞ시며道ᄅᆞᆯ望ᄒᆞ샤ᄃᆡ見티몯ᄒᆞᆫ듯ᄒᆞ더시다

●民已安矣、而視之、猶若有傷、道已至矣、而望之、猶若未見、聖人之愛民深而求道切、如此、不自滿足終日乾乾之心也、問以而爲如亦有據乎朱子曰詩云垂帶而厲鄭箋而亦如也此以而爲如也春秋星隕如雨左氏曰與雨偕也此以如爲而也則其混讀而互用之久矣○易乾卦九三爻辭云君子終日乾乾蔡氏曰乾乾行事不息也○不顯亦臨無射亦保是文王望道如未見之事又曰望道而未之見此句與上文視民如傷爲對孟子之意曰文王保民之至而

視之猶如傷體道之極而望之猶未見其純而不已如是[備旨]繼湯而興者則有文武以文王一事言之其治人則修和有夏民已安矣視之猶若有傷兢兢然惟恐一民之失所也其修己則緝熙敬止道已至矣望之猶若未見業業然惟恐一理之或遺也愛民深而求道切此文王所以得統於湯也是文王之心一憂勤惕厲之心矣

武王은不泄邇ᄒᆞ시며不忘遠이러시다

武王은邇를泄티아니ᄒᆞ시며遠을忘티아니ᄒᆞ더시다

●泄、狎也、邇者、人所易去聲下同狎而不泄、遠者、人所易忘而不忘、德之盛、仁之至也、

朱子曰泄邇忘遠此通人與事而言泄字兼有親狎忽畧之意○慶源輔氏曰於人所易狎而不泄則敬心常存於人所易忘而不忘則誠心不息○雙峯饒氏曰德之盛言不泄邇仁之至言不忘遠[備旨]以武王一事言之邇者易於泄也而獨不泄接之以禮待之以愼也遠者易於忘也而獨不忘待之必厚處之必周也德之盛而仁之至此武王所以克承文王而並得統於湯也是武王之心一憂勤惕厲之心矣

周公은思兼三王ᄒᆞ샤以施四事ᄒᆞ샤ᄃᆡ其有不合者ㅣ어든仰而思之ᄒᆞ샤夜以繼日ᄒᆞ샤幸而得之어시든坐以待旦이러시다

周公은三王兼홈을思ᄒᆞ샤뼈四事를施ᄒᆞ샤ᄃᆡ그合디아님이잇거든仰ᄒᆞ야思ᄒᆞ야夜로뼈日을繼ᄒᆞ샤幸혀得ᄒᆞ야시든坐ᄒᆞ야뼈아ᄎᆞᆷ을기ᄃᆞᆯ오더시다

●三王、禹也湯也文武也、四事、上四條之事也、時異勢殊故、其事、或有所不合、思而得之、則其理、初不異矣、坐以待旦、急於行也、○

朱子曰所擧四事此必周公曾如此說○讀此一篇使人心惕然而常存也○南軒張氏曰不合者思而未得也未得之思之惟恐不得既得之行之惟恐不及也凡井田封建取士建官禮樂刑政雖起於上世而莫備於周是皆周公心思之所經緯本諸三王而達之者也周公之心此章發明至矣○潛室陳氏曰斟酌三王之事

而損益之猶孔子之集大成○雙峯饒氏曰施此四者之事事或有不可行却當思其理事雖不同理却不相遠故集註云其事或有不合又來照上面一箇事字 ○此、承上章言舜、因歷敍羣聖以繼之、而各擧其一事、以見反形甸其憂勤惕厲之意、蓋天理之所以常存、而人心之所以不死也、雲峯胡氏曰朱子嘗曰讀此章使人心惕然而常存蓋聖人之所以爲聖人者只是憂勤惕厲須臾毫忽不敢自逸理無定在惟勤則常存心本活物惟勤則不死常人不能憂勤惕厲故人欲肆而天理亡身雖存而心已死豈不大可哀哉輔氏以爲周公皇皇汲汲不已之誠如此學者苟能深體而默識之則聖人之心與理昭昭常存不死而在吾心目之間矣說常存不死四字意與集註異 程子、曰孟子所稱、各因其一事而言、非謂武王、不能執中立賢、湯、却泄邇忘遠也、人謂各擧其盛、亦非也、聖人、亦無不盛、慶源輔氏曰集註恐人執孟子之言而疑聖人於道互有得失故發明如此聖人造道之極凡有所爲無不各極其至豈容更以盛不盛言哉○成文武者周公也周公之事何如周公則思兼三代之王以施四聖所行之事其事或有時異勢殊而不合者則仰而思之夜以繼日而求必得幸而得其理之合矣坐而待旦而急見諸行焉夫周公有聖人之德而又有輔佐太平之功其憂勤惕厲至於如此而於禹湯文武之心豈非先後一揆者乎是可見禹湯文武周公之事雖異而其憂勤惕厲之心則同也

○孟子ㅣ曰王者之迹이熄而詩亡ᄒᆞ니詩亡然後에春秋ㅣ作ᄒᆞ니라

孟子ㅣ ᄀᆞᆯᄋᆞ샤ᄃᆡ 王者의 迹이 熄ᄒᆞᆷ애 詩ㅣ 亡ᄒᆞ니 詩ㅣ 亡ᄒᆞᆫ 然後에 春秋ㅣ 作ᄒᆞ니라

●王者之跡、熄、謂平王、東遷而政敎號令、不及於天下也、詩亡、謂黍離、降爲國風而雅、亡也、詩王黍離註申侯與犬戎攻宗周殺幽王於戲晉文侯鄭武公迎太子宜臼於申而立之是爲平王以亂故徙居東都王城於是王室之尊與諸侯無異其詩不能復雅故貶之謂之王國之變風○新安陳氏曰平王以後詩不入於大小雅而濟爲十五國風其事遂始載於春秋而詩終乎此矣 春秋、魯史記之名、孔子、因而筆削之、始於魯隱公之元年、實平王之四十九年也、問黍離降爲國風恐是夫子刪詩時降之朱子曰亦是他當時自如此要識此詩便如周南召南當初在豊鎬之時其詩爲二南後來在

洛邑之時其詩爲黍離只是自二南進而爲二雅自二雅退而爲王風二南之於二雅便如登山到得黍離時節便是下坡了○緊要在王者之迹熄一句上盖王者之政存則禮樂征伐自天子出故雅之詩自作於上以敎天下王迹滅熄則禮樂征伐不自天子出故雅不復作於上而詩降爲國風是以孔子作春秋定天下之邪正爲百王之大法也○潛室陳氏曰雅詩多是王者朝會燕饗樂章或是公卿大臣規諫獻納之所作東遷以後朝廷旣無制作公卿又無獻納故雅詩遂亡獨有民俗歌謠其體制聲節與列國之風同故止可謂之王風非聖人能降之也[illegible]孟子承上章歷叙群聖而以孔子之春秋繼道統之傳也曰群聖之道傳於孔子而孔子之事莫大於春秋夫春秋何爲而作也自平王東遷政敎號令不及於天下而王者之迹熄矣由是諸侯無獻納天子無宴享故黍離降爲國風而雅詩亡雅詩亡則上陵下替而世道之亂人心之變有不可言者孔子憂之然後春秋一書因而作焉

晉之乘과 楚之檮杌와 魯之春秋ㅣ 一也ㅣ니라

乘去聲檮音逃杌音兀

晉의 乘과 楚의 檮杌와 魯의 春秋ㅣ 흔가지니라

●乘、義未詳、趙氏、以爲興於田賦乘馬之事、或、曰取記載當時行事、而名之也、檮杌、惡獸名、古者、因以爲凶人之號、取記惡垂戒之義也、春秋者、記事者、必表年、以首事、年有四時故、錯擧以爲所記之名也、新安陳氏曰必表年以下出晉杜預所作左傳序文錯雜也雜擧春秋二時以該四時也古者列國皆有史官、掌記時事、此三者、皆其所記冊書之名也、慶源輔氏曰古人以善爲常多不記載以惡爲反常故特記之如堯典之末只載朱兜共鯀而已以楚史記之名觀之則楚雖蠻夷猶有古人遺意後世之人負大罪惡於身而初不知愧恥及一有小善則佔佔自喜以爲莫已若者亦可哀已[illegible]然是春秋一書非孔子創之也當時列國皆有史官記事如晉國之乘楚國之檮杌魯國之春秋名雖不同而其爲史一也是春秋原魯史也

其事則齊桓晉文이오 其文則史ㅣ니 孔子ㅣ 曰其義則丘ㅣ 竊取之

矣로라ᄒᆞ시니라

그事ᄂᆞᆫ齊桓과晉文이오그文은史ㅣ니孔子ㅣ골ᄋᆞ샤ᄃᆡ그義ᄂᆞᆫ丘ㅣ그윽이取ᄒᆞ라ᄒᆞ시니라

註 春秋之時、五霸迭興而桓文、爲盛、史、史官也、竊取者、謙辭也、公羊傳、去聲 作其辭則丘、有罪焉爾、意亦如此、蓋言斷丁亂反之在己、所謂筆則筆、削則削、游夏、不能贊一辭者也、公羊傳昭公十二年春秋之信史也其序則齊桓晉文其會則主會者爲之也其辭則丘有罪焉爾○史記孔子世家孔子在位聽訟文辭有可與人共者弗獨有也至於爲春秋筆則筆削則削子夏之徒不能贊一辭 尹氏、曰言孔子、作春秋、亦以史之文、載當時之事也、而其義、則定天下之邪正、爲百王之大法、南軒張氏曰春秋未經聖筆則固魯之史耳自其義聖人有取焉則史外傳心之要典所以存天理遏人欲撥亂反正示王者之法於來者也○蔡氏曰其義蒙上文王者而言蓋王者之義也孔子有德無位故自以爲竊取王者之義而定二百四十二年之邪正所謂爲百王不易之大法者也○慶源輔氏曰夫子之作春秋不過以史之文載當時之事而已而其竊取之義則在於定天下之邪正爲百王之大法也夫春秋之善善惡惡撥亂世而反之正上明四代之禮樂下示百王之法程聖人之用備見此書而夫子之言則又謙抑如此略無自居其功之意此孟子所以因而述之以繼群聖之後也○雙峯饒氏曰其文則史元是魯史之春秋其義則某竊取之方是孔子之春秋以匹夫行天子賞罰故曰竊取自咎自謙之辭○汪氏曰史不止於晉楚五霸不止於桓文孟子唯及此者晉楚爲列國之大者桓文爲五霸之盛者也 ○此、又承上章、歷叙羣聖、因以孔子之事、繼之而孔子之事、莫大於春秋故、特言之、雙峯饒氏曰此亦承上章思兼三王以施四事而言周公所行皆王者之事來到孔子時王者之迹滅熄故孔子出來作春秋○新安陳氏曰好辯章述群聖事而繼以孔子作春秋此章亦以作春秋繼群聖事不及易詩書禮樂者孔子之事莫大於作春秋五經夫子之教春秋夫子之政也○東陽許氏曰以三國之史同言而曰一也蓋謂魯之春秋其所紀載非周之典禮善惡不明不過記五霸之事與晉楚之史同爾至於孔子之春秋則假其事以明義而非盡舊史之文故曰其義則丘竊取之矣如此看方見得中間一節不閑【備旨】其春秋之事則多齊桓晉文之事事猶之晉楚也其春秋之文則史官紀載之文猶之晉楚也其因事而褒貶因文而筆削豈他人所能與哉故孔子曰其春秋褒貶之義則丘嘗竊取而裁定之矣是春秋因魯史而作者也盖爲魯史之春秋則其事其文無關王迹而斷自聖心則一筆一削審天下之功罪定一王之賞罰收旣喪之權還之天子使王迹雖熄而不熄雅詩雖亡而不亡春秋誠百王之大法也此孔子憂勤惕厲之心也而道統之傳終必賴之矣

○孟子ㅣ曰君子之澤도五世而斬이오小人之澤도五世而斬이니라

孟子ㅣ갈ᄋᆞ샤ᄃᆡ 君子의澤도五世에斬ᄒᆞ고小人의澤도五世에斬ᄒᆞᄂᆞ니라

●澤、猶言流風餘韻也、父子相繼爲一世、三十年、亦爲一世、斬、絶也、大約君子小人之澤、五世而絶也、楊氏、曰四世而緦音思服之窮也、五世、袒音但免、音問殺所介反同姓也、六世、親屬竭矣、記疏云上自高祖下至己兄弟同承高祖之後爲族兄弟爲親兄弟期一從兄弟大功再從兄弟小功三從兄弟緦麻共四世而緦服盡也五世則祖免而無正服減殺同姓六世則不復祖免惟同姓而已故親屬竭祖身去飾也祖免者肉袒而著免免狀如冠而廣一寸從頂上而前交於額上又卻向後繞於髻禮朋友在他邦無主人乃祖免若朋友在家則弔服加麻加麻者素弁上加緦之環絰然則祖免亦朋友之服也○新安陳氏曰此禮記大傳全文共高祖者爲三從兄弟相爲服緦麻服制至此窮也共高祖之父者爲五世已無服但不忍遽絶之故不襲不冠爲之袒褐免冠以變其吉同姓之恩至此而減殺也共高祖之祖者爲六世則親盡矣窮而殺殺而竭不變吉可也與此以證五世而斬　服窮則遺澤、寖微故、五世而斬、南軒張氏曰五世大槩約度如此自今觀之孔子之澤其所浸灌萬世不斬也○慶源輔氏曰流風以風喩之也餘韻以聲喩之也父子五世經歷百五十年則君子小人之餘澤皆當絶也五世則親盡服窮其澤亦當斬絶矣盖親也服也澤也實相因也【備旨】孟子承上三章歷叙群聖而終之以自任之意也曰聖賢之生其建立在一時而遺澤在後世故有位之君子其澤之所遺大約至五世而斬無位之小人其澤之所遺亦大約至五世而斬若五世之內則皆得與其澤者也

子ㅣ未得爲孔子徒也ㅣ나 予는 私淑諸人也ㅣ로라

내 시러곰 孔子의 徒ㅣ 되디 몯ᄒᆞ나 나ᄂᆞᆫ 人의게 그윽이 淑호라

●私、猶竊也、淑、善也、李氏、以爲方言、是也、慶源輔氏曰孟子又言私淑艾而他無所見故疑是方言 人、謂子思之徒也、自孔子卒、至孟子游梁時、方百四十餘年、而孟子、已老、然則孟子之生、去孔子未百年也、故、孟子、言予雖未得親受業於孔子之門、然、聖人之澤、尚存、猶有能傳其學者故、我、得聞孔子之道於人、而私竊以善其身、蓋推尊孔子、而自謙之辭也、張子曰孟子蓋謂孔子猶在五世之內雖不親爲弟子其餘澤在人我得私取之以爲善○雙峯饒氏曰私淑艾者私竊其善於人以自治私淑諸人者我私取之以善其身今人或把作敎者說謂以此私淑他人非矣道者天下所公共師下私字不得只弟子私竊取之以自善自治耳○新安陳氏曰私竊以善其身解諸人字不順不若云私竊其善於人文意方順○此、又承上三章、歷叙舜禹、至於周孔、而以是終之、其辭、雖謙、然、其所以自任之重、亦有不得而辭者矣、新安陳氏曰韓子謂堯以是傳之舜舜以是傳之禹至孔子傳之孟軻不待退之而後有此言孟子已自言之矣此四章相承是也然猶分爲四章答好辯章則言以己承三聖至七篇之末章列叙群聖道統之相傳而明言由孔子至於今百有餘歲其自任之重尤章章焉孟子一身道統攸繫蓋如是夫按予生也晚未得親受業而爲孔子之徒也然幸遺澤未斬傳道有人故予私竊其道以善淑其身而聞諸人也敢不願學以求進於君子之林哉吁此孟子覺勸惕厲以繼孔子而存之者如此

○孟子ㅣ曰可以取ㅣ며 可以無取에 取ᄒᆞ면 傷廉이오 可以與ㅣ며 可以無與에 與ㅣ면 傷惠오 可以死ㅣ며 可以無死에 死ㅣ면 傷勇이니라

孟子ㅣ ᄀᆞᆯᄋᆞ샤ᄃᆡ可히ᄡᅥ取ᄒᆞ얌즉ᄒᆞ며可以ᄡᅧ取티마람즉 ᄒᆞᆫᄃᆡ取 ᄒᆞ면廉을傷ᄒᆞ고可히ᄡᅧ與ᄒᆞ얌즉ᄒᆞ며可히ᄡᅧ與티마람즉ᄒᆞᆫᄃᆡ與ᄒᆞ면惠를傷ᄒᆞ고 可히 ᄡᅧ死ᄒᆞ얌즉ᄒᆞ며可히ᄡᅧ死티마람즉ᄒᆞᆫᄃᆡ死ᄒᆞ면勇을傷ᄒᆞ리니라

●先言可以者、畧見而自許之辭也、後言可以無者、深察而自疑之辭也、過取、固害於廉、然、過與、亦反害其惠、過死、亦反害其勇、 蓋過猶不及之意也、 雙峯饒氏曰傷廉與傷惠傷勇是兩般意思朱子所以上下箇固字ㅏ面ㅏ兩箇反字過取固傷廉與本是惠與之過則反害其惠死本是勇死之過則反害其勇○新安陳氏曰傷廉者失之不及傷惠傷勇者失之太過 林氏、曰公西華、受五秉之粟、是、傷廉也、冉子、與之、是、傷惠也、子路之死於衛、是傷勇也、問可以取可以無取

程子曰如朋友之饋是可取也然己自可足是不可取也纔取便傷廉矣曰與傷惠何害曰是有害於惠也可以與然却可以不與若與之時財或不贍却於合當與者無可與之此所以傷惠○朱子曰此段正與孔子曰再斯可矣相似凡事初看尚未定再察則己審矣便用決斷始得○問取者貪之屬不取者廉之屬猶與之爲惠不與之爲嗇死之爲勇不死之爲怯也今以過取者爲傷廉則宜以不與爲傷惠不死爲傷勇矣而反以與爲傷惠死爲傷勇何哉曰過取之傷廉過於此而侵奪於彼者也過與之傷惠過死之傷勇過於此而反病乎此者也蓋奪乎彼者其失爲易見而病乎此者其失爲難知故孟子擧傷廉以例二者是亦過猶不及之意耳○問可以取取之傷廉不難於擇矣若可與不可與可死不可死之間不幸擇之不精者與其吝嗇寧過與與其苟生寧就死在學者則當平日極其窮理之功庶於取舍死生之際不難於精擇也曰此意極好但孟子之意却是恐人過予而輕死也○南軒張氏曰取與死生之義有灼然易判者有在可否之間者在可否之間非義精者莫能擇也蓋其幾間不容髮一或有偏則失之矣是以君子貴存養於平時而復研幾於審處也○王氏曰六可以字疑辭三傷字決辭○新安陳氏曰此章三節乍看似乎說審察之傷廉所以警中人以下之不及者傷惠傷勇所以警賢人之過之者也[illegible]孟子爲失中者儆曰取與死生之間有道存焉固不可不及亦不可過也如不苟取之謂廉方其物之未受也初若見可以取矣及再審之其實可以無取則無取者爲是而乃竟取之是爲苟取而傷於廉矣以物與人之謂惠方其將有所與也初若見可以與矣及再審之其實可以無與則無與者爲是而乃竟與之是非惠之正也則反傷於惠以身赴死之謂勇方其變故之來也初若見可

以死矣及再審之其實可以無死則無死者爲是而乃竟死之是非勇之正也則亦反傷於勇若此者兩可之間未能擇理之至是而守其中也人其可不知所戒哉

○逢蒙이學射於羿ᄒᆞ야盡羿之道ᄒᆞ고思天下애惟羿ㅣ爲愈己라ᄒᆞ야於是에殺羿ᄒᆞᆫ대孟子ㅣ曰是亦羿ㅣ有罪焉이니라公明儀ㅣ曰宜若無罪焉ᄒᆞ이다曰薄乎云爾언뎡惡得無罪리오 逢薄江反 惡平聲

逢蒙이射를羿의게學ᄒᆞ야羿의道를盡ᄒᆞ고思ᄒᆞ되天下애오직羿ㅣ己두곤더은이라ᄒᆞ야이에羿를殺ᄒᆞᆫ대孟子ㅣᄀᆞᆯᄋᆞ사ᄃᆡ이ᄯᅩ羿ㅣ罪인ᄂᆞ니라公明儀ㅣᄀᆞᆯ오ᄃᆡ맛당이罪업ᄉᆞᆫ듯ᄒᆞ이다ᄀᆞᆯᄋᆞ사ᄃᆡ薄다ᄒᆞᆯ뿐이언뎡엇디시러곰罪업ᄉᆞ리오

●羿、有窮后羿也、逢蒙、羿之家衆也、羿、善射、篡初患反夏自立、後爲家衆所殺、左傳襄公四年羿將歸自田家衆殺而烹之以食其子子不忍食死於窮門 愈、猶勝也、薄、言其罪差楚宜反薄耳、 愚按此見人當愼於取友也昔逢蒙學射於羿而盡得羿善射之道乃思天下之人惟羿之射爲愈己於是殺羿以專善射之名天下皆罪蒙之薄於待師而不知羿之昧於知人也孟子從而斷之曰蒙之殺羿其罪固不待言也以我觀之是亦羿有罪焉昔公明儀有曰殺羿者蒙也羿宜若無罪焉夫公明儀不直曰無罪而曰宜若無罪者其意曰羿之罪特差薄乎蒙云爾惡得謂之無罪哉

鄭人이使子濯孺子로侵衛어늘衛ㅣ使庾公之斯로追之러니子濯孺子ㅣ曰今日에我ㅣ疾作이라不可以執弓이로소니吾ㅣ死矣夫ㄴ뎌ᄒᆞ고問其僕曰追我者ㅣ誰也오其僕이曰庾公之斯ㅣ로소이다曰吾ㅣ生矣로다

其僕이曰庾公之斯는衛之善射者也ㅣ어늘 夫子ㅣ曰吾生은何謂也ㅣ잇고 曰庾公之斯는學射於尹公之他ᄒᆞ고尹公之他는學射於我ᄒᆞ니夫尹公之他는端人也ㅣ라其取友ㅣ必端矣리라庾公之斯ㅣ至曰夫子는何爲不執弓고 曰今日에我ㅣ疾作이라不可以執弓이로다曰小人은學射於尹公之他ᄒᆞ고尹公之他는學射於夫子ᄒᆞ니我ㅣ不忍以夫子之道로反害夫子ᄒᆞ노라 雖然이나今日之事는君事也ㅣ라我ㅣ不敢廢라ᄒᆞ고抽矢扣輪ᄒᆞ야去其金ᄒᆞ고發乘矢而後에反ᄒᆞ니라 他徒何反矣夫夫尹之夫幷音扶去上聲乘去聲

鄭人이子濯孺子로ᄒᆞ여곰衛를侵ᄒᆞ거늘衛ㅣ庾公斯로ᄒᆞ여곰追ᄒᆞ더니子濯孺子ㅣᄀᆞᆯ오ᄃᆡ今日에내疾이作ᄒᆞᆫ디라可히써弓을執디몯ᄒᆞ리로소니내死ᄒᆞ린뎌ᄒᆞ고그僕ᄃᆞ려問ᄒᆞ야ᄀᆞᆯ오ᄃᆡ나ᄅᆞᆯ追ᄒᆞᄂᆞᆫ者ᄂᆞᆫ누구고그僕이ᄀᆞᆯ오ᄃᆡ庾公斯ㅣ로소다ᄀᆞᆯ오ᄃᆡ내生ᄒᆞ리로다그僕이ᄀᆞᆯ오ᄃᆡ庾公斯ᄂᆞᆫ衛예善射ᄒᆞᄂᆞᆫ者ㅣ어ᄂᆞᆯ夫子ㅣᄀᆞᆯᄋᆞ샤ᄃᆡ내生ᄒᆞ리라홈은엇디닐옴이잇고ᄀᆞᆯ오ᄃᆡ庾公斯ᄂᆞᆫ射ᄅᆞᆯ尹公他의게學ᄒᆞ고尹公他ᄂᆞᆫ射ᄅᆞᆯ내게學ᄒᆞ니尹公他ᄂᆞᆫ端ᄒᆞᆫ人이라그友ᄅᆞᆯ取홈이반ᄃᆞ시端ᄒᆞ리라庾公斯

ㅣ至ᄒᆞ야ᄀᆞᆯ오ᄃᆡ夫子ᄂᆞᆫ엇디弓을執디아니ᄒᆞᄂᆞ뇨ᄀᆞᆯ오ᄃᆡ今日에내疾이作ᄒᆞᆫ디라可히ᄡᅥ弓을執디몯ᄒᆞ리로다ᄀᆞᆯ오ᄃᆡ小人은射ᄅᆞᆯ尹公他의게學ᄒᆞ고尹公他ᄂᆞᆫ射ᄅᆞᆯ夫子의게學ᄒᆞ니내ᄎᆞ마夫子의道로ᄡᅥ도로혀夫子ᄅᆞᆯ害티몯ᄒᆞ노라비록그러나今日의事ᄂᆞᆫ君의事ㅣ라내敢히廢티몯ᄒᆞ리라ᄒᆞ고矢ᄅᆞᆯ抽ᄒᆞ야輪에扣ᄒᆞ야그金을去ᄒᆞ고乘矢ᄅᆞᆯ發ᄒᆞᆫ後에反ᄒᆞ니라

●之、語助也、(釋二人名中之字) 僕、御也、尹公他、亦衛人也、端、正也、孺子、以尹公、正人、知其取友必正故、度(音鐸) 庾公、必不害己、小人、庾公自稱也、金、鏃(作木反) 也、扣輪出鏃、令(平聲) 不害人、乃以射也、乘矢、四矢也、孟子、言使羿、如子濯孺子、得尹公他而敎之、則必無逢蒙之禍、然、夷羿、篡弒之賊、蒙乃逆儔、庾斯、雖全私恩、亦廢公義、其事皆無足論者、孟子、蓋特以取友而言耳。

左傳襄公十四年尹公他學射於庾公差庾公差學射於公孫丁孫文子使二子追衛獻公公孫丁御公庾公差曰射爲背師不射爲戮射爲禮乎射兩鉤而還尹公他曰子爲師我則遠矣乃反之公孫丁授公轡而射之貫臂○程子曰孺子事孟子只取其不背師耳若國之安危在此一擧則殺之可也舍之而無害於國權輕重可也何用虛發四矢哉○南軒張氏曰使蒙爲夏廷之臣羿簒夏氏凡爲臣者得而誅之蒙以義討賊雖嘗學射亦何罪之有蒙以私意忌而殺之是則爲殺其師耳以此而觀輕重之權衡可得而推矣○雲峯胡氏曰此章雖特以取友而言然使世之背其師者讀之亦當有泚○東陽許氏曰此章專爲交友發羿不能取友而殺身孺子能擇交而免禍[illegible]何以見羿之有罪也觀之子濯孺子則可見矣春秋之世子濯孺子以射鳴於鄭庾公之斯以射鳴於衛於是鄭人使子濯孺子侵衛衛使庾公之斯追之兩技相遇勝負固未可知也乃子濯孺子則曰今日疾作我不可以執弓吾死矣夫既而問其僕曰追我者誰也其僕曰庾公之斯也孺子曰吾生矣其僕曰庾公之斯衛之善射者也況夫子以疾作當之乃曰吾生何謂也孺子曰吾謂吾生者非必之於斯也必之於我之友也蓋庾公之斯學射於尹公之他而尹公之他又嘗學射於我夫尹公之他其立身制行非忍人也乃端人也則其所取之友必爲端人可知矣焉有端人而肯背本以徼利哉

此吾所以自諒其必生也及庾公之斯至乃問於孺子曰夫子何爲不執弓盖疑其能而示之以不能也孺子曰今日我疾作不可以執弓盖示之以情也庾公遂自叙曰小人學射於尹公之他尹公之他學射於夫子是小人之道夫子之道也我不忍以夫子之道反害夫子雖然今日來追之事乃君所命之事也不敢以私恩廢公義於是抽矢扣於車輪去其金鏃令不傷人連發四矢而後反於衛焉盖欲其無害於師而且有辭於君也夫以師及師庾斯報德之厚也況親受業於羿者而忍殺之乎以友及友孺子知人之智也況親受業如蒙者而不能察其奸乎以斯而律蒙罪固不容誅矣而羿亦孺子之罪人也故曰是亦羿有罪焉

○孟子ㅣ曰西子ㅣ蒙不潔則人皆掩鼻而過之니라

孟子ㅣᄀᆞᆯᄋᆞ샤ᄃᆡ西子ㅣ潔티아닌거ᄉᆞᆯ蒙ᄒᆞ면사ᄅᆞᆷ이다鼻ᄅᆞᆯ掩ᄒᆞ고過ᄒᆞ리니라

●西子、美婦人、蒙、猶冒也、不潔、汙穢之物也、掩鼻、惡去聲 其臭也、 備旨孟子戒勉人曰人之善惡亦何常哉彼美色之西子人之所共好者也苟或以其美者自恃而蒙乎不潔之物則人皆掩鼻而過之未有不以其今之汙而棄其前之美者矣夫不潔即西子且難終好於人況非西子者乎善之不可喪也如此吾願人之戒之也

雖有惡人이나齊戒沐浴則可以祀上帝니라 齊側皆反

비록惡人이나齊戒ᄒᆞ야沐浴ᄒᆞ면可히ᄡᅥ上帝ᄅᆞᆯ祀ᄒᆞ리니라

●惡人、醜貌者也、○尹氏、曰此章 戒人之喪去聲善、而勉人以自新也、 南軒張氏曰齊桓一執陳轅濤塗而春秋書曰齊人盖夷狄之也其近於蒙不潔者歟秦穆一有悔過之言則進秦誓於書以其有遷善之意也其近於惡人齊沐者歟一自汚而喪其美一自新而洗其惡勸戒彰矣○慶源輔氏曰西子之質本美而蒙以不潔則自喪其美而反致人之惡言此所以戒人喪其本有之善惡人之質本醜而能齊戒沐浴至誠自潔則可以事上帝言此所以勉人以改過自新深玩尹氏之言令人惕然而懼聳然而作○新安陳氏曰此章似詩六義中之比 備旨雖有醜貌之惡人人之所共惡者也苟或不以醜者自安能齊戒以潔心沐浴以潔身則一念至誠可以享祀乎上帝蓋有鑑其心之敬而若忘其貌之惡者矣夫自潔即惡人且可上格乎天況非惡人者乎惡之可自新也如此吾願人之勉之也

○孟子ㅣ曰天下之言性也는則故而已矣니故者는以利爲本이니라

孟子ㅣᄀᆞᆯᄋᆞ샤ᄃᆡ天下의性을言홈은곧 故로홀ᄯᆞᄅᆞᆷ이니故ᄂᆞᆫ利로ᄡᅥ本을삼ᄂᆞ니라

●性者、人物所得以生之理也、故者、其已然之跡、若所謂天下之故者也、易繫辭易無思也無爲也寂然不動感而遂通天下之故 利、猶順也、語其自然之勢也。言事物之理、雖若無形而難知、然、其發見形甸反之已然、則必有跡而易見去聲、如字故、天下之言性者、但言其故、而理自明、猶所謂善言天者、必有驗於人也、荀子性惡篇云善言天者必有徵於人○董仲舒曰善言天者必有徵於人天道無形而難知人事有迹而易見 然、其所謂故者、又必本其自然之勢、如人之善、水之下、非有所矯揉人久反造作而然者也、若人之爲惡、水之在山、則非自然之故矣、朱子曰性自是箇難言底物事惟惻隱羞惡之類却是已發見者乃可得而言此即性之故也只看這箇便見得性故集註下箇跡字若四端則無不順利若殘忍之非仁無恥之非義不遜之非禮昏惑之非智即故之不利者也○利是不得人爲而自然者如水之就下是其性本就下只是順他若激之在山是不順其性而以人爲之也。智者是知此理不假人爲順之而已○南軒張氏曰故者本然之理也無是理而强爲之曰鑿鑿則失其性所以惡夫智也蓋以私智爲智而非所謂智也○慶源輔氏曰性即理也雖無形而難知然不能不感發而形見於外旣已形見則必有跡而易見如人性之仁雖難知然見孺子入井則發見而爲怵惕惻隱之跡則仁之性自見也○潛室陳氏曰善惡皆已然之跡但順者爲本則善者其初也惡者非其初也水無有不下者水之本也若夫搏之使過顙激之使在山豈其本也哉○雙峰饒氏曰就故說性亦要就跡之順者言之如水之下便順就逆者言不得孟子說性就自然上說如惻隱羞惡等但看自然發見底便是利言性便當言故言故便當言利如水搏之激之便不是自然了(備旨)孟子爲用智者而發曰世之挾智以處事者適以擾事其原由於不識性耳天下之言性也其本體不可言也則但言其發見已然之故而性可知矣然所謂故者又必出於天理之自然以順利爲本斯得性之眞也

所惡於智者는 爲其鑿也ㅣ니 如智者ㅣ 若禹之行水也ㅣ면 則無惡於智矣리라 禹之行水也는 行其所無事也ㅣ시니 如智者ㅣ 亦行其所無事ㅣ면 則智亦大矣리라 惡爲皆去聲

智者에 惡ᄒᆞᄂᆞᆫ바ᄂᆞᆫ 그 鑿ᄒᆞᆷ을 爲ᄒᆞ얘니 만일에 智者ㅣ 禹의 水行ᄒᆞᆷ ᄀᆞᆮ티 ᄒᆞ면 智예 惡ᄒᆞᆷ이 업ᄉᆞ리라 禹의 水行ᄒᆞ심은 그 일삼아 ᄒᆞᆷ이 업ᄉᆞᆫ바ᄅᆞᆯ 行ᄒᆞ시니 만일에 智者ㅣ 또ᄒᆞᆫ 그 일삼아 ᄒᆞᆷ이 업ᄉᆞᆫ바ᄅᆞᆯ 行ᄒᆞ면 智 또ᄒᆞᆫ 大ᄒᆞ리니라

●天下之理、本皆利順、小智之人、務爲穿鑿、所以失之、禹之行水、則因其自然之勢而導之、未嘗以私智穿鑿、而有所事、是以、水得其潤下去聲之性、而不爲害也、朱子曰鑿於智者非所謂以利爲本也○慶源輔氏曰人物所得之理本皆順利無待於矯揉造作於其間却緣世人不明吾性之智而以私意爲智於是每事務爲穿鑿而失其順利之理○雲峰胡氏曰孟子本欲言智而必先言性者智五性之一也言智而先言性猶言水而先言水之原也鑿字與利字相反利者天理之自然鑿者人爲之使然言性而必本諸天理之自然者所以言智而深惡夫人爲之使然者也○新安陳氏曰所惡於智者小智也無惡於智者大智也人性必善水性必下孟子素以水譬人性故仍以禹行水譬之禹之行水順其自然之勢而導之使水不失其本然趨下之性而已智者順事物自然之理以無事處事使物各付物斯爲大智而非小智矣此一節以治水申言利字之意惟以利爲本所以智者處事但順其自然而已所惡於小智者爲其不知順利之理好用私意務爲穿鑿取天下事而擾之也如使用智者能若禹之行水也則智以成事而非以擾事斯無惡於其智矣蓋禹之行水也知水性有自然之故因其勢而利導之以水治水而實行其所無事也是以水得其性而不爲害而古今稱大智者必歸之禹也如用智者知吾性有自然之故而亦行其所無事則不俟穿鑿而事事物物各得其理其智亦如禹之大矣又何惡乎

天之高也와星辰之遠也ㅣ나苟求其故면千歲之日至를可坐而致也ㅣ니라

天의高홈과星辰의遠홈이나진실로그故를求ᄒᆞ면千歲의日至를可히坐ᄒᆞ야致홀꺼시니라

●天雖高、星辰雖遠、然、求其已然之跡、則其運有常、雖千歲之久、其日至之度、可坐而得、新安陳氏曰此又以天度申言故字之意首一節故字言本然之理此一故字言本然之度也天高星遠者因其本然之故而求之則雖久年日南至之時刻亦可以坐而推致以得之矣況於事物之近、若因其故而求 豈有不得其理者、而何以穿鑿爲哉、必言日至者、造曆者、以上古十一月甲子朔夜半冬至、爲曆元也、新唐書曆志治曆之本必推上元日月如合璧五星如連珠夜半朔日冬至自此七曜散行不復餘分普盡總會如初○五代史司天考夫天人之際遠哉微矣而使一藝之士布算積分上求數千萬歲之前必得甲子朔日夜半冬至而日月五星皆會于子謂之上元以爲曆始蓋自漢而後其說始詳見于世其源所自止於如此是果堯舜三代之法歟皆不可得而考矣然自是曆家之術雖世多不同而未始不本於此○新安陳氏曰夜半即甲子時歲月日時皆甲子爲曆元蓋以建寅月爲歲首筭之則是癸亥歲十一月以建子月爲一歲之最初算之則甲子歲之氣候已始於此矣故云歲亦甲子也○程子、曰此章、專爲去聲智而發、愚、謂事物之理、莫非自然、順而循之、則爲大智、若用小智、而鑿以自私、則害於性、而反爲不智、程子之言、可謂深得此章之旨矣。朱子曰此章其初只是性上泛說起不是專說性但謂天下之說性者只說得故而已如荀言性惡楊言善惡混但皆說得下面一截皆不知所以謂之故者如何不能以利爲本而然也荀卿只是橫說如此到底沒這道理不得只就性惡篇謂塗之人皆可以爲禹即此自可見故字若不將已然之迹言之則下文苟求其故之言如何可推曆家自今日推算而上極於太古開闢之時更無差錯只爲有此已然之迹可以推測耳天與星辰間或躔度少有差錯久久自復其常以利爲本亦猶天與星辰循常度而行苟不如此皆鑿之謂也○歐陽氏曰天下之大智無所自爲而常因天下之理小智不知循理而常任一己之私【備旨】夫智一也逆之則小順之則大信乎其不可鑿矣況以自然之理推之又有不必鑿者乎彼天之峻極若是其高也星辰之微渺若是其遠也然天雖高而運行有常度星辰雖遠而次舍有定分此非其自然之故乎造曆者苟求其天與星辰之故推而上之雖太古千歲之久其歲月日時皆爲甲子日月五星皆運於子謂之日至之度爲造曆之元者亦可坐而致也夫天道至難知也求其故之自然而無不可得如此況事物之近因其故而求之豈有不得其理者哉不鑿之智斯爲順性之智矣

○公行子ㅣ有子之喪이어늘 右師ㅣ往弔ᄒᆞᆯ시 入門커늘 有進而與右師言者ᄒᆞ며 有就右師之位而與右師言者ㅣ러니

公行子ㅣ子의喪이잇거늘右師ㅣ가弔ᄒᆞᆯ씨門에入ᄒᆞ거늘進ᄒᆞ야右師로더브러言ᄒᆞᄂᆞᆫ者ㅣ이시며右師의位에就ᄒᆞ야右師로더브러言ᄒᆞᄂᆞᆫ者ㅣ잇더니

●公行子、齊大夫、右師、王驩也、雙峯饒氏曰行字當音杭詩云殊異乎公行是主班行之官以官爲氏【備旨】昔公行子有子之喪孟子與齊之卿大夫皆承君命以弔之而右師亦往弔焉當右師入門之初其未就位也有進右師於己之位而與右師言者及其旣就位也有就右師之位而與右師言者蓋皆知有權倖而不知有朝廷之禮矣

孟子ㅣ不與右師言ᄒᆞ신대 右師ㅣ不悅曰諸君子ㅣ皆與驩言이어늘 孟子ㅣ獨不與驩言ᄒᆞ시나 是ᄂᆞᆫ簡驩也ㅣ로다

孟子ㅣ右師로더브러言티아니ᄒᆞ신대右師ㅣ悅티아니ᄒᆞ야ᄀᆞᆯ오ᄃᆡ 諸君子ㅣ다驩으로더브러言ᄒᆞ거ᄂᆞᆯ孟子ㅣᄒᆞ올로驩으로더브러 言티아니ᄒᆞ시니이ᄂᆞᆫ 驩을簡ᄒᆞᆷ이로다

●簡、略也、備旨時惟孟子以禮自守既不進之而與言亦又不就之而與言右師不悅於心曰諸君子皆不以驩爲不肖而與驩言 孟子獨不與驩言是以驩爲不足敎而簡略於驩也盖但知有諂媚而亦不知有朝廷之禮矣

孟子ㅣ聞之ᄒᆞ시고曰禮에朝廷애不歷位而相與言ᄒᆞ며不踰階而相揖也ᄒᆞᄂᆞ니我欲行禮어늘子敖ㅣ以我爲簡ᄒᆞ니不亦異乎아 朝音潮

孟子ㅣ聞ᄒᆞ시고ᄀᆞᆯᄋᆞ샤ᄃᆡ禮예 朝廷애位ᄅᆞᆯ 歷ᄒᆞ야셜ᄋᆞ더블어言티아니ᄒᆞ며階ᄅᆞᆯ踰ᄒᆞ야셜ᄋᆞ揖디아니ᄒᆞᄂᆞ니나ᄂᆞᆫ禮ᄅᆞᆯ行코쟈ᄒᆞ거ᄂᆞᆯ 子敖ㅣ날로ᄡᅥ 簡타ᄒᆞ니ᄯᅩᄒᆞᆫ異티아니ᄒᆞ냐

●是時、齊卿大夫、以君命、弔、各有位次、若周禮、凡有爵者之喪禮、則職喪、涖音利其禁令、序其事故、云朝廷也、周禮春官宗伯職喪掌諸侯及卿大夫士凡有爵者之喪以國之喪禮涖其禁令序其事言諸侯者謂畿內王子母弟稱諸侯者 歷、更平聲涉也、位、他人之位也、右師、未就位、而進與之言則右師、歷己之位矣、右師、已就位而就與之言、則己歷右師之位矣、孟子右師之位、又不同階、孟子、不敢失此禮故、不與右師言也、朱子曰孟子鄙王驩而不與言固是然朝禮旣然則當時雖不鄙之亦不得與之言矣鄙王驩亦於出弔處已見此章意則以朝廷之禮爲重時事不同理各有當○聖賢之言無所苟也豈爲愧衆人爲己甚而姑以是答之哉正所以明朝廷之禮而警衆人之失也○問陳司敗譏孔子有黨孔子受之不辭右師以孟子簡己孟子辨之甚力聖賢地位固不同也使孟子聞右師言曰禮也足矣無己而曰朝廷不歷位而相與言不踰階而相揖則己微見圭角矣又必盡其辭所以鋒芒發露而不及孔子之渾然也○南軒張氏曰衆與之言以其變於君而諂之也右師以孟子爲簡己者以孟子時所尊敬欲假其辭色以爲榮也君子之遠小人不惡而嚴豈有他哉亦曰禮而已矣備旨孟子聞之曰右師未聞朝廷之禮乎以禮言之彼朝廷之上站立各有定位不得歷位而相與言班次各有定階不得踰階而相揖也今日以君命來弔則君命所在即朝廷所在也我所以不與右師言者正欲行

此不歷位不踰階之禮耳夫以失禮爲簡無足異也而子敖以我行禮爲簡不亦可怪異乎孟子此言不惟以禮自處且以禮處人而遠小人之道自在其中矣

○孟子ㅣ曰君子所以異於人者ᄂᆞᆫ以其存心也ㅣ니君子ᄂᆞᆫ以仁存心ᄒᆞ며以禮存心이니라

孟子ㅣ 갈ᄋᆞ샤ᄃᆡ 君子의 ᄡᅥ 人애 異ᄒᆞᆫ 반 者ᄂᆞᆫ 그 心을 存ᄒᆞᆷ으로ᄡᅵ니 君子ᄂᆞᆫ 仁으로ᄡᅥ 心을 存ᄒᆞ며 禮로ᄡᅥ 心을 存ᄒᆞᄂᆞ니라

●以仁禮存心、言以是、存於心而不忘也、問我本有此仁禮只要常存而不忘否朱子曰非也言君子所以異於小人者以其存心不同耳君子則以仁以禮而存之於心小人則以不仁不禮而存之於心這箇存心與存其心養其性不同只是處心與人不同耳○慶源輔氏曰以仁存心而不忘如造次顚沛必於是也以禮存心而不忘如視聽言動必以禮也○雙峰饒氏曰以是存於心添於字便可見孟子意是只把仁禮來存於我心此心常在仁禮上無頃刻或離君子異於人以其能以仁禮存於心他人便不能我之心安頓在仁上即是居天下之廣居安頓在禮上即是立天下之正位[備旨]孟子論君子存心之不苟曰均是人也而君子超然異於人者以其存心不同也蓋人同此心心同此仁禮君子獨以惻隱之仁存心以辭讓之禮存心此其所以異也

仁者ᄂᆞᆫ愛人ᄒᆞ고有禮者ᄂᆞᆫ敬人ᄒᆞᄂᆞ니

仁ᄒᆞᆫ者ᄂᆞᆫ人을愛ᄒᆞ고禮인ᄂᆞᆫ者ᄂᆞᆫ人을敬ᄒᆞᄂᆞ니

●此、仁禮之施、慶源輔氏曰由乎內以施外也[備旨]仁禮之德既有根心之實則自有及物之徵所以仁者博愛之施必然愛人有禮者謙著於外必然敬人蓋因心以爲施固如此

愛人者ᄂᆞᆫ人恒愛之ᄒᆞ고敬人者ᄂᆞᆫ人恒敬之니라

人을愛ᄒᆞᄂᆞᆫ者ᄂᆞᆫ人이덛덛이愛ᄒᆞ고人을敬ᄒᆞᄂᆞᆫ者ᄂᆞᆫ人이덛덛이敬ᄒᆞᄂᆞ니라

●此、仁禮之驗、新安陳氏曰我感而人應可驗我之得人不應可驗我之失驗字已含下文必不仁必無禮之意矣(備旨)夫愛與敬旣盡於己則德意自感於人凡愛人者則人亦恒愛之敬人者則人亦恒敬之其感應之常理有如此

有人於此ᄒᆞ니 **其待我以橫逆則君子**ㅣ **必自反也**ᄒᆞ야 **我必不仁也**ㅣ며 **必無禮也**ㅣ로다 **此物**이 **奚宜至哉**오ᄒᆞᄂᆞ니라 橫去聲下同

人이이에이시니그나를待호ᄃᆡ橫逆으로뻐ᄒᆞ면 君子ㅣ반ᄃᆞ시ᄉᆞᄉᆞ로反ᄒᆞ야내반ᄃᆞ시仁티몯ᄒᆞ며반ᄃᆞ시禮업두다이物이엇디맛당이至ᄒᆞᄂᆞ뇨ᄒᆞᄂᆞ니라

●橫逆、謂强暴、不順理也、物、事也、慶源輔氏曰强暴橫也不順理逆也○雙峰饒氏曰集註云强暴不順理順理是順箇文理橫是橫來逆是倒來皆是不順箇文理

○新安陳氏曰橫逆者愛敬之反(備旨)盛德固足以感人而事變容出於意外我愛敬人人亦愛敬我此其常也而設若有人於此其待我以侵侮之橫逆則君子必自反於己也我必不仁而不愛人也我必無禮而不敬人也不然橫逆之事奚宜至於我哉

其自反而仁矣며 **自反而有禮矣**로ᄃᆡ **其橫逆**이 **由是也**ㅣ어든 **君子**ㅣ **必自反也**ᄒᆞ야 **我必不忠**이로다ᄒᆞᄂᆞ니라 由與猶同下倣此

그ᄉᆞᄉᆞ로反홈애 仁ᄒᆞ며ᄉᆞᄉᆞ로反홈애 禮이쇼ᄃᆡ 그橫逆ᄒᆞ욤이이ᄀᆞᆮ거든君子ㅣ반ᄃᆞ시ᄉᆞᄉᆞ로反ᄒᆞ야내반ᄃᆞ시忠티몯ᄒᆞ두다ᄒᆞᄂᆞ니라

●忠者、盡己之謂、我必不忠、恐所以愛敬人者、有所不盡其心也、慶源輔氏曰理無窮盡人有作輟一息不存一

物不禮便是不盡其心○新安陳氏曰忠非出於仁禮之外仁禮無一毫之不盡其心即忠也備旨及其自反而仁以愛人矣自反而有禮以敬人矣其横逆之侵侮猶是也則君子又必自反也乃曰我必愛敬之心有未盡而不忠也不然何横逆由是哉

自反而忠矣로ᄃᆡ 其横逆이 由是也ㅣ어든 君子ㅣ 曰此亦妄人也已矣로다ᄒᆞ니 如此則與禽獸奚擇哉리오 於禽獸애 又何難焉이리오 難去聲

스스로反홈애忠호ᄃᆡ 그横逆ᄒᆞ욤이 이ᄀᆞᆮ거든 君子ㅣ 글오ᄃᆡ 이 ᄯᅩᄒᆞᆫ 妄人일 ᄯᆞᄅᆞᆷ이로다ᄒᆞᄂᆞ니 이ᄀᆞᄐᆞ면 禽獸로 더브러 엇디 擇ᄒᆞ리오 禽獸에 ᄯᅩ 엇디 難ᄒᆞ리오

●奚擇、何異也、又何難焉、言不足與之校也、校音敎○南軒張氏曰雖非所患難然自反之功則無窮也學者未勉乎此遇横逆之來則曰吾仁矣有禮矣且忠矣遂斷彼以爲妄人而不復勉反身之道是則自陷於妄而已矣備旨夫既自反而忠矣其横逆由是也君子曰此人爲私欲蒙蔽喪失本心亦妄人已矣焉能以愛敬感耶如此則雖人也與禽獸奚分別哉夫以同類之人陷於禽獸則吾方且哀之不暇又何留難於心焉而與之校乎吾止求盡吾之仁禮而已

是故로 君子ㅣ 有終身之憂ㅣ오 無一朝之患也ㅣ니 乃若所憂則有之ᄒᆞ니 舜도 人也ㅣ며 我亦人也ㅣ로ᄃᆡ 舜은 爲法於天下ᄒᆞ샤 可傳於後世어시ᄂᆞᆯ 我ᄂᆞᆫ 由未免爲鄉人也ᄒᆞ니 是則可憂也ㅣ라 憂之如何오 如舜而已矣니라 若夫君子所患則亡矣니라 非仁無爲也ㅣ며 非禮無行也ㅣ라 如有一朝之患이라도 則君子ㅣ 不患矣니라 夫音扶

이런故로君子ㅣ終身ㅅ憂ㅣ잇고 一朝ㅅ患이업ᄂᆞ니 憂ᄒᆞᄂᆞᆫ바ᄂᆞᆫ이시니舜도人이며나도ᄯᅩᄒᆞᆫ人이로ᄃᆡ舜은天下애 法이도외샤可히後世예 傳ᄒᆞ시거늘나ᄂᆞᆫ오히려鄕人되옴을免티몯ᄒᆞ야시니이ᄂᆞᆫ可히 憂ᄒᆞ얌즉ᄒᆞ니라憂호ᄃᆡ엇디ᄒᆞ료舜ᄀᆞᆮ투려ᄒᆞᆯᄯᆞᄅᆞᆷ이니라만일에君子의 患ᄒᆞᄂᆞᆫ바ᄂᆞᆫ업ᄉᆞ니仁이아니어든ᄒᆞ디아니ᄒᆞ며禮아이니어든行티아니ᄒᆞᄂᆞᆫ디라만일에 一朝ㅅ患이이실떠라 도곤君子ㅣ患티아니ᄒᆞᄂᆞ니라

●鄕人、鄕里之常人也、君子、存心不苟、趙氏曰集註不苟二者不可淺看心一不仁而不自覺不自強便是苟且也○新安陳氏曰存心照應前存心不苟即忠也四字收拾約而盡故、無後憂、朱子曰古聖人多矣獨言舜爲法於天下何也法者人倫而已他聖人因其常而處之不失未足見人道之盡惟舜極其變而不失其常是以人道之盡於此固可見焉故特擧舜而言之然其所謂法舜亦循乎天則而已○問楊氏謂孟子三自反不若顏子之不校信乎曰自反所以自脩學者事也不校不見可校成德事也淺深之分信如楊氏之說矣然自反之說謹嚴精切正學者所當用力若自反未至而遽以不校爲高恐其無脩省之功而陷於苟且頹惰之域矣○新安陳氏曰前曰以仁存心以禮存心末曰非仁無爲非禮無行存謂存之於心爲與行謂行之於身表裏一矣存之於心者有素而行之於身者益盡豈惟無一朝之患者本於此所以懷終身之憂而欲如舜者亦不過勉於此而已何也舜所以爲舜亦不外此仁禮也特舜則安而行之欲如舜者則在乎勉而行之耳[備旨]由三自反觀之是故君子有終身切己之憂而無一朝外來之患也乃若所謂終身之憂則有之其心以爲舜固人也我亦人也其具此仁禮同也顧舜盡仁禮之極近可爲法於天下遠則流傳於後世我則仁禮未盡猶未免爲鄕人也是則可憂也憂之如何惟欲求盡乎仁禮如舜之可法可傳而後已矣故曰君子有終身之憂也若夫君子所爲一朝之患則亡矣以仁存心非仁之事無爲也以禮存心非禮之事無行也如有一朝意外之患則君子度外置之於心無怍亦不之患矣故曰無一朝之患也此君子之存心所以異於人也

○禹稷이當平世ᄒᆞ야三過其門而不入ᄒᆞ신대孔子ㅣ賢之ᄒᆞ시니라

禹와稷이平ᄒᆞᆫ世ᄅᆞᆯ當ᄒᆞ야세번그門을過ᄒᆞ샤ᄃᆡ入디아니ᄒᆞ신대 孔子ㅣ賢히너기시니라

●事見形甸反前篇、問過門不入若家有父母豈可不入朱子曰固是然事亦須量箇緩急若只是泛泛底水未更傾國覆都過家見父母亦不妨若洪水之患甚急有傾國覆都君父危急之災也只得奔君父之急雖不過家見父母亦不妨也○雙峰饒氏曰禹三過其門稷是帶說○新安陳氏曰賢其用世而憂民之憂

備旨 昔禹稷當唐虞治平之世時有可爲也則出而救民禹平水土稷敎稼穡雖三過其家門而不暇入孔子以其能憂民之憂而賢之

顏子ㅣ當亂世ᄒᆞ야居於陋巷ᄒᆞ샤一簞食와一瓢飮을人不堪其憂ㅣ어늘顏子ㅣ不改其樂ᄒᆞ신대孔子ㅣ賢之ᄒᆞ시니라 食音嗣 樂音洛

顏子ㅣ亂ᄒᆞᆫ世ᄅᆞᆯ當ᄒᆞ야陋巷애居ᄒᆞ샤ᄒᆞᆫ簞人食와ᄒᆞᆫ瓢人飮을人이그憂ᄅᆞᆯ堪티몯ᄒᆞ거늘顏子ㅣ그樂을改티아니ᄒᆞ신대孔子ㅣ賢히너기시니라

新安陳氏曰賢其避世而樂己之樂 備旨 顏子當春秋衰亂之世時不可有爲也則退而修己居於陋巷之中所食者一簞之食一瓢之飮他人處此有不堪其貧窶之憂顏子則不改其自得之樂孔子以其能樂己之樂而賢之

孟子ㅣ曰禹稷顏回ㅣ同道ᄒᆞ니라

孟子ㅣ갈ᄋᆞ샤ᄃᆡ禹稷과顏回ㅣ道ㅣ同ᄒᆞ니라

●聖賢之道、進則救民、退則脩己、其心、一而已矣、慶源輔氏曰道則以其所行言之也心則以其所在言之也救民者脩己之驗脩己者救民之本有是心則有是道有是本則有是驗 備旨 夫從顏子而視禹稷則禹稷爲異從禹稷而視顏子則顏子爲異而孔子並賢之者何哉孟子從而斷之曰禹稷顏回一則出而救民一則退而修己二者若不同矣而孔子皆賢之者禹稷顏回同道也

禹ᄂᆞᆫ思天下有溺者ㅣ어든由己溺之也ᄒᆞ시며稷은思天下有饑者ㅣ어든由己饑之也ᄒᆞ니是以로如是其急也ㅣ시니라 由與猶同

禹ᄂᆞᆫ思ᄒᆞ샤ᄃᆡ天下애溺ᄒᆞᆫ者ㅣ이거든己ㅣ溺홈ᄀᆞᆮ티ᄒᆞ시며稷은思ᄒᆞᄃᆡ天下애饑ᄒᆞᆫ者ㅣ잇거든己ㅣ饑홈ᄀᆞᆮ티ᄒᆞ니일로ᄡᅥ이러ᄐᆞ시그急히ᄒᆞ시니라

●禹稷、身任其職故、以爲己責、而救之急也、備旨何以見道之同也觀禹稷則知顔子矣禹任司空之責思天下有昏墊之溺者乃吾職有未盡由己致而溺之也稷任田正之責思天下有艱食之饑者乃吾職有未盡由己致而饑之也夫以民溺民饑爲己咎是以過門不入有如是其急也者顔子則無此責故得以陶然於陋巷之中也

禹稷顔子ㅣ易地則皆然이리라

禹稷과顔子ㅣ地ᄅᆞᆯ易ᄒᆞ면다그러ᄒᆞ리라

●聖賢之心、無所偏倚、大本之中隨感而應、各盡其道、時中之中故、使禹稷、居顔子之地、則亦能樂顔子之樂、使顔子、居禹稷之任、新安陳氏曰禹稷有官守故曰任顔子居陋巷故曰地亦能憂禹稷之憂也、慶源輔氏曰聖賢之心其本然之體無所偏無所倚此其所謂中者天之大本也然不能不感於物故隨感而應有可喜之事感則喜心便應有可怒之事感則怒心便應如進則便須救民退則便須脩己皆吾大本中自然之理無或過無或不及各盡其道此其所謂和者天下之達道也如是故使禹稷居顔子之地亦能樂顔子之樂使顔子居禹稷之任亦能憂禹稷之憂同一大本同一達道故也備旨是則禹稷顔子出處不同者地爲之也故使禹稷易顔子之地必能樂顔子之樂使顔子易禹稷之任亦能憂禹稷之憂而易地則皆然矣此所謂同道也

今有同室之人이鬪者ㅣ어든救之호ᄃᆡ雖被髮纓冠而救之라도可也ㅣ니

라

今에同室엣人이鬪ᄒᆞᆫ者ㅣ잇거든救호ᄃᆡ비록髮을被ᄒᆞ며冠을纓ᄒᆞ고救ᄒᆞ야도可ᄒᆞ니라

●不暇束髮、而結纓往救、新安陳氏曰遇沐不暇束髮冒冠於所被髮上結纓而往救 言急也、以喩禹稷、備旨嘗試取而譬之今有同室之人鬪者其情與我親也自當救之雖不暇束髮被髮纓冠而救之是謂當理而可也然則禹稷之時視天下猶同室也而過門不入亦被髮纓冠之道宜然耳豈所以爲徇哉

鄕鄰에有鬪者ㅣ어든被髮纓冠而往救之則惑也ㅣ니雖閉戶ㅣ라도可也ㅣ니라

鄕隣에鬪ᄒᆞᆫ者ㅣ잇거든髮을被ᄒᆞ며冠을纓ᄒᆞ고가救ᄒᆞ면惑이니비록戶를閉ᄒᆞ야셔도可ᄒᆞ니라

●喩顔子也、○此章、言聖賢、心無不同、事則所遭或異、然、處上聲之、各當其理、是乃所以爲同也、尹氏、曰當其可之謂時、前聖後聖、其心、一也、故、所遇、皆盡善、程子曰君子而時中若三過其門而不入在禹稷之時爲中如居陋巷則非中矣居陋巷在顔子之時爲中如三過其門而不入則非中矣○南軒張氏曰顔子未見其施爲遽比之禹稷不己過乎殊不知禹稷之事功何所自德者本也事功末也本末一致也故程子曰有顔子之德則有禹稷之事功事功在聖賢惟其時而已若墨之兼愛楊之爲我皆不知天理之時中而妄意以守一偏故如此蓋墨氏終身纓冠以求救天下之鬪楊氏則坐視同室之鬪而不顧者其賊道豈不甚哉是則人欲而已矣○慶源輔氏曰集註章旨所謂聖賢之心無不同一本也事則所遭或異萬殊也然處之各當其理是乃所以爲同者所謂萬殊一本吾道一以貫之也又曰事雖萬殊心一以貫則凡所以語默云爲達道也皆時中也

備旨 若鄕鄰之人有鬪者其情與我疎也亦被髮纓冠而往救之是昧親疎之分則惑也雖閉戶不救亦可也然則顔子之時視天下猶鄕鄰也而簞瓢自樂亦閉戶之道宜然耳豈所以爲矯哉夫惟所處各當於理此禹稷顔子所以爲同道而孔子均賢之與

○公都子ㅣ曰匡章을通國이皆稱不孝焉이어늘夫子ㅣ與之遊ᄒᆞ시고又從而禮貌之ᄒᆞ시니敢問何也ㅣ잇고

公都子ㅣ골오ᄃᆡ匡章을通國이다不孝ㅣ라稱ᄒᆞ거ᄂᆞᆯ夫子ㅣ더브러遊ᄒᆞ시고ᄯᅩ조ᄎᆞ禮貌ᄒᆞ시니敢히묻ᄌᆞᆸ노이다엇디니잇고

● 匡章、齊人、通國、盡一國之人也、禮貌、敬之也、備旨 公都子問曰匡章之爲人通國皆稱不孝焉夫不孝則其罪大而稱以通國則其論又公宜乎在所絶矣夫子不惟不絶而且與之游又從而加禮貌以敬之敢問果何見也豈國人之論未當而夫子別有所取乎

孟子ㅣ曰世俗所謂不孝者ㅣ五ㅣ니惰其四肢ᄒᆞ야不顧父母之養이一不孝也ㅣ오博奕好飮酒ᄒᆞ야不顧父母之養이二不孝也ㅣ오好貨財ᄒᆞ며私妻子ᄒᆞ야不顧父母之養이三不孝也ㅣ오從耳目之欲ᄒᆞ야以爲父母戮이四不孝也ㅣ오好勇鬪狠ᄒᆞ야以危父母ㅣ五不孝也ㅣ니章子ㅣ有一於是乎아 好養從皆去聲狠胡懇反

孟子ㅣ골ᄋᆞ샤ᄃᆡ世俗애닐온바ᄉᆞ不孝ㅣ五ㅣ니그四肢ᄅᆞᆯ惰ᄒᆞ야父母養홈을顧티아니홈이ᄒᆞᆫ不孝ㅣ오博ᄒᆞ며奕ᄒᆞ며酒飮홈을好ᄒᆞ야父母養홈을顧티아니홈이두不孝ㅣ오貨財ᄅᆞᆯ好ᄒᆞ며妻子ᄅᆞᆯ私ᄒᆞ야父母養홈을顧티아니홈이세不孝ㅣ오耳目의欲을從ᄒᆞ야ᄡᅥ父母의戮이되게홈이네不孝ㅣ오勇을好ᄒᆞ야鬪ᄒᆞ며狠ᄒᆞ야ᄡᅥ父母ᄅᆞᆯ危케홈이다ᄉᆞᆺ不孝ㅣ니章子ㅣ이예一이나둔ᄂᆞ냐

● 戮、羞辱也、狠、忿戾也、 新安陳氏曰五不孝之序從輕漸說至重 謂章子之不孝哉夫世俗之所謂不孝者有五惰其四肢弗供子職而不顧父 [備旨]孟子曰子何以通國之言而遽 母之養是怠而忘親一不孝也博奕好飮酒情溺所好而不顧父母之養是縱而忘親二不孝也好貨財私妻子情偏所愛而不顧父母之養是私而忘親三不孝也從耳目聲色之欲虧體辱親以爲父母戮者是蕩而辱親四不孝也好勇鬪狠忘身及親以危父母者是忿而禍親五不孝也有一於此皆可以不孝稱今章子之所爲果有一於是乎奈之何以通國之言爲然也

夫章子ᄂᆞᆫ子父ㅣ責善而不相遇也ㅣ니라

章子ᄂᆞᆫ子와父ㅣ善으로責ᄒᆞ다가서르遇티몯ᄒᆞ니라

● 遇、合也、相責以善、而不相合故、爲父所逐也、 雙峰饒氏曰章子得罪於父與其他得罪不同章子但不合責善於父故出妻屛子以示不安之意先說子父責善是言子責父之善下說父子是泛言 [備旨]夫章子無世俗所謂五不孝而顧蒙不孝之名者亦有由矣蓋章子以子父之間責善而不相遇故爲父所逐而人遂以不孝稱之也

責善은朋友之道也ㅣ니父子責善이賊恩之大者ㅣ니라

善으로責ᄒᆞ욤은朋友의道ㅣ니父와子ㅣ善으로責홈이恩을賊홈의큰者ㅣ니라

●賊、害也、朋友、當相責以善、父子、行之則害天性之恩也、孝經云父子之道天性也然責善豈父子所宜哉蓋責善之義乃朋友相規之道也若父子天性之恩亦相責以善則反相夷而賊害其恩之大者惟章子以友道施於親故得罪而稱不孝也

夫章子ᄂᆞᆫ 豈不欲有夫妻子母之屬哉리오마ᄂᆞᆫ 爲得罪於父ᄒᆞ야 不得近이라 出妻屛子ᄒᆞ야 終身不養焉ᄒᆞ니 其設心에 以爲不若是면 是則罪之大者ㅣ라ᄒᆞ니 是則章子已矣니라 夫章之夫音扶爲去聲屛必井反又必正反養去聲

章子ᄂᆞᆫ 엇디 夫妻ㅣ며 子母의 屬을 두고쟈 아니ᄒᆞ리오마ᄂᆞᆫ 父에 罪를 得ᄒᆞ야 시러곰 近티 몯홈을 爲ᄒᆞᆫ디라 妻를 出ᄒᆞ며 子를 屛ᄒᆞ야 身이 終토록 養ᄒᆞ이디 몯ᄒᆞ니 그 心設ᄒᆞ욤애 ᄡᅧ 이 ᄀᆞᆮ디 아니ᄒᆞ면 이ᄂᆞᆫ 罪의 큰 者ㅣ라 ᄒᆞ니 이ᄂᆞᆫ 章子ㅣ ᄯᆞᄅᆞᆷ이니라

●言章子、非不欲身有夫妻之配、子有子母之屬、新安陳氏曰此屬字即天屬家屬之屬本文總夫妻子母而言集註分說故以配字對屬字 但爲身不得近於父故、不敢受妻子之養、以自責罰其心、以爲不如此、則其罪益大也、○此章之旨、於衆所惡去聲而必察焉、可以見聖賢至公至仁之心矣、慶源輔氏曰至公則無私蔽於己至仁則不忍苛責於人○新安陳氏曰不徇衆見至公也不輕與絕至仁也 ○楊氏、曰章子之行、去聲孟子非取之也、特哀其志、而不與之絕耳、朱子曰孟子之於匡章蓋憐之耳非取其孝也據章所爲因責善於父而不相遇遂爲父所逐雖是父不是己是然便至如此出妻屛子終身不養則豈得爲孝故孟子言父子責善賊恩之大者此便是責之以不孝也但其不孝之罪未至於可絕之地爾然當時人則遂以爲不孝而絕之故孟子擧世俗之不孝者五以曉之若如此五者則誠在所絕爾後世因孟子不絕之則又欲盡雪章之不孝而以爲孝此皆不公不正倚於一偏必若孟子

所處然後可以見聖賢至公至仁之心矣○南軒張氏曰章本心亦欲父之爲善耳乃或過於辭色致父之怒後又不敢安於妻子之養以深自咎責則章亦可哀者若章得罪而不知懼則是終以忿戾之氣行乎其間而可罪矣○雙峯饒氏曰章資質自好但無學力雖知愛父而不知愛父之道旣得見孟子必敎他回父之意未必止於此章子通國稱其不孝仲子通國稱其廉孟子於此二人所謂衆惡之必察焉衆好之必察焉○新安陳氏曰父子間所以不責善而惟朋友當責善者蓋朋友以義合責善而不從則交可絶父子以天合責善而不相遇則賊恩而將至於離故也然責善旣不可則從父之令乎曰聖賢自有成規幾諫之章內則與幾諫相表裏之言皆是也舜事瞽瞍能致底豫特患不能如舜耳若章之出妻屛子非徒自咎責於己亦將以感動於父子不安而父安焉其執拗亦可想矣章旣失之初使能如舜之事親豈不能回之於後惜無以考其終何如也備旨然責善不相遇之後章子未嘗不自知其罪也彼人之身有夫妻其子有子母夫章子亦人情豈不欲己有夫妻子母之屬哉但爲得罪於父而爲父所逐不得近於父故出妻屛子終身不敢受妻子之養以自責罰焉原其設心以爲旣得罪於父又不若是之出妻屛子而安受其養是罪之中又有罪焉則爲罪之大者是則章子始得罪於父也惟以責善之故其旣得罪於父也又能自責之深章子之爲人如是而已矣其與世俗之所謂不孝者五不有間乎此吾所以與之游又從而禮貌之也子又何疑焉

○曾子ㅣ居武城ᄒᆞ실시 有越寇ㅣ러니 或曰寇至ᄒᆞᄂᆞ니 盍去諸ㅣ리오 曰無寓人於我室ᄒᆞ야 毁傷其薪木ᄒᆞ라 寇退則曰脩我牆屋ᄒᆞ라 我將反ᄒᆞ리라 寇退커늘 曾子ㅣ反ᄒᆞ신대 左右ㅣ曰待先生이 如此其忠且敬也ㅣ어늘 寇至則先去ᄒᆞ야 以爲民望ᄒᆞ시고 寇退則反ᄒᆞ시니 殆於不可ㅣ로소이다 沈猶行이 曰是는 非汝所知也ㅣ라 昔애 沈猶ㅣ有負芻之禍ㅣ어늘 從先生者七十人이 未有與焉이라ᄒᆞ니라 與去聲

曾子ㅣ武城애居ᄒᆞ실씨越人寇ㅣ잇더니或이ᄀᆞᆯ오ᄃᆡ寇ㅣ至ᄒᆞᄂᆞ니엇디去티아니ᄒᆞ리오ᄀᆞᆯ오샤ᄃᆡ人을내室애寓ᄒᆞ야그薪木을毁傷티말라寇ㅣ退ᄒᆞ거늘곧ᄀᆞᆯ오샤ᄃᆡ내牆屋을脩ᄒᆞ라내쟝ᄎᆞᆺ反호리라寇ㅣ退커늘曾子ㅣ反ᄒᆞ신대左右ㅣᄀᆞᆯ오ᄃᆡ先生을待홈이이러ᄐᆞ시그忠ᄒᆞ고ᄯᅩ敬ᄒᆞ거ᄂᆞᆯ寇ㅣ至ᄒᆞ면몬져去ᄒᆞ샤ᄡᅧ民의望이되시고寇ㅣ退ᄒᆞ면反ᄒᆞ시니不可에거의로소이다沈猶行이ᄀᆞᆯ오ᄃᆡ이ᄂᆞᆫ네알빼아니라녜沈猶ㅣ負芻人禍ㅣ잇거늘先生을從ᄒᆞᆫ者七十人이與ᄒᆞ니잇디아니타ᄒᆞ니라

●武城、魯邑名、盍、何不也、左右、曾子之門人也、忠敬、言武城之大夫事曾子忠誠恭敬也、爲民望、言使民望而效之、沈猶行、弟子姓名也、言曾子、嘗舍於沈猶氏、時有負芻者、作亂、來攻沈猶氏、曾子、率其弟子去之、不與其難、去聲言師賓、不與臣同、

備旨 昔曾子設敎而居武城適有越人入寇或告曾子曰寇且至矣盍去而避諸曾子聞言遂行戒其守者曰爾無寓他人於我室以毁傷其室中之薪木及聞寇退則示守者曰爾即修我之牆屋我將反而居之及寇旣退曾子遂反其左右門人乃私議曰武城之大夫內盡其誠外盡其禮待先生如此其忠且敬也宜先生必有以厚報之矣今寇至則先衆人而去以爲民之觀望寇退則反而安居焉殆於報施之道有不可乎時門人有沈猶行者獨喩曾子之心乃曰先生之去反有義存焉是非汝常情之所能知也昔先生嘗舍於沈猶氏之家時有負芻作亂之禍來攻沈猶氏當時弟子之從先生者七十人非不可禦侮也然皆率而去之未有與其難焉知昔日之於沈猶則知今日之於武城矣奚不可之有是曾子之遠害固一道也

子思ㅣ居於衛ᄒᆞ실서有齊寇ㅣ러니或曰寇至ᄒᆞᄂᆞ니盍去諸ㅣ리오子思ㅣ曰

如伋이去ㅣ면君誰與守ㅣ리오ᄒ시니라

子思ㅣ衛에居ᄒ실써齊人寇ㅣ잇더니或이ᄀᆯ오ᄃᆡ寇ㅣ至ᄒᄂᆞ니엇디去티아니ᄒ리오子思ㅣᄀᆯᄋᆞ샤ᄃᆡ만일에伋이去ᄒ면君이눌로더불어守ᄒ리오ᄒ시니라

●言所以不去之意、如此、子思時仕於衛 備旨 昔子思仕而居於衛適有齊人來寇或告子思曰寇且至矣盍去而避諸子思曰衛國之社稷人民恃有君在也與君效死而共守此社稷人民者恃有伋在也如伋去則人皆率而去君誰與守哉是子思之守難又一道也

孟子ㅣ曰曾子子思ㅣ同道ᄒ니曾子ᄂᆞᆫ師也ㅣ며父兄也ㅣ오子思ᄂᆞᆫ臣也ㅣ며微也ㅣ니曾子子思ㅣ易地則皆然이리라

孟子ㅣᄀᆯᄋᆞ샤ᄃᆡ曾子와子思ㅣ道ㅣᄒᆞᆫ가지니曾子ᄂᆞᆫ師ㅣ며父兄이오子思ᄂᆞᆫ臣이微ᄒ며ᄒᆞᆫ이니曾子와子思ㅣ地ᄅᆞᆯ易ᄒ면다그러ᄒ리라

●微、猶賤也、尹氏、曰或遠去聲害、或死難、去聲○慶源輔氏曰子思雖無死難之事然寇至不去有死難之理 其事不同者、所處之地、不同也、君子之心、不繫於利害、惟其是而已、是者理之當然也 故、易地則能爲之、

○孔氏、曰古之聖賢、言行去聲不同、事業亦異、而其道、未始不同也、學者知此、則因所遇而應之、若權衡之稱去聲物、低昂屢變、而不害其爲同也、南軒張氏曰君子不避難亦不入於難惟當夫理而已於不當避而避焉固私也於不當預而預乃勇於就難是亦私而已矣夫曾子師也父兄也師之尊與父兄之義同以師道居則寇至而去之寇退而反無預其難在師之義當然也子思臣也微也委質以服君之事有難而可逃之乎與君

同守而不去則爲臣之義當然也從容乎理之所當然曾子子思何殊哉故曰易地則皆然以天理之時中一而已

備旨夫遠害爲是則子思非矣死難爲是則曾子非矣孟子從而斷之曰曾子子思不同者遠害守難之事而未始不同者隨時之道也何以見道之同彼曾子居武城分則賓師也賓師則尊同父兄矣安有父兄而赴子弟之難乎子思居衛分則臣也臣則卑同微賤矣安有臣不赴君上之難乎曾子子思使易地而處則曾子皆能守義忘身子思皆能重道遠害吾故曰同道也

○儲子ㅣ曰王이使人瞯夫子ᄒᆞ시ᄂᆞ니果有異於人乎잇가孟子ㅣ曰何以異於人哉오리堯舜도與人同耳시니라　瞯古莧反

儲子ㅣᄀᆞᆯ오ᄃᆡ王이人으로ᄒᆞ여곰夫子를瞯ᄒᆞ시ᄂᆞ니과연人에異ᄒᆞ욤이인ᄂᆞ니잇가孟子ㅣᄀᆞᆯᄋᆞ샤ᄃᆡ엇디ᄡᅥ人에異ᄒᆞ리오堯舜도人으로더브러同ᄒᆞ시니라

●儲子、齊人也、瞯、竊視也、聖人、亦人耳、豈有異於人哉、

新安陳氏曰孟子因有以異於人乎之問而答之曰我何以異於人哉雖堯舜亦與人同耳集註謂聖人亦人耳豈有異於人哉乃是釋堯舜與人同耳一句與孟子元文何以異於人哉所指不同矣堯舜所以與人同者非但形體之同其性善本與人不異惟聖人能盡其性常人每汩其性於是常人與聖人始懸絕耳舜堯與人同之說與人皆可以爲堯舜之說實相表裏但其意包涵而未盡使儲子再問難孟子必傾倒盡發之矣

備旨儲子謂孟子曰王使人竊瞯夫子果動靜之間有以異於人乎孟子曰我何以異於人哉我之所知人皆能知我之所行人皆能行與人原不異也豈但我無以異於人雖堯舜之聖亦與人同此動靜同此語默耳未嘗有異於人也夫堯舜且與人同況吾豈有以異於人乎然則王固無待於疑而瞯矣

○齊人이有一妻一妾而處室者ㅣ러니其良人이出則必饜酒肉而後에反이어ᄂᆞᆯ其妻ㅣ問所與飮食者則盡富貴也ㅣ러라其妻ㅣ

告其妾曰良人이出則必饜酒肉而後에反ᄒᆞᆯ시問其與飲食者ᄒᆞ니盡富貴也ㅣ로ᄃᆡ而未嘗有顯者來ᄒᆞ니吾將瞯良人之所之也호리라ᄒᆞ고蚤起ᄒᆞ야施從良人之所之ᄒᆞ니徧國中호ᄃᆡ無與立談者ㅣ러니卒之東郭墦間之祭者ᄒᆞ야乞其餘ᄒᆞ고不足이어든又顧而之他ᄒᆞ니此其爲饜足之道也ㅣ러라 其妻ㅣ歸告其妾曰良人者는所仰望而終身也ㅣ어늘今若此ㅣ라ᄒᆞ고與其妾으로訕其良人而相泣於中庭이어늘而良人이未之知也ᄒᆞ야施施從外來ᄒᆞ야驕其妻妾ᄒᆞ더라 施音迤又音異墦音燔施施如字

齊人人이一妻와一妾으로室에處ᄒᆞᆫ者ㅣ잇더니그良人이出ᄒᆞ면반ᄃᆞ시酒와肉을饜ᄒᆞᆫ後에反ᄒᆞ거ᄂᆞᆯ그妻ㅣ더블어飮食ᄒᆞᄂᆞᆫ밧者ᄅᆞᆯ무르면다富貴러라그妾ᄃᆞ려告ᄒᆞ야ᄀᆞᆯ오ᄃᆡ良人이出ᄒᆞ면반ᄃᆞ시酒와肉을饜ᄒᆞᆫ後에反ᄒᆞᆯ씨그더블어飮食ᄒᆞᄂᆞᆫ者ᄅᆞᆯ무르니다富貴로ᄃᆡ일쯕顯ᄒᆞᆫ者ㅣ來ᄒᆞ리잇디아니ᄒᆞ니내쟝ᄎᆞᆺ良人之ᄒᆞᄂᆞᆫ바ᄅᆞᆯ瞯호리라ᄒᆞ고일니러良人의가ᄂᆞᆫ바ᄅᆞᆯ施ᄒᆞ야從ᄒᆞ니國中에偏호ᄃᆡ더블어셔셔말ᄒᆞ리업더니ᄆᆞᄎᆞᆷ애東郭人墦間의祭ᄒᆞᄂᆞᆫᄃᆡ가그餘ᄅᆞᆯ乞ᄒᆞ고足디아니커든또顧ᄒᆞ야他의之ᄒᆞ니이그饜足ᄒᆞᄂᆞᆫ道ㅣ러라그妻ㅣ歸ᄒᆞ야 그妾ᄃᆞ려告ᄒᆞ야ᄀᆞᆯ

오ᄃᆡ良人은仰望ᄒᆞ야身을終ᄒᆞᆯ배어ᄂᆞᆯ이제 이러ᄐᆞᆺᄒᆞ다ᄒᆞ고그妾으로더브러그良人을訕ᄒᆞ고서로中庭에서 泣ᄒᆞ거ᄂᆞᆯ良人이아디몯ᄒᆞ야 施施히外로조차來ᄒᆞ야그妻妾을驕ᄒᆞ더라

● 章首、當有孟子曰字、瞷文也、良人、夫也、饜、飽也、顯者、富貴人也、施、邪施而行、不使良人知也、墦、冢也、顧、望也、訕、怨詈力智反也、施施、喜悅自得之貌、

〔備旨〕齊人有一妻一妾而同處室者則刑于之道不可以或苟也夫何良人每出於外惟徇口腹之欲則必饜酒肉而後反其妻問其所與飮食者彼則以爲盡出富貴之人也蓋以此欺其妻妾而謂其莫予察矣豈意其妻疑之而告其妾曰良人每出則必饜酒肉而後反及問其所與飮食者則曰盡富貴也夫有富貴者與之飮食則必有富貴者與之往來今未嘗有顯者來則向之言豈盡然乎吾將瞷良人所往之處以觀其所與飮食者果何人也於是蚤起邪施而行以從良人之所往但見徧國中之人無一與之相立而對談者而况於盡富貴之與乎及其卒也往之東郭墦間之祭者乞其所餘尙以爲未足又顧而之他望其祭者而往焉此其哀求無已向之所謂饜酒肉而後反者正得之以此道也其妻瞷其飮食之所自不勝含愧而歸告其妾曰良人者所仰望其修身立名以爲終身之託者也今觀其所爲乃饜足於墦間若此則終身之仰望孤矣於是與其妾怨詈其良人又悲所託之非人而相泣於中庭之內在良人猶未知其爲妻妾之所羞也復施施然喜悅自得從外而來若猶出於富貴之與以驕其妻妾焉寧不益重妻妾之羞哉齊人之徇人而喪己如此

由君子觀之컨댄 則人之所以求富貴利達者ㅣ 其妻妾이 不羞也而不相泣者ㅣ 幾希矣니라

君子로말미암아觀컨댄곧人의 써富貴利達을 求ᄒᆞᄂᆞᆫ밧者ㅣ 그妻와妾이羞티아니ᄒᆞ야서로泣디아니ᄒᆞᆫ者ㅣ 져그니라

●孟子、言自君子、而觀今之求富貴者、皆若此人耳、使其妻妾見之。不羞而泣者少矣、言可羞之甚也、○趙氏、曰言今之求富貴者、皆以枉曲之道、昏夜乞哀以求之、而以驕人於白日、與斯人、何以異哉、南軒張氏曰意孟子在齊適見此事以爲與世之求富貴者無異故載之驕妻妾者徒知以得爲貴而不知所以得之者可賤也妻妾知其可賤而已不知爲欲所蔽故耳○勉齋黃氏曰此章形容苟賤之態殊可賤惡然流俗滔滔務爲卑諂無所不至搖尾乞憐自少至老無一念不在是未得則愁憂窮蹙志氣苶然甘於不勝其小旣苟得則志得意滿驕親戚傲閭里侈然自視不勝其大可賤甚於乞墦而莫之覺也學者深明義利之辨充吾羞惡之心而養吾剛大之氣然後知孟子此言誠末俗之箴砭也(備旨)奈何天下之爲齊人者衆也由守義之君子觀之則今人之所以求富貴利達者進不以禮得不以道凡卑諂乞哀無所不至其情其態無異於乞墦之所爲也使其妻妾見之有不羞其所爲而不相泣者幾希矣此君子所以不願人之膏粱文繡而嚴義理之防以養吾剛大之氣也

原本備旨孟子集註卷之八終

原本備旨 孟子集註卷之九

萬章章句上

凡九章

萬章이問曰舜이往于田ᄒᆞ샤號泣于旻天ᄒᆞ시니何爲其號泣也ㅣ잇고

孟子ㅣ曰怨慕也ㅣ시니라 號平聲

萬章이묻ᄌᆞ와ᄀᆞᆯ오ᄃᆡ舜이田에往ᄒᆞ샤旻天에號ᄒᆞ야泣ᄒᆞ시니엇디그號ᄒᆞ야泣ᄒᆞ시니잇고孟子ㅣᄀᆞᆯᄋᆞ샤ᄃᆡ怨ᄒᆞ야慕ᄒᆞ시니라

●舜往于田、耕歷山時也、仁覆敷救反閔下、謂之旻天、號泣于旻天、呼去聲下同天而泣也、事見形甸反虞書大禹謨篇、書曰帝耕于歷山往于田日號泣于旻天于父母 怨慕、怨己之不得其親、而思慕也、

慶源輔氏曰父慈子孝理之常也何有於怨慕惟遭事之變故深思其所以不得於親之故而自怨咎其在我者有何罪戾而致然又思慕於親無頃刻忘必欲得親之歡心而後已此所謂怨慕也○新安陳氏曰怨慕二字眞得舜之心亦包盡一章之意怨非怨親怨己之不得乎親也慕則念念不忘而思其親也惟順於父母可以解憂以上言怨也人少則慕父母以下言慕也[備旨]萬章問曰嘗聞舜往于歷山耕田以事其親乃號泣于旻天不知舜處父母之間有何故而號泣也孟子告之曰聖人之心其悲也有感其哭也有懷舜惟不得乎親怨慕之切是以呼天號泣以鳴其不得己之心也

萬章이曰父母ㅣ愛之어시든喜而不忘ᄒᆞ고父母ㅣ惡之어시든勞而不

怨이니 然則舜은 怨乎ㅣ잇가 曰長息이 問於公明高曰舜이 往于田則吾ㅣ 既得聞命矣어니와 號泣于旻天과 于父母則吾不知也ㅣ로이다 公明高ㅣ 曰是는 非爾所知也ㅣ라ᄒᆞ니 夫公明高는 以孝子之心이 爲不若是恝이라 我는 竭力耕田ᄒᆞ야 共爲子職而已矣니 父母之不我愛는 於我何哉오ᄒᆞ니라 惡去聲夫音扶恝苦八反共平聲

萬章이ᄀᆞᆯ오ᄃᆡ父母ㅣ愛ᄒᆞ거시든喜ᄒᆞ야忘티아니ᄒᆞ고父母ㅣ惡ᄒᆞ거시든勞ᄒᆞ고怨티아니ᄒᆞᆯ꺼시니그러면舜은怨ᄒᆞ시니잇가ᄀᆞᆯᄋᆞ샤ᄃᆡ長息이公明高의게무러ᄀᆞᆯ오ᄃᆡ舜이田에往ᄒᆞ심ᄋᆞᆫ내이믜시러곰命을듣ᄌᆞ왓거니와旻天과父母의號ᄒᆞ야泣ᄒᆞ심ᄋᆞᆫ내아디몯ᄒᆞ노이다公明高ㅣᄀᆞᆯ오ᄃᆡ이ᄂᆞᆫ네의알빼아니라ᄒᆞ니公明高ᄂᆞᆫ뻐孝子의心이이러ᄐᆞ시恝티몯ᄒᆞᆯ꺼시라나ᄂᆞᆫ力을竭ᄒᆞ야田을耕ᄒᆞ야子職을共ᄒᆞᆯᄯᆞᄅᆞᆷ이니父母ㅣ날愛티아니ᄒᆞ심ᄋᆞᆫ내게므스거신고ᄒᆞ니라

● 長息、公明高弟子、公明高、曾子弟子、于父母、亦書辭、言呼父母而泣也、恝、無愁之貌、新安陳氏曰孟子推明公明高之意以爲孝子之心既不得乎親必不若是之恝然無愁也 於我何哉、自責不知己有何罪耳、非怨父母也、楊氏、曰非孟子、深知舜之心、不能爲此言、蓋舜惟恐不順於父母、未嘗自以爲孝也、若自以爲孝、則非孝矣、備旨萬章不悟孟子怨慕之言謂是怨親又問曰吾聞人子得乎親而父母愛之則喜而不忘蓋喜親之心與己一也如不得乎親而父

母惡之則勞而不敢怨蓋起敬之心不容已也今曰怨慕然則舜亦怨其親乎孟子曰吾所謂舜之怨慕者非怨親也
昔長息問於其師公明高曰舜往于田爲躬耕以養親也則吾旣得聞命於夫子矣然號泣于旻天以及於父母則吾
不知其何心也是長息亦疑舜之怨親也故公明高答之曰舜之號泣乃聖人孝子之用心有未易測者是非爾之所
知也吾推夫公明高之意以孝子之心不得乎親爲不若是恝然無愁以爲我竭力耕田不過其爲子職之常而已矣
今父母之不我愛必是子職猶未盡但不知於我子職有何罪以致此哉求其罪而不得此所以號天及父母而泣也
公明高所謂非爾所知者意蓋如此然則吾所謂怨慕者正怨己不得於親而思慕之也

帝ㅣ使其子九男二女로百官牛羊倉廩을備ᄒᆞ아以事舜於畎畝之中ᄒᆞ시니天下之士ㅣ多就之者ㅣ어늘帝ㅣ將胥天下而遷之焉이러시니爲不順於父母ㅣ라如窮人無所歸러시다 爲去聲

帝ㅣ그子九男과二女로ᄒᆞ여곰百官과牛羊과倉廩을備ᄒᆞ야ᄡᅥ舜을畎畝ㅅ가온대事ᄒᆞ시니天下읫士ㅣ就ᄒᆞᆫ者ㅣ하거늘帝ㅣ쟝ᄎᆞᆺ天下를胥ᄒᆞ야遷호려ᄒᆞ더시니父母ᄭᅴ順티몯ᄒᆞᆫ욤을爲ᄒᆞ신디라窮人이歸ᄒᆞᆯᄲᅢ업슨이ᄀᆞᆮ더시다

●帝、堯也、史記、云二女去聲妻之、以觀其內、觀其齊家九男事之、以觀其外、觀其治外○史記五帝紀舜年二十以孝聞三十而帝堯問可用者四岳咸薦虞舜曰可於是堯乃以二女妻舜以觀其內使九男與處以觀其外舜居潙汭內行彌謹堯二女不敢以貴驕事舜親戚甚有婦道堯九男皆益篤○朱子曰二女娥皇女英也蓋夫婦之間隱微之際正始之道所繫尤重故觀人者於此爲尤切○雙峯饒氏曰觀者衆人之所共見以天子二女來爲頑嚚傲之間看他如何處置二女和則是處置得是九男皆帝子亦難處若處之得其道亦自安百官只是百司如後世典籤涓人之類 又言一年、所居成聚、廣雅云聚居也音慈喩反 漢書音義云小於鄕曰聚二年成邑、三年成都、是、天下之士、就

之也、胥、相去聲視也、遷之、移以與之也、如窮人之無所歸、言其怨慕迫切之甚也、

雲峯胡氏曰如窮人無所歸六字譬喻最形容得舜之情不得以自達身不得以自安心不得以自釋其爲怨慕迫切之甚可知雖然舜之怨慕豈但躬耕歷山之時爲然哉當玄德升聞之日帝堯使其子九男事之於外二女事之於內列之百官給之牛羊委之倉廩無一不備以事舜於畎畝之中其供奉之侈何如也且其所居始而成聚繼而成邑成都天下之士慕其德而多就之者其人心之附何如也帝堯知其德之可禪將以舜攝天子之事與之胥視乎天下而終遂遷以與之焉其所遇之隆又何如也而舜特以不順於父母之故身不自安心不自遂如窮人無所歸而不勝怨慕之甚也

天下之士ㅣ悅之ᄂᆞᆫ人之所欲也ㅣ어ᄂᆞᆯ而不足以解憂ᄒᆞ시며好色은人之所欲이어ᄂᆞᆯ妻帝之二女ᄒᆞ샤ᄃᆡ而不足以解憂ᄒᆞ시며富ᄂᆞᆫ人之所欲이어ᄂᆞᆯ富有天下ᄒᆞ샤ᄃᆡ而不足以解憂ᄒᆞ시며貴ᄂᆞᆫ人之所欲이어ᄂᆞᆯ貴爲天子ᄒᆞ샤ᄃᆡ而不足以解憂ᄒᆞ시나人悅之와好色과富貴예無足以解憂者ㅣ오惟順於父母ㅣ라아可以解憂ㅣ러시다

天下읫士ㅣ悅ᄒᆞ욤은사ᄅᆞᆷ의欲ᄒᆞᄂᆞᆫ배어ᄂᆞᆯ足히ᄡᅧ憂ᄅᆞᆯ解티몯ᄒᆞ시며됴ᄒᆞᆫ色은사ᄅᆞᆷ의欲ᄒᆞᄂᆞᆫ배어ᄂᆞᆯ帝의二女ᄅᆞᆯ妻ᄒᆞ샤ᄃᆡ足히ᄡᅧ憂ᄅᆞᆯ解티몯ᄒᆞ시며富ᄂᆞᆫ사ᄅᆞᆷ의欲ᄒᆞᄂᆞᆫ배어ᄂᆞᆯ富ᄅᆞᆫ天下ᄅᆞᆯ두샤ᄃᆡ足하ᄡᅧ憂ᄅᆞᆯ解티몯ᄒᆞ시며貴ᄂᆞᆫ사ᄅᆞᆷ의欲ᄒᆞᄂᆞᆫ배어ᄂᆞᆯ貴ᄅᆞᆫ天子ㅣ되샤ᄃᆡ足히ᄡᅧ憂ᄅᆞᆯ解티몯ᄒᆞ시니사ᄅᆞᆷ이悅ᄒᆞᆷ과됴ᄒᆞᆫ色과富와貴예足히ᄡᅧ憂ᄅᆞᆯ解ᄒᆞᆯ꺼시업고오직父母ᄭᅴ順ᄒᆞ야아可히ᄡᅧ憂ᄅᆞᆯ解ᄒᆞ리러시다

●孟子、推舜之心如此、以解上文之意、極天下之欲、不足以解憂、而惟順於父母、可以解憂、孟子、眞知舜之心哉、慶源輔氏曰上文是說舜之實事此又孟子推述舜之心以解上文之意言舜之心事實有如此者耳舉天下之所欲不足以觧憂者所性不存焉故也惟順於父母可以解憂者性之不可離而亦不可以不盡也〔備旨〕如窮人無所歸舜心之憂甚矣其如何以解之哉天下之士悅之人情之所欲也舜則得士之多就而不足以解其憂好色人情之所欲也舜則妻帝堯之二女而不足以解其憂富者人情之所欲也舜則富有天下之養而不足以解其憂貴者人情之所欲也舜則貴爲天子之尊而不足以解其憂夫人之有憂每以得所欲而解也今也人悅之好色富貴舉無足以觧憂者然必如何而後憂可解哉則亦惟順於父母諭親於道而得其歡心而後可以觧其窮人之憂耳其怨慕之心果何如哉

人이少則慕父母ᄒᆞ다가知好色則慕少艾ᄒᆞ고有妻子則慕妻子ᄒᆞ고仕則慕君ᄒᆞ고不得於君則熱中이니大孝ᄂᆞᆫ終身慕父母ᄒᆞᄂᆞ니五十而慕者ᄅᆞᆯ予於大舜애見之矣로라 少好皆去聲

사ᄅᆞᆷ이少ᄒᆞ야셔ᄂᆞᆫ父母ᄅᆞᆯ慕ᄒᆞ다가色好ᄒᆞᆷ을알면少艾ᄅᆞᆯ慕ᄒᆞ고妻子ᄅᆞᆯ두면妻子ᄅᆞᆯ慕ᄒᆞ고仕ᄒᆞ면君을慕ᄒᆞ고君에得디몯ᄒᆞ면中을熱ᄒᆞᄂᆞ니大孝ᄂᆞᆫ身이終토록父母ᄅᆞᆯ慕ᄒᆞᄂᆞ니五十이오慕ᄒᆞᄂᆞᆫ者ᄅᆞᆯ내大舜에보완노라

●言常人之情、因物有遷、釋人少至熱中惟聖人、爲能不失其本心也、釋終身慕父母艾、美好也、楚詞戰國策、所謂幼艾、義與此同、楚辭九歌大司命篇慫長劒兮擁幼艾蓀獨宜兮爲民正慫息拱反○戰國策趙孝成王篇公子魏牟過趙趙王迎之顧反至坐前有尺帛且令工人以爲冠王見客來也因避趙王曰願聞所以爲天下魏牟曰王能重王之國若此尺帛則國大治矣趙王不悅曰寡人豈敢輕國若此魏牟曰請爲王說之王有此尺帛何不令前郎中以爲冠王曰郎中不知爲冠魏牟曰爲冠而敗之奚虧

於王之國而王必待工而后乃使之今爲天下之工或非也社稷爲虛器先王不血食而干不以予工乃與幼艾

不得、失意也、熱中、躁急心熱也、言五十者、舜攝政時、年五十也、五十而慕、則其終身慕、可知矣○此章、言舜不以得衆人之所欲爲已樂、音洛而以不順乎親之心、爲己憂、非聖人之盡性、其孰能之、

慶源輔氏曰心纔有一毫物欲之累而於其親有一毫之不順則於吾固有之性便有不盡處能盡其性則能不失其本心而爲人倫之至也○西山眞氏曰五十始衰聖人純孝之心則不以老而衰惟充極其天性之至孝而無一毫之不盡所以能如此○雙峯饒氏曰如孝便十分孝弟便十分弟忠便十分忠皆是盡性○新安陳氏曰常人變於私情所以汩其性聖人無私情之累所以盡其性孟子言此是以過人欲擴天理也備旨舜之怨慕如此豈常情所可及哉彼人少之時外慕未生則所慕者惟父母而已及知好色則移慕父母之心以慕少艾有妻子則移慕父母之心以慕妻子至於出仕則移慕父母之心以慕君也不得於君則躁急心熱於中矣常情大都如此此所以鮮能盡孝也惟大孝之人終身不失赤子之心愛慕父母不爲物欲所奪其誰能之乎彼年至五十諸境備歷而猶慕父母者予於大舜見之矣蓋五十而慕則終身慕矣此舜之所以爲大孝也焉有大孝而怨其親者耶

○萬章이問曰詩云娶妻如之何오必告父母ㅣ라ᄒᆞ니信斯言也ㅣ댄宜莫如舜이어시니舜之不告而娶는何也ㅣ잇고孟子ㅣ曰告則不得娶ᄒᆞ시리니男女居室은人之大倫也ㅣ니如告則廢人之大倫ᄒᆞ야以懟父母ㅣ라是以不告也ㅣ시니라　懟直類反

萬章이묻ᄌᆞ와ᄀᆞᆯ오ᄃᆡ詩예닐오ᄃᆡ妻ᄅᆞᆯ娶ᄒᆞ욤을엇디ᄒᆞ료반ᄃᆞ시父母ᄭᅴ告ᄒᆞᆯ꺼시라ᄒᆞ니진실로이말일딘댄맛당히舜ᄀᆞᄐᆞ니이업거시니舜의告티아니ᄒᆞ고娶ᄒᆞ심은엇디니잇고孟子ㅣᄀᆞᆯᄋᆞ샤ᄃᆡ告ᄒᆞ면娶ᄒᆞᆷ을得디몯ᄒᆞ시리니男女ㅣ室에居ᄒᆞ욤은

人의큰倫이니만일告ᄒᆞ면사ᄅᆞᆷ의큰倫을廢ᄒᆞ야ᄡᅧ父母ᄭᅴ懟ᄒᆞᆯ띠라일로ᄡᅧ告티아니ᄒᆞ시니라

● 詩、齊國風南山之篇也、信、誠也、誠如此詩之言也、懟、讎怨也、舜、父頑母嚚、(音銀)常欲害舜、告則不聽其娶、是、廢人之大倫、以讎怨於父母也、東陽許氏曰懟父母言人之常情也爲廢大倫則雖子亦不免有讎怨父母之心舜固非懟父母者然告則必廢大倫故不告也此聖人善處變事處 備旨 萬章問曰齊風南山之詩有云娶妻當如之何必告於父母夫經所以載道聖人所以體道信如詩之所言也則能盡此道者宜莫如舜矣乃舜之不告而娶此何說也孟子曰告而後娶者禮之常也而舜之所處則人倫之變蓋舜父頑母嚚告則必爲父母所阻而不得娶矣夫娶禮行而後男女有居室男女有居室而後因有繼嗣此乃人之大倫不可廢也如告而不得娶則廢人之大倫徒取讎怨於父母而已是以通之以權寧不告以全大倫而亦不至懟其親也此舜之所以不告而娶也

萬章이 曰舜之不告而娶則吾ㅣ 旣得聞命矣어니와 帝之妻舜而不告는 何也ㅣ잇고 曰帝亦知告焉則不得妻也ㅣ시니라 (妻去聲)

萬章이ᄀᆞᆯ오ᄃᆡ舜의告티아니ᄒᆞ고娶ᄒᆞ심은내이믜시러곰命을듣ᄌᆞ왓거니와帝의舜을妻ᄒᆞ샤ᄃᆡ 告티아니ᄒᆞ심은엇디니잇고ᄀᆞᆯᄋᆞ샤ᄃᆡ 帝ㅣ ᄯᅩᄒᆞᆫ告ᄒᆞ면妻홈을得디몯ᄒᆞᆯ쭐ᄅᆞᆯ아ᄅᆞ시니라

● 以女、爲人妻(如字)曰妻、(去聲下同)程子、曰堯、妻舜而不告者、以君治之而已、如今之官府、治民之私者、亦多、慶源輔氏曰謂以君命治之不容瞽瞍之不聽也官府治民之私或有理法當然而牽於私不肯然者則官司以法治之必使之然也 備旨 萬章又問曰舜之不告而娶以告則不得娶

也則吾旣得聞命矣當時帝堯以女妻舜據人情之常亦當告於舜之父母而使知之乃亦不告此又何說也孟子曰帝亦知告焉則不得妻也蓋告之而父母有違言則舜必不肯違親之命而帝亦難於强舜矣故帝但以君治之可妻則妻而不問舜之告與不告親之知與不知也

萬章이曰父母ㅣ使舜으로完廩捐階ᄒᆞ고瞽瞍ㅣ焚廩ᄒᆞ며使浚井ᄒᆞ야出커시ᄂᆞᆯ從而揜之ᄒᆞ고象이曰謨蓋都君은咸我績이니牛羊父母ㅣ오倉廩父母ㅣ오干戈朕이오琴朕이오弤朕이오二嫂란使治朕棲호리라ᄒᆞ고象이往入舜宮ᄒᆞᆫ대舜이在牀琴이어시ᄂᆞᆯ象이曰鬱陶思君爾라ᄒᆞ고忸怩ᄒᆞᆫ대舜이曰惟玆臣庶를汝其于予治라ᄒᆞ시니不識게이다舜이不知象之將殺己與ㅣ잇가曰奚而不知也ㅣ시라오象憂亦憂ᄒᆞ시고象喜亦喜ᄒᆞ시니라

弤都禮反忸女六反怩音尼與平聲

萬章이ᄀᆞᆯ오ᄃᆡ父母ㅣ舜으로ᄒᆞ여곰廩을完ᄒᆞ라ᄒᆞ고階ᄂᆞᆫ捐ᄒᆞ고瞽瞍ㅣ廩을焚ᄒᆞ며ᄒᆞ여곰井을浚ᄒᆞ라ᄒᆞ야出커시ᄂᆞᆯ조차揜ᄒᆞ고象이ᄀᆞᆯ오ᄃᆡ都君을謨ᄒᆞ야蓋ᄒᆞᆷ은다내績이니牛羊으란父母ᄒᆞ고倉廩으란父母ᄒᆞ고干戈란朕ᄒᆞ고琴으란朕ᄒᆞ고弤란朕ᄒᆞ고二嫂란ᄒᆞ여곰朕의棲ᄅᆞᆯ治케호리라ᄒᆞ고象이往ᄒᆞ야舜ㅅ宮에入ᄒᆞᆫ대舜이牀에겨샤琴ᄒᆞ거시ᄂᆞᆯ象이ᄀᆞᆯ오ᄃᆡ鬱陶히君을思호라ᄒᆞ고忸怩ᄒᆞᆫ대舜이ᄀᆞᆯᄋᆞ샤ᄃᆡ이臣庶ᄅᆞᆯ네그내게治ᄒᆞ라ᄒᆞ시니아디몯게이다舜이象의쟝ᄎᆞᆺ己ᄅᆞᆯ殺호려ᄒᆞᆷ

을아디몯ᄒᆞ시니잇가골ᄋᆞ샤ᄃᆡ엇디아디몯ᄒᆞ시리오象이憂ᄒᆞ거든ᄯᅩᄒᆞᆫ憂ᄒᆞ시고
象이喜ᄒᆞ야든ᄯᅩᄒᆞᆫ喜ᄒᆞ시니라

●完、治也、(甫全之)捐、去(上聲)也、階、梯也、揜、蓋也、按史記、曰使舜、上(時掌反)塗廩、瞽瞍、從下縱火焚廩、舜、乃以兩笠、自捍(音汗)而下去、得不死、後又使舜、穿井、舜、穿井爲匿空旁(音孔)出、(匿空隱匿之孔穴也)舜既入深、瞽瞍與象、共下土實井、舜、從匿空中出去、即其事也、象、舜、異母弟也、謨、謀也、蓋、蓋井也、舜所居、三年成都故、謂之都君、咸、皆也、績、功也、舜既入井、象、不知舜已出、欲以殺舜、爲己功也、干、盾(樹尹反)也、戈、戟也、(周禮司兵掌五兵五楯鄭云五楯干櫓之屬禮圖云今之三鋒戟也內長四寸半胡長六寸以其與戈相類故云戈戟也)琴、舜所彈五弦琴也、弤、琱(丁聊反)弓也、(通鑑外紀云舜彈五弦之琴歌南風之詩琱弓漆赤弓尙書彤弓是也)象、欲以舜之牛羊、倉廩、與父母、而自取此物也、二嫂、堯二女也、棲、牀也、象、欲使爲己妻也、象、往舜宮、欲分取所有、見舜、生在牀彈琴、蓋既出、即潛歸其宮也、鬱陶、思之甚、而氣不得伸也、象、言已思君之甚故、來見爾、忸怩、慙色也、臣庶、謂其百官也、象素憎舜、不至其宮故、舜見其來而喜、使之治其臣庶也、孟子、言舜、非不知其將殺己、但見其憂則憂、見其喜則喜、兄弟之情、自有所不能已耳、萬章所言、其有無、不可知、然、舜之心、則孟子、有以知之矣、他亦不足辨也、程子、曰象憂亦憂、象喜亦喜、人情天理、於是爲至、(程子曰萬章言舜完廩浚井之說恐未必有此事論其理而已堯在上而)

使百官事舜於畎畝之中豈容象得以殺兄而使二嫂治其棲乎學孟子者以意逆志可也○南軒張氏曰象之憂疾舜而謀害之也舜亦憂者憂己何以使象至此也象之喜者彼云思君而以喜來舜固不逆其詐亦從而爲之喜也憂也亦憂喜也亦喜是其心與之爲一親之愛之不知其他此仁人之於弟天理人情之至也象憂而舜漠然不以爲憂象喜而舜疑之不以爲喜則在我之誠先不篤矣豈聖人之心也哉○慶源輔氏曰象日以殺舜爲事肆人欲以絶兄弟之情者也象憂亦憂象喜亦喜順天理以見兄弟之情者也象之人欲雖熾舜之天理常存卒之象不格姦而源源以來則舜之天理化其人欲而消之矣○西山眞氏曰象欲殺舜其迹甚明舜豈不知然見其憂則憂見其喜則喜略無一毫芥滯於其中後世骨肉之間小有疑隙則嫌猜萬端惟恐發之不早除之不亟至此然後知聖人之心與天同量也世儒疑堯在上二女嬪虞象無敢殺舜之理不知孟子但論舜之心使其有是處之不過如此豈必眞有是哉○雙峯饒氏曰完廩浚井事儻無則不告而娶亦焉知其非無孟子於此不辨下章咸丘蒙之問孟子却責之蓋下章是說舜身上事舜爲天子不受堯與瞽瞍之朝此決然之理此章說象與瞽瞍之事容或有之是以不辨大凡看書大意如前章重在爲不順於父母如窮人無所歸兩句此章重在象憂亦憂象喜亦喜兩句【備旨】萬章又曰舜處父母之變固子道之所難而其處兄弟之變亦有非常情可測者聞舜之父母偏愛少子聽象之言使舜完廩及舜登廩捐去其階梯瞽瞍遂縱火焚廩此雖父母之命實象之謀也後又使舜浚井欲陷之於井也而不知舜從匿空旁出瞽瞍與象從而下土以揜之此雖父母之使亦象之謀也象乃自誇其功曰謨謀以蓋都君咸我之功績凡都君之所有父母當與我共之如牛羊則歸父母倉廩則歸父母如干戈則歸朕琴亦歸朕弤亦歸朕二嫂則使治朕棲於是象往入舜所居之宮以分取所有而舜已歸在牀彈琴象見舜遂飾辭以自文曰我因思君鬱陶之甚是以來見爾然能僞於其言而不能僞於其色終不免於忸怩焉舜見其來而喜曰惟玆臣庶爾其于予治之觀斯言也不識舜不知象之將殺己而如是其喜與孟子曰象之欲殺舜也其迹甚明以舜之濬哲奚爲而不知也但聖人愛弟之心異於常情故見象之憂也則亦感之而俱憂見象之喜也則亦感之而俱喜彼臣庶于治之言亦因其鬱陶思君之喜而喜之耳所謂兄弟之情自有所不能已也

曰然則舜은僞喜者與잇가曰否ㅣ라昔者애有饋生魚於鄭子產이어늘子產이使校人으로畜之池ᄒᆞᆫ대校人이烹之ᄒᆞ고反命曰始舍之ᄒᆞ니圉

焉이러니 少則洋洋焉ᄒᆞ야 攸然而逝ᄒᆞ더이다 子産이 曰得其所哉ᄂᆞ뎌 得其所哉ᄂᆞ뎌ᄒᆞ야ᄂᆞᆯ 校人이 出曰孰謂子産을 智오 予既烹而食之호니 曰得其所哉ᄂᆞ뎌 得其所哉ᄂᆞ뎌ᄒᆞ니 故로 君子ᄂᆞᆫ 可欺以其方이어니와 難罔以非其道ㅣ니 彼以愛兄之道로 來故로 誠信而喜之시니 奚僞焉이시리오 與平聲 校音效又音敎 畜許六反

ᄀᆞᆯ오ᄃᆡ 그러면 舜은 거즛 喜ᄒᆞ신 者ㅣ시니잇가 ᄀᆞᆯ으샤ᄃᆡ 아니라 昔에 生魚를 鄭子産의게 饋ᄒᆞ리 잇거ᄂᆞᆯ 子産이 校人으로ᄒᆞ여곰 池에 畜ᄒᆞ라 ᄒᆞᆫ대 校人이 烹ᄒᆞ고 命을 反ᄒᆞ야 ᄀᆞᆯ오ᄃᆡ 비로소 舍ᄒᆞ니 圉圉ᄒᆞ더니 이윽ᄒᆞ야ᄂᆞᆫ 洋洋ᄒᆞ야 攸然히 逝ᄒᆞ더이다 子産이 ᄀᆞᆯ오ᄃᆡ 그 所를 得ᄒᆞᆫ뎌 그 所를 得ᄒᆞᆫ뎌ᄒᆞ야ᄂᆞᆯ 校人이 出ᄒᆞ야 ᄀᆞᆯ오ᄃᆡ 뉘 子産을 닐오ᄃᆡ 智타 ᄒᆞ더뇨 내 임의 烹ᄒᆞ야 食호니 ᄀᆞᆯ오ᄃᆡ 그 所를 得ᄒᆞᆫ뎌 그 所를 得ᄒᆞᆫ뎌ᄒᆞ고녀ᄒᆞ니 故로 君子ᄂᆞᆫ 可히 그 方으로ᄡᅥ 欺ᄒᆞ려니와 그 道아닌 거ᄉᆞ로ᄡᅥ 罔ᄒᆞ옴은 難ᄒᆞ니 뎌 兄愛ᄒᆞᄂᆞᆫ 道로ᄡᅥ 來ᄒᆞᆫ 故로 誠信으로 喜ᄒᆞ시니 엇디 거즛ᄒᆞ시리오

●校人、主池沼小吏也、圉圉、困而未紓音舒之貌、洋洋、則稍縱矣、攸然而逝者、自得而遠去也、方、亦道也、罔、蒙蔽也、欺以其方、謂誑古況反之以理之所有、罔以非其道、謂昧之以理之所無、象、以愛兄之道來、所謂欺之以其方也、舜本不知其僞故、實喜之、何僞之有○此章、又言舜、遭人倫之變、而不失天理之常也、新安陳氏曰不失天理之常則終可以回人倫之變矣不格姦底豫之餘人倫豈終變也哉○東陽許氏曰魚入水有攸然而逝之理弟有思兄鬱陶之理故子產與舜皆信之舜之愛弟自天性況象又以愛兄之道來感之乎

[備旨]萬章又問曰舜既知象之將殺己然則舜其僞爲喜而然與孟子曰聖人本無僞而況處兄弟之間乎謂舜僞喜者否也彼其所以喜象者亦信其理耳昔者有饋生魚於鄭子產子產使校人畜之池校人不用其命烹而食之乃飾辭反命曰始吾之舍是魚也見其圉圉焉方困而未舒也少頃則洋洋焉而稍縱矣由是攸然而逝自得而遠去也子產喜而發嘆曰魚以得水爲所今攸然而逝誠得其所哉校人出而語人曰人皆謂子產智矣以今觀之孰謂子產智哉彼使我所畜之魚予既烹而食之矣乃信吾言而喜曰得其所哉得其所哉其不善料事如此焉得爲智乎由子產此事觀之故凡君子雖有作哲之明可欺以其方爲理之所有雖無逆詐之意難罔以非其道爲理之所無彼象以愛兄之道來是欺以其方者也故誠信而喜之以臣庶之治與之也奚有僞焉乎哉

○萬章이問曰象이日以殺舜爲事ㅣ어늘立爲天子則放之는何也ㅣ잇고孟子ㅣ曰封之也ㅣ어시늘或曰放焉이라ᄒᆞ니라

萬章이 묻ᄌᆞ와 ᄀᆞᆯ오ᄃᆡ 象이 날로 舜殺ᄒᆞ욤으로ᄡᅥ事ᄅᆞᆯ삼거ᄂᆞᆯ立ᄒᆞ야天子ㅣ되샤ᄂᆞᆫ 放ᄒᆞ심은 엇디 잇고 孟子ㅣ ᄀᆞᆯᄋᆞ샤ᄃᆡ 封ᄒᆞ야시ᄂᆞᆯ或이 ᄀᆞᆯ오ᄃᆡ 放ᄒᆞ다ᄒᆞ니라

●放、猶置也、置之於此、使不得去也、萬章、疑舜、何不誅之、孟子、言舜實封之、而或者、誤以爲放也、

[備旨]萬章問曰象之謀舜也焚廩未遂浚井繼之蓋日以殺舜爲事及舜既立爲天子親操生殺之權即誅之亦不爲過而乃止於放之何也孟子曰舜實以爵土封之也而或者謬以爲放焉是放且不忍而況於誅之乎

萬章이曰舜이流共工于幽州ᄒᆞ시고放驩兜于崇山ᄒᆞ시고殺三苗于

三危ᄒᆞ시고 殛鯀于羽山ᄒᆞ사 四罪ᄒᆞ신대 而天下ㅣ 咸服은 誅不仁也ㅣ니 象이 至不仁이어ᄂᆞᆯ 封之有庳ᄒᆞ시니 有庳之人은 奚罪焉고 仁人도 固如是乎ㅣ잇가 在他人則誅之ᄒᆞ고 在弟則封之온여 曰仁人之於弟也애 不藏怒焉ᄒᆞ며 不宿怨焉이오 親愛之而已矣니 親之란 欲其貴也ㅣ오 愛之란 欲其富也ㅣ니 封之有庳ᄂᆞᆫ 富貴之也ㅣ시니 身爲天子ㅣ오 弟爲匹夫ㅣ면 可謂親愛之乎아 (庳音鼻)

萬章이ᄀᆞᆯ오ᄃᆡ 舜이 共工을 幽州예 流ᄒᆞ시고 驩兜를 崇山에 放ᄒᆞ시고 三苗를 三危예 殺ᄒᆞ시고 鯀을 羽山에 殛ᄒᆞ샤 四를 罪ᄒᆞ신대 天下ㅣ 다 服ᄒᆞ욤은 不仁을 誅ᄒᆞ심이니 象이 지극이 仁티 아니ᄒᆞ거ᄂᆞᆯ 有庳예 封ᄒᆞ시니 有庳人은 므슴 罪오 仁人도 진실로 이ᄀᆞᄐᆞᆫ이 잇가 他人에 이시면 誅ᄒᆞ고 弟예 이시면 封ᄒᆞ곤여 ᄀᆞᆯᄋᆞ샤ᄃᆡ 仁人이 弟의게 怒를 藏티 아니ᄒᆞ며 怨을 宿디 아니ᄒᆞ고 親ᄒᆞ며 愛ᄒᆞᆯ ᄯᆞᄅᆞᆷ이니 親ᄒᆞ야란 그 貴콰뎌 ᄒᆞ고 愛ᄒᆞ야란 그 富콰뎌 ᄒᆞᄂᆞ니 有庳예 封ᄒᆞ욤은 富貴케 ᄒᆞ심이니 身이 天子ㅣ 되고 弟ㅣ 匹夫ㅣ 되면 可히 親愛ᄒᆞᆫ다 니ᄅᆞ랴

● 流、徙也、共(音恭)工、官名、驩兜、人名、二人、比(毗至反)周、相與爲黨、三苗、國名、負固不服、殺、殺其君也、殛、誅也、鯀、禹父名、方命圮(部鄙反)族、治水無功、(新安倪氏曰方命圮族見書堯與爲方命者逆上命而不行也圮敗族類言與衆不和傷人害物也)皆不仁之人也 幽州、崇山、三危、羽山、有庳 皆地名也、(趙氏曰幽州北裔之地舜分冀北爲幽州崇山南裔之山在今澧州慈利縣三危西裔之地禹貢在雍州或以爲燉煌未詳羽山東裔之山在今海州朐山縣)或曰今道州鼻亭、即有庳之地也 未知是否、(漢書顔師古註云有庳在零陵今鼻亭是也) 萬章、疑舜不當封象、使彼有庳之民、無罪而遭象之虐、非仁人之心也、藏怒、謂藏匿其怒、宿怨、謂留蓄其怨、(雙峯饒氏曰仁人之於弟雖有怒亦不藏之雖有怨亦不留之少間便釋然親之欲其親近於我貴之是也愛之欲其得遂所欲富之是也)

(備旨)萬章又問曰舜之爲天子也嘗流共工之靜言庸違者於幽州放驩兜之比周爲黨者於崇山殺三苗之負固不服者於三危殛鯀之方命圮族者於羽山誅此四罪而天下咸服其公以其所誅者不仁也彼象至不仁其罪豈在四凶之下哉顧不以誅四凶者誅之而反封之有庳有庳之人果何罪而獨遭象之虐焉仁人之用心固如是乎在他人之不仁則誅之以除害在弟之不仁則封之以貽害乎孟子曰弟與他人原不同仁人之於弟也弟雖可怒忘之而不藏其怒焉弟雖可怨忘之而不宿其怨焉亦惟曰親之而已矣親之而不忍其賤則欲其貴也愛之而不忍其貧則欲其富也昔舜封象於有庳正富之貴之也苟身爲天子旣富而且貴矣而弟爲匹夫乃貧而且賤焉可謂親愛之乎此舜之封象所以爲仁人也又安得與四凶例論哉

敢問或曰放者는何謂也ㅣ잇고 曰象이不得有爲於其國ᄒᆞ고 天子ㅣ使吏로治其國而納其貢稅焉ᄒᆞ니故로 謂之放이니 豈得暴彼民哉리오 雖然이나 欲常常而見之故로 源源而來ᄒᆞ니 不及貢ᄒᆞ야 以政接于有庳라ᄒᆞ니 此之謂也ㅣ니라

敢히묻ᄌᆞᆸ노이다或이ᄀᆞᆯ오ᄃᆡ放타ᄒᆞ욤은엇디닐옴이니잇고ᄀᆞᆯᄋᆞ샤ᄃᆡ象이시러곰그國에ᄒᆞ욤이잇디몯ᄒᆞ고天子ㅣ吏로ᄒᆞ여곰그 國을治ᄒᆞ고 그貢稅ᄅᆞᆯ納게ᄒᆞ니故로放이라니ᄅᆞ니엇디시러곰 뎌民을暴ᄒᆞ 리오비록그러나常常히보고쟈ᄒᆞ신故로源源히來ᄒᆞ니貢에及디아니ᄒᆞ야셔政 으로써有庳ᄅᆞᆯ接다 ᄒᆞ니이ᄅᆞᆯ닐음이니라

●孟子、言象、雖封爲有庳之君、然、 不得治其國、天子、使吏代之、 治而納其所收之貢稅、於象、有似於放故 或者以爲放也、蓋象、至不仁、處(上聲)之如此、則旣不失吾親愛之心、而彼亦不得虐有庳之民也、源源、若水之相繼也、來、謂來朝(音潮下同)覲也、不及貢 以政接于有庳、謂不待及諸侯朝貢之期、而以政事、接見有庳之君、蓋古書之辭、(新安陳氏曰以此之謂也四字觀之知其爲古書之辭) 而孟子、引以證源源而來之意、見(形甸反) 其親愛之無已、 如此也、○吳氏、曰言聖人、不以公義、廢私恩、 亦不以私恩、害公義、舜之於象、仁之至義之盡也、(朱子曰封之有庳富貴之是不以公義廢私恩所以爲仁之至使吏治其國納貢賦而不得肆暴是不以私恩害公義所以爲義之盡後世如漢文之於淮南景帝之於梁王始則縱之太過不得謂之仁後又窘治之甚不得謂之義皆兩失之○南軒張氏曰舜之處象可謂盡矣象雖不道而吾之弟也仁人之於弟親愛之而已矣或曰周公之於管蔡如之何蓋管蔡挾武庚以叛變在廟社孽在生民周公爲國弭亂也象之欲殺舜其事在舜之身耳固不同也舜與周公易地則皆然蓋其存心爲天理人情之至則一也)

■萬章又問曰封與放本異也舜之於象旣實封之矣而或者顧以爲放何謂也孟子曰以封爲放亦以迹之似耳蓋象雖封爲有庳之君而不得專有爲於其國天子使吏代治其國而國人但納其貢稅於象焉此實封之也其迹似放故或人誤謂之放也如此則政權不操無以爲作威之地而象豈得暴彼有庳之民哉子謂有庳之人奚罪者亦可以無惑矣雖然舜之心猶有在也蓋其愛弟之心無己欲常常而屢見之乃使吏治其國故象得以源源而來也古書有云不待諸侯朝貢之期以政事接見有庳之君此正欲常常而見之故源源而來之謂也是舜之封象固所以爲仁而使吏代之治亦孰非所以成其仁

哉彼謂之放者亦不諒聖心者矣

○咸丘蒙이問曰語에云盛德之士는君不得而臣ᄒᆞ며父不得而子ㅣ라ᄒᆞ니舜이南面而立이어시ᄂᆞᆯ堯ㅣ帥諸侯ᄒᆞ야北面而朝之ᄒᆞ시고瞽瞍ㅣ亦北面而朝之어ᄂᆞᆯ舜이見瞽瞍ᄒᆞ시고其容이有蹙이라ᄒᆞ야ᄂᆞᆯ孔子ㅣ曰於斯時也에天下ㅣ殆哉岌岌乎ᄒᆞᆫ뎌ᄒᆞ시니不識게이다此語ㅣ誠然乎哉잇가孟子ㅣ曰否ㅣ라此非君子之言이라齊東野人之語也ㅣ라堯ㅣ老而舜이攝也ㅣ러시니堯典에曰二十有八載에放勳이乃徂落커시ᄂᆞᆯ百姓은如喪考妣三年ᄒᆞ고四海는遏密八音이라ᄒᆞ며孔子ㅣ曰天無二日이오民無二王이라ᄒᆞ시니舜이旣爲天子矣오又帥天下諸侯ᄒᆞ야以爲堯三年喪이면是는二天子矣니라 朝音潮岌魚及反

咸丘蒙이묻ᄌᆞ와ᄀᆞᆯ오ᄃᆡ語에닐오ᄃᆡ盛德엣士ᄂᆞᆫ君이시러곰臣티몯ᄒᆞ며父ㅣ시러곰子티몯ᄒᆞᄂᆞᆫ디라舜이南面ᄒᆞ야立ᄒᆞ얏거시ᄂᆞᆯ堯ㅣ諸侯를帥ᄒᆞ야北面ᄒᆞ야朝ᄒᆞ시고瞽瞍ㅣ또北面ᄒᆞ야朝ᄒᆞ거ᄂᆞᆯ舜이瞽瞍를보시고그容이蹙홈이잇다ᄒᆞ야ᄂᆞᆯ孔子ㅣᄀᆞᆯᄋᆞ샤ᄃᆡ이時예天下ㅣ殆ᄒᆞ다 岌岌ᄒᆞᆫ뎌ᄒᆞ시니 아디몯게이다이말ᄉᆞᆷ이진실로그리ᄒᆞ니잇가孟子ㅣ ᄀᆞᆯᄋᆞ샤ᄃᆡ아니라이君子의言이아니라齊人동 녁人의語ㅣ라堯ㅣ老ᄒᆞ심애舜이攝ᄒᆞ더시니堯典에ᄀᆞᆯ오ᄃᆡ二十이오ᄯᅩ八載에放勳이徂落커시ᄂᆞᆯ百姓은考妣를喪홈ᄀᆞᆮ티ᄒᆞ욤을三年ᄒᆞ고四海ᄂᆞᆫ八音을遏密타ᄒᆞ며孔子ㅣᄀᆞᆯᄋᆞ샤ᄃᆡ天에二日이업고民이二王이업다ᄒᆞ시니舜이이믜天子되시고ᄯᅩ天下ㅅ諸侯를帥ᄒᆞ야ᄡᅥ堯ㅅ三年喪을ᄒᆞ면이ᄂᆞᆫ두天子ㅣ니라

● 咸丘蒙、孟子弟子也、語者、古語也、蹙、顰蹙、不自安也、岌岌、不安之貌也、言人倫乖亂、天下將危也、齊東、齊國之東鄙也、孟子、言堯但老不治事、而舜攝天子之事耳、堯在時、舜未嘗卽天子位、堯何由、北面而朝乎、又引書及孔子之言、以明之、堯典、虞書篇名、今此文、乃見形甸反於舜典、蓋古書二篇或合爲一耳、言舜、攝位二十八年而堯死也、徂、升也、落、降也、人死則魂升而魄降故、古者、謂死爲徂落、遏、止也、密、靜也、八音、金石絲竹匏蒲交反土革木 新安倪氏曰金鐘也石磬也絲琴瑟也竹簫篪也匏笙竽也土塤也革鼓也木柷敔也樂器之音也、南軒張氏曰堯老而命舜攝天子之事是則堯猶爲君而舜則臣也堯崩舜率天下之臣民以爲堯三年喪是猶以堯之事行於天下也至於堯三年之喪畢舜避堯之子而天下訟獄謳歌歸之不容舍焉而後舜始踐天子位此堯舜相繼之際書傳所載莫詳焉而不獨見於孟子之書也○雙峯饒氏曰百姓是畿內百姓如平章百姓皆指畿內而言古者天子崩畿內百姓爲之斬衰斯年之服諸侯薨國內百姓爲之斬衰皆期年也周制百姓期年今也百姓爲之三年至於四海雖無服亦遏密八音不作樂 備旨 咸丘蒙問曰古語有云盛德之士德過於君君不得而臣之德過於父父不得而子之昔舜以盛德卽天子位南面而立堯本君也不得以舜爲臣帥諸侯北面而朝之瞽瞍本父也不得以舜爲子亦北面而朝之舜望見瞽瞍來朝天性至親亦自有不安者故其容有蹙孔子有感而嘆曰於斯時也君臣父子之倫乖亂天下殆哉岌岌乎不可支矣蒙之所聞者如此不識此語誠然乎哉孟子曰語之所云者否也此非君子明理之言乃齊東野人無知者之言也何以辨之蓋當時堯老不治事而舜代攝天子之事也初未嘗即天子位堯何由北面而朝乎觀之堯典曰舜攝位二十有八載之久於是放勳乃徂落百姓如喪考妣三年至於四海雖無服亦皆遏密八音不作樂焉不惟書之所言如此孔子亦有言曰天無二日民無二王據孔子之言以斷堯典所載之事可見堯崩之後舜始即天子位也若舜旣爲天子矣乃堯崩又帥天下諸侯以爲堯服三年喪是舜一天子堯又一天子而爲二天子矣民臣豈有二王之理乎臣堯之說可不辯而見其誣矣

咸丘蒙이曰舜之不臣堯則吾旣得聞命矣어니와 詩云普天之下ㅣ莫非王土ㅣ며率土之濱이莫非王臣이라ᄒᆞ니而舜이旣爲天子矣시니敢問瞽瞍之非臣은如何ㅣ잇고 曰是詩也는非是之謂也ㅣ라 勞於王事而不得養父母也ᄒᆞ야曰此ㅣ莫非王事ㅣ어늘我獨賢勞也ㅣ라ᄒᆞ니故로說詩者ㅣ不以文害辭ᄒᆞ며不以辭害志오以意逆志라아是爲得之니如以辭而已矣ㄴ댄雲漢之詩에曰周餘黎民이靡有孑遺ㅣ라ᄒᆞ니信斯言也ㄴ댄是는周無遺民也ㅣ니라

咸丘蒙이ᄀᆞᆯ오ᄃᆡ舜의堯를臣티아니홈은내이믜시러곰命을듣ᄌᆞ왓거니와詩예닐오ᄃᆡ普天ㅅ下ㅣ王土ㅣ안이니업ᄉᆞ며率土ㅅ濱이王臣이안이니업다ᄒᆞ니舜이이믜天子ㅣ되야겨시니敢히묻ᄌᆞᆸ노이다瞽瞍의臣아님은엇디니잇고ᄀᆞᆯᄋᆞ샤ᄃᆡ이詩

는이를닐음이아니라王事에勞ᄒᆞ야시러곰父母를養티몯ᄒᆞ야ᄀᆞᆯ오ᄃᆡ이王事ㅣ안이니업거ᄂᆞᆯ내홀로賢으로勞ᄒᆞ노라ᄒᆞ니故로詩를說ᄒᆞᄂᆞᆫ者ㅣ文으로ᄡᅥ辭를害티말며辭로ᄡᅥ志를害티말고意로ᄡᅥ志를逆ᄒᆞ야아이得홈이니만일에辭로ᄡᅥ홀ᄯᆞᄅᆞᆷ인댄雲漢人詩에ᄀᆞᆯ오ᄃᆡ周ㅅ나ᄆᆞᆫ黎民이子遺도잇디아니타ᄒᆞ니진실로이言일딘댄이는周에遺民이업슴이니라

●不臣堯、不以堯爲臣、使北面而朝也、詩、小雅北山之篇也、普、徧也、率、循也、此詩、今毛氏序、云役使不均、己勞於王事、而不得養去聲其父母焉、其詩下文、亦云大夫不均、我從事獨賢、乃作詩者、自言天下、皆王臣、何爲獨使我以賢才而勞苦乎、非謂天子、可臣其父也、文、字也、辭、語也、逆、迎也、雲漢、大雅篇名也、孑、獨立之貌、遺、脫也、言說詩之法、不可以一字、而害一句之義、不可以一句、而害設辭之志、當以己意、迎取作者之志、乃可得之、若但以其辭而已、則如雲漢所言、是周之民 眞無遺種上聲矣、惟以意逆之、則知作詩者之志、在於憂旱、而非眞無遺民也、

朱子曰逆是前去追迎之意將自家意思去前面等候詩人之志來如等人來相似今日等不來明日又等須等得來方得今人却是硬把他來便不是逆志所謂逆者其至否遲速不敢自必而聽於彼也大抵讀書須虛心平氣優游玩味徐觀聖賢立言本意所向如何然後隨其遠近深淺輕重緩急而爲之說庶乎可以得之若便以吾先入之說横於胷次而驅率聖賢之言以從己意設使義理可通已涉私穿鑿而不免於郢書燕說之誚况又義理窒礙實有所不可行乎○慶源輔氏曰以文害辭是泥一字之文而害一句之辭也以辭害意是泥一句之辭而害詩人設辭之意也意是己意志是詩人之志以我之意迎取詩人之志然後可以得之[illegible]咸丘蒙又問曰舜之不臣堯則吾既得聞命矣

至於臣父之事則尙有可疑也北山之詩有云普天之下尺地莫非王之土率土之濱一民莫非王之臣由此詩推之舜旣禪爲天子矣則瞽瞍亦居王土而爲王臣也敢問瞽瞍之非臣如何孟子曰是詩也非是天子可臣其父之謂也乃行役之大夫勞於王事不得以養其父母而作也詩之意若曰今此之事莫非王事凡爲王臣皆當服其勞何爲使我獨以賢才而勞若使不得養父母也詩人之志如此故凡說詩者不可以一字之文而害一句之辭不可以一句之辭害作詩之志惟是虛心平氣以我之意迎取作者之志優游玩味徐觀聖賢之言本旨所向何如然後隨其遠近淺深輕重緩急而爲之說是爲得詩人之志矣如徒以其辭而已矣豈惟普天王土之詩有所未達即大雅雲漢之詩曰周家所餘之黎民靡有子然獨立而遺存者信斯言也是周家當旱魃之極果無遺種之民也惟以意逆之則知作詩者在於憂旱而言其無遺民哉奈何泥莫非王臣之辭而謂天子可臣其父也

孝子之至는 莫大乎尊親이오 尊親之至는 莫大乎以天下養이니 爲天子父ᄒᆞ니 尊之至也ㅣ오 以天下養ᄒᆞ시니 養之至也ㅣ라 詩曰永言孝思ㅣ라 孝思維則이라ᄒᆞ니 此之謂也ㅣ니라 養去聲

孝子의지극ᄒᆞ욤은親을尊ᄒᆞ욤만크니업고親尊ᄒᆞ욤이지극ᄒᆞ욤은天下로ᄡᅥ養ᄒᆞ욤만크니업ᄉᆞ니天子의父ㅣ되여시니尊의지극홈이오天下로ᄡᅥ養ᄒᆞ시니養의지극홈이라詩예ᄀᆞᆯ오ᄃᆡ기리孝ᄒᆞ며思ᄒᆞ논디라孝思ㅣ則ᄒᆞ얌즉다ᄒᆞ니이ᄅᆞᆯ닐옴이니라

●言瞽瞍、旣爲天子之父、則當享天下之養、此、舜之所以爲尊親養親之至也、豈有使之北面而朝之理乎、詩、大雅下武之篇 言人能長言孝思而不忘、則可以爲天下法則也、慶源輔氏曰上旣言讀詩之法以破萬章之惑此又言尊親養親之至以見舜無使父朝己之理夫舜旣爲天子則瞽瞍實爲天子之父備享四海九州之奉而舜爲尊親養親之至矣故引下武詩以咏歎之以謂如舜者然後可謂能長言孝思而爲天下法則者矣豈有使其父北面而朝之理乎○雙峰饒氏曰尊親養親雖是二事然尊與養相須養之至乃所以尊之也【備旨】且子疑舜之臣父也亦未知舜之爲至孝耳夫孝子之於親也心雖無窮而分則有限故有至焉有未至焉彼身處貧賤之地雖能竭力以事親亦可謂孝子未可謂孝之至也孝子之心莫大乎尊崇其親焉彼身爲諸侯大夫顯其親爲諸侯大夫之親而養之以一國一家之祿亦可謂尊親未可謂尊親之至也尊親之至莫大乎以天下養焉觀夫舜受堯禪貴爲天子尊其父爲天子之父尊之至也養其父以天下之祿養之至也此舜之所以爲至孝而可爲法於天下也大雅下武之詩曰人能永言孝思而不忘則孝思可爲天下法則此即舜尊親養親之至之謂也豈能尊養之至者尙有臣父之理乎

書애曰祗載見瞽瞍ᄒᆞ샤되 夔夔齊栗ᄒᆞ신대 瞽瞍ㅣ 亦允若이라ᄒᆞ니 是爲父不得而子也ㅣ니라 見音現齊側皆反

書애 갈오대 載를祗ᄒᆞ야 瞽瞍씌見ᄒᆞ샤 되 夔夔ᄒᆞ며齊栗ᄒᆞ신대 瞍瞽ㅣ 또允ᄒᆞ야 若다ᄒᆞ니이 父ㅣ시러곰子티몯홈이니라

●書、大禹謨篇也、祗、敬也、載、事也、夔夔齊栗、敬謹恐懼之貌。允、信也、若、順也、言舜、敬事瞽瞍。往而見之、蔡氏曰敬其子之職事也 敬謹如此、瞽瞍、亦信而順之也、孟子、引此而言瞽瞍、不能以不善、及其子、而反見化於其子、則是所謂父不得而子者、而非如咸丘蒙之說也、南軒張氏曰古之君有受敎於臣以成德者如太甲之於伊尹成王之於周公謂之君不得而臣亦可也蓋在子知盡事父之道在臣知盡事君之道而已自他人與後世觀之則見其有不得而臣不得而子者焉故云爾也○雲峰胡氏曰如咸丘蒙之說則所謂父不得而子者以位言也殊不知古語云盛德之士本自專以德言祗載見瞽瞍夔夔齊栗此舜之盛德處瞽瞍亦允若則反見化於其子盛德之中而不得以不善及其子也[illegible]然所謂父不得而子者亦有說也觀之大禹謨之書有曰舜敬事瞽瞍往而見之夔夔齊栗而敬謹之至瞽瞍亦信而順從之即書所言可見瞽瞍不能以不善及其子而反見化於其子是所謂父不得而子也豈如子所說之意哉知父不得而子之說則君不得而臣之語亦可以類推矣

○萬章이曰堯ㅣ以天下與舜이라ᄒᆞ니有諸잇가孟子ㅣ曰否ㅣ라天子ㅣ不能以天下與人이니라

萬章이ᄀᆞᆯ오ᄃᆡ堯ㅣ天下로ᄡᅥ舜을與ᄒᆞ시다ᄒᆞ니 인ᄂᆞ니잇가孟子ㅣᄀᆞᆯᄋᆞ샤ᄃᆡ아니라天子ㅣ能히天下로ᄡᅥ人을與티몯ᄒᆞᄂᆞ니라

●天下者、天下之天下、非一人之私有故也

備旨 萬章問於孟子曰人皆謂堯以天下與舜不識有諸孟子曰謂堯以天下與舜者否也蓋天下者乃公器也非天子所私有也天子不能以天下與人則堯安得而與舜哉

然則舜有天下也ᄂᆞᆫ孰與之잇고曰天이與之시니라

그러면舜이天下를두심은뉘與ᄒᆞ니잇고ᄀᆞᆯᄋᆞ샤ᄃᆡ天이與ᄒᆞ시니라

●萬章問、而孟子答也、

備旨 萬章曰天子旣不能以天下與人則舜之有天下也果孰與之孟子曰是天與之而堯特順乎天耳

天이與之者ᄂᆞᆫ諄諄然命之乎ㅣ잇가 諄之淳反

天이與ᄒᆞ옴은諄諄히命ᄒᆞ시니잇가

●萬章問也、諄諄、詳語之貌、

備旨 萬章曰所謂天與之者天果能諄諄然詳語以命之乎不然何所據而見其爲天與也

曰否ㅣ라天이不言이라以行與事로示之而已矣시니라 行去聲下同

ᄀᆞᆯᄋᆞ샤ᄃᆡ아니라天이言티아닌ᄂᆞᆫ디라行과다믄事로ᄡᅥ뵐ᄯᆞᄅᆞᆷ이시니라

●行如字之於身、謂之行、措諸天下、謂之事、言但因舜之行과事、而示以與之之意耳、

備旨 孟子曰謂諄諄命之者否也天蓋不言但因其行之出乎身與事之措諸天下者示以與之之意於不言之表耳

曰以行與事로示之者는如之何ㅣ잇가 曰天子ㅣ能薦人於天이언뎡不能使天으로與之天下ㅣ며諸侯ㅣ能薦人於天子ㅣ언뎡不能使天子로與之諸侯ㅣ며大夫ㅣ能薦人於諸侯ㅣ언뎡不能使諸侯로與之大夫ㅣ니昔者애堯ㅣ薦舜於天而天이受之ᄒᆞ시고暴之於民而民이受之ᄒᆞ니故로曰天이不言이라以行與事로示之而已矣라ᄒᆞ니라 暴步卜反下同

골오ᄃᆡ行과다ᄆᆞᆫ事로ᄡᅧ뵈이시다홈은엇디잇고골ᄋᆞ샤ᄃᆡ天子ㅣ能히人을天ᄭᅴ薦ᄒᆞᆯᄲᅮᆫ이언뎡能히天으로ᄒᆞ여곰天下ᄅᆞᆯ與케몯ᄒᆞ며諸侯ㅣ能히人을天子ᄭᅴ薦ᄒᆞᆯᄲᅮᆫ이언뎡能히天子로ᄒᆞ여곰諸侯ᄅᆞᆯ與케몯ᄒᆞ며대우ㅣ能히人을諸侯ᄭᅴ薦ᄒᆞᆯᄲᅮᆫ이언뎡能히諸侯로ᄒᆞ여곰대우ᄅᆞᆯ與케몯ᄒᆞᄂᆞ니녜堯ㅣ舜ᄋᆞᆯ天ᄭᅴ薦ᄒᆞ야시ᄂᆞᆯ天이受ᄒᆞ시고民에暴ᄒᆞ야시ᄂᆞᆯ民이受ᄒᆞ니故로골오ᄃᆡ天이言티아닌디라行과다ᄆᆞᆫ事로ᄡᅧ示ᄒᆞ실ᄯᆞᄅᆞᆷ이라ᄒᆞ노라

● 暴、顯也、言下能薦人於上、不能令力呈反上必用之、舜爲天人所受、是、因舜之行與事、而示之以與之之意也、慶源輔氏曰下薦人於上公心也若有必上用之之心則私意矣孟子此言不特說得三聖授受明白而於人臣薦賢之道大公至正之心亦盡彼竊位蔽賢者固不足責而進一善達一能上必君之用下示已之恩者皆非也上只言天此又并民而言者天民一理天實以爲視聽也舜相堯二十八載固天也至於朝覲訟獄謳歌則人耳而亦曰天者以天統人以人證天天與人一也○萬章復問曰所謂天以行與事示之者必有可見之迹其實如之何孟子曰凡人事可以力爲而天意難以取必欲知天之命舜但觀舜之得天可見矣蓋人之才德有可託以天下者天子能薦之於天而言其可理天下然不能使天必與之天下猶之諸侯能薦人於天子而言其可爲諸侯然不能使天子必與之諸侯即諸侯而天子可推也猶之大夫能薦人於諸侯而言其可爲大夫然不能使諸侯必與之大夫即大夫而天子益可推也蓋其所能者人也其所不能者天也昔者堯薦舜於天固不敢必天之受之也然舜之行事合乎天心而天受之暴舜之德於民亦不敢必民之受之也然舜之行事合乎民心而民受之即此天人所受之處而天與之之意寓焉故曰天不言以行與事示之而已矣

曰敢問薦之於天而天이受之ᄒᆞ시고暴之於民而民이受之ᄂᆞᆫ如何ㅣ잇고曰使之主祭而百神이享之ᄒᆞ니是ᄂᆞᆫ天이受之오使之主事而事治ᄒᆞ야百姓이安之ᄒᆞ니是ᄂᆞᆫ民이受之也ㅣ라天이與之ᄒᆞ며人이與之故로曰天子ㅣ不能以天下與人이라ᄒᆞ노라舜이相堯二十有八載ᄒᆞ시니非人之所能爲也ㅣ라天也ㅣ라堯ㅣ崩커시늘三年之喪을畢ᄒᆞ고舜이避堯之子於南河之南이어시늘天下諸侯朝覲者ㅣ不之堯之子而之舜ᄒᆞ며訟獄者ㅣ不之堯之子而之舜ᄒᆞ며謳歌者ㅣ不謳歌堯之子而謳歌舜ᄒᆞ니故로曰天也ㅣ라夫然後에之中國ᄒᆞ샤踐天子位焉ᄒᆞ시니

而居堯之宮ᄒᆞ야逼堯之子ㅣ면是ᄂᆞᆫ簒也ㅣ라非天與也ㅣ니라 治相並去聲朝音潮夫音扶

글오ᄃᆡ敢히묻ᄌᆞᆸ노이다天의薦ᄒᆞ야시ᄂᆞᆯ天이受ᄒᆞ시고民에暴ᄒᆞ여시ᄂᆞᆯ民이受ᄒᆞ욤은엇디니잇고글ᄋᆞ샤ᄃᆡᄒᆞ여곰祭를主ᄒᆞ욤애百神이享ᄒᆞ니이ᄂᆞᆫ天이受ᄒᆞ심이오ᄒᆞ여곰事를主ᄒᆞ욤애事ㅣ治ᄒᆞ야百姓이安ᄒᆞ니이ᄂᆞᆫ民이受ᄒᆞᆷ이라天이與ᄒᆞ며人이與ᄒᆞᆫ故로글오ᄃᆡ天子ㅣ能히天下로ᄡᅥ人을與티몯ᄒᆞᆫ다ᄒᆞ노라舜이堯를도으심을二十이오또八載를ᄒᆞ시니人의能히ᄒᆞᆯ배아니라天이라堯ㅣ崩커시ᄂᆞᆯ三年人喪을몯ᄎᆞ시고舜이堯의子를南河ㅅ南에避ᄒᆞ얏거시ᄂᆞᆯ天下ㅅ諸侯ㅣ朝覲ᄒᆞᄂᆞᆫ者ㅣ堯의子의게가디아니ᄒᆞ고舜의게가며獄을訟ᄒᆞᄂᆞᆫ者ㅣ堯의子의게가디아니ᄒᆞ고舜의게가며謳歌ᄒᆞᄂᆞᆫ者ㅣ堯의子를謳歌티아니ᄒᆞ고舜을謳歌ᄒᆞ니故로글오ᄃᆡ天이라그런後에中國애之ᄒᆞ샤天子ㅅ位를踐ᄒᆞ시니堯의宮에居ᄒᆞ야堯의子를逼ᄒᆞ면이ᄂᆞᆫ簒ᄒᆞᆷ이라天이與ᄒᆞᆷ이아니니라

●南河、在冀州之南、新安倪氏曰冀州爲帝都河在其南故謂之南河 其南、卽豫州也、訟獄、謂獄不決而訟之也、

萬章曰敢問堯薦舜於天而天受之堯暴舜於民而民受之其實又如何孟子曰天之功用在於鬼神堯使舜主祭以祀神是薦之於天矣但見誠無不格而百神皆享舜之祭焉是爲天受之也朝廷之事皆以爲民堯使舜主事以治民是暴之於民矣而凡自五典以及百揆之事無不治百姓皆安舜之事焉是爲民 之也天受之者是天與之固天也民受之者是人與之亦天也吾故曰天子不能以天下與人而歸之於天也雖然不獨神享民安爲足以見天之所與也觀夫堯在之時舜之相堯乃二十有八載其歷年之久如是此非人之所能爲也實天之氣數爲之也及堯崩之後三年之喪畢舜以堯有胤子在焉於是避堯之子於南河之南若不敢當堯之禪而退居以聽天下或天下思堯

德而歸其子也乃天下諸侯朝覲者不之堯之子而之舜謂堯崩之後而可以統治者惟舜也訟獄受斷者不之堯之子而之舜謂堯崩之後而可以決獄者惟舜也謳歌誦德者不謳歌堯之子而謳歌舜謂堯崩之後而可以愛戴者惟舜也人心所在即天意所在吾故曰天與之也夫然後不得己自南河之中國踐天子位焉向使堯崩之後不爲南河之避而遂晏然居堯之宮逼堯之子是以臣而簒君位也豈得爲天與哉

太誓애**曰天視**ㅣ**自我民視**며**天聽**이**自我民聽**이라ᄒᆞ니**此之謂也**ㅣ니라

太誓애ᄀᆞᆯ오ᄃᆡ天의視ᄒᆞ옴이우리民의視ᄒᆞ옴으로브테며天의聽ᄒᆞ옴이우리民의聽ᄒᆞ옴으로브테라ᄒᆞ니이ᄅᆞᆯ닐옴이니라

●自、從也、天無形、其視聽、皆從於民之視聽、民之歸舜、如此、則天與之、可知矣、

南軒張氏曰聖人之動無非天也其相授受之際豈有我之所得爲哉故曰天子不能以天下與人天子而以天下與人則是私意之所爲亂之道也堯之於舜選於天下而薦之天耳而舜之卒有天下者天實爲之堯豈能加毫末於此哉舜之相堯歷年如是之久其薦於天暴於民者如是其著此乃天也堯崩舜率天下而服堯之喪堯喪既除舜避堯之子於南河之南不敢以己爲天子而聽天所命也朝覲訟獄謳歌者皆相率而歸有不容舍焉夫然後歸而踐位而從容於天人之際盖如此然則舜亦豈能加毫末於此哉玩此章則聖人所謂先天而天不違後天而奉天時者殆可得而究矣○新安陳氏曰太書作泰皐陶謨曰天聰明自我民聽明泰誓之言蓋本於此天既無民之形體故其視聽皆從於民民之所歸即天之所命也〔備旨〕夫人心歸舜而吾以爲天與之者非無所徵也周書太誓曰天無視也其視皆從民之視天無聽也其聽皆從民之聽可見民心之外不復有天意矣此正吾所言人心歸舜即天與舜之謂也然則舜有天下實天與之非堯所能與故曰天子不能以天下與人也

○**萬章**이**問曰人**이**有言**ᄒᆞᄃᆡ**至於禹而德衰**ᄒᆞ야**不傳於賢而傳於子**ㅣ라ᄒᆞ니**有諸**잇가**孟子**ㅣ**曰否**ㅣ라**不然也**ㅣ라**天**이**與賢則與賢**ᄒᆞ고**天**이**與子則與子**ㅣ니라**昔者**애**舜**이**薦禹於天十有七年**애**舜**이**崩**커시늘**三年**

之喪을畢ᄒᆞ고禹ㅣ避舜之子於陽城이러시니天下之民이從之를若堯崩之後에不從堯之子而從舜也ᄒᆞ니라禹ㅣ薦益於天七年애禹ㅣ崩ᄒᆞ거시늘三年之喪을畢ᄒᆞ고益이避禹之子於箕山之陰이러니朝覲訟獄者ㅣ不之益而之啓曰吾君之子也ㅣ라ᄒᆞ며謳歌者ㅣ不謳歌益而謳歌啓曰吾君之子也ㅣ라ᄒᆞ니라 朝音潮

萬章이묻ᄌᆞ와ᄀᆞᆯ오ᄃᆡ人이言을두ᄃᆡ禹에니르러德이衰ᄒᆞ야賢에傳티아니ᄒᆞ고子에傳타ᄒᆞᄂᆞ니인ᄂᆞ니잇가孟子ㅣᄀᆞᆯᄋᆞ샤ᄃᆡ아니라그러티아니ᄒᆞ니라天이賢을與ᄒᆞ면賢을與ᄒᆞ고天이子를與ᄒᆞ면子를與ᄒᆞᄂᆞ니라舜이禹를天씌薦ᄒᆞ신十이오ᄯᅩ七年에舜이崩커시늘三年ㅅ喪을ᄆᆞᆺ초시고禹ㅣ舜의子를陽城애避ᄒᆞ얏더시니天下앳民이從홈을堯ㅣ崩ᄒᆞ신後에堯의子를從티아니코舜을從홈ᄀᆞ티ᄒᆞ니라禹ㅣ益을天씌薦ᄒᆞ신七年에禹ㅣ崩커시늘三年ㅅ喪을ᄆᆞᆺ고益이禹의子를箕山ㅅ陰에避ᄒᆞ얏더니朝覲ᄒᆞ며獄을訟ᄒᆞᄂᆞᆫ者ㅣ益의게가디아니ᄒᆞ고啓의게가ᄀᆞᆯ오ᄃᆡ우리君의子ㅣ라ᄒᆞ며謳歌ᄒᆞᄂᆞᆫ者ㅣ益을謳歌티아니ᄒᆞ고啓를謳歌ᄒᆞ야ᄀᆞᆯ오ᄃᆡ우리君의子ㅣ라ᄒᆞ니라

●陽城、箕山之陰、皆嵩山下、深谷中、可藏處、啓、禹之子也、楊氏、曰此語、孟子必有所受、然、不可考矣、但云天與賢則與賢、天與子則與子、可以見堯舜禹之心、皆無一毫私意也、南軒張氏曰堯舜傳之賢禹傳之子而後世遂有至禹而德衰之論此以私意窺聖人也禹薦益於天與堯之薦舜舜之薦禹其心一也益避禹之子與舜之在河南禹之在陽城其心一也天而與益則朝覲訟獄謳歌者皆歸之益踐天子位矣禹亦豈得而不與之哉而天則與子也禹亦豈得而與之哉使天而與丹朱與舜之子則舜禹固得遂其終避之意猶益得遂其終避之志者也故曰其心一也【圈】萬章問曰人有言堯舜傳賢以天下爲公盛德之至也至於禹而德衰不傳於賢而傳於子不識果有諸乎孟子曰謂禹爲德衰而傳子者否也禹之所爲不如是也亦祇天意何如耳天意在與賢則奉天而與賢故堯舜傳賢而非違天意在與子則奉天而與子故禹之傳子而非私何以見天與賢也昔者舜薦禹於天任之爲相十有七年及舜崩三年之喪畢禹避舜之子商均於陽城欲以天下讓之舜子也乃天下之民舍舜子而從禹亦若堯崩之後不從堯之子而從舜也民心之歸禹如此何以見天與子也昔禹薦益於天任之爲相七年及禹崩三年之喪畢益避禹之子啓於箕山之陰是卽禹避舜子之心也然天下朝覲訟獄者不之益而之啓曰吾君雖徃而可以爲朝覲訟獄之主者有吾君之子在也謳歌々不謳歌益而謳歌啓曰吾君雖徃而可以詠歌其德於不忘者有吾君之子在也民心之歸啓如此

丹朱之不肖애 舜之子ㅣ亦不肖ᄒᆞ며 舜之相堯와 禹之相舜也는 歷年이 多ᄒᆞ야 施澤於民이 久ᄒᆞ고 啓는 賢ᄒᆞ야 能敬承繼禹之道ᄒᆞ며 益之相禹也는 歷年이 少ᄒᆞ야 施澤於民이 未久ᄒᆞ니 舜禹益相去之遠과 其子之賢不肖ㅣ 皆天也ㅣ라 非人之所能爲也ㅣ니 莫之爲而爲者는 天也ㅣ오 莫之致而至者는 命也ㅣ니라 之相之相去聲 相去之相如字

丹朱의 肖티 아니ᄒᆞ욤애 舜의 子ㅣ 또 肖티 아니ᄒᆞ며 舜의 堯를 相ᄒᆞ심과 禹의 舜을 相ᄒᆞ심은 歷年이 多ᄒᆞ야 民에 澤을 施홈이 久ᄒᆞ고 啓은 賢ᄒᆞ야 能히 敬承ᄒᆞ야 禹의 道를 繼ᄒᆞ며 益의 禹를 相ᄒᆞ욤은 歷年이 少ᄒᆞ야 民에 澤을 施홈이 久티 아니ᄒᆞ니 舜과 禹과 益의 서르 去ᄒᆞ욤이 久遠홈 과 그 子의 賢ᄒᆞ 며 肖티 아니홈이 다 天이라 人의 能히 ᄒᆞ욜

嘝안이니ᄒᆞ욤이업시ᄒᆞᄂᆞᆫ者ᄂᆞᆫ天이오릴외옴이업서니르ᄂᆞᆫ者ᄂᆞᆫ命이니라

● 堯舜之子、皆不肖、而舜禹之爲相、久、此、堯舜之子、所以不有天下、而舜禹、有天下也、禹之子、賢、而益、相不久、此、啓所以有天下、而益、不有天下也、然、此皆非人力所爲而自爲、非人力所致而自至者、蓋以理言之、謂之天、自人言之、謂之命、其實則一而已、

朱子曰天如君命如命令君命人去做職事其俸祿有厚薄歲月有遠近無非是命命有兩樣得之不得曰有命自是一樣天命之謂性又自是一樣雖是兩樣却只是一箇命天之命人有命之以厚薄修短有命之以淸濁偏正無非是命且如舜禹益相去久遠是命之在外者其子之賢不肖是命之在內者聖人窮理盡性以至於命便能贊化育堯之子不肖他便不傳與子而傳與舜本是箇不好底意思却被他一轉轉得好○南軒張氏曰莫之爲而爲者天也莫之致而至者命也孟子發明天人之際深矣雖然人君爲不善而天命去之則是有所爲而致也獨不可言天與命歟孟子蓋嘗論之矣曰盡其道而死者正命也桎梏死者非正命也蓋知堯舜禹益之事天理之全而命之正也若夫爲不善以及於亂亡則是自絶乎天以過其命不得謂之得其正矣○慶源輔氏曰天則天理之本體命則天理之命於人者○北溪陳氏曰天與命只一理就其中則微有分別爲以做事言做專是人對此而反之非人所爲便是天至以吉凶禍福地頭言有因而致是人力對此而反之非力所致便是命天以全體言命以其中妙用言其曰以理言之謂之天是專就天之正義言却包命在其中其曰自人言之謂之命命是天命因人形之而發見故吉凶禍福自天來到於人然後爲命乃是於天理中截斷命爲一邊而言其指歸一備旨只就天一邊說吉凶禍福未有人受來如何見得是命

備旨 夫堯舜禹之薦一也而民心之或從賢或從子者何嘗要皆天之所爲耳蓋堯之子丹朱不肖舜之子商均亦不肖民心已向於賢矣況舜之相平堯禹之相平舜也或二十八年或十有七年歷年既多故其施德澤於民者亦久則民心愈向於賢矣舜禹之所以有天下也乃若禹之子啓有賢德而能祇敬承繼禹祇台勤儉之道民心已向於子矣況益之相禹也僅有七年焉歷年既少故其施德澤於民者亦爲未久則民心愈向於子矣啓之所以有天下也合而觀之舜禹益皆賢也而益之相不久與舜禹之相去久遠朱均啓皆子也其子啓之賢與朱均之不肖凡此者皆天之氣數使然也要非人力所能强爲然也夫皆天而非人之所能爲則皆命而非人之所能致也可知矣蓋凡由於人力所能爲者不可以言天惟夫人力莫之作爲而自然而爲者乃上天

宰於冥漠之中非我所能必也凡由於人力所能致者不可以言命惟夫人力莫之招致而自然而至者乃賦命稟於有生之初非人所能移也然則相之久與近子之賢與不肖固天也而亦命也堯舜禹特奉天命以從事耳乂奚容心於其間哉

匹夫而有天下者는 **德必若舜禹而又有天子**ㅣ **薦之者**니 **故**로 **仲尼**ㅣ **不有天下**ᄒᆞ시니라

匹夫로天下를둔者는德이반다시 舜禹ᄀᆞᆺ고ᄯᅩ天子ㅣ薦ᄒᆞ리인ᄂᆞ니 故로仲尼天下를두디몯ᄒᆞ시니라

●孟子、因禹益之事、歷擧此下兩條、以推明之、言仲尼之德、雖無媿於舜禹、而無天子薦之者故、不有天下、〔備旨〕益之不有天下固由於天而自古聖人不有天下者非獨益爲然也凡匹夫而有天下者其德必若舜禹而又有天子若堯舜以薦之者然後可也故仲尼之德雖若舜禹而無堯舜之薦亦終老於道塗而不有天下

繼世以有天下애 **天之所廢**는 **必若桀紂者也**니 **故**로 **益伊尹周公**이 **不有天下**ᄒᆞ시니라

世를繼ᄒᆞ야ᄡᅥ天下를둠애 天의廢ᄒᆞ는 바는반ᄃᆞ시桀과紂ᄀᆞᄐᆞᆫ者ㅣ니 故로益과伊尹과周公이天下를두디몯ᄒᆞ시니라

●繼世而有天下者、其先世、皆有大功德於民故、必有大惡、如桀紂、則天乃廢之、如啓及太甲成王、雖不及益、伊尹、周公之賢聖、但能嗣守先業、則天亦不廢之故、益伊尹周公、雖有舜禹之德、而亦不有天下、〔備旨〕若夫有德有薦而亦不有天下者則以繼世之賢耳蓋繼世以有天下者其先世皆有大功德於民

天不忍廢之天之所廢必其子孫有大惡若桀紂者而後廢之也彼夏商周繼世之君若啓與太甲成王之皆賢故益與伊尹周公雖有舜禹之德天子之薦亦終於相位而不有天下

伊尹이相湯ᄒᆞ야以王於天下ᄒᆞㅣ러니湯이崩커시ᄂᆞᆯ太丁은未立ᄒᆞ고外丙은二年이오仲壬은四年이러니太甲이顚覆湯之典刑이어ᄂᆞᆯ伊尹이放之於桐三年ᄒᆞᆫ대太甲이悔過ᄒᆞ야自怨自艾ᄒᆞ야於桐애處仁遷義三年ᄒᆞ야以聽伊尹之訓己也ᄒᆞ야復歸于亳ᄒᆞ시니라 相王皆去聲艾音乂

伊尹이湯을相ᄒᆞ야ᄡᅥ天下에王ᄒᆞ얏더니湯이崩커시ᄂᆞᆯ太丁은立디몯ᄒᆞ고外丙은二年이오仲壬은四年이러니太甲이湯의典刑을顚覆ᄒᆞ거ᄂᆞᆯ伊尹이桐에放홈을三年을ᄒᆞᆫ대太甲이過ᄅᆞᆯ悔ᄒᆞ야스ᄉᆞ로怨ᄒᆞ며스ᄉᆞ로艾ᄒᆞ야桐에셔仁에處ᄒᆞ며義예遷홈을三年을ᄒᆞ야ᄡᅥ伊尹의己訓홈을聽ᄒᆞ야亳에다시歸ᄒᆞ시니라

● 此、承上文、言伊尹不有天下之事、趙氏、曰太丁、湯之太子、未立而死、外丙、立二年、仲壬、立四年、皆太丁弟也、太甲、太丁子也、程子、曰古人、謂歲爲年、湯崩時、外丙、方二歲、仲壬、方四歲、惟太甲、差初宜反長上聲故、立之也、二說、未知孰是、顚覆、壞音怪亂也、典刑、常法也、桐、湯墓所在、艾、治也、說文、云芟師銜反草也、蓋斬絕自新之意、亳、商所都也、

備旨 以伊尹之事言之伊尹事成湯以致王於天下則有德有薦宜可以有天下矣又湯崩之後太子太丁未立而死外丙立二年仲壬立四年於是立太丁之子太甲太甲既立乃縱欲敗度顚

覆湯之典刑始雖若不肖矣及伊尹因諒陰之制而放之桐三年欲其觀乃祖之墓而興思也太甲卒能悔過自怨以懲其己往自艾以治其將來朝夕於桐處仁遷義三年之間惟以聽伊尹之訓己也是太甲之賢固天意之所不廢矣伊尹見其克終厥德乃以冕服奉太甲復歸於亳焉此伊尹所以不有天下也知尹則知益矣

周公之不有天下는猶益之於夏와伊尹之於殷也ㅣ니라

周公의天下를두디몯ᄒᆞ심은益의夏에와伊尹의殷에ᄀᆞᆮᄐᆞ니라

●(註) 此、復言周公、所以不有天下之意、 朱子曰仲尼不有天下益伊周不有天下豈益伊周孔皆有肯天下之臨而以無天子薦之與天意未有所廢而不得乎直論其理如此耳○問舜禹避位之說或者疑之以爲舜禹之爲相攝行天子之事久矣至此而復往避之有知天下歸之而朱均不順則將從天下而廢其君之子耶抑將奉其君之子而違天下之心耶是皆事之至逆而由避有以致之也至益不度天命而受位矣避之而天下不從然後不敢爲匹夫猶且恥之而謂益爲之乎是其說也余何聞之師曰聖人未嘗有取天下之心也三年喪畢去而避之禮之常이오之宜耳其避去也其心惟恐天下之不吾釋也舜禹蓋迫於天命人心而不獲己者若益則求仁而得仁耳論者狃於利害權謀之習而妄意聖賢之心蓋以曹操不肯釋兵之心而爲舜禹益謀宜其以爲不當去位而避朱均以曹丕屢表陳遜之心而爲舜禹益謀宜其幸舜禹之得之而以益之不得爲可恥也(備旨)以周公不有天下言之周公以元聖之德而有輔相之大功則有德有薦宜亦可以有天下矣而不有天下者由其逃成王之賢猶益之相於夏而有敬承繼禹之啓伊尹之相於殷而有處仁遷義之太甲也此周公所以不有天下也知公則愈知益矣

孔子ㅣ曰唐虞는禪ᄒᆞ고夏后殷周는繼ᄒᆞ니其義ㅣ一也ㅣ라ᄒᆞ시니라 禪音擅

孔子ㅣᄀᆞᆯ오샤ᄃᆡ唐과虞는禪ᄒᆞ고夏后와殷과周는繼ᄒᆞ니그義ㅣ一이라ᄒᆞ시니라

●(註) 禪、受也、或禪或繼 皆天命也、聖人、豈有私意於其間哉、○尹氏、曰孔子、曰唐虞禪、夏后殷周繼、其義、一也、孟子、曰天與賢則與賢、天與子則與子、知前聖之心

者、無如孔子、繼孔子者、孟子而已矣、南軒張氏曰一者何也亦曰奉天命而已矣[備旨]歷觀帝王之統與賢與子皆出於天則雖堯舜禹之德信無分於盛衰矣然此非我一人之私言也嘗聞孔子有言曰唐虞禪位與賢夏后殷周繼位與子迹雖不同其義一也皆以奉天命而已矣觀於此言又何疑於傳子而謂之德衰哉

○萬章이問曰人이有言호ᄃᆡ伊尹이以割烹要湯이라ᄒᆞ니有諸잇가 要平聲下同

萬章이묻ᄌᆞ와ᄀᆞᆯ오ᄃᆡ人이言을두ᄃᆡ伊尹이割ᄒᆞ며烹홈오로ᄡᅥ湯ᄭᅴ要타ᄒᆞ니인ᄂᆞ니잇가

●要、求也、按史記、伊尹、欲行道、以致君而無由、乃爲有莘氏之媵以證反臣、負鼎俎、以滋味說音稅湯、致於王道、蓋戰國時、有爲此說者、慶源輔氏曰戰國之時人不知有義理之學汲汲然志於功名事業以求其富貴利達雖枉己辱身有所不顧故設爲此等議論上以誣聖賢下以便一己之私耳○新安陳氏曰湯妃有莘氏女也所以有隨嫁從臣負鼎俎蓋庖人之類[備旨]萬章問曰人有言伊尹急於行道欲得君而無由乃身爲庖人因論宰割烹調之事喻及王道以要求湯果有諸乎

孟子ㅣ曰否ㅣ라不然ᄒᆞ니伊尹이耕於有莘之野而樂堯舜之道焉ᄒᆞ야非其義也ㅣ며非其道也ㅣ어든祿之以天下ㅣ라도弗顧也ᄒᆞ며繫馬千駟ㅣ라도弗視也ᄒᆞ고非其義也ㅣ며非其道也ㅣ어든一介를不以與人ᄒᆞ며一介를不以取諸人ᄒᆞ니라 樂音洛

孟子ㅣᄀᆞᆯᄋᆞ샤ᄃᆡ아니니라그러티아니ᄒᆞ니라伊尹이有莘人野에耕ᄒᆞ야 堯舜의道를

樂ᄒᆞ야 그義아니며 그道ㅣ아니어든 祿호ᄃᆡ天下로ᄡᅥᄒᆞ야도 顧티아니ᄒᆞ며 馬千駟를繫ᄒᆞ야도 視티아니ᄒᆞ고 그義ㅣ아니며 그道ㅣ아니어든 一介를ᄡᅥ人을與티아니ᄒᆞ며 一介를ᄡᅥ人의게取티아니ᄒᆞ니라

●莘、國名、趙氏曰今同州郃陽縣 樂堯舜之道者、誦其詩讀其書、而欣慕愛樂之也、新安陳氏曰詩如康衢之謠舜皐之歌之類書如二典三謨是也必如此解此句方實 駟、四匹也、介、與草芥之芥、同、言其辭受取與、無大無細、一以道義而不苟也、龜山楊氏曰一介之與萬鍾若論利則有多寡若論義其理一也伊尹惟能一介知所取與故能祿之以天下弗顧繫馬千駟弗視自後世觀之則一介不以與人爲太吝一介不以取諸人爲太潔然君子之取與適於其義而已與之嗇取之微雖若不足道矣然苟害於義又何多寡之間乎○問道義一物非其義則非其道矣一介不妄取與則大者可知矣既曰非義又曰非道既曰一介又曰天下千駟何也朱子曰道義兼擧體用而言也一介千駟極其多少而言也蓋人之氣質不同器識有異或務大而忽小或抱小而遺大故必兼擧而極言之然後足以見其德之全耳○雙峯饒氏曰孟子說義必說道如配義與道皆是先義亘古窮今只一箇道義是隨時處事之權要兩下看既揆以義又揆以道方可處事有合一時之宜及揆以古道則有不合處道是體義是用義以事言道以理言以事言則得其宜以理言則得其正然後爲盡善故兩言之【備旨】孟子曰謂之割烹要湯者否也伊尹之所爲不然方尹未遇之時耕於有莘之野誦詩讀書而樂堯舜之道焉惟所樂在堯舜故凡辭受取與必以堯舜之道義爲準苟非其義之所宜也非其道之當然也不但不爲小利所動雖祿之以天下之大弗顧也繫馬千駟之多弗視也苟非其義之所宜也非其道之當然也不但大處不肯苟且雖一介不以與人傷惠一介不以取諸人傷廉是其所守之正當躬耕之時而已然矣

湯이 使人以幣聘之ᄒᆞ신대 囂囂然曰我何以湯之聘幣爲哉리오 我豈若處畎畝之中ᄒᆞ야 由是以樂堯舜之道哉리오 囂五高反又戶驕反

湯이人을使ᄒᆞ야幣로ᄡᅧ聘ᄒᆞ신대囂囂然ᄒᆞ야ᄀᆞᆯ오ᄃᆡ내엇디湯의聘幣로ᄡᅧ ᄒᆞ리오 내엇디畎畝人가온대處ᄒᆞ야 일로말미암아ᄡᅧ 堯舜의道ᄅᆞᆯ樂ᄒᆞ욤ᄀᆞᆮᄐᆞ리오

⊕囂囂。無欲自得之貌 慶源輔氏曰伊尹以堯舜之道自樂故常無欲而自得涵泳其言則擧天下之物果何足以累其心哉 備旨 既而湯慕其樂堯舜之道也使人以幣帛往聘之斯時也尹知有堯舜而不知有湯乃囂囂自得而言曰我何必以湯之聘幣爲哉一受其聘則當憂其憂矣我豈若處於畎畝之中以自適由是以樂堯舜之道之爲安哉是欲終於隱也不敢輕進以褻堯舜之道也

湯이三使往聘之ᄒᆞ신대 既而오 幡然改曰與我ㅣ處畎畝之中ᄒᆞ야 由是以樂堯舜之道론 吾豈若使是君으로 爲堯舜之君哉며 吾豈若使是民으로 爲堯舜之民哉ㅣ며 吾豈若於吾身에 親見之哉리오

湯이세번使ᄒᆞ야가聘ᄒᆞ신대이윽고幡然히改ᄒᆞ야ᄀᆞᆯ오ᄃᆡ내畎畝人가온대處ᄒᆞ야 일로말미암아ᄡᅧ堯舜의道ᄅᆞᆯ樂ᄒᆞ욤으론내엇디이君으로ᄒᆞ여곰堯舜人君이되게 ᄒᆞᆷᄀᆞᆮᄐᆞ며내엇디이民으로ᄒᆞ여곰堯舜人民이되게ᄒᆞᆷᄀᆞᆮᄐᆞ며내엇디 내身에 親히見 ᄒᆞᆷᄀᆞᆮᄐᆞ리오

⊕幡然、變動之貌、於吾身親見之、言於我之身、親見其道之行、不徒誦說向慕之而已也、 朱子曰或謂飢食渴飮耕田鑿井便是樂堯舜之道此皆不實豈若吾身親見之哉這箇便是眞堯舜却不是泛說底道皆堯舜之道如論文武之道未墜於地此亦眞箇指文武之道而或者便說日用間皆是文武

之道殊不知聖賢之言自實【備旨】及湯三使人以厚幣往聘之則必欲行其道矣尹亦知堯舜之道可行也既而幡然改其前言曰堯舜之道可樂亦可行也與我終處畎畝之中由是以樂堯舜之道祇獨善之心耳吾豈若以其道致君使是君爲堯舜之君哉吾豈若以其道澤民使是民爲堯舜之民哉吾豈若堯舜其君民使誦讀之所得者於吾身親見其道之行於上下也哉

天之生此民也는 **使先知**로 **覺後知**ᄒᆞ며 **使先覺**으로 **覺後覺也**ㅣ시니 **予**는 **天民之先覺者也**ㅣ로니 **予將以斯道**로 **覺斯民也**ㅣ니 **非予**ㅣ **覺之**오 **而誰也**ㅣ리오

天이 이 民을 生ᄒᆞ심은 몬져 知ᄒᆞᆫ 이로ᄒᆞ여곰 後에 知ᄒᆞ리를 覺게ᄒᆞ며 몬져 覺ᄒᆞᆫ 이로ᄒᆞ여곰 後에 覺ᄒᆞ리를 覺게ᄒᆞ시니 나는 天民의 몬져 覺ᄒᆞᆫ 者ㅣ로니 내 쟝ᄎᆞᆺ 이 道로ᄡᅥ 이 民을 覺게 ᄒᆞ리니 내 覺게 아니코 뉘리오

●此亦伊尹之言也、知、謂識其事之所當然、覺、謂悟其理之所以然、覺後知後覺、如呼(去聲)寐者而使之寤也、言天使者、天理當然、若使之也、程子、曰予天民之先覺、謂我乃天生此民中、盡得民道而先覺者也、既爲先覺之民、豈可不覺其未覺者、及彼之覺、亦非分我所有以予(與通作)之也、皆彼自有此理、我但能覺之而已、(朱子曰程子云知是知此事覺是覺此理如事親當孝事兄當弟事也其所以當孝所以當弟理也今人知得此事講解得這道理皆是知之之事及至自悟則又自有箇見解處○中央兩箇覺字皆訓喚醒是我喚醒他○慶源輔氏曰知淺而覺深知有界限覺無偏全程子云譬之人睡他人未覺而我先覺故搖撼其未覺者亦使之覺及其已覺也元無欠少而亦未嘗有增加適一般耳此說說得覺字極爲全備既爲先覺之民豈可不覺其未覺者此解非予覺之而誰也一句蓋大學之道既明明德則必須新民到此地位自然仕不得正使不得時與位亦須著如孔孟著書立言以覺萬世始得此皆是不容已者 [備旨] 然此非吾意也乃天意也蓋天之生此民也性善雖無不同知覺則有先後於是使先知此事之所當然者以覺後之未知者使先覺此理之所以然者以覺後之未覺者是先知先覺之生天爲後知後覺計也予於天所生民之中幸而爲先覺者也豈容負天之意予將以斯道之所同有者覺後知後覺之民也向使非予有以覺之則擧世將終於無覺而誰能任其責哉此予之所以應湯聘而出也

思天下之民이匹夫匹婦ㅣ有不被堯舜之澤者ㅣ어든若己ㅣ推而內之溝中ᄒᆞ니其自任以天下之重이如此ㅣ라故로就湯而說之ᄒᆞ야以伐夏救民ᄒᆞ니라 推吐回反內音納說音稅

思ᄒᆞᄃᆡ天下에ᄉᆞ民이匹夫ㅣ며匹婦ㅣ堯舜의澤을被티몯ᄒᆞᆫ者ㅣ잇거든己ㅣ推ᄒᆞ야溝中에內홈ᄀᆞ티ᄒᆞ니그스스로天下ㅅ重으로ᄡᅥ任홈이이러ᄐᆞᆺᄒᆞᆫ디라故로湯ᄭᅴ就ᄒᆞ야說ᄒᆞ야ᄡᅥ夏ᄅᆞᆯ伐ᄒᆞ야民을救ᄒᆞ니라

●書、曰昔先正保衡、作我先王曰予、弗克俾厥后、爲堯舜、其心愧恥、若撻于市、一夫不獲、則曰時予之辜、孟子之言、蓋取諸此、是時、夏桀無道、暴虐其民、故、欲使湯、伐夏以救之、徐氏、曰伊尹、樂堯舜之道、堯舜、揖遜、而伊尹、說湯以伐夏者、時之不同、義則一也、 [備旨] 卽尹之言而推其心誠思天下之民不必皆失所方歸罪於己苟匹夫匹歸之微有不被堯舜之澤者則引之以爲己罪若己推而內之溝中其情不能安義不容諉以一人之身而自任天下之重有如此故就湯而說之以伐無道之夏而救無罪之民使天下匹夫匹歸皆被澤者正以行其覺民之志也

吾ㅣ未聞枉己而正人者也ㅣ니로 況辱己以正天下者乎아 聖人之行이 不同也ㅣ라 或遠或近ᄒᆞ며 或去或不去ㅣ나 歸는 潔其身而已矣니라 行去聲

내 己를 枉ᄒᆞ야 人을 正ᄒᆞ는 者를 듣디 몯ᄒᆞ얀노니 ᄒᆞ믈며 己를 辱ᄒᆞ야 ᄡᅥ 天下를 正ᄒᆞ는 者아 聖人의 行이 同티 아니ᄒᆞᆫ디라 或遠ᄒᆞ며 或近ᄒᆞ며 或去ᄒᆞ며 或去티 아니ᄒᆞ나 歸는 그 身을 潔ᄒᆞᆯ ᄯᆞ름이니라

● 辱己、甚於枉己、正天下、難於正人、若伊尹、以割烹要湯、辱己甚矣、何以正天下乎、慶源輔氏曰辱己實由於枉己不可以爲未甚而已可枉也正天下實自正人始未有不能正人而能正天下者也 遠、謂隱遁與遯同也、近、謂仕近君也、言聖人之行、雖不必同、然、其要字如歸、在潔其身而已、伊尹、豈肯以割烹要湯哉、慶源輔氏曰或遠而去或近而不去所遭之時不同而在潔其身則同潔身不使其身汙辱於不義也身爲萬事之本使尹以割烹要湯則汙其身甚矣本旣不正事無可爲而謂尹爲之乎 [illegible] 凡此皆欲正天下也夫正己而能正人者吾聞之矣吾未聞枉己而能正人者也況割烹要湯之辱己又甚於枉己而能正天下又不止於正人者乎大凡聖人之行有不同也或遠而隱遁或近而事君或仕不合而去或仕合而不去其行不同如此然要之遠者去者固高尙以自潔而近者不去者亦非徇利以自汚斷在於潔其身而已矣然則尹固聖人也豈有辱己之事哉

吾는 聞其以堯舜之道로 要湯이오 未聞以割烹也ㅣ게라

나는 그 堯舜의 道로ᄡᅥ 湯을 要타 홈을 듣고 割烹으로ᄡᅥ 홈을 듣디 몯게라

●林氏、曰以堯舜之道、要湯者、非實以是、要之也、道在此而湯之聘、自來耳 猶子貢、言夫子之求之、異乎人之求之也、愚、謂此語、亦猶前章所論父不得而子之意、

新安陳氏曰承其要湯之語而正之謂伊尹所以要湯在堯舜之道而非割烹也其實伊尹未嘗要求於湯如夫子之求之與父不得而子語脈相似故集註引以爲證[備旨]卽如人言所謂要者而論之亦曰堯舜之道在尹而湯之聘自來是以堯舜之道要湯未聞其以割烹如人言所云也

伊訓에曰天誅造攻을自牧宮요朕載自亳이라ᄒ니라

伊訓에ᄀᆞᆯ오ᄃᆡ天誅ㅣ비로소攻홈을牧宮으로브터홈은朕이亳으로브터載ᄒ다ᄒ니라

●伊訓、商書篇名、孟子、引以證伐夏救民之事也、今書、牧宮、作鳴條、牧宮桀宮也 造載、皆始也、伊尹、言始攻桀無道、由我始其事於亳也、南軒張氏曰桀爲不道伊尹則相湯始於亳而往征之然則其伐夏也奉天討有罪而已○慶源輔氏曰此伊尹所自言於此可見其任重之意則其不肯枉道自汙以要君必矣事苟理明義正聖賢初無所揜覆也[備旨]夫伊尹固無割烹要湯之事矣然果何以見伐夏救民之事乎商書伊訓有曰湯奉天誅始攻桀於牧宮由我相湯始其事於亳都也觀伊尹之言理明義正如此曾謂辱己要君者而能爲此乎割烹之說何其敢於誣聖人也

○萬章이問曰或이謂孔子ㅣ於衛에主癰疽ᄒ시고於齊에主侍人瘠環이라ᄒ니有諸乎ㅣ잇가孟子ㅣ曰否라不然也ㅣ라好事者ㅣ爲之也ㅣ니라

癰於容反疽七余反好去聲

萬章이묻ᄌᆞ와ᄀᆞᆯ오ᄃᆡ或이닐오ᄃᆡ孔子ㅣ衛예癰疽ᄅᆞᆯ主ᄒᆞ시고齊예侍人이언瘠環ᄋᆞᆯ主ᄒᆞ시다ᄒᆞ니인ᄂᆞ니잇가孟子ㅣᄀᆞᆯᄋᆞ샤ᄃᆡ아니라그러티아니ᄒᆞ니라事ᄅᆞᆯ好ᄒᆞᄂᆞᆫ者ㅣᄒᆞ니라

●主、舍於其家、以之爲主人也、癰疽、瘍音羊醫也、新安陳氏曰周禮天官有瘍醫瘍瘡癰也 侍人、奄與閹同音掩人也、瘠、姓、環、名、皆時君所近狎之人也 好事、謂喜造言生事之人也・

備旨 萬章問於孟子曰或人謂孔子於衛則主衛君所親狎之人治癰疽者之家於齊則主齊君所近侍之人瘠環者之家其所主之苟如此果有諸乎孟子曰謂之主癰疽侍人者否也孔子之所爲不然也此乃好事者造爲誣聖之言以便己私也

於衛애主顏讎由ㅣ러시니彌子之妻ㅣ與子路之妻로兄弟也ㅣ라彌子ㅣ謂子路曰孔子ㅣ主我ᄒᆞ시면衛卿을可得也ㅣ라ᄒᆞ야ᄂᆞᆯ子路ㅣ以告ᄒᆞᆫ대孔子ㅣ曰有命이라ᄒᆞ시니孔子ㅣ進以禮ᄒᆞ시며退以義ᄒᆞ샤得之不得애曰有命이라ᄒᆞ시니而主癰疽與侍人瘠環이시면是ᄂᆞᆫ無義無命也ㅣ니라 讎如字又音犨

衛예顏讎由ᄅᆞᆯ主ᄒᆞ엿더시니彌子의妻ㅣ子路의妻로더브러兄弟ㅣ라彌子ㅣ子路ᄃᆞ려닐어ᄀᆞᆯ오ᄃᆡ孔子ㅣ나ᄅᆞᆯ主ᄒᆞ시면衛卿을可히得ᄒᆞ리라ᄒᆞ야ᄂᆞᆯ子路ㅣ뻐告ᄒᆞᆫ대孔子ㅣᄀᆞᆯᄋᆞ샤ᄃᆡ命이인ᄂᆞ니라ᄒᆞ시니孔子ㅣ進ᄒᆞ샤ᄃᆡ禮로뻐ᄒᆞ시며退ᄒᆞ샤ᄃᆡ義로뻐ᄒᆞ샤得ᄒᆞ며得디몯홈애ᄀᆞᆯᄋᆞ샤ᄃᆡ命이인ᄂᆞ니라ᄒᆞ시니癰疽와다ᄆᆞᆺ侍人瘠

環을主ᄒ시면이ᄂᆞᆫ義ㅣ업ᄉ며命이업ᄉᆞᆷ이니라

●顔讎由、衛之賢大夫也、史記、作顔濁鄒、彌子、衛靈公幸臣、彌子瑕也、徐氏、曰禮主於辭遜故、進以禮、義主於斷丁亂反制故、退以義、難進而易去聲退者也、在我者有禮義而已、得之不得、則有命存焉。朱子曰三揖而進一辭而退進以禮揖讓辭遜退以義剛決果斷○聖人以義處命本不待斷以命也所以曰有命對彌子瑕言之也○南軒張氏曰聖人非擇禮義而爲進退聖人之進退無非禮義禮義之所在固命之所在也此所謂義命之合一者也○新安陳氏曰上言禮義下只言義者進以禮亦義所當進義可以該禮也[illegible]欲觀孔子不苟於所主觀於主衛之事可見矣吾聞孔子於衛主賢大夫顔讎由之家彼時衛君近狎莫如彌子瑕者其妻與子路之妻兄弟也彌子乃謂子路曰孔子若舍顔讎由而主我則我爲之先容於君雖衛卿之位可立致也子路以其言告孔子孔子曰衛卿之得有命存焉不可以倖而致也而何必主之卽此可見孔子平日進不易進必以從容遜順之禮退不難退必以果斷剛制之義至於爵位之得不得則曰有命孔子之所以爲孔子者如此則不特主衛得其人而主齊之得其人亦可知矣若主癰疽與侍人瘠環則義之當退而不能以義自斷命之不得而不能以命自安是無義無命也而謂孔子爲之乎

孔子ㅣ不悅於魯衛ᄒ샤 遭宋桓司馬ㅣ 將要而殺之ᄒ야 微服而過宋ᄒ시니 是時예 孔子ㅣ 當阨ᄒ샤ᄃᆡ 主司城貞子ㅣ 爲陳侯周臣ᄒ시니라 要平聲

孔子ㅣ魯와衛예悅티아니ᄒ샤 宋桓司馬ㅣ 장ᄎᆺ要ᄒ야殺호려홈을遭ᄒ야微服ᄒ고宋애過ᄒ시니이時예孔子ㅣ 阨애當ᄒ샤ᄃᆡ 司城이언貞子ㅣ 陳侯周의 臣 되얏ᄂᆞᆫ ᄃᆡ主ᄒ시니라

●不悅、不樂音洛居其國也、桓司馬、宋大夫向武亮反魋也、司城貞子、亦宋大夫之賢者也、雙峯饒氏曰司馬司城皆是宋之官他國則無宋是王者後故倣天子禮有司馬司城○新安倪氏曰宋以武公諱改司空爲司城陳侯、名周、按史記孔子、爲魯司寇、齊人、饋女樂以間去聲之、孔子、遂行適衛、月餘、去衛適宋、司馬魋、欲殺孔子、孔子、去至陳、主於司城貞子、新安陳氏曰以文勢觀似是臨去宋時主於司城貞子適陳爲陳侯周臣孟子、言孔子、雖當阨難、去聲然、猶擇所主、況在齊衛無事之時、豈有主癰疽侍人之事乎、慶源輔氏曰以孔子進禮退義曰有命觀之則必無主癰疽侍人之理以當阨主司城貞子觀之則必無主癰疽侍人之事[illegible]且孔子不特處常之時安於義命而不苟主也即處變之際亦有然者孔子嘗不悅於魯又不悅於衛而適宋遭宋大夫桓司馬將要而殺之孔子爲道愛身遂更微賤之服而過宋至陳是時孔子正當阨而避難猶不苟所主而主於後爲宋司城官沒後諡貞子者此時適爲陳侯名周者之臣之家蓋貞子乃亦大夫之賢者也是孔子處患難之時猶擇所主如此況在齊衛無事之時豈有主癰疽侍人之理乎

吾聞觀近臣호ᄃᆡ以其所爲主오ㅣ觀遠臣호ᄃᆡ以其所主호니라若孔子ㅣ主癰疽與侍人瘠環이시면何以爲孔子ㅣ리오

나는드로니近臣을觀호ᄃᆡ그主ㅣ되는바로ᄡᅥᄒᆞ고遠臣을觀호ᄃᆡ그主ᄒᆞ는바로ᄡᅥᄒᆞᆫ다ᄒᆞ니만일孔子ㅣ癰疽와다믓侍人瘠環을主ᄒᆞ시면엇디ᄡᅥ孔子ㅣ라ᄒᆞ리오

●近臣、在朝音潮之臣、遠臣、遠方來仕者、君子小人、各從其類故、觀其所爲主、與其所主者、而其人、可知、呂氏曰辭受有義得不得有命皆理之所必然有命有義是有可得可受之理故舜可受堯之天下無命無義是無可得可受之理故孔子不主彌子以受衛卿二

者義命有自合之理無從而間焉有義無命雖有可受之義而可得之命安得而受之是謂義合於命故益避啓而不受禹之天下有命無義雖有可得之命而無可受之義亦安得而受之是謂命合於義故中國授室養弟子以萬鍾而孟子辭之也○南軒張氏曰此泛言觀人之法豈獨爲人臣者所當知爲人君者尤當明此義則遠近交見而不蔽於耳目之私矣○新安陳氏曰呂氏所謂無命無義與孟子本文是無義無命也不同進退以禮義而得之有命也於聖賢未嘗加益惟合於禮義而已命之得非所計也進退以禮義而不得亦命也於聖賢未嘗或損無慊於禮義矣不得奚傷哉安於命而已故曰得之不得曰有命若有苟得之心而欲因時君近狎之臣以進則是進退不以禮義而不知有命矣故曰是無義無命也 且又以所聞觀人之法論之觀近臣之賢否惟觀其爲何人之主而近臣之品可知矣判遠臣之賢否惟觀其所主之何人而遠臣之品可知矣彼孔子聖人也所主必其類也若主癰疽與侍人瘠環則以君子而比匪人何以爲孔子既爲孔子則必不主癰疽與侍人瘠環矣何好事者之敢於誣聖哉

○萬章이問曰或曰百里奚ㅣ自鬻於秦養牲者ᄒᆞ야五羊之皮로食牛ᄒᆞ야以要秦穆公이라ᄒᆞ니信乎ㅣ잇가孟子ㅣ曰否ㅣ라不然ᄒᆞ니라好事者ㅣ爲之也ㅣ니라 食音嗣好去聲下同

萬章이 묻ᄌᆞ와 ᄀᆞᆯ오ᄃᆡ 或이 ᄀᆞᆯ오ᄃᆡ 百里奚ㅣ 秦人 養牲ᄒᆞᄂᆞᆫ 者의게 스스로 鬻ᄒᆞ야 五羊의 皮로 牛를 食ᄒᆞ야 ᄡᅥ 秦穆公을 要타 ᄒᆞ니 信ᄒᆞ니잇가 孟子ㅣ ᄀᆞᆯᄋᆞ샤ᄃᆡ 아니라 그러티 아니ᄒᆞ니라 事를 好ᄒᆞᄂᆞᆫ 者ㅣ ᄒᆞ니라

●百里奚、虞之賢臣、人言其自賣於秦養牲者之家、得五羊之皮、而爲去聲之食牛、因以干秦穆公也、

備旨 萬章問曰或人有言百里奚欲致君而無由乃自鬻賣於秦養牲者之家得五羊之皮而爲之食牛因以干秦穆公使知而用之信有是事乎孟子曰謂之食牛干主者否也百里奚之所爲不然乃好造言生事者爲妄言誣古人以便己私也

百里奚ᄂᆞᆫ 虞人也ㅣ니 晉人이 以垂棘之璧과 與屈產之乘으로 假道於虞ᄒᆞ야 以伐虢이어늘 宮之奇ᄂᆞᆫ 諫ᄒᆞ고 百里奚ᄂᆞᆫ 不諫ᄒᆞ니라 屈求勿反 乘去聲

百里奚ᄂᆞᆫ虞ㅅ사ᄅᆞᆷ이니晉人이垂棘엣璧과다ᄆᆞᆺ屈에產ᄒᆞᆫ乘으로ᄡᅥ 虞에 道ᄅᆞᆯ假ᄒᆞ야ᄡᅥ虢을伐ᄒᆞ려ᄒᆞ거ᄂᆞᆯ宮之奇ᄂᆞᆫ諫ᄒᆞ고百里奚ᄂᆞᆫ諫티아니ᄒᆞ니라

○虞、虢、皆國名、垂棘之璧、垂棘之地、所出之璧也、屈產之乘、屈地所生之良馬也、乘。四匹也、晉欲伐虢、道經於虞故、以此物借道、其實、欲幷去聲取虞、宮之奇、亦虞之賢臣、諫虞公、令力呈反勿許、虞公、不用、遂爲晉所滅、百里奚、知其不可諫故、不諫而去之秦、

左傳僖公二年晉荀息請屈產之乘與垂棘之璧假道於虞以伐虢公曰是吾寶也對曰若得道於虞猶外府也乃使荀息假道於虞虞公許之且請先伐虢宮之奇諫不聽遂起師夏晉里克荀息帥虞師伐虢滅下陽虢邑五年晉侯復假道於虞以伐虢宮之奇諫曰虢虞之表也虢亡虞必從之晉不可啓寇不可翫習也一之謂甚其可再乎諺所謂輔車相依輔頰輔車牙車也脣亡齒寒者其虞虢之謂也弗聽宮之奇以其族行十二月晉滅虢館於虞遂襲虞滅之執虞公○趙氏曰虞在漢河東郡大陽縣虢在漢河南郡滎陽縣[illegible]欲知百里奚無要君之辱盍即百里奚之事觀之乎彼百里奚雖爲秦相其始本虞人也嘗仕於虞及晉人欲伐虢道經於虞乃用荀息之謀以垂棘所出之璧與屈地所產之馬假道於虞以伐虢其實欲幷取虞也宮之奇以輔車脣齒之喩諫於君而不聽百里奚知諫之無益遂不諫而去之秦此其去虞入秦之由如此

知虞公之不可諫而去之秦ᄒᆞ니 年已七十矣라 曾不知以食牛로 干秦穆公之爲汙也ㅣ면 可謂智乎아 不可諫而不諫ᄒᆞ니 可謂不

智乎아 知虞公之將亡而先去之ᄒᆞ니 不可謂不智也ㅣ니라 時擧於秦ᄒᆞ야 知穆公之可與有行也而相之ᄒᆞ니 可謂不智乎아 相秦而顯其君於天下ᄒᆞ야 可傳於後世ᄒᆞ니 不賢而能之乎아 自鬻以成其君을 鄕黨自好者도 不爲온 而謂賢者ㅣ爲之乎아 (相去聲)

虞公의可히諫티몯홀줄을아라去ᄒᆞ고秦에가니年이이믜七十이라일즉牛食홈으로ᄡᅥ秦穆公을干홈이汚ᄒᆞᆫ줄을아디몯ᄒᆞ면可히智라니ᄅᆞ랴可히諫티몯홀꺼시라諫티아니ᄒᆞ니可히智티아니타니ᄅᆞ랴虞公의장ᄎᆞᆺ亡홀줄을아라몬져去ᄒᆞ니可히智티아니타니ᄅᆞ디몯홀이니라時에秦에擧ᄒᆞ야穆公의可히더블어行홈이이실줄을아라相ᄒᆞ니可히智티아니타니ᄅᆞ랴秦을相ᄒᆞ야그君을天下애顯ᄒᆞ야可히後世예傳케ᄒᆞ니賢티아니ᄒᆞ고能히ᄒᆞ랴ᄉᆞᄉᆞ로鬻ᄒᆞ야ᄡᅥ그君을成ᄒᆞ욤을鄕黨애ᄉᆞᄉᆞ로好ᄒᆞᄂᆞᆫ者도ᄒᆞ디아니ᄒᆞᆫ곤賢者ㅣᄒᆞ다니ᄅᆞ랴

● 自好、自愛其身之人也、孟子、言百里奚之智、如此、必知食牛以干主之爲汙、其賢、又如此、必不肯自鬻以成其君也、(新安陳氏曰成其君成就其君之覇業也) 然、此事、當孟子時、已無所據、孟子、直以事理、反覆推之、而知其必不然耳、○范氏、曰古之聖賢、未遇之時、鄙賤之事、不恥爲之、如百里奚、爲(去聲)人養牛、無足怪也、惟是人君、不致敬盡禮、則不可得而見、豈有先自汙辱、以要其君哉、莊周、曰百里奚、爵祿、不入於心故、飯扶晚反牛而牛肥、使穆公、忘其賤而與之政、亦可謂知百里奚矣、莊子田子方篇百里奚爵祿不入於心故飯牛而肥飯猶食之也使秦穆公忘其賤而與之政也有虞氏死生不入於心故足以動人伊尹、百里奚之事、皆聖賢出處之大節、故、孟子、不得不辨、尹氏、曰當時好事者之論、大率類此、蓋以其不正之心、度待洛反聖賢也、范氏曰虞之將亡宮之奇諫百里奚不諫二人皆是也宮之奇不忍虞之亡諫而不聽然後以其族行君臣之義盡百里奚事虞公年七十矣而無所遇知其不可諫不諫而先去之去就之理明奇爲忠臣奚爲智士故曰皆是也按秦本紀晉虜虞君與百里奚奚亡秦走宛楚鄙人執之穆公聞其賢以五羖羊皮贖之號五羖大夫商鞅傳趙良曰五羖大夫荊之鄙人也聞穆公賢願見行而無資自鬻於秦被褐飯牛穆公擧之牛口之下加之百姓之上史記所傳自相矛盾蓋得之好事者○南軒張氏曰奚於虞仕不必諫之地又知其不可諫諫必不聽故引而去之所以爲智使在當諫之地而不諫是不忠之臣也可謂智乎○蔡氏曰戰國之時人不知道惟知以功利爲急甚者敢誣聖賢欲借以行其私如伊尹割烹要湯孔子主癰疽侍人百里奚自鬻雖萬章之徒亦不知其爲非而猶不免於疑開習俗移人之心如此孟子安得不歷數而明辨之哉【附註】夫百里奚之不諫非不能諫也蓋知虞公之不可諫而去之秦嘗是時年已七十矣是其閱歷已久曾不知以食牛干秦穆公之爲汙也尚可謂之智乎吾嘗反覆思之奚殆非不智者也天下惟智者爲能知默奚知虞公之將不可諫而不諫是知默也可謂不智乎天下亦惟智　爲能知廢奚知虞公之將亡而先去之是知廢也不可謂不智也天下亦惟智者爲能知興奚也時擧於秦知穆公之可與有行也而相之是知興也可謂不智乎且奚非獨智焉而已其相秦也三置晉君一救荊禍取威定霸而顯其君於天下芳聲令聞可傳於後世此實有尊主庇民之才者也夫豈不賢而能之乎既有賢者之事功則必有賢者之志節若夫自鬻以成其君之業卽鄉黨之常人少知自愛者猶不爲之而謂賢如奚者爲之乎夫奚而智也必知食牛干主之汙奚而賢也必不爲自鬻成君之事子合奚之賢智而觀之或言之誣可知矣

原本備旨孟子集註卷之九 終

原本備旨 孟子集註卷之十

萬章章句下

凡九章

孟子ㅣ曰伯夷는目不視惡色ᄒᆞ며耳不聽惡聲ᄒᆞ고非其君不事ᄒᆞ며非其民不使ᄒᆞ야治則進ᄒᆞ고亂則退ᄒᆞ야橫政之所出와橫民之所止예不忍居也ᄒᆞ며思與鄕人處호ᄃᆡ如以朝衣朝冠으로坐於塗炭也ㅣ러니當紂之時ᄒᆞ야居北海之濱ᄒᆞ야以待天下之淸也ᄒᆞ니故로聞伯夷之風者는頑夫ㅣ廉ᄒᆞ며懦夫ㅣ有立志ᄒᆞ니라 治去聲下同橫去聲朝音潮

孟子ㅣᄀᆞᆯᄋᆞ사ᄃᆡ伯夷ᄂᆞᆫ目애惡色을視티아니ᄒᆞ며耳예 惡聲을聽티아 니ᄒᆞ고그君이아니어든事티아니ᄒᆞ며그民이아니어든使티아니ᄒᆞ야治ᄒᆞ면進ᄒᆞ고亂ᄒᆞ면退ᄒᆞ야橫政의出ᄒᆞᄂᆞᆫ바와橫民의止ᄒᆞᄂᆞᆫ바애ᄎᆞᆷ아居티아 니ᄒᆞ며鄕人으로더브러處ᄒᆞᆷ을思호ᄃᆡ朝衣와朝冠으로ᄡᅥ塗炭애坐ᄒᆞᆷᄀᆞ티너기더니紂의時를當ᄒᆞ야 北海人濱애居ᄒᆞ야ᄡᅥ天下의淸ᄒᆞᆷ을待ᄒᆞ니故로伯夷의風을드른 者ᄂᆞᆫ頑ᄒᆞᆫ夫ㅣ 廉ᄒᆞ며懦

ᄒᆞᆫ夫ㅣ立ᄒᆞᆫ志를두니라

●橫、謂不循法度、頑者、無知覺、廉者、有分辨、懦、柔弱也、餘、並見前篇、見形甸反下文餘見並同

[備旨]孟子推尊孔子而言曰學不宗至聖則其統不一然不取群聖而折衷之其識猶未廣也古有伯夷者目不視非禮之惡色耳不聽非禮之惡聲審於耳目之接如此事必擇君非其君不事使必擇民非其民不使擇於上下之交如此世治則進以出世世亂則退以處審於出處之際如此在朝皆橫政之所出在野皆橫民之所止則不惟不事不使而且不忍與之居也其心思與鄉人處如以朝衣朝冠之貴坐於塗炭之汚也其所處不苟如此當紂之時正聲色皆惡君民皆非事使無一可者所謂汚濁之世也於是避居北海之濱以待天下之淸焉是夷之行廉而立志如此故後世聞伯夷之風者雖頑貪之夫皆化而爲廉介之操懦弱之夫皆化而有特立之志是無所雜於己而有以化乎人者伯夷之行然也

伊尹이曰何事非君이며何使非民이리오ᄒᆞ야治亦進ᄒᆞ며亂亦進ᄒᆞ야曰天之生斯民也ᄂᆞᆫ使先知로覺後知ᄒᆞ며使先覺으로覺後覺이시니予ᄂᆞᆫ天民之先覺者也ㅣ로니予將以此道로覺此民也ㅣ라ᄒᆞ며思天下之民이匹夫匹婦ㅣ有不與被堯舜之澤者ㅣ어든若己ㅣ推而內之溝中ᄒᆞ니其自任以天下之重也ㅣ니라 與音預

伊尹이ᄀᆞᆯ오ᄃᆡ어ᄂᆡ를事ᄒᆞ면君이아니며어ᄂᆡ를使ᄒᆞ면民이아니리오ᄒᆞ야治ᄒᆞ야도ᄯᅩ進ᄒᆞ며亂ᄒᆞ야도ᄯᅩ進ᄒᆞ야ᄀᆞᆯ오ᄃᆡ天이이民을生ᄒᆞᆷ은몬져知ᄒᆞᆫ이로ᄒᆞ여곰후에知ᄒᆞ리를覺게ᄒᆞ며몬져覺ᄒᆞᆫ이로ᄒᆞ여곰후에覺ᄒᆞ리를覺게ᄒᆞ시니나ᄂᆞᆫ天民의

몬져覺ᄒᆞᆫ者ㅣ로니내장ᄎᆞᆺ이道로ᄡᅥ이民을覺게호리라ᄒᆞ며思호ᄃᆡ天下앳民이匹夫ㅣ며匹婦ㅣ堯舜의澤을與ᄒᆞ야被티몯ᄒᆞᆫ者ㅣ잇거든已ㅣ推ᄒᆞ야溝中에內홈ᄀᆞ티ᄒᆞ니그天下의重으로ᄡᅥ스스로任홈이니라

● 何事非君、言所事卽君、何使非民、言所使卽民、無不可事之君、無不可使之民也、餘見前篇、

【備旨】古有伊尹者其自言有曰凡君皆可事也何事非君哉凡民皆可使也何使非民哉其言如此故其在當世治亦進而仕焉亂亦進而仕焉嘗自明其仕進之意曰天之生斯民也原欲使先知其事者覺後知之人使先覺其理者覺後覺之人予今幸而爲天民中之先覺者也予將以此道覺此後知後覺之人不敢負天之託也由其言以推其心思天下之民但有匹夫匹婦未知未覺不與被堯舜遂生復性之澤者卽若己推而內之溝中以一世民物爲己責其自任以天下之重所以不擇事使而治亂皆進也是無所擇於世而有所責於己者伊尹之行然也

柳下惠ᄂᆞᆫ不羞汙君ᄒᆞ며不辭小官ᄒᆞ며進不隱賢ᄒᆞ야必以其道ᄒᆞ며遺佚而不怨ᄒᆞ며阨窮而不憫ᄒᆞ며與鄕人處호ᄃᆡ由由然不忍去也ᄒᆞ야爾爲爾오我爲我ㅣ니雖袒裼裸裎於我側인ᄃᆞᆯ爾焉能浼我哉리오ᄒᆞ니故로聞柳下惠之風者ᄂᆞᆫ鄙夫ㅣ寬ᄒᆞ며薄夫ㅣ敦ᄒᆞ니라

柳下惠ᄂᆞᆫ汙君을羞티아니ᄒᆞ며小官을辭티아니ᄒᆞ며進홈애賢을隱티아니ᄒᆞ야반ᄃᆞ시그道로ᄡᅥᄒᆞ며遺佚ᄒᆞ야도怨티아니ᄒᆞ며阨窮ᄒᆞ야도憫티아니ᄒᆞ며鄕人으로더브러處호ᄃᆡ由由히ᄎᆞᆷ아去티아니ᄒᆞ야네네오내내니비록내側애서袒裼ᄒᆞ며裸

裎ᄒᆞᆫᄃᆞᆯ네엇디能히나ᄅᆞᆯ浼ᄒᆞ리오ᄒᆞ니故로柳下惠의風을聞ᄒᆞᆫ 者ᄂᆞᆫ鄙ᄒᆞᆫ 夫ㅣ寬ᄒᆞ며薄ᄒᆞᆫ夫ㅣ敦ᄒᆞᄂᆞ니라

●鄙、狹陋也、敦、厚也、餘見前篇、問夷惠勝伊尹得些朱子曰伊尹體用較全夷惠高似伊尹伊尹大如夷惠○新安陳氏曰凡言聞其風者皆道不行於當時而其流風餘韻足以聳動後世者也伊尹道行於當時有功業可見不待以風言夷惠道不行於當時無功業可見而其制行之高足使後世想聞其餘風而興起所以以風言夷則風之淸惠則風之和也或曰孔子道亦不行於當時而不以風言何也曰孔子如太極元氣之運風不足以言之也司馬遷謂講業齊魯之都觀夫子遺風亦以風言特於齊魯之地觀之則所指者有界限而所觀者亦然故亦以風言耳〔備旨〕古有柳下惠者不以汙君爲羞而事之不以小官爲卑而辭之其進而事汙君爲小官也不隱其在己之賢能而必以其直道雖人遺佚之而不怨雖身處阨窮而不憫不特此也至於與鄕人並處亦由由然自得而不忍去也故其言曰爾自爲爾我自爲我雖袒裼裸裎於我之側亦爾之無禮爾焉能浼於我哉是惠之行寬而且敦如此故後世聞柳下惠之風者雖鄙隘之夫皆化而有寬大之量雖刻薄之夫皆化而有敦厚之性是無所異於己而有以化於人者柳下惠之行然也

孔子之去齊에 **接淅而行**ᄒᆞ시고 **去魯**애 **曰遲遲**라 **吾行也**ㅣ여ᄒᆞ시니 **去父母國之道也**ㅣ라 **可以速而速**ᄒᆞ며 **可以久而久**ᄒᆞ며 **可以處而處**ᄒᆞ며 **可以仕而仕**ᄂᆞᆫ **孔子也**ㅣ시니라 淅先歷反

孔子ㅣ齊ᄅᆞᆯ去ᄒᆞ심애 淅을接ᄒᆞ야行ᄒᆞ시고魯ᄅᆞᆯ去ᄒᆞ심애ᄀᆞᆯᄋᆞ샤ᄃᆡ遲遲라내行이여ᄒᆞ시니父母의國을去ᄒᆞᄂᆞᆫ道ㅣ라可히ᄡᅥ速ᄒᆞ얌즉거든速ᄒᆞ며可히ᄡᅥ久ᄒᆞ얌즉거든久ᄒᆞ며可히ᄡᅥ處ᄒᆞ얌즉거든處ᄒᆞ며可히ᄡᅥ仕ᄒᆞ얌즉거든仕홈은孔子ㅣ시니라

●接、猶承也、淅、漬[疾智反]米水也、漬米、將炊而欲去之速故、以手、承水取米而行、不及炊也、擧此一端、以見[形甸反]其久、速、仕、止、各當其可也、[記曰當其可之謂時]或曰孔子、去魯、不稅[與脫同]冕而行、豈得爲遲、楊氏、曰孔子、欲去之意、久矣、不欲苟去故、遲遲其行也、膰肉不至、則得以微罪行矣、故、不稅冕而行、非速也

[備旨]若孔子則又不同當其任齊爲晏嬰所沮而去齊也接淅而行有不容頃刻留者當女樂之受而去魯也猶待郊祭之擧雖子路速之行亦曰遲遲吾行也夫去齊如彼其急而去魯如此其緩者何蓋魯乃孔子父母之國見幾固當明決用意尤宜忠厚去父母國之道與去他國不同也即此觀之凡其或速也非失之急迫可以速而速或久也非失之濡滯可以久而久或處也非以隱爲高可以處而處或仕也非以位爲榮可以仕而仕此則內無成心而意必蠢泯行無轍迹而用舍咸宜孔子之行然也

孟子ㅣ曰伯夷는聖之淸者也오伊尹은聖之任者也오柳下惠는聖之和者也오孔子는聖之時者也시니라

孟子ㅣ ᄀᆞᆯᄋᆞ샤ᄃᆡ 伯夷ᄂᆞᆫ 聖의 淸ᄒᆞᆫ 者ㅣ오 伊尹은 聖의 任ᄒᆞᆫ 者ㅣ오 柳下惠ᄂᆞᆫ 聖의 和ᄒᆞᆫ 者ㅣ오 孔子ᄂᆞᆫ 聖의 時ᄒᆞᆫ 者ㅣ시니라

●張子、曰無所雜者、淸之極、無所異者、和之極、勉而淸、非聖人之淸、勉而和、非聖人之和、所謂聖者、不勉不思而至焉者也 孔氏、曰任者、以天下、爲已責也、愚、謂孔子、仕止久速、各當其可、蓋兼三子之所以聖者、而時出之、非如三子之可以一德名也、或疑伊尹出處、[上聲]合乎孔子、而不得爲聖之時、何也、程子、曰終是任底意思[去聲]在、[朱子曰夷惠氣質有偏比之夫子終有不中節處所以易中說中正伊川謂中重於正正不必中也言中則正已在其中蓋無中則做正不出來而單言正則未必能中也夷惠諸子其正與夫子同而夫子之中]

則非諸子所及也○淸任和都是有病痛底聖人問伊尹似無病痛曰五就湯五就桀孔子必不肯恁地只爲他任得太過所謂任只就他治亦進亂亦進處看其自任以天下之重如此雖云祿之天下繫馬千駟弗顧弗受然終是任處多如柳下惠不以三公易其介固是介然終是和處多問三子之德各偏於一亦盡其一德之中否曰三子之德但各至於一偏之極旣云偏則不得謂之中矣如伯夷雖有善其辭命而至者不受也此便是偏處若善其辭命而吾受之亦何妨只觀孔子便不然問旣云一偏何以謂之聖曰聖只是做到極處自然安行不待勉强故謂之聖非中之謂也○三聖是知之不至三子不惟淸不能和和不能淸但於淸處和處亦皆過如射者皆中而不中鵠問旣是如此何以爲聖人之淸和曰却是天理中流出無駁雜雖是過當直是無纖毫渣滓孔子集大成無所不該非特兼三子所長而已但與三子比並說時是兼其所長曰三子是資禀如此否曰然○問如伯夷之淸而不念舊惡柳下惠之和而不以三公易其介此其所以爲聖之淸聖之和也但其流弊則有隘與不恭之失曰這也是諸先生恐傷觸二子所以說流弊今以聖人觀二子則二子多有欠闕處才有欠闕處便有弊所以孟子直說他隘與不恭不曾說其末流如此○問伊川云伊尹終有任底意思在謂他有擔當作爲底意思只這些意思便非夫子氣象否曰然然此處極難看且放那裏久之看道理熟自見强說不得若謂伊尹有這些意思在爲非聖人之至則孔孟皇皇汲汲去齊去魯之梁之魏非無意者其所以異伊尹者何也○問夫子若處伊尹之地也如此任如何曰夫子自是不同不如此著意○南軒張氏曰孔子之速也遲也皆道之所在也曰可以速而速可以久而久此公孫丑篇易一則字尤見從容不迫與時偕行之意聖之時云者非聖人之趨時聖人之動固無不時也○慶源輔氏曰伊尹惟其任底意思在故未能與天爲一而不得爲聖之時若孔子則雖視天下無不可爲之時在己無不可行之道然却無伊尹這些意思曰如有用我者期月而已可也如有用我者吾其爲東周乎多少含蓄意思此其所以與天爲一而謂之聖之時也○東陽許氏曰此章聖字言夷惠伊尹處是以地言與天而化之之聖不同只是淸任和到極處故謂之聖孔子則是大而化之之聖其行之時中則淸任和時而出之亦無不到極處[備旨]孟子叙列聖之後又從而斷之曰此四人者皆古聖人也而各有所以謂聖者伯夷以節高天下淸造其極乃聖人之淸者也伊尹以身荷天下任造其極乃聖人之任者也柳下惠以量容天下和造其極乃聖人之和者也然皆倚於一偏惟孔子則仕止久速合淸任和而時出之乃聖人之時者也

孔子之謂集大成이시니 集大成也者는 金聲而玉振之也ㅣ라 金聲

也者는始條理也오玉振之也者는終條理也니始條理者는智之事也오終條理者는聖之事也니라

孔子를닐온集ᄒᆞ야大成ᄒᆞᆷ이시니集ᄒᆞ야大成ᄒᆞ욤은金으로聲ᄒᆞ고玉으로振ᄒᆞᆷ이라金으로聲ᄒᆞ욤은條理를始ᄒᆞᆷ이오玉으로振ᄒᆞ욤은條理를終ᄒᆞᆷ이니條理를始ᄒᆞᄂᆞᆫ者는智의事ㅣ오條理를終ᄒᆞᄂᆞᆫ者는聖의事ㅣ니라

●此、言孔子、集三聖之事、而爲一大聖之事、猶作樂者、集衆音之小成、而爲一大成也、成者、樂之一終、書所謂簫韶九成、是也、書益稷篇註簫古文作箾箾韶蓋舜樂之總名也九成者猶周禮所謂九變也金、鐘屬聲、宣也、如聲罪致討之聲、玉 磬也、振、收也、如振河海而不洩私列反之振、始、始之也、終、終之也、條理、猶言脉絡、指衆音而言也、智者、知之所及、聖者、德之所就也、蓋樂有八音、金石絲竹匏土革木、若獨奏一音、則其一音、自爲始終、而爲一小成、猶三子之所知、偏於一、而其所就、亦偏於一也、八音之中、金石爲重故、特爲衆音之綱紀、又金始震而玉終詘渠勿反然也、記聘義昔者君子比德於玉焉温潤而澤仁也縝密以栗知也廉而不劌音劌傷也義也垂之如隊直位反禮也扣之其聲淸越以長其終詘然樂也越猶揚也詘然絕止之貌朱子曰金聲有洪殺始震終細玉聲則始終如一扣之其聲詘然而止故、幷奏八音則於其未作、而先擊鎛鐘、以宣其聲、鎛伯各反鐘名俟其旣闋苦穴反而後、擊特磬、以收其韻、新安陳氏曰特專也單擊磬曰特磬宣以始之、收以終之、二者之間、脉絡通貫、無所不備、則合衆小成、而爲一大成、猶孔子之知、無不盡、而德無不全也、金聲玉振、始終條理、疑古樂經之言故、兒研兮反寬、云、唯天子、建中和之極、兼總條貫、金聲而玉振之、新安倪氏曰前漢兒寬與武帝論封禪儀而有是言必非其自言又不純擧孟子之言且簡約精密故疑其爲古樂書之言也亦此意也、程子曰金聲而玉振之此孟子爲學者言終始之義也始於致知智之事也行所知而至其極聖之事也易曰知至至之知終終之是也○問始終條理朱子曰如今樂之始作先撞鐘是金聲之也樂終擊磬是玉振之也始終如此而中間乃大合樂六律五聲八音一齊莫不備擧孟子以此譬孔子如伯夷聖之淸伊尹聖之任柳下惠聖之和都如樂器有一件相似是金聲底從頭到尾只是金聲是玉聲底從頭到尾只是玉聲○始條理是知終條理是行問智之事聖之事工夫全在智字上三子所以各極於一偏緣他合下少致知工夫看得道理有偏故其終之成亦只至一偏之極孔子合下知得至到看得道理周徧精切無所不盡故其德之成亦兼該畢備而無一德一行之或闕曰然○金聲或洪或殺淸濁萬殊玉聲淸越和平首尾如一故樂之作也八音克諧雖若無所先後然奏之以金節之以玉其序亦有不可紊者焉蓋其奏之也所以極其變也其節之也所以成其章也變者雖殊而所以成者未嘗不一成者雖一而所歷之變洪纖淸濁亦無所不具於至一之中聖人之德精粗大小無所不備其始卒相成蓋如此此金聲而玉振之所以譬夫孔子之集大成而非三子之所得與也然即其全而論其偏則纖而不能洪淸而不能濁者是其金聲之不備也不能備乎金聲而遽以玉振之雖其所以振之者未嘗有異然其所振一全一闕則其玉之爲聲亦有所不能同矣○奏之以金節之以玉奏之所以極其變節之所以成其章也○南軒張氏曰條理云者有倫緖而不紊之謂始條理者析衆理於毫釐也終條理者備衆理於一貫也○致知智之事行其所知而極其至聖之事也據此一節乃是言學者之事所以學於聖人者故因上文金聲玉振而言言學之序如此蓋聖人則聖智合一無始卒之異學者則必知所先後然後有以入德也故孟子於此一節特分而言之明聖人之智學者所當先務必明盡衆理咸極其至然後力行以造夫聖人之所以聖者始終各有條而不可亂也智之事聖之事猶言學智聖之功夫非便以爲智聖也○勉齋黃氏曰孔子之異於三子者知之至而行之盡三子之不及孔子者知有所蔽於始而行有闕於終也此孔子所以獨得其全而三子僅得其偏也[illegible]夫淸任和爲聖之偏而時則聖之全全者聖德渾淪合群聖於一身孔子之謂集大成而非小成比也夫樂有八音獨奏一音自爲聲自爲振是爲小成集大成也者當其未作則金以聲之既作之後則玉以振之者也金聲也者非自爲聲乃始衆音之理而啓其端也玉振之也者非自爲振乃終衆音之條理而要其止也始條理者即孔子明此淸任和於始凡時中之所在知無不至而爲智之事也終條理者即孔子行此淸任和於終凡時中之所在行無不盡而爲聖之事也聖智合一始終相成信猶樂之集大成矣彼三子者不過衆音之小成耳豈能比德於孔子哉

智ᄅᆞᆯ譬則巧也ㅣ오聖을譬則力也ㅣ니由射於百步之外也ᄒᆞ니其至ᄂᆞᆫ爾力也ㅣ어니와其中은非爾力也ㅣ니라 中去聲

智ᄅᆞᆯ譬ᄒᆞ면巧ㅣ오聖을譬ᄒᆞ면力이니百步밧긔셔射홈ᄀᆞᄐᆞ니그至ᄒᆞ욤은네力이어니와그中ᄒᆞ욤은네力이아니니라

●此、復扶又反以射之巧力、發明聖智二字之義、見孔子、巧力俱全、而聖智兼備、三子則力有餘、而巧不足、是以一節、雖至於聖、而智不足以及乎時中也、張子曰夷惠智不明於至善故偏入於淸和然而卒能成性故雖聖而不智孔子智旣明於至善故集大成如淸和時任皆有之無不由當也故聖且智金聲而玉振也○龜山楊氏曰伯夷伊尹柳下惠於淸任和處已至聖人但其他處未必皆中其至與孔子同而其中與孔子異只爲不能無偏故也若隘與不恭其所偏歟○問以智比聖智固未可以言聖然孟子以智譬巧以聖譬力力旣不及於巧則是聖必由於智也明矣而尹和靖乃曰始條理者猶可以用智終條理則智不容於其間矣則是以聖智淺深而言與孟子之意似相戾惟伊川引易知至至之知終終之其意若曰夫子所以能集三子而大成者由其始焉知之之深也蓋知之至行之必至三子之智始焉知之未盡故其後行之雖各極其至終未免各失於一偏非終條理者未到以其始條理者已差之矣不知伊川之意是如此否朱子曰甚好○問孟子旣以智爲始聖爲終則智者致知之事聖者極至之名其終復曰智巧聖力是智反妙於聖矣甬軒以爲論學則智聖有始終之序語道則聖之極是智之極者也此說似可以破前所疑否曰智是見得徹之名聖是行得到之號有先後而無淺深也聖而不智如水母之無鰕亦將何所到乎○以緩急論則智居先若把輕重論則聖爲重○問其至爾力其中非爾力還是三子只有力無智否曰不是無智知處偏故至處亦偏如孔子則箭箭中紅心三子則每人各中一邊緣他當初見得偏故至處亦偏曰如此則三子不可謂之聖曰不可謂之聖之大成畢竟那淸是聖之淸和是聖之和雖使聖人淸和亦不過如此顏子則巧處工夫已至點點皆可中但只是力不至耳使顏子力至便與孔子一般○玉金備巧力全者孔子也若顏子之博文而約以禮竭才而不能及則金聲已備而玉有未振巧足以中而力有未充者歟故以所至論之則顏子不若三子之成以所期言之則三子不若顏子之大以學之序而論之則三子皆失其所當先故行愈力而見愈偏而顏子循序以進則其所進未可量也惜不及見其成耳然就三子而論之則伊尹之學又密於夷惠矣○東陽許氏曰此一節以射比四聖人能挽彊弓射遠地此力也能中其的乃巧也必先知的之所在又知中之之法然後因力之所至而中之謂知之明然後行之從容中道三子力量雖到而知有未至故不及孔子○此章、言三子之行、（去聲）各極其一偏、孔子之道、兼全於衆理、所以偏者、由其蔽於始、是以、缺於終、所以全者、由其知之至、是以、行之盡、三子、猶春夏秋冬之各一其時、孔子則太和元氣之流行於四時也。雲峯胡氏曰此章之旨集註偏全二字盡之譬之樂則一音自爲始終者偏而八音相爲始終者全譬之射則力而不巧者偏力而又巧者全孟子始則皆謂之聖各以其所行言末則先智而後聖統以其知與行言惟知之偏故行之所至者各極其偏惟知之全則行不期其全而自極於全【備旨】然其所以聖者由於智也智之事取而譬之則巧也聖之事取而譬之則力也聖人之道力行而至之者聖也至之而能全者非聖也智也猶射於百步之外也其發矢而至於侯者是爾之力也其發矢而中於的者非爾之力也巧也知射者之中由於巧則知孔子之聖由於智矣知聖之時者由於智則知聖之偏者由其智有不足也彼三子者所以倚於一偏而難以語時中之聖也歟

○北宮錡ㅣ問曰周室班爵祿也는如之何ㅣ잇고（錡 魚綺反）

北宮錡묻ᄌᆞ와ᄀᆞᆯ오ᄃᆡ周室의爵과祿을班ᄒᆞᆷ은엇디ᄒᆞ더니잇고

●北宮、姓、錡、名、衞人、班、列也、【備旨】北宮錡見當時爵祿之無其制問曰今日國家爵祿之班想非周室之舊矣敢問周室之初其班爵與祿也如之何

孟子ㅣ曰其詳은不可得而聞也ㅣ로다諸侯ㅣ惡其害己也而皆

去其籍이어니와 然而軻也ㅣ 嘗聞其略也ㅣ로라 惡去聲 去上聲

孟子ㅣ 갈ᄋᆞ샤ᄃᆡ 그 詳은 可히 시러곰 듣디 몯ᄒᆞ리로다 諸侯ㅣ 그 己를 害홈을 惡ᄒᆞ야 다 그 籍을 去ᄒᆞ얏거니와 그러나 軻ㅣ 일쯕 그 略을 드런노라

●當時、諸侯、兼幷去聲僭竊故、惡周制、妨害己之所爲也、慶源輔氏曰兼幷則其國日大僭竊則其祿日侈【備旨】孟子曰其周制之詳備於典籍者今不可得而聞也蓋自諸侯放恣僭竊名號兼幷土地者惡其班爵祿之制妨害己之所爲也而皆去其籍而無存故無以考其詳焉然而軻也稽古之餘嘗聞其大畧也

天子ㅣ 一位오 公이 一位오 侯ㅣ 一位오 伯이 一位오 子男이 同一位니 凡五等也ㅣ라 君이 一位오 卿이 一位오 大夫ㅣ 一位오 上士ㅣ 一位오 中士ㅣ 一位오 下士ㅣ 一位니 凡六等이라

天子ㅣ ᄒᆞᆫ位오 公이 ᄒᆞᆫ位오 侯ㅣ ᄒᆞᆫ位오 伯이 ᄒᆞᆫ位오 子와 男이 ᄒᆞᆫ가지로 ᄒᆞᆫ位니 믈읫 다ᄉᆞᆺ等이라 君이 ᄒᆞᆫ位오 卿이 ᄒᆞᆫ位오 대위 ᄒᆞᆫ位오 上士ㅣ ᄒᆞᆫ位오 中士ㅣ ᄒᆞᆫ位오 下士ㅣ ᄒᆞᆫ位니 믈읫여ᄉᆞᆺ等이라

●此、班爵之制也、五等、通於天下、六等、施於國中、慶源輔氏曰位以爵定【備旨】以班爵之略言之其通於天下者綱紀四方統馭六合天子一位矣然天下可以一人統而不能以一人治也由是有封建以分理庶邦焉則公一位侯一位伯一位子男同一位總而計之凡五等也是天子總治於內公侯伯子男分治於外爵之通於天下者如此其施於國中者天子君於王畿諸侯君於列國君一位矣然一國可以一人治而亦不能以一人理也由是命百官而共理國事焉則卿一位大夫一位上士一位中士一位下士一位順而數之凡六等也貴賤相臨而尊卑有辨爵之施於國中者如此

天子之制ᄂᆞᆫ地方千里오公侯ᄂᆞᆫ皆方百里오伯은七十里오子男은五十里니凡四等이라不能五十里ᄂᆞᆫ不達於天子ᄒᆞ야附於諸侯ᄒᆞᄂᆞ니曰附庸이니라

天子의制ᄂᆞᆫ따히方이千里오公과侯ᄂᆞᆫ다方이百里오伯은七十里오子와男은五十里니믈읫네等이라五十里예能티몯ᄒᆞ니ᄂᆞᆫ天子씌達티몯ᄒᆞ야諸侯에附ᄒᆞᄂᆞ니길온附庸이니라

●此以下、班祿之制也、不能、猶不足也、小國之地、不足五十里者、不能自達於天子、因大國、以姓名通、謂之附庸、若春秋、邾儀父(音甫)之類、是也、春秋隱公元年三月公及邾儀父盟于蔑○慶源輔氏曰田以祿分【備旨】夫班爵固有其等而班祿則又視其爵也以班祿之畧言之其班於天下者天子之分獨尊故其祿獨隆制地方千里不如是不足以待天下之用也自天子而下公侯次之皆方百里伯次之七十里子男次之五十里祿之所班凡有四等四等之外又有地不能五十里而分土有限朝覲會同惟附大國諸侯以姓名通者曰附庸是爵之尊者祿從而厚爵之卑者祿從而薄班祿之制通於天下者如此

天子之卿은受地視侯ᄒᆞ고大夫ᄂᆞᆫ受地視伯ᄒᆞ고元士ᄂᆞᆫ受地視子男이니라

天子의卿은地受홈을侯에視ᄒᆞ고대우ᄂᆞᆫ地受홈을伯에視ᄒᆞ고元士ᄂᆞᆫ地受홈을子男에視ᄒᆞᄂᆞ니라

●視、比也、徐氏、曰王畿之內、亦制都鄙受地也、元士、上士也、趙氏曰食采邑於畿內祿之多少以外諸侯爲差不言中下士視附庸也【備旨】祿之班於天子國中者天子之地固己十倍於侯封其爲天子之卿受地則視在外之伯得七十里焉元士受地則視在外之子男得五十里焉盖入則爲王朝之卿士出則爲列國之諸侯其分本相等而卿大夫士輔弼於內公侯伯子男捍禦於外其功亦相等故其祿應相同也班祿之制施於王畿者如此

大國은地方百里니君은十卿祿이오卿祿은四大夫ㅣ오大夫는倍上士ㅣ오上士는倍中士ㅣ오中士는倍下士ㅣ오下士與庶人在官者는同祿ᄒᆞ니祿足以代其耕也ㅣ니라

큰나라ᄒᆞᆫᄯᅡ히方이百里니君은卿의祿에서열히오卿의祿은태우에서네히오태우는上士에서倍ᄒᆞ고上士는中士에서倍ᄒᆞ고中士는下士에서倍ᄒᆞ고下士와다믓庶人官에인는者는祿이ᄒᆞᆫ가지니祿이足히ᄡᅥ그耕을代ᄒᆞᄂᆞ니라

●十、十倍之也、四、四倍之也、倍、加一倍也、徐氏、曰大國、君田、三萬二千畝、其入、可食(音嗣下可食並同)二千八百八十人、卿田、三千二百畝、可食二百八十八人、大夫田、八百畝、可食七十二人、上士田、四百畝、可食三十六人、中士田、二百畝、可食十八人、下士與庶人在官者、田百畝、可食九人至五人、庶人在官、府史胥徒也、(周禮天官冢宰大宰卿一人小宰中大夫一人府六人史十有二人胥十有二人徒百有二十人 府治藏史掌書胥徒服役者)愚、按君以下所食之祿、皆助法之公田、藉農夫之力、以耕而收其租、士之無田與庶人在官者、則但受祿於官、如田之入而已、

朱子曰府史胥徒以周禮考之人數極多安得許多閑祿給之嘗疑周禮一書亦是起草未曾得行蘇子由古史疑府史胥徒太多當時却多兼官其實府史胥徒無許多○古者制國土地亦廣非如孟子百里之說禹會塗山執玉帛者萬國後來更相呑噬到周初只有千八百國是不及五分之一矣想得併得來儘大周封新國若只用百里之地介在其間豈不爲大國所呑亦緣是誅紂伐奄滅國者五十得許多土地方封得許多人 備旨 其班之公侯之大國而受地方百里其地廣其祿亦多故君所入之祿則十倍於卿之祿蓋擅一國之尊宜如此其厚矣卿所入之祿則四倍於大夫亦從其厚焉大夫所入之祿加一倍於上士上士所入之祿加一倍於中士中士所入之祿加一倍於下士下士所入之祿則與庶人之無爵而在官爲府史胥徒者同祿祿僅足以代其耕也此班祿之制施於公侯之國中者也

次國은 地方七十里니 君은 十卿祿이오 卿祿은 三大夫ㅣ오 大夫는 倍上士ㅣ오 上士는 倍中士ㅣ오 中士는 倍下士ㅣ오 下士與庶人在官者는 同祿ᄒᆞ니 祿足以代其耕也ㅣ니라

버금나라ᄒᆞᆫ ᄯᅡ히 方이 七十里니 君은 卿의 祿에서 열히오 卿의 祿은 대우에서 세히오 대우ᄂᆞᆫ 上士에셔 倍ᄒᆞ고 上士ᄂᆞᆫ 中士에셔 倍ᄒᆞ고 中士ᄂᆞᆫ 下士에셔 倍ᄒᆞ고 下士ㅣ와 다뭇 庶人官에 인ᄂᆞᆫ 者ᄂᆞᆫ 祿이 ᄒᆞᆫ가지니 祿이 足히 ᄡᅥ 그 耕을 代ᄒᆞᄂᆞ니라

● 三、謂三倍之也、徐氏曰次國、君田、二萬四千畝、可食二千一百六十人、卿田、二千四百畝、可食二百十六人 備旨 其班之伯之次國而受地方七十里地之所出者漸寡故君所入之祿十倍於卿之祿昭其分之尊也卿所入之祿乃三大夫則由卿以上祿己殺矣自大夫以下仍與大國同大夫所入之祿倍於上士上士所入之祿倍於中士中士所入之祿倍於下士下士所入之祿則與庶人之無爵而在官爲府史胥徒者同祿祿僅足以代其耕也此班祿之制施於伯之國中者也

小國은 地方五十里니 君은 十卿祿이오 卿祿은 二大夫ㅣ오 大夫는 倍

上士ㅣ오 上士는 倍中士ㅣ오 中士는 倍下士ㅣ오 下士與庶人在官者는 同祿ᄒᆞ니 祿足以代其耕也ㅣ니라

적은나라ᄒᆞᆫ따히方이五十里니君은卿의祿에서열히오卿의祿은대우에서둘히오대우는上士에서倍ᄒᆞ고上士는中士에서倍ᄒᆞ고中士는下士에서倍ᄒᆞ고下士와다뭇庶人官에인는者는祿이ᄒᆞᆫ가지니祿이足히ᄡᅥ그耕을代ᄒᆞᄂᆞ니라

● 二、即倍也、徐氏、曰小國、君田、一萬六千畝、可食千四百四十八人、卿田、一千六百畝、可食百四十四人、朱子曰君十卿祿者猶今之俸祿蓋君所自得爲私用者至於貢賦賓客朝覲祭享交聘往來又別有財儲爲公用如今太守既有料錢至於貢賦公用又自有錢也○趙氏曰由卿而上三等之國異由大夫而下三等之國同者蓋卿而上其祿寖厚苟不爲之殺則地之所出不足以供大夫而下其祿寖薄苟爲之殺則臣之所養不能自給也[備旨]其班之子男之小國而受地方五十里地之所出者益寡故君所入之祿十倍於卿之祿亦昭其分之尊也卿所入之祿乃二大夫則由卿以上祿更殺矣自大夫以下亦與大國次國同大夫所入之祿倍於上士上士所入之祿倍於中士中士所入之祿倍於下士下士所入之祿則與庶人之無爵而在官爲府史胥徒者同祿祿僅足以代其耕也此班祿之制施於子男之國中者也

耕者之所獲은 一夫ㅣ百畝ㅣ니 百畝之糞에 上農夫는 食九人ᄒᆞ고 上次는 食八人ᄒᆞ고 中은 食七人ᄒᆞ고 中次는 食六人ᄒᆞ고 下는 食五人이니 庶人在官者ㅣ 其祿이 以是爲差ㅣ니라 食音嗣差楚宜反

耕ᄒᆞ는者의獲ᄒᆞ는바는一夫ㅣ百畝ㅣ니百畝에糞에上農夫는九人을먹키고上에次는八人을먹키고中은七人을먹키고中에次는六人을먹키고下는五人을먹키는

니庶人官에인는者ㅣ그祿이일로써차등을ᄒᆞᄂᆞ니라

●獲、得也、一夫一婦、佃田百畝、加之以糞、糞多而力勤者、爲上農、其所收、可供九人、其次、用力不齊故、有此五等、庶人在官者、其受祿、不同、亦有此五等也、○愚、按此章之說、與周禮王制、不同、蓋不可考、闕之、可也、

周禮地官司徒任建邦國以土圭土其地猶言度其地而制其域諸公之地封疆方五百里其食者半諸侯之地封疆方四百里其食者參之一諸伯之地封疆方三百里其食者參之一諸子之地封疆方二百里其食者四之一諸男之地封疆方百里其食者四之一○記王制王者之制祿爵公侯伯子男凡五等諸侯之上大夫卿下大夫上士中士下士凡五等天子之田方千里公侯田方百里伯七十里子男五十里不能五十里者不合於天子附於諸侯曰附庸天子之三公之田視公侯天子之卿視伯天子之大夫視子男天子之元士視附庸制農田百畝百畝之分上農夫食九人其次食八人其次食七人其次食六人下農夫食五人庶人在官者其祿以是爲差也諸侯之下士視上農夫祿足以代其耕也中士倍下士上士倍中士下大夫倍上士卿四大夫祿君十卿祿次國之卿三大夫祿君十卿祿小國之卿倍大夫祿君十卿祿

程子、曰孟子之時、去先王未遠、載籍、未經秦火、然而班爵祿之制、已不聞其詳、今之禮書、皆掇拾於煨、烏回反 燼、徐刃反 之餘、而多出於漢儒一時之傳 音附 會、奈何欲盡信、而句爲之解乎、然則其事、固不可一一追復矣、

問孟子與周禮不同朱子曰此也難考畢竟周禮底是周禮是全書經聖人手必不會差孟子時典籍已散亡想見沒理會是以諸儒之說紛然而卒不能得其正也○慶源輔氏曰程子之說足以救陋儒泥古之失但據其所傳而姑存之使千百世之後一遇大聖則必能因其大體而詳其節目推其既往以爲一時之制而先代聖王之法庶乎其可復見矣○新安倪氏曰周禮一書劉歆以爲河間獻王得之李氏女子劉歆以前世無傳習之者朱子謂周禮底是南軒嘗謂當以孟子爲正朱子恐非定說以周書武成分土惟三證之周禮之說恐不可信若王制則漢文帝使博士諸生刺六經中而作將以與王者之制度成於漢儒之手宜其有與他書不合者又按朱子謂嘗疑周禮一書方是起草未曾得行蔡九峯亦曰周禮首末未備周公未成之書也竊意此說爲是然則冬官之闕蓋其所未嘗筆者歟

備旨然庶人在官之祿亦非盡司於下士而無所差等也祿足代耕吾即以耕者之所獲例之每夫受田百畝百畝之田必加以糞其間有糞多力勤而爲

爲上農夫者其所收可食九人降而爲上次其所收可食八人降而爲中農其所收僅可食七人降而爲中次其所收僅可食六人又降而爲下農其所收僅可食五人蓋力以漸而惰則所入以漸而減而所食因之耕者之所獲大略有此五等庶人在官者事有煩簡力有勞逸故祿之上下亦係之其受祿多者不得過九人之食受祿少者亦不失五人之養一以農夫所入之多寡爲差等焉蓋雖不必如下士之有定數而亦足以代其耕矣此可以見先王之班爵祿也其定分也甚嚴其分土也甚公其居內也甚重其制外也甚周吾所聞之大略有如此

○萬章이問曰敢問友ᄒᆞ노이다孟子ㅣ曰不挾長ᄒᆞ며不挾貴ᄒᆞ며不挾兄弟而友니友也者ᄂᆞᆫ友其德也니不可以有挾也ㅣ니라

萬章이 묻ᄌᆞ와 ᄀᆞᆯ오ᄃᆡ 敢히 友ᄒᆞᆷ을 묻ᄌᆞᆸ노이다 孟子ㅣᄀᆞᆯᄋᆞ샤ᄃᆡ 長을 挾디 아니ᄒᆞ며 貴를 挾디 아니ᄒᆞ며 兄弟를 挾디 아니 ᄒᆞ야 友ᄒᆞᆯ띠니 友ᄒᆞ욤은 그 德을 友ᄒᆞᆷ이니 可히 ᄡᅥ 挾ᄒᆞᆷ을 두디 몯ᄒᆞᆯ꺼시니라

(註)挾者、兼有而恃之之稱、慶源輔氏曰兼夫有與恃二者之意方謂之挾但有之而不恃則未謂之挾也○新安陳氏曰有挾則取友之意不誠賢者必不與之友矣三者之中挾貴尤常情所易犯下文四節皆不挾貴者但有小大之差耳(備旨)萬章問於孟子曰人未有不須友以成者敢問交友之道何如孟子曰交友之道貴於誠敬不可挾恃己之年長不可挾己之貴不可挾己有兄弟之富貴與人友蓋以友也者友其人之德也天下無有加於德者不可以有挾也

孟獻子ᄂᆞᆫ百乘之家也ㅣ라有友五人焉ᄒᆞ더니樂正裘와牧仲이오其三人則予ㅣ忘之矣로라獻子之與此五人者로友也애無獻子之家者也ㅣ니此五人者ㅣ亦有獻子之家ㅣ면則不與之友矣리라 乘去聲下同

孟獻子ᄂᆞᆫ百乘ㅅ家ㅣ라벋五人을둣더니樂正裘와牧仲이오그三人인則내忘ᄒᆞ라

獻子의이五人者로더블어友ᄒᆞ욤애獻子의家ㅣ업ᄉᆞᆫ者ㅣ니이五人者ㅣ또ᄒᆞᆫ獻子의家를有ᄒᆞ면곧더블어友티아니ᄒᆞ리라

●孟獻子、魯之賢大夫仲孫蔑(莫結反)也 張子、曰獻子、忘其勢、五人者、忘人之勢、不資其勢而利其有然後、能忘人之勢、若五人者、有獻子之家、則反爲獻子之所賤矣、

慶源輔氏曰獻子忘其勢不挾貴也五人忘人之勢無獻子之家也孟子歷擧四人專首於獻子畢詳之又以見上之友下固不可有所挾下爲上所友亦不可有所利一有利之之意則爲人所賤失其可貴之實而不足友矣 [備旨]不觀諸古人之交友乎魯有世卿孟獻子者百乘之家也其貴若可挾矣而獻子不挾有友五人焉一曰樂正裘一曰牧仲皆賢人也其餘三人之姓名則予忘之矣要之皆裘仲類也夫獻子忘己之勢而與此五人者友也正以此五人者以道德自重而忘人之勢無獻子之家者也向使此五人者亦知有獻子之家而不能忘其勢焉則反爲献子所賤而不肯與之友矣此可見獻子所友在德而百乘之貴非所挾也

非惟百乘之家ㅣ爲然也ㅣ라雖小國之君이라도亦有之ᄒᆞ니費惠公이曰吾ㅣ於子思則師之矣오吾ㅣ於顏般則友之矣오王順長息則事我者也ㅣ라ᄒᆞ니라 (費音秘 般音班)

오직百乘ㅅ家ㅣ그러홀ᄲᅮᆫ이아니라비록小國엣君이라도또ᄒᆞᆫ이시니費惠公이ᄀᆞᆯ오ᄃᆡ내子思애ᄂᆞᆫ師ᄒᆞ고내顏般애ᄂᆞᆫ友ᄒᆞ고王順과長息이ᄂᆞᆫ나ᄅᆞᆯ事ᄒᆞᄂᆞᆫ者ㅣ라ᄒᆞ니라

●惠公、費邑之君也、師、所尊也、友、所敬也、事我者、所使也、[備旨]非惟百乘之家爲然也等而上之雖小國之君而不挾者

亦有之費惠公曰吾於子思之大賢則尊而師之矣吾於顏般之次賢則敬而友之矣若夫王順長息上之不足以爲吾師次之不足以爲吾友則但可使之以承事乎我者也夫德可師而師德可友而友而奔走之役不敢與之混焉此則惠公之所友在德而小國之貴非所挾也

非惟小國之君이爲然也ㅣ라 雖大國之君이라도 亦有之ᄒᆞ니 晉平公之於亥唐也애 入云則入ᄒᆞ며 坐云則坐ᄒᆞ며 食云則食ᄒᆞ야 雖疏食菜羹이라도 未嘗不飽ᄒᆞ니 蓋不敢不飽也ㅣ라 然이나 終於此而已矣오 弗與共天位也ᄒᆞ며 弗與治天職也ᄒᆞ며 弗與食天祿也ᄒᆞ니 士之尊賢者也ㅣ라 非王公之尊賢也ㅣ니라

疏食之食音嗣平公王公下諸本多無之字疑闕文也

오직小國엣君이그러ᄒᆞᆯ뿐아니라비록大國엣君이라도ᄯᅩᄒᆞᆫ이시니晉平公이亥唐의게入ᄒᆞ라니ᄅᆞ면入ᄒᆞ며坐ᄒᆞ라니ᄅᆞ면坐ᄒᆞ며食ᄒᆞ라니ᄅᆞ면食ᄒᆞ야비록疏食와菜羹이라도일쯕飽티아니티아니ᄒᆞ니敢히飽티아니티몯ᄒᆞ얘니라그러나이예終ᄒᆞᆯᄯᆞᄅᆞᆷ이오더블어天位ᄅᆞᆯ共티아니ᄒᆞ며더블어天職을治티아니ᄒᆞ며더블어天祿을食디아니ᄒᆞ니士의賢을尊ᄒᆞᆷ이라王公의賢을尊ᄒᆞᆷ이아니니라

● 亥唐、晉賢人也、平公、造七到反之唐、言入、公乃入、言坐、乃坐、言食、乃食也、疏食、糲音厲又音賴又郎葛反飯也、不敢不飽、敬賢者之命也、○范氏、曰位曰天位、職曰天職、祿曰天祿、言天所以待賢人、使治天民、非人君、所得專者也、

慶源輔氏曰平公之於亥唐則知所敬矣然不能與之共天位治天職食

天祿則是不能推廣是心以體天而治民以及於國也○西山眞氏曰天位所以處賢者天職所以任賢者天祿所以養賢者三者皆天所以待賢必使治天民者也而晉平公之於亥唐特虛尊之而已未嘗處之以位命之以職食之以祿也此豈王公尊賢之道哉【備旨】非惟小國之君爲然也等而上之雖大國之君而不挾者亦有之昔晉平公之於亥唐也嘗慕其賢而造其廬矣其入也不遽入也必唐命之入而後入其坐也不遽坐也必唐命之坐而後坐其食也不遽食也必唐命之食而後食雖疏食菜羹未嘗不飽蓋敬賢者之命不敢不飽也是平公固以德爲友而大國之貴非所挾也然惜乎終於此而已矣天位所以官賢而公弗與共也天職所以任賢而公弗與治也天祿所以養賢而公弗與食也此乃士無爵土者之尊賢也非王公操用人之權者之尊賢也

舜이 尙見帝어시늘 帝ㅣ 館甥于貳室ᄒᆞ시고 亦饗舜ᄒᆞ샤 迭爲賓主ᄒᆞ시니 是는 天子而友匹夫也ㅣ니라

舜이 尙ᄒᆞ야 帝ᄅᆞᆯ 보ᄋᆞ와시ᄂᆞᆯ 帝ㅣ 甥을 貳室에 館ᄒᆞ시고 ᄯᅩ ᄒᆞᆫ 舜의게 饗ᄒᆞ샤 서ᄅᆞ 賓이며 主ㅣ 되시니 이ᄂᆞᆫ 天子ㅣ오 匹夫ᄅᆞᆯ 友홈이니라

●尙、上也、舜、上而見於帝堯也、館、舍也、禮、妻父曰外舅、謂我舅者、吾謂之甥、堯、以女妻(去聲)舜故、謂之甥、貳室、副宮也、堯、舍舜於副宮、而就饗其食、【備旨】所謂王公之尊賢者其惟堯之於舜乎昔舜以匹夫之賤由側陋而上見於帝堯舜妻之二女而待以甥舅之親矣乃館甥於貳室以盡其禮亦有時而就饗於舜以盡其情始而館舜也則以主道自處而以賓待舜繼而饗舜也則以賓道自處而以主待舜是迭爲賓主畧君臣之分而洽以賓主之歡是堯以天子而友匹夫也堯之友德而無所挾又如此夫天子之貴尙不可以有挾而況於有國有家者乎貴且不足挾而況於挾長挾兄弟乎

用下敬上을 謂之貴貴오 用上敬下를 謂之尊賢이니 貴貴尊賢이 其義ㅣ 一也ㅣ니라

下로뻐上을敬ᄒᆞᆷ을貴를貴홈이라니ᄅᆞ고上으로뻐下를敬ᄒᆞᆷ을賢을尊홈이라니ᄅᆞᄂᆞ니貴를貴ᄒᆞ며賢을尊홈이그義ㅣᄒᆞᆫ가지니라

●貴貴、尊賢、皆事之宜者、然、當時、但知貴貴、而不知尊賢故、孟子、曰其義一也、

○此、言朋友、人倫之一、所以輔仁故、以天子、友匹夫、而不爲詘、曲勿反 以匹夫、友天子、而不爲僭、此、堯舜所以爲人倫之至而孟子、言必稱之也。雲峯胡氏曰中庸五達道於君臣父子夫婦長幼不言交獨曰朋友之交集註云天子友匹夫而不爲詘匹夫友天子而不爲僭此易之所謂上下交而其志同也即中庸所謂朋友之交也朋友居人倫之一而足以輔仁則又有裨於人倫者也孟子言性善必稱堯舜旣稱其盡君臣之倫又稱其盡父子兄弟之倫此則又稱其盡朋友之倫朋友人倫之一非如堯之友舜不足以爲朋友人倫之至【備旨】然友德而無所挾者非他也亦有見於義之所在不可得而越耳蓋自大夫以至天子皆上也匹夫之有德者皆下也天下有用下以敬夫上者豈無謂哉謂其有貴在則吾因其貴而貴之也天下有用上以敬夫下者豈無謂哉謂其有賢在則吾因其賢而尊之也夫人重勢而輕德類以貴貴爲義而以尊賢爲非義矣不知分之所在則貴貴以明分者固爲事之宜而道之所在則尊賢以重道者亦爲事之宜其義則一也惟尊賢之義等於貴貴故貴以百乘而不敢挾貴以小國而不敢挾貴以大國而不敢挾貴以天子而不敢挾凡有見於所在耳故曰友也者友其德也不可以有挾也

○萬章이問曰敢問交際는何心也ㅣ잇고孟子ㅣ曰恭也ㅣ니라

萬章이묻ᄌᆞ와ᄀᆞᆯ오ᄃᆡ敢히묻ᄌᆞᆸ노이다交際ᄒᆞᆷ은엇던ᄆᆞᄋᆞᆷ이니잇고孟子ㅣᄀᆞᆯᄋᆞ샤ᄃᆡ恭홈이니라

●際、接也、交際、謂人以禮儀、幣帛、相交接也、問如此者何心也新安陳氏曰所以表見其恭也【備旨】萬章問曰凡人所爲皆本於心敢問人之以禮儀幣帛相交接此何心也孟子曰此乃恭敬之心也特託此禮儀幣帛以將之耳

曰卻之卻之ㅣ爲不恭은何哉잇고曰尊者ㅣ賜之어든曰其所取之

者ㅣ義乎아不義乎아而後受之라以是爲不恭이니故로弗卻也ㅣ니라

글오듸卻ᄒᆞ욤이恭티아니타ᄒᆞᆷ은엇디잇고글ᄋᆞ샤듸尊者ㅣ賜ᄒᆞ거든글오듸그取ᄒᆞᆫ밧者ㅣ義ㅣᆫ가義아닌가ᄒᆞᆫ後에受ᄒᆞᄂᆞᆫ디다일로ᄡᅧ恭티아니타ᄒᆞ니故로卻디아니ᄒᆞᄂᆞ니라

[註] 卻、不受而還之也、再言之、未詳、衍文也 萬章、疑交際之間、有所卻者、人便 爲不恭、何哉、孟子、言尊者之賜、而心竊計其所以得此物者、未知合義與否、必其合義然後、可受、不然則卻之矣、所以卻之爲不恭也、新安陳氏曰若計其物之初得合義與否而酌其辭受受其合義者則卻之者必以爲不合義也有此心非恭矣 [備旨] 萬章曰交際固所以將敬辭讓亦所以明禮乃或有卻之不受而再卻之又不受人便以爲不恭何哉孟子曰如尊者有物賜於我其禮則恭矣而我之心乃竊計之曰彼之所以取此物者果合於義而得乎抑不合於義而得乎必其合於義而後乃受之不合於義則卻之矣以其不義而卻之是鄙其物輕其人也以是爲不恭故弗卻其賜也

曰請無以辭卻之오以心卻之曰其取諸民之不義也而以他辭로無受ㅣ不可乎ㅣ잇가曰其交也ㅣ以道오其接也ㅣ以禮면斯ᄂᆞᆫ孔子도受之矣시니라

글오듸請컨댄辭로ᄡᅧ卻디말오心으로ᄡᅧ卻ᄒᆞ야글오듸그民의게取ᄒᆞᆷ이義아니라ᄒᆞ야他辭로ᄡᅧ受티마롬이可티아니ᄒᆞ니잇 글ᄋᆞ샤듸그交ᄒᆞᆷ이道로ᄡᅧᄒᆞ고그接

홈이禮로뻐ᄒᆞ면이ᄂᆞᆫ孔子도受ᄒᆞ시니라

●萬章、以爲、彼旣得之不義、則其餽、不可受、但無以言辭、間去聲一本作問而郤之、直以心度待洛反其不義、而託於他辭、以郤之、如此可否邪、交以道、如餽贐、聞戒、周其飢餓之類、接以禮、謂辭命恭敬之節、孔子、受之、如受陽貨蒸豚之類也、慶源輔氏曰他辭郤之視貪利者固優然亦失之過由此而甚之必至於爲於陵仲子而後已孔子受之者得中道也 ○ 萬章問曰尊者之賜固不可郤而不義之物終不可受於此而求善處之術當其以物來餽心雖知其不義詰無以言辭郤之直以心隱然郤之其心度之曰此物其取諸民之不義也不明言其不義而姑託他辭以無受則在我無不義之汙在彼無不恭之嫌不亦可乎孟子曰其交也以道而非出於無名其接也以禮而不失之苟簡斯孔子受之矣何以郤爲哉

萬章이曰今有禦人於國門之外者ㅣ其交也ㅣ以道오ㅣ其餽也ㅣ以禮ㅣ면斯可受禦與ㅣ가잇가曰不可ᄒᆞ니康誥애曰殺越人于貨ᄒᆞ야閔不畏死를凡民이罔不譈ㅣ라ᄒᆞ니是ᄂᆞᆫ不待教而誅者也ㅣ니殷受夏ᄒᆞ고周受殷所不辭也於今爲烈如之何其受之오리 與平聲譈書作敦徒對反

萬章이ᄀᆞᆯ오ᄃᆡ이제人을國門外에禦ᄒᆞᄂᆞᆫ者ㅣ그交홈이道로뻐ᄒᆞ고그餽홈이禮로뻐ᄒᆞ면이에可히禦ᄒᆞᆫ거ᄉᆞᆯ受ᄒᆞ리잇가 ᄀᆞᆯᄋᆞ샤ᄃᆡ可티아니ᄒᆞ니康誥에ᄀᆞᆯ오ᄃᆡ人을貨애殺ᄒᆞ야越ᄒᆞ야閔히死ᄅᆞᆯ畏티아니ᄒᆞᄂᆞᆫ이ᄅᆞᆯ믈읫民이譈티아니리업다ᄒᆞ니이ᄂᆞᆫ敎ᄅᆞᆯ待티아니ᄒᆞ야誅홀者ㅣ니엇디그受ᄒᆞ리오

●禦、止也、止人而殺之、且奪其貨也、國門之外、無人之處也、萬章、以爲苟不問其

物之所從來、而但觀其交際之禮、則設有禦人者、用其禦得之貨、以禮餽我、則可受之乎、康誥、周書篇名、越 顚越也、今書、閔、作暋、無凡民二字、譈、怨也 言殺人而顚越之、因取其貨、閔然不知畏死、凡民、無不怨之、孟子、言此、乃不待敎戒、而當卽誅者也、如何而可受之乎、商受至爲烈十四字、語意不倫、李氏、以爲此必有斷簡或闕文者、近之、而愚、意其直爲衍字耳、然、不可考、姑闕之、可也、問殷受夏周受殷所不辭也於今爲烈趙氏謂三代相傳以此法不須辭問也於今爲烈明法如之何受其餽也或者謂若義在可受則三代受人之天下而不辭今禦人者乃爲暴烈不義如此如何而可受其餽乎烈如詩序所謂厲王之烈者暴虐之意云爾或又以爲烈光也三代相受光烈至今也是三說者擇一而從之可也何至闕而不爲之說乎朱子曰本文十四字自與上下文不相屬如趙氏之說則辭受二字與上下文亦不相似或者二說亦覺費力不若闕之之愈也○慶源輔氏曰孟子旣以闕曉之如此萬章猶不能反其意之偏以味孟子之言而復爲問此正所謂詖辭蓋陷於邪之之意而不覺也故孟子又引康誥之說以曉之[illegible]萬章又問曰苟不問其物之所從來而但觀其交接之禮設若今有禦人於國門之外殺其人以奪其貨者卽用其禦得之貨其交也亦以道其餽也亦以禮斯可受其禦得之貨與孟子曰此不可受也周書康誥有曰殺人而顚越之因取其貨閔然不知畏死凡民罔不譈怨由書言觀之如此之人是不待敎戒而當卽誅者也夫此不待敎而誅之法殷受之於夏周受之於殷所不待於辭說者也雖傳至於今其法猶爲明烈而顯著者然則禦得之貨如之何其受之乎

曰今之諸侯ㅣ取之於民也ㅣ猶禦也ㅣ어늘 苟善其禮際矣면 斯는 君子도 受之라ᄒᆞ시니 敢問何說也ㅣ니잇고 曰子ㅣ以爲有王者作인댄 將比今之諸侯而誅之乎아 其敎之不改而後에 誅之乎아 夫謂非其有而取之者를 盜也는 充類至義之盡也ㅣ라 孔子之仕於魯

也애 魯人이 獵較ᄂᆞᆯ이어 孔子ㅣ 亦獵較ᄒᆞ시니 獵較도 猶可온ㅣ 而況受其賜乎ㅣᄯᆞ녀 比去聲夫音扶較音角

ᄀᆞᆯ오ᄃᆡ 이제 諸侯ㅣ 民의게 取ᄒᆞ욤이 禦홈ᄀᆞᆫ거ᄂᆞᆯ 진실로 그 禮와 際를 善이ᄒᆞ면 이ᄂᆞᆫ 君子도 受ᄒᆞᆫ다ᄒᆞ시니 敢히 묻ᄌᆞᆸ노 이다 엇던 말ᄉᆞᆷ이니잇고 ᄀᆞᆯᄋᆞ샤ᄃᆡ 子ㅣ ᄡᅧ호ᄃᆡ 王者ㅣ 作ᄒᆞ리 이시면댄 장ᄎᆞᆺ 이젯 諸侯를 比ᄒᆞ야 誅ᄒᆞ랴 그 敎ᄒᆞ야 改티 아니ᄒᆞᆫ 後에 誅ᄒᆞ랴 그 두디 아닌ᄭᅢᄉᆞᆯ 取ᄒᆞ욤을 盜ㅣ라 닐옴ᄋᆞᆫ 類를 充ᄒᆞ야 義盡ᄒᆞ욤애 至ᄒᆞ욤이라 孔子ㅣ 魯애 仕ᄒᆞ심애 魯人이 獵에 較ᄒᆞ거ᄂᆞᆯ 孔子ㅣ ᄯᅩᄒᆞᆫ 獵에 較ᄒᆞ시니 獵에 較ᄒᆞ욤도 오히려 可ᄒᆞ곤 ᄒᆞ믈며 그 賜를 受홈이ᄯᆞ녀

●比、連也、言今諸侯之取於民 固多不義、然、有王者起、必不連合、而盡誅之、必敎之不改而後、誅之、則其與禦人之盜、不待敎而誅者、不同矣、夫音扶禦人於國門之外、與非其有而取之、二者、固皆不義之類、然、必禦人、乃爲眞盜、其謂非有而取、爲盜者、乃推其類、至於義之至精至密之處、而極言之耳、非便以爲眞盜也、然則今之諸侯、雖曰取非其有、而豈可遽以同於禦人之盜也哉、又引孔子之事、以明世俗所尙、猶或可從、況受其賜、何爲不可乎、獵較、未詳、趙氏、以爲田獵、相較、奪禽獸以祭、孔子不違、所以小同於俗也 張氏、以爲、獵而較音敎所獲之多少也、二說、未知孰是、慶源輔氏曰其敎之不改而後誅之乎於此可見孟子待人之恕夫謂非其有而取之者盜也充類至義之盡也於此又可見孟子析理之精夫執其充類至義之說而欲一槩以繩人幾何而不流於於陵仲子之爲哉 萬章曰禦人之貨固不可受矣吾觀今之諸侯取之於民也橫征暴歛其不義猶禦也苟善其禮以交際矣斯君子不問而受之是徒知禦人之非義而不知猶禦之非義敢問何說也孟子曰今諸侯之取於民固多不義然以爲猶禦則甚矣試以法論之子以爲有王者作明正典刑將比今之諸侯而盡誅之乎抑待其教之不改而後誅之乎必教之不改而後誅之則與禦人之盜不待敎而誅者不同矣且以理論之夫謂非其有而取之者之爲盜也乃充滿其不義之類至於義之至精至密之處而極言之耳非便爲眞盜也然則取非其有之諸侯何遽同禦人之盜哉夫繩之以法於法尚有可容律之以義於義亦未甚害故苟善其禮際斯君子受之矣昔孔子之仕於魯也魯人田獵較奪禽獸以祭孔子亦聽其獵較焉夫獵較敝俗也然以祭而擧孔子猶以爲無害於禮義而可從而況諸侯之賜交以道接以禮又何爲不可受乎

曰然則孔子之仕也는 **非事道與**잇가 **曰事道也**ㅣ시니라 **事道**ㅣ어시니 **奚獵較也**ㅣ잇고 **曰孔子**ㅣ **先簿正祭器**ᄒᆞ샤 **不以四方之食**으로 **供簿正**ᄒᆞ시니라 **曰奚不去也**ㅣ시니잇고 **曰爲之兆也**ㅣ시니 **兆**ㅣ **足以行矣而不行而後**에 **去**ᄒᆞ시니 **是以**로 **未嘗有所終三年淹也**ㅣ시니라 與平聲

ᄀᆞᆯ오ᄃᆡ 그러면孔子의仕ᄒᆞ심은 道ᄅᆞᆯ事티아니ᄒᆞ시니잇가 ᄀᆞᆯᄋᆞ샤ᄃᆡ 道ᄅᆞᆯ事ᄒᆞ시니라道ᄅᆞᆯ事ᄒᆞ거시니 엇디獵에較ᄒᆞ시니잇고 ᄀᆞᆯᄋᆞ샤ᄃᆡ 孔子ㅣ몬져簿로 祭器ᄅᆞᆯ正ᄒᆞ샤四方읫食으로ᄡᅥ簿正ᄒᆞ욤을供티아니ᄒᆞ시니라 ᄀᆞᆯ오ᄃᆡ엇디去티아니ᄒᆞ시니잇고 ᄀᆞᆯᄋᆞ샤ᄃᆡ兆ᄅᆞᆯ홈이시니兆ㅣ足히ᄡᅥ 行ᄒᆞ리로ᄃᆡ行티못ᄒᆞᆫ후에 去ᄒᆞ시니일로ᄡᅥ일쯕三年이終토록淹ᄒᆞ신배잇디아니ᄒᆞ시니라

●此、因孔子事、而反覆辯論也、事道者、以行道、爲事也、事道奚獵較也、萬章問也、先簿正祭器、未詳、徐氏、曰先以簿書、正其祭器、使有定數、而不以四方難繼之物、實之、夫音扶器有常數、實有常品、則其本、正矣、彼獵較者、將久而自廢矣、未知是否也、兆、猶卜之兆、蓋事之端也、孔子所以不去者、亦欲小試行道之端、以示於人、使知吾道之果可行也、若其端、既可行、而人不能遂行之然後、不得已而必去之、蓋其去、雖不輕、而亦未嘗不決、是以、未嘗終三年、留於一國也、慶源輔氏曰以孔子所謂吾豈匏瓜也哉焉能繫而不食之說與夫著之空言不如載之行事之說而觀之則是乃聖人之心也又曰魯人獵較孔子亦獵較于以見聖人同物之仁簿正祭器不以四方之食供簿正于以見聖人處事之智未嘗有所終三年之淹于以見聖人制行之勇　萬章曰君子之仕將以道易俗也今孔子從魯之俗如此然則其仕於魯也非以行道爲事與孟子曰孔子之仕正有事於行道也萬章曰事道則宜以道易天下矣又奚獵較爲也孟子曰君子以道易天下固自有漸孔子先以簿書正其祭器使有定數不以四方難繼之物而供簿中所正之器使其實有常品彼獵較雖多而無所用將久而自廢矣此孔子所以暫同於俗而不違也萬章曰孔子之爲此亦甚不得已者奚爲不決於去也孟子曰孔子所以不去者亦欲小試行道之端以示於人使人知吾道簡便易從而大行之兆於此卜之耳若其兆既可行矣而人不能遂行之然後不得已而決於去是以未嘗有三年之久而淹留於一國也夫其不去也以道其去也亦以道信乎孔子之仕爲事道矣

孔子ㅣ有見行可之仕ᄒᆞ시며 有際可之仕ᄒᆞ시며 有公養之仕ᄒᆞ시니 於季桓子엔 見行可之仕也ㅣ오 於衛靈公엔 際可之仕也ㅣ오 於衛孝公엔 公養之仕也ㅣ니라

孔子ㅣ行ᄒᆞ욤이 可ᄒᆞᆷ을見ᄒᆞ신仕도겨시며 際ᄒᆞᆷ이可ᄒᆞᆫ仕도겨시며 公의養으로ᄒᆞ신仕도겨시니季桓子앤行ᄒᆞ욤이可ᄒᆞᆷ을見ᄒᆞ신仕ㅣ오衛靈公앤際ᄒᆞᆷ이可ᄒᆞᆫ仕ㅣ

오衛孝公엔公의養으로ᄒᆞ신仕ㅣ니라

●見行可、見其道之可行也、際可、接遇以禮也、公養、國君養賢之禮也、季桓子、魯卿季孫斯也、(問孔子仕於定公而言於季桓子何也朱子曰當時季氏執國柄定公亦自做主不起孔子相魯皆由桓子及桓子受女樂孔子便行矣問隳三都季氏何以不怨曰季氏是時自不奈那陪臣何故假孔子之力以去之桓子臨死謂康子曰使仲尼之去而魯終不治者由我故也孔子是時也失了機會不曾做得成○慶源輔氏曰見行可庶乎道之行也際可適其禮之宜也公養受其養之義也) 衛靈公、衛侯元也、孝公、春秋史記、皆無之、疑出公輒也、(慶源輔氏曰或是字誤或是當時人呼出公爲孝公皆不可考) 因孔子仕魯而言其仕、有此三者故、於魯則兆、足以行矣、而不行然後、去、而於衛之事、則又受其交際問餽、而不卻之一驗也、(新安陳氏曰以此釋際可公養之仕與章首本意有照應有收拾)○尹氏、曰不聞孟子之義、則自好(去聲)者、爲於(音烏)陵仲子而已、聖賢辭受進退、惟義所在、愚、接此章文義、多不可曉、不必(上聲)强爲之說、

〔通〕夫孔子之仕非一端而皆未嘗苟者也有見其道之可行而仕者有因接遇以禮爲際可而仕者有因養賢之誠爲公養而仕者試徵其事於季桓子執政之時固定公用之實桓子薦之兆足以行此其時矣是見行可之仕也於衛靈公有交際之禮亦從而仕之是際可之仕也於衛孝公有餽問之禮亦從而仕之是公養之仕也盖其委曲事道聖人且然況士於諸侯之餽又何不可受之有哉

○孟子ㅣ曰仕ㅣ非爲貧也而有時乎爲貧ᄒᆞ며娶妻ㅣ非爲養也而有時乎爲養이니라 (爲養並去聲下同)

孟子ㅣᄀᆞᆯᄋᆞ샤ᄃᆡ仕ㅣ貧을爲홈이아니로ᄃᆡ時로貧을爲홈도이시며妻를娶홈이養을爲홈이아니로ᄃᆡ時로養을爲홈도인ᄂᆞ니라

●仕、本爲(去聲下同)行道、而亦有家貧親老、或道與時違、而但爲祿仕者、如娶妻、本爲繼

嗣、而亦有爲不能親操(倉刀反)井臼(汲臼之事)而欲資其餽養者、(新安陳氏曰下二句不過譬上二句所以下文不復言此[備旨]孟子爲當時有爲貧而苟祿者發曰君子之仕本爲行道非以爲貧也然亦有時乎爲貧者正猶人之娶妻本爲繼嗣非以爲養也然亦有時乎爲養者蓋爲道者出處之經而爲貧者出處之權也)

爲貧者는 辭尊居卑ᄒᆞ며 辭富居貧이니라

貧을爲ᄒᆞᄂᆞᆫ者ᄂᆞᆫ尊을辭ᄒᆞ고卑예居ᄒᆞ며富ᄅᆞᆯ辭ᄒᆞ고貧에居ᄒᆞᆯ띠니라

● 貧富、謂祿之厚薄、蓋仕不爲道、已非出處(上聲)之正故、其所居 但當如此 ([備旨]夫至仕以行權則爲貧而仕者惟辭尊居卑焉求一職之寄而可矣辭富居貧焉求一命之祿而可矣)

辭尊居卑ᄒᆞ며 辭富居貧은 惡乎宜乎오 抱關擊柝이니라 (惡平聲 柝音託)

尊을辭ᄒᆞ고卑예居ᄒᆞ며富ᄅᆞᆯ辭ᄒᆞ고貧에居홈은어ᄃᆡ맛당ᄒᆞ뇨關을抱ᄒᆞ며柝을擊홈이니라

● 柝、夜行所擊木也、蓋爲貧者、雖不主於行道、而亦不可以苟祿、(新安陳氏曰卑官雖無行道之責薄祿亦無苟受之理)故 惟抱關擊柝之吏、位卑祿薄、其職易稱、(二字並去聲下同)爲所宜居也、李氏、曰道不行矣、爲貧而仕者、此其律令也、若不能然則是、貪位慕祿而已矣、(南軒張氏曰旣曰爲貧則不當處尊與富若處尊與富是名爲爲貧而其實竊位也處尊富則當任行道之責[備旨]夫辭尊居卑辭富居貧者其職惡乎宜乎則如抱關擊柝之類其職易稱爲貧而仕者所宜居也)

孔子ㅣ嘗爲委吏矣샤 曰會計를 當而已矣라ᄒᆞ시고 嘗爲乘田矣샤 曰牛羊을 茁壯長而已矣라ᄒᆞ시니라 (委烏僞反會工外反當都浪反乘去聲茁阻刮反長上聲)

孔子ㅣ일쯕委吏되샤골ᄋᆞ샤ᄃᆡ會計를當히홀ᄯᆞᄅᆞᆷ이라ᄒᆞ시고일쯕乘田이되샤골ᄋᆞ샤ᄃᆡ牛羊을茁히壯長케홀ᄯᆞᄅᆞᆷ이라ᄒᆞ시니라

●此、孔子之爲貧而仕者也、委吏、主委積子賜反之吏也、乘田、主苑囿芻牧之吏也茁、肥貌、言以孔子大聖、而嘗爲賤官、不以爲辱者、所謂爲貧而仕、官卑祿薄、而職易稱也、朱子曰程先生說孔子爲乘田則爲乘田爲司寇則爲司寇無不可者孟子則必得賓師之位方能行道此便是他能大而不能小處惟是聖人則大小方圓無所不可也(備旨)獨不觀諸孔子乎昔孔子爲貧而仕嘗爲委吏矣委吏所司者錢穀之事宜非聖人所屑爲乃孔子則曰委吏雖卑其職易稱也蓋錢穀之數不過出納惟在會計得其當而已矣他又何圖焉亦嘗爲乘田矣乘田所司者芻牧之事尤非聖人所屑爲乃孔子則曰乘田雖卑其職易稱也蓋芻牧之事不過牛羊惟在牛羊茁壯長而已矣他又何圖焉爲貧而仕者何不以孔子爲法乎

位卑而言高ㅣ罪也ㅣ오立乎人之本朝而道不行이恥也ㅣ니라 朝音潮

位ㅣ卑ᄒᆞ고言이高홈이罪오人의本朝애立ᄒᆞ야道ㅣ行티몯홈이恥니라

●以出位爲罪、則無行道之責、以廢道爲恥、則非竊祿之官、此、爲貧者之所以必辭尊富、而寧處上聲貧賤也、○尹氏、曰言爲貧者、不可以居尊、居尊者、必欲以行道、問位卑而言高罪也以君臣之分言之固是如此然時可以言而言亦豈得謂之出位朱子曰前世固有草茅韋布之士獻言者然皆有所因皆有次第未有無故忽然犯分而言者縱言之亦不見聽徒取辱爾若是明君自無壅蔽之患有言亦見聽不然豈可不循分而徒取失言之辱哉如史記說商鞅范雎之事彼雖小人然言皆有序不肯妄發賈誼固有才文章亦雄偉只是言語急迫失進言之序看有甚事都一齊說了宜絳灌之徒不說而文帝謙讓未遑也易曰艮其輔言有序悔亡聖人之意可見矣○位卑者人責不加焉言高則罪矣故可以姑守其職此爲貧而仕之法也若夫立人之本朝則當以行道爲任道不行而竊其位君子之所恥也○新安陳氏曰此章始爲爲貧而仕者言終爲位高祿厚者言居卑貧者雖其職易稱尚必求稱其職如孔子之爲委吏乘田必求會計之當牛羊之茁是也豈有位高祿厚而不求行道以稱其職者今人於位卑言高則凜然懼其爲罪而不敢犯於立朝道不行則冥然不以爲恥而冒

狃之罪自外至或以得罪猶可言也恥自內生當恥而不知恥不可言矣(備旨)然爲貧所以必辭尊富而居卑貧者何
也盖以位之卑者而盡其卑之職宜也如欲論列朝廷而言位高者之事是侵官也難免出位之罪也若立乎人之本
朝而行立朝之道宜也如苟安於位而道不行於上下是曠官也不免尸位之恥也此爲貧而仕者不主於行道而偃
然居尊富而不辭者亦可謂不知恥矣

○萬章이曰士之不託諸侯는何也ㅣ잇고 孟子ㅣ曰不敢也ㅣ니라 諸侯ㅣ失國而後에託於諸侯는禮也ㅣ오 士之託於諸侯는非禮也ㅣ니라

萬章이골오ᄃᆡ士의諸侯에託디아니ᄒᆞ욤은엇디잇고孟子ㅣ골ᄋᆞ샤ᄃᆡ敢티몯ᄒᆞ욤이니라諸侯ㅣ國을失ᄒᆞᆫ後에諸侯에託ᄒᆞ욤은禮오士의諸侯에託ᄒᆞ욤은禮아니니라

●託、寄也、謂不仕而食其祿也、古者、諸侯出奔他國、食其廩餼、(許旣反) 謂之寄公、(記郊特牲諸侯不臣寓公故古者寓公不繼世 寓寄也 ○喪大記君之喪大小斂爲寄公國賓出) 士無爵土、不得比諸侯、不仕而食祿、則非禮也、

慶源輔氏曰諸侯之視諸侯雖其爵有五等之殊然其實則皆國君也且本有爵土不幸出奔而來適我國則其國君
以廩餼之是乃禮之所宜也於可受而謂之寄公若士之於諸侯則有尊卑貴賤之不同又本無爵土豈可自比於諸
侯故必仕而後當賦以祿(備旨)萬章問曰士當未仕時雖寄身於諸侯而食其祿似不爲過乃不肯託於諸侯何也孟
子曰士之不託諸侯非其心之不欲乃分之所不敢也彼諸侯本有爵土者一旦失國出奔而託寓於他國則他國之
君以廩餼養之是乃禮之所宜也若士無爵土而亦託食於諸侯非禮也此士之所以不敢也

萬章이曰君이餽之粟則受之乎ㅣ잇가 曰受之니라 何義也ㅣ잇고 曰君之於氓也애固周之니라

萬章이골오ᄃᆡ君이粟을餽ᄒᆞ면受ᄒᆞ리잇가골ᄋᆞ샤ᄃᆡ受ᄒᆞᆯ띠니라受ᄒᆞ욤은므슴義

니잇고갈ᄋᆞ샤ᄃᆡ君이氓의게진실로周ᄒᆞᄂᆞᆫ거시니라

●周、救也、視其空(去聲)乏、則周卹(與恤同)之、無常數、君待民之禮也、(備旨)萬章曰士之不託於諸侯固禮之所在君若餽之以粟則受之乎孟子曰君之餽當受之也萬章曰託則不可餽則受之是何義也孟子曰士之未仕亦氓也君之於氓也固有周恤其空乏之義此所以爲可受也

曰周之則受ᄒᆞ고賜之則不受ᄂᆞᆫ何也ㅣ잇고 曰不敢也ㅣ니라 曰敢問其不敢은何也ㅣ잇고 曰抱關擊柝者ㅣ皆有常職ᄒᆞ야以食於上ᄒᆞᄂᆞ니 無常職而賜於上者를以爲不恭也ㅣ니라

갈오ᄃᆡ周ᄒᆞ면受ᄒᆞ고賜ᄒᆞ면受티아니ᄒᆞ옴은엇디니잇고갈ᄋᆞ샤ᄃᆡ敢티몯ᄒᆞᆷ이니라갈오ᄃᆡ敢히묻ᄌᆞᆸ노이다그敢티몯ᄒᆞᆷ은엇디니잇고갈ᄋᆞ샤ᄃᆡ關을抱ᄒᆞ며柝을擊ᄒᆞᄂᆞᆫ者ㅣ다常職이이셔ᄡᅥ上애食ᄒᆞᄂᆞ니常職이업시셔上애賜ᄒᆞ이ᄂᆞᆫ者를ᄡᅥ恭티아니타ᄒᆞᄂᆞ니라

●賜、謂予(與通作)之、祿有常數、君所以待臣之禮也、新安陳氏曰未仕爲民既仕乃爲臣方爲民可以受無常數之周救未爲臣不敢受有常數之俸祿士之自處當然也(備旨)萬章曰八君待士周之以粟賜之以祿同一賜予也乃士於所周之粟則受於所賜之祿則不受其故何也孟子曰士之職不同於人臣是以不敢受君之賜也萬章曰敢問其不敢受君之賜其故何也孟子曰賜有常數惟有常職者可受故雖抱關擊柝者其官極卑然皆有常職以食祿於上若士無常職而受賜於上者是不以民之分自安而以臣之禮自處其不恭甚矣故不敢受其賜也

曰君이餽之則受之라ᄒᆞ시니不識게이다可常繼乎ㅣ잇가 曰繆公之於子

思也애 亟問고ᄒᆞ시 亟餽鼎肉이어시늘 子思ㅣ 不悅ᄒᆞ샤 於卒也애 摽使者ᄒᆞ야 出諸大門之外고ᄒᆞ시 北面稽首再拜而不受曰今而後애 知君之犬馬畜伋이라ᄒᆞ시니 蓋自是로 臺無餽也니ᄒᆞ 悅賢不能擧ㅣ오 又不能養也ㅣ면 可謂悅賢乎아 亟去聲下同摽音杓使去聲

ᄀᆞᆯ오ᄃᆡ君이餽ᄒᆞ면受ᄒᆞᆯ꺼시라ᄒᆞ시니아디몯게이다可히ᄃᆞᆫᄃᆞᆫ이繼ᄒᆞ리잇가ᄀᆞᆯ오샤ᄃᆡ繆公이子思ㅅ긔ᄌᆞ조問ᄒᆞ시고ᄌᆞ조鼎肉을餽ᄒᆞ거시ᄂᆞᆯ子思ㅣ悅티아니ᄒᆞ샤ᄆᆞᄎᆞᆷ애使者ᄅᆞᆯ摽ᄒᆞ야大門外예出ᄒᆞ시고北으로面ᄒᆞ야首ᄅᆞᆯ稽ᄒᆞ고再拜ᄒᆞ고受티아니ᄒᆞ야ᄀᆞᆯᄋᆞ샤ᄃᆡ이젠後에君의犬馬로伋을畜ᄒᆞ시ᄂᆞᆫ줄을알과라ᄒᆞ시니일로브터臺ㅣ餽ᄒᆞᆷ이업ᄉᆞ니賢을悅ᄒᆞ되能히擧티몯ᄒᆞ고ᄯᅩ能히養티몯ᄒᆞ면可히賢을悅ᄒᆞᆫ다니ᄅᆞ랴

●亟、數音朔也、鼎肉、熟肉也、卒、末也、摽、麾也、數以君命來餽 當拜受之、非養賢之禮故不悅、而於其末後復夫又反下同 來餽時、麾使者出拜而辭之、犬馬畜許六反 伋、言不以人禮、待己也、臺賤官、主使令平聲下同 者、左傳昭公七年王臣公公臣大夫大夫臣士士臣皁皁臣輿輿臣隷隷臣僚僚臣僕僕臣臺人有十等也 蓋繆公愧悟、自此不復令臺來致餽也、擧、用也、能養者、未必能用、況又不能養乎、

新安陳氏曰士之自處固如上文所言然君待士則有養賢之禮焉繆公餽子思使一一拜受餽之適以勞之非禮也

備 萬章曰君餽之則士固從而受之不識所餽者可常繼乎孟子曰餽可常繼但繼之亦必有道也昔繆公之於子思也慕其賢而悅之亟命使者問其安否亟命使者餽以鼎肉子思有所不悅於心於卒也摽亟問亟餽之使者出於大門之外北面稽首再拜而不受曰始以君之餽爲敬我也今而後知君之餽乃以犬馬畜伋盖非敬夫伋直豢乎伋

耳自是繆公心愧不復令臺官來致餽焉夫繆公之於子思固自謂其能悅賢矣然所貴於悅賢者謂其能養能擧也今旣不能擧而用之又不能盡道以養之尙可謂悅賢乎是餽可常繼而餽之不以道則不可繼也

曰敢問國君이欲養君子ㅣㄴ댄如何ㅣ라아斯可謂養矣리잇고曰以君命將之어든再拜稽首而受ᄒᆞᄂᆞ니其後에廩人이繼粟ᄒᆞ고庖人이繼肉ᄒᆞ야不以君命將之ㅣ니子思ㅣ以爲鼎肉이使己僕僕爾亟拜也ㅣ라非養君子之道也ㅣ라ᄒᆞ시니라

ᄀᆞᆯ오ᄃᆡ 敢히 묻ᄌᆞᆸ노이다 國君이 君子ᄅᆞᆯ 養코쟈 ᄒᆞᆯ딘댄 엇디ᄒᆞ야아 이에 可히 養ᄒᆞᆫ다 니ᄅᆞ리잇고 ᄀᆞᆯᄋᆞ샤ᄃᆡ 君命으로ᄡᅥ 將ᄒᆞ야든 再拜ᄒᆞ고 首ᄅᆞᆯ 稽ᄒᆞ야 受ᄒᆞᄂᆞ니 그 後에 廩人이 粟을 繼ᄒᆞ며 庖人이 肉을 繼ᄒᆞ야 君命으로ᄡᅥ 將티 아니ᄒᆞᆯ띠니 子思ㅣ ᄡᅥᄒᆞ샤ᄃᆡ 鼎肉이 己로ᄒᆞ여곰 僕僕히 ᄌᆞ조 拜케ᄒᆞᄂᆞᆫ디라 君子ᄅᆞᆯ 養ᄒᆞᄂᆞᆫ 道ㅣ 아니라ᄒᆞ시니라

【註】初以君命來餽、則當拜受、其後有司、各以其職、繼續所無、不以君命、來饋、不使賢者、有亟拜之勞也、僕僕、煩猥(烏海反)貌

【備旨】萬章曰亟餽固不可無餽又不可敢問國君欲養君子必如何斯可謂之能養矣孟子曰國君養賢始有所餽而不出於君命者簡也繼有所餽而常出於君命者賓也故當始餽之時粟不敢委之廩人也肉不敢委之庖人也而必以君命將之蓋敬之也賢者於是再拜稽首而受非拜粟肉也拜君命也此始餽之禮然也自是以後則君命有司供其匱乏使廩人繼之以粟庖人繼之以肉不復以君命將之使免於拜賜之勞此繼餽之禮宜然也彼子思之所以不悅者以爲一鼎肉之餽亟將以君命使己僕僕爾有亟拜之勞也非國君養君子之道也此所以麾使而不受也然則視養君子者始以君命將之尊之也繼不以君命將之安之也斯可謂能養矣

堯之於舜也애 使其子九男으로事之ᄒᆞ며二女로女焉ᄒᆞ시고百官牛羊倉廩을備ᄒᆞ야以養舜於畎畝之中이러시니後에擧而加諸上位ᄒᆞ시니故로曰王公之尊賢者也ㅣ라ᄒᆞ니라 女下字去聲

堯ㅣ舜의게ᄒᆞ여곰그子九男으로事ᄒᆞ며二女로女ᄒᆞ시고百官과牛羊과倉廩을備ᄒᆞ야ᄡᅥ賢을畎畝ㅅ가온대養ᄒᆞ더시니後에擧ᄒᆞ야 上位예加ᄒᆞ시니故로ᄀᆞᆯ오ᄃᆡ王公의賢을尊홈이니라

●能養、能擧、悅賢之至也、唯堯舜、爲能盡之、而後世之所當法也、 慶源輔氏曰堯之於舜則尊賢之極養賢之至甲賢之周也[備旨]然所貴乎國君之養賢者豈徒曰養之已乎賢者亦豈爲能養而肯久居其國乎必若堯之於舜也始使其子九男事之且二女女焉凡百官牛羊倉廩皆備以養舜於畎畝之中則廩人繼粟庖人繼肉不足言矣後又擧而加之上位任以百揆四岳之職與之治天職焉食天祿焉此乃能養能擧可謂悅賢之至矣故曰王公之尊賢者也然則欲養賢者可以知所法矣

〇萬章이曰敢問不見諸侯는何義也ㅣ잇고 孟子ㅣ曰在國曰市井之臣이오在野曰草莽之臣이라皆謂庶人이니庶人이不傳質爲臣ᄒᆞ얀不敢見於諸侯ㅣ禮也ㅣ니라 質與贄同

萬章이ᄀᆞᆯ오ᄃᆡ敢히묻ᄌᆞᆸ노이다 諸侯ᄅᆞᆯ보디아니 홈은므슴義잇고孟子ㅣᄀᆞᆯᄋᆞ샤ᄃᆡ國에인ᄂᆞᆫ이ᄅᆞᆯᄀᆞᆯ온市井엣臣이 오野에인ᄂᆞᆫ 이ᄅᆞᆯᄀᆞᆯ온草莽엣臣 이라다닐온庶人이

니庶人이質를傳ᄒᆞ야臣이되디아니ᄒᆞ야셔ᄂᆞᆫ敢히諸侯를보디몯홈이禮니라

●傳、通也、質者、士執雉、庶人執鶩、音木相見以自通者也、國內、莫非君臣、但未仕者、與執贄在位之臣、不同故、不敢見也、新安陳氏曰市井草莽之臣與詩率土莫非王臣同未仕之臣也傳質爲臣乃已仕之臣也【備旨】萬章問曰士以行道爲心則當以得君爲急乃高尙其志而不肯往見諸侯敢問果何義也孟子曰率土皆臣士有在國都者則列於市井名之曰市井之臣有在郊野者則混於草莽名之曰草莽之臣名雖爲臣其實皆是庶人庶人若不傳質爲臣不敢私見於諸侯此守庶人之分之禮也無可見之禮則無可見之義矣

萬章이曰庶人이召之役則往役ᄒᆞ고君이欲見之ᄒᆞ야召之則不往見之ᄂᆞᆫ何也ㅣ잇고曰往役은義也ㅣ오往見은不義也ㅣ니라

萬章이ᄀᆞᆯ오ᄃᆡ庶人이召ᄒᆞ야役ᄒᆞ면가役ᄒᆞ고君이보고쟈ᄒᆞ야召ᄒᆞ면가見티아니홈은엇디니잇고ᄀᆞᆯᄋᆞ샤ᄃᆡ가役홈은義오가見홈은義아니니라

●往役者、庶人之職、不往見者、士之禮、慶源輔氏曰庶人則當服君之賤役爲士則知學問崇禮義不惟士之自處當如此而人君亦以此望之也【備旨】萬章曰士旣以庶人自處則當惟君命是從矣然君召之役則往應其役君欲見之召之則不往見之何也孟子曰君召之役而往役是安庶人之分義之當然也若君召之見而往見是失爲士之守不合義之當然也

且君之欲見之也ᄂᆞᆫ何爲也哉오曰爲其多聞也ㅣ며爲其賢也ㅣ니이다曰爲其多聞也則天子도不召師ㅣ은而況諸侯乎아爲其賢也則吾未聞欲見賢而召之也케라繆公이亟見於子思曰古에千

乘之國이以友士ᄒᆞ니何如ᄒᆞ니잇고子思ㅣ不悅曰古之人이有言曰事之云乎ㅣ언뎡豈曰友之云乎ㅣ리오ᄒᆞ시니子思之不悅也ᄂᆞᆫ豈不曰以位則子ᄂᆞᆫ君也ㅣ오我ᄂᆞᆫ臣也ㅣ니何敢與君友也ㅣ며以德則子ᄂᆞᆫ事我者也ㅣ니奚可以與我友ㅣ리오千乘之君이求與之友而不可得也ㅣ온而況可召與아 爲並去聲亟乘皆去聲召與之與平聲

ᄯᅩ君이見코자ᄒᆞ욤은므서슬爲ᄒᆞᄂᆞ뇨ᄀᆞᆯ오ᄃᆡ그聞이하ᄆᆞᆯ爲ᄒᆞ며그賢홈을爲ᄒᆞ예니이다ᄀᆞᆯᄋᆞ샤ᄃᆡ그聞이하ᄆᆞᆯ爲ᄒᆞ면天子도師를召티몯ᄒᆞ곤ᄒᆞᄆᆞᆯ며諸侯ㅣᄯᅡ녀그賢홈을爲ᄒᆞ면내賢을見코자호ᄃᆡ召홈을듣디몯게라繆公이ᄌᆞ조子思ᄭᅴ見ᄒᆞ야ᄀᆞᆯ오ᄃᆡ古애千乘ㅅ國이ᄡᅥ士ᄅᆞᆯ友ᄒᆞ니엇더ᄒᆞ니잇고子思ㅣ悅티아니ᄒᆞ야ᄀᆞᆯᄋᆞ샤ᄃᆡ녯사ᄅᆞᆷ이言을두어ᄀᆞᆯ오ᄃᆡ事타니ᄅᆞᆯᄲᅮᆫ이언뎡엇디ᄀᆞᆯ오ᄃᆡ友타니ᄅᆞ리오ᄒᆞ시니子思의悅티아니ᄒᆞ심은엇디ᄀᆞᆯ오ᄃᆡ位로ᄡᅥᄒᆞ면子ᄂᆞᆫ君이오나ᄂᆞᆫ臣이니엇디敢히君으로더브러友ᄒᆞ며德으로ᄡᅥᄒᆞ면子ᄂᆞᆫ나ᄅᆞᆯ事ᄒᆞᆯ者ㅣ니엇디可히ᄡᅥ날로더브러友ᄒᆞ리오홈이아니리오千乘ㅅ君이더브러友홈을求호ᄃᆡ可히得디몯ᄒᆞ곤ᄒᆞᄆᆞᆯ며可히召ᄒᆞ랴

●孟子ㆍ引子思之言、而釋之、以明不可召之意、朱子曰賢與多聞細分固當有別亦不必深致意○南軒張氏曰在我則當守庶人之分在君則當隆事師之禮、吾且問子君之欲見士也果何爲也哉萬章曰君之欲見於士者爲其學之多聞而能知乎道也爲其德之賢而能體乎道也孟子曰旣爲其多聞也則可師矣雖以天子之尊不敢召師而況諸侯乎旣爲其賢也則當就見矣吾未聞人君欲見賢而反召賢者也觀此則知君不可召士而士之不可往見亦明矣 備旨 欲知君不可召士觀繆公於子思之事可見矣昔者繆公慕子思之賢而亟見之因問子思曰古有撫千乘之國以下而友士何如公蓋自謂能友子思矣子思不悅曰聞古之人有言曰人君之於士當隆以師禮而事之云乎豈但如君之言而友之云乎吾想當日子思之不悅也其意豈不曰如徒以位言則子乃君之尊也我乃臣之卑也尊卑自有定分何敢以臣而與君友也若以德言則子雖爲君而德實在我子當致敬盡禮以師事我者也奚可以與我爲友哉此子思意也由此觀之夫以千乘之君求與一個之士爲友而且不可得也而況可召之使往見歟此則君之當就見而不可召見也明矣

齊景公이田홀ᄉᆡ招虞人以旌ᄒᆞᆫ대不至어ᄂᆞᆯ將殺之러니志士ᄂᆞᆫ不忘在溝壑이오勇士ᄂᆞᆫ不忘喪其元이라ᄒᆞ시니孔子ᄂᆞᆫ奚取焉고 取非其招不往也ㅣ시니라 喪息浪反

齊景公이田홀ᄊᆡ虞人을招호ᄃᆡ旌으로ᄡᅥᄒᆞᆫ대 至티아니ᄒᆞ거ᄂᆞᆯ장ᄎᆞ殺호려ᄒᆞ더니 志士ᄂᆞᆫ溝壑애이슘을忘티아니ᄒᆞ고 勇티ᄂᆞᆫ그元喪ᄒᆞ욤을忘티아니ᄒᆞᆫ다ᄒᆞ시니 孔子ᄂᆞᆫ므서슬取ᄒᆞ신고그招ㅣ아니어든往티아니홈을取ᄒᆞ시니라

● 說見形甸反前篇、備旨 君不可召士不但徵諸子思之言觀虞人之事又可知矣昔者齊景公田獵招虞人以旌虞人守分不至景公怒將殺之孔子聞而美之曰志士固窮不忘死在溝壑勇士輕生不忘喪其元首孔子奚取於虞人焉而以志士勇士美之耶取非其招而守死不往也士若往見不惟有愧於子思抑且出虞人下矣

曰敢問招虞人何以니잇고 曰以皮冠이니庶人은以旃이오士ᄂᆞᆫ以旂오大夫ᄂᆞᆫ以旌이니라

ᄀᆞᆯ오ᄃᆡ敢히묻ᄌᆞᆸ노이다虞人을招 호ᄃᆡ므서스로ᄡᅥᄒᆞᄂᆞ니잇고ᄀᆞᆯᄋᆞ샤ᄃᆡ皮冠으로

써ᄒᆞᄂᆞ니庶人은旃으로써ᄒᆞ고士ᄂᆞᆫ旂로써ᄒᆞ고대우ᄂᆞᆫ旌으로써ᄒᆞᄂᆞ니라

● 皮冠、田獵之冠也、事見形甸反春秋傳、去聲○左傳僖公二十年十二月齊侯田于沛澤名招虞人以弓不進公使執之辭曰昔我先君之田也旌以招大夫弓以招士皮冠以招虞人臣不見皮冠故不敢進乃舍之 然則皮冠者、虞人之所有事也、故、以是招之、庶人、未仕之臣、通帛曰旃、新安倪氏曰通帛謂大赤從周正色無飾 士、謂已仕者、交龍爲旂、新安倪氏曰畫二龍於其上 析羽而注於旂干之首曰旌、新安倪氏曰通帛爲旃交龍爲旂析羽爲旌見周禮司常 備旨 萬章曰虞人非其招不往固矣然招虞人當何以也孟子曰以皮冠盖皮冠者田獵之冠正虞人之所有事也而旌則非其招矣由招虞人推之若招未仕之庶人則以通帛之旃取其素質象庶人之幽貞也而旌亦非所招矣若招已仕之士則以交龍之旂取其變化象士之乘時也而旌亦非所招矣惟招大夫則以旌取其文明象大夫之文章外見也若旌豈所以招虞人哉

以大夫之招로招虞人이어ᄂᆞᆯ虞人이死不敢往ᄒᆞ니以士之招로招庶人이면庶人이豈敢往哉리오況乎以不賢人之招로招賢人乎아

대우의招로써虞人을招ᄒᆞ거ᄂᆞᆯ虞人이死ᄒᆞ야도敢히往티아니ᄒᆞ니士의招로써庶人을招ᄒᆞ면庶人이엇디敢히往ᄒᆞ리오ᄒᆞ믈며賢티아니ᄒᆞᆫ人의招로써賢人을招ᄒᆞᆷ이ᄯᆞ녀

● 欲見而召之、是、不賢人之招也、以士之招、招庶人、則不敢往、以不賢人之招、招賢人、則不可往矣、備旨 是可見皮冠者虞人之招也旌者大夫之招也以大夫之招招虞人虞人尚守死而不敢往以此推之則旃者庶人之招也旂者士之招也以士之招招庶人庶人豈敢往哉夫執貴者之物以招賤者特過其分耳未爲屈也猶以爲招非其招而不敢往況乎欲見賢而召之是不賢人之招也乃以招多聞且賢之賢人乎其不可往應其召決矣

欲見賢人而不以其道ㅣ면猶欲其入而閉之門也ㅣ니라 夫義ᄂᆞᆫ路

也ㅣ오禮는門也ㅣ니惟君子ㅣ能由是路ᄒᆞ며出入是門也ㅣ니詩云周道如底ᄒᆞ니其直如矢로다君子所履오小人所視라ᄒᆞ니라 夫音扶底詩作砥之履反

賢人을보고자ᄒᆞ되그道로ᄡᅥ아니ᄒᆞ면 그入파댜호ᄃᆡ 門을閉ᄒᆞᆷ곧ᄐᆞ니라義ᄂᆞᆫ路ㅣ오禮ᄂᆞᆫ門이니오직君子ㅣ 能히이路ᄅᆞᆯ由ᄒᆞ며이門에出入ᄒᆞᄂᆞ니詩에닐오ᄃᆡ周道ㅣ底곧ᄐᆞ니 그直ᄒᆞᆷ이矢곧도다 君子의履ᄒᆞᄂᆞᆫ배오 小人의視ᄒᆞᄂᆞᆫ배ㅣ라ᄒᆞ니라

●詩、小雅大東之篇、底、與砥同、礪音厲石也、言其平也、矢、言其直也、視、視以爲法也、引此、以證上文能由是路之義、慶源輔氏曰以周道爲君子所履證義路爲賢者所由[備旨]若夫國君欲見賢人當必有道也或近而就見或遠而幣聘可也苟不以其道而召見之適以阻其見猶欲其人之入閉之門也彼豈得入哉所以不易見者以士素守乎禮義耳夫事理之宜爲義乃人所由之路也天理之節文爲禮乃人出入之門也惟多聞而賢之君子則能奉義以周旋由乎是路率禮而不越出入是門也觀小雅大東之詩有云周道之平如底其直如矢君子所履以爲行小人所視以爲法夫如底如矢可以見義路焉所履所視可以見君子之能由是路焉而出入是門者可類推矣若往見諸侯禮義之謂何而肯爲之乎此欲見賢人所以不當召之也

萬章이曰孔子ᄂᆞᆫ君이命召ㅣ어시든不俟駕而行ᄒᆞ시니然則孔子ㅣ非與ㅣ잇가 曰孔子ᄂᆞᆫ當仕有官職而以其官으로召之也ㅣ니라 與平聲

萬章이ᄀᆞᆯ오ᄃᆡ孔子ᄂᆞᆫ君이命ᄒᆞ야 召ᄒᆞ시거든駕ᄅᆞᆯ俟티아니ᄒᆞ고 行ᄒᆞ시니 그러면孔子ㅣ외시니잇가ᄀᆞᆯᄋᆞ샤ᄃᆡ 孔子ᄂᆞᆫ仕의當ᄒᆞ샤官職을둣거시ᄂᆞᆯ 그官으로ᄡᅥ召ᄒᆞᆷ이니라

●孔子、方仕而任職、君、以其官名召之故、不俟駕而行、慶源輔氏曰以敬君之命而不敢慢也 徐氏、曰孔子、孟子、易地則皆然、○此章、言不見諸侯之義、最爲詳悉、更合陳代、公孫丑所問者而觀之、其說、乃盡、問此章綱領只在義路禮門朱子曰固是不出此二者然所謂義禮裏面殺有節目如云往役義也往見不義也周之則受賜之則不受之類都是義之節目如云廩人繼粟庖人繼肉不以君命將之之類都是禮之節目又如齊餽金而不受於宋薛餽而受此等辭受都是箇義君子於細微曲折一一都要合義所以易中說精義入神以致用也義至於精則應事接物之間無一非義不問大事小事千變萬化吾之所以應他如利刀快劍迎刃而解件件剖作兩片去孟子平日受用便是得這箇氣力今觀其所言所行無不是這箇物事○慶源輔氏曰觀答陳代章知不枉道從人之義觀答公孫丑章又知不爲臣不見之禮觀此章又知賢者有不可召之義蓋君子之出處進退一惟禮與義而已初無適莫也[illegible] 萬章曰士固不可應召矣乃若孔子禮義之中正也孔子一聞君命之召不俟車駕而行然則孔子非協於禮義與孟子曰孔子在魯當仕而有官職則非不傳質爲臣者故魯君以其官召之也以其官召之則亦以其官應之所以趨君之命如此其急也蓋當其仕則謂之臣雖聖人不敢以自高固禮也義也若未仕則謂之士雖匹夫不容以自屈亦禮也義也然則士之不見諸侯惡可與孔子概論哉

○孟子ㅣ謂萬章曰一鄕之善士ㅣ아斯友一鄕之善士ᄒᆞ고一國之善士ㅣ아斯友一國之善士ᄒᆞ고天下之善士ㅣ아斯友天下之善士ㅣ니라

孟子ㅣ萬章ᄃᆞ려닐어ᄀᆞᆯᄋᆞ샤ᄃᆡ 一鄕엣善士ㅣ아이예 一鄕엣善士ᄅᆞᆯ友ᄒᆞ고 一國엣善士ㅣ아이예 天下엣善士ᄅᆞᆯ友ᄒᆞ고 天下엣善士ㅣ아이예 天下엣善士ᄅᆞᆯ友ᄒᆞᄂᆞ니라

●言已之善、蓋於一鄕然後、能盡友一鄕之善士、推而至於一國天下、皆然、隨其高下、以爲廣狹也、新安陳氏曰廣狹有異勢而善無異理雖千萬人同此心此理也惟善蓋一鄕始能友一鄕之善士不然則我所取之友必有所偏或有所遺不能盡得而友之矣一國之善士即一鄕之善士中其善不止蓋一鄕而足以蓋一國者也推而至於天下皆如此友也者友其善也善之所在聲應氣求自有天然不容不合者而非可以勉强合也　孟子謂萬章曰友所以取善而取善又由於己如己之識見器量可以盖一鄕而爲一鄕之善士斯有以盡友一鄕之善士己之識見器量可以盖一國而爲一國之善士斯有以盡友一國之善士己之識見器量可以盖天下而爲天下之善士斯有以盡友天下之善士盖既有是量則同志相求交修以進寧有窮乎

以友天下之善士로爲未足ᄒᆞ야 又尙論古之人ᄒᆞᄂᆞ니 頌其詩ᄒᆞ며讀其書호ᄃᆡ不知其人이可乎아 是以로論其世也ㅣ니 是尙友也ㅣ니라

天下엣善士를友홈으로ᄡᅥ足디몯ᄒᆞ다ᄒᆞ야ᄯᅩ녜ᄉᆞ롬을尙ᄒᆞ야論ᄒᆞᄂᆞ니그詩를頌ᄒᆞ며그書를讀호ᄃᆡ그人을아디몯홈이可ᄒᆞ랴일로ᄡᅥ그世를論ᄒᆞᄂᆞ니이尙ᄒᆞ야友홈이니라

●尙、上、同、言進而上也、頌、誦、通、論其世、論其當世行事之迹也、言旣觀其言、則不可以不知其爲人之實、是以、又考其行去聲也、夫音扶能友天下之善士、其所友、衆矣、猶以爲未足、又進而取於古人、是、能進其取友之道、而非止爲一世之士矣、南軒張氏曰自友一鄕之善士至於上論古之人每進而愈上也所見者愈大則所取愈廣矣○雙峯饒氏曰進善無窮己故其取善也亦無窮己取善無窮己則其進善也亦無窮己取善之地所以愈廣者由其善之進進而不已也取善之心果曷有窮己乎之人也推其所至殆將生乎千百世之下而可以繼往者於千百世之上立乎千百世之上而可以俟來者於千百世之下奚至爲一世之士而已哉○雲峯胡氏曰人性之善古今所同孟子論性必論其故論尙友必論其

世皆已然之迹也論性而不論其已然之迹性之理易涉於空虛論古而不論其已然之迹古之人易涉於遼邈若取友而至盡交天下之善士已無愧一世之士矣然其取友之心猶有所未足以善至於古聖人而始爲至也又進而尙論古之人焉誦其詩以諷詠乎國風雅頌之旨讀其書以涵濡乎典謨訓誥之文此特其言也苟不知其爲人之實可乎是以考論其當世行事之迹也如此則誦讀之傳不但爲口耳之資身居千載之下而心孚乎千載之上其所友者不止於今世之士矣是能尙進而取友於古人也蓋其取善無窮而進善亦窮耳子其勉之哉

○齊宣王이問卿ᄒᆞᆫ대孟子ㅣ曰王은何卿之問也ㅣ시니잇고 王曰卿이不同乎ㅣ잇가 曰不同ᄒᆞ니 有貴戚之卿ᄒᆞ며有異姓之卿ᄒᆞ니이다 王曰請問貴戚之卿ᄒᆞ노이다 曰君이有大過則諫ᄒᆞ고反覆之而不聽則易位니이다

齊宣王이卿을묻ᄌᆞ온대孟子ㅣᄀᆞᆯᄋᆞ샤ᄃᆡ王은므슴卿을무ᄅᆞ시ᄂᆞ니잇고王이ᄀᆞᆯᄋᆞ샤ᄃᆡ卿이同티아니ᄒᆞ니잇가ᄀᆞᆯᄋᆞ샤ᄃᆡ同티아니ᄒᆞ니貴戚읫卿도이시며異姓읫卿도인ᄂᆞ니이다王이ᄀᆞᆯᄋᆞ샤ᄃᆡ請컨댄貴戚읫卿을묻ᄌᆞᆸ노이다ᄀᆞᆯᄋᆞ샤ᄃᆡ君이大過ㅣ이시면諫ᄒᆞ고反覆ᄒᆞ야도聽티아니ᄒᆞ면位ᄅᆞᆯ易ᄒᆞᄂᆞ니이다

●大過、謂足以亡其國者、易位、易君之位、更立親戚之賢者、新安陳氏曰古人所謂親戚幷指天屬之親 蓋與君、有親親之恩、無可去之義、以宗廟爲重、不忍坐視其亡故、不得已而至於此也、

備旨 齊宣王問爲卿之道蓋欲得其設官分職之意也孟子曰王何卿之問也宣王曰卿有不同乎孟子曰不同有與君同姓而以親任之者謂之貴戚之卿有與君異姓而以賢任之者謂之異姓之卿宣王曰請問貴戚之卿當何如盡其道孟子曰貴戚之卿所主在恩惟君小過則已矣如或君德不悛而有大過則必盡言以諫之然不可以一諫塞責也又必反覆而諫之以冀其君之悟而君猶不聽則過之成其國必亡矣於是不得已爲宗社計易君之位更

立親戚之賢者以代之盖與國同休戚故所以處之者權宜之道當如此

王이勃然變乎色ᄒᆞ신대

王이勃然히色을變ᄒᆞ신대

●勃然、變色貌、[備旨]宣王疑孟子易位之言太甚乃勃然變乎色盖深異孟子之言也

曰王은勿異也ᄒᆞ쇼셔王이問臣ᄒᆞ실서臣이不敢不以正對ᄒᆞ이다

ᄀᆞᆯᄋᆞ샤ᄃᆡ王은異히너기디마ᄅᆞ쇼셔王이臣ᄃᆞ려무ᄅᆞ실ᄊᆡ臣이 敢히正으로ᄡᅥ 對티 아니티몯호이다

●孟子言也 [備旨]孟子慰之曰王勿異乎臣之言也王以貴戚之卿問臣臣不敢不以正對盖臣所言者乃貴戚之道當然也王何異焉

王이色定然後에請問異姓之卿ᄒᆞ신대曰君이有過則諫ᄒᆞ고反覆之而不聽則去ㅣ니이다

王이色을定ᄒᆞ신後에請ᄒᆞ야異姓엣卿을무ᄅᆞ신대ᄀᆞᆯᄋᆞ샤ᄃᆡ君이過ㅣ이시면諫ᄒᆞ고反覆ᄒᆞ야도聽티아니ᄒᆞ면去ᄒᆞᄂᆞ니이다

●君臣、義合、不合則去、○此章、言大臣之義、親疎不同、守經行權、各有其分、去聲○新安陳氏曰親者可以行權疎者惟當守經貴戚之卿、小過、非不諫也、但必大過而不聽、乃可易位、異姓之卿、大過、非不諫也、雖小過而不聽、去可去矣、然三仁、貴戚不能行之於紂、而霍

光、異姓、乃能行之於昌邑、此又委任權力之不同、不可以執一論也、前漢霍光傳昌邑王賀武帝之孫昌邑哀王之子也即位行淫亂光憂懣音滿又音悶獨以問所親故吏大司農田延年延年曰將軍爲國柱石審此人不可何不建白太后更選賢而立之光曰今欲如是於古嘗有否延年曰伊尹相殷廢太甲以安宗廟世稱其忠將軍若能行此亦漢之伊尹也光乃引延年給事中陰與車騎將軍張安世圖計光與群臣俱見白太后具陳昌邑王不可以承宗廟狀皇太后乃車幸未央承明殿召昌邑王伏前聽詔光與群臣連名奏王尙書令讀畢光令王起拜受詔乃即持其手解脫其璽組扶王下殿送至昌邑邸○朱子曰孟子所謂易位者言其理當如是耳世或疑此言有以起簒奪之禍者則孟子豈不嘗曰有伊尹之志則可無伊尹之志則簒也若三仁之事則比干箕子固有所不及爲若微子之去亦或其勢之不便也然觀其引身而去以全先王之世則其計慮亦豈苟然者哉若其力之可爲則伊尹霍光固以異姓之卿而行之矣況有骨肉之親者乎○南軒張氏曰貴戚之卿與異姓之卿有親疎之異故不得而同論也貴戚之卿任宗社之責故得更擇其宗族之賢以易之然非謂貴戚之卿諫君反覆而不從便可以易位蓋極其理而言之有可以易位之道也○慶源輔氏曰集註守經行權尤足以補孟子之說蓋行權者非至於甚不得已則不可爲守經者則日用常行而須更不可離者也○西山眞氏曰愚按貴戚易位之說非後世所得行君有大過惟當反覆極言如屈平劉向之爲爾同姓之卿雖無可去之義若其君有大惡而不可諫易位之事又不得行宗社將危豈容坐待則微子去之亦有明義存焉其惡雖未如紂然非可事之君義不當食其祿則魯之叔 可以爲法傳秋宣十有七年公弟叔肸卒穀梁傳曰叔肸賢之也其賢之何也宣弑而非之也非之則胡爲不去也曰兄弟也何去而之與之財則曰我足矣織屨而食終身不食宣公之食春秋貴之因時制義初無定法也又孟子反覆二字最宜深體前世人臣固有見君之過失姑一言以塞責者曰吾亦嘗諫之云耳諫而不從非吾責也此其用心既欲苟全爵位又欲厭塞公言張華之所以見屈於張林而不能自免也必反覆而諫諫而不從則去此人臣之正法孟子之言胡可易哉 宣王勃然之色既定然後請問異姓之卿當何如盡其道孟子曰異姓之卿所主在義非必君有大過而後諫也但遇君少違乎道而有小過於必進言以諫之然亦不可以一諫塞責也又必反覆而諫之以冀其君之悟而君猶不聽則其過愈深將數斯辱矣則是見幾而去不容一日以立於朝蓋君臣以義合故所以處之者守經之道當如此要之分在貴戚以宗廟爲重分在異姓以正君爲急人君誠能體先王設卿之意以思自立於無過則親親賢賢有不各安其職者矣

原本備旨孟子集註卷之十 終

告子章句上

凡二十章 勿軒熊氏曰首章至六章言性七章至十九章言心末章言學

告子ㅣ曰性은猶杞柳也ㅣ오義는猶桮棬也ㅣ니以人性爲仁義ㅣ猶以杞柳爲桮棬이니라 桮音杯棬丘圓反

告子ㅣ ᄀᆞᆯ오ᄃᆡ 性은 杞柳ᄀᆞᆮ고 義는 桮棬ᄀᆞᆮᄐᆞ니 사ᄅᆞᆷ의 性으로ᄡᅥ 仁義를 ᄒᆞᆷ이 杞柳로ᄡᅥ 桮棬을 ᄒᆞᆷᄀᆞᆮᄐᆞ니라

(註)性者、人生所禀之天理也、杞柳、柜(居旅反)柳、桮棬、屈木所爲、若巵匜(音移)之屬、朱子曰桮棬似今棬杉合子杞柳恐是今做合箱底柳北人以此爲箭謂之柳箭即蒲柳也 告子、言人性、本無仁義、必待矯揉(人九反)而後、成、如荀子性惡之說也、荀子性惡篇人之性惡其善者僞也○朱子曰告子只是認氣爲性見得性有不善須拗他方善○新安陳氏曰義猶桮棬也義上脫一仁字○魯齋王氏曰朱子釋性字指性之全體而言不是解告子所言之性 (備旨)昔告子以性爲惡將分性與仁義而二之乃言於孟子曰今之言性者類皆以性爲善而言仁義者類皆以仁義爲出於性矣自我言之人之生而有性也其知覺運動不過頑然一質猶之杞柳頑然一物也仁義之理非吾性之所本有猶桮棬之器非杞柳之本成也故以人性矯揉之而後成仁義猶以杞柳矯揉之而後成桮棬也是告子外仁義以言性而不知仁義即性矣

孟子ㅣ曰子ㅣ能順杞柳之性而以爲桮棬乎아 將戕賊杞柳而後에 以爲桮棬也ㅣ니 如將戕賊杞柳而以爲桮棬이면 則亦將

戕賊人ᄒᆞ야以爲仁義與아 率天下之人而禍仁義者ᄂᆞᆫ 必子之言夫ㅣ뎌

戕音牆與平聲夫音扶

孟子ㅣᄀᆞᆯᄋᆞ샤ᄃᆡ子ㅣ能히杞柳의性을順ᄒᆞ야 ᄡᅥ桮棬을ᄒᆞᆯ따쟝ᄎᆞᆺ杞柳ᄅᆞᆯ戕賊ᄒᆞᆫ後에ᄡᅥ桮棬을ᄒᆞ리니만일쟝ᄎᆞᆺ杞柳ᄅᆞᆯ戕賊ᄒᆞ야ᄡᅥ 桮棬을ᄒᆞ면ᄯᅩᄒᆞᆫ쟝ᄎᆞᆺ사ᄅᆞᆷ을戕賊ᄒᆞ야ᄡᅥ仁義ᄅᆞᆯᄒᆞ라天下읫사ᄅᆞᆷ을率ᄒᆞ야仁義ᄅᆞᆯ禍ᄒᆞᄂᆞᆫ者ᄂᆞᆫ반ᄃᆞ시子의言이뎌

●言如此、則天下之人、皆以仁義、爲害性、而不肯爲。是、因子之言、而爲仁義之禍也、

朱子曰杞柳必矯揉而後爲桮棬性非矯揉而爲仁義孟子辨告子數處皆是辨倒著告子便休不曾說盡道理○南軒張氏曰人之爲仁義乃其性之本然自親親而推之至於仁不可勝用自長長而推之至於義不可勝用皆順其所素有而非外之也若違乎仁義則爲失其性矣而告子乃以人性爲仁義則是性別爲一物以人爲矯揉而爲仁義其失豈不甚乎○慶源輔氏曰不言戕賊人之性而言戕賊人者人之所以爲人者性也○西山眞氏曰告子之說蓋謂人性本無仁義必用力而强爲若杞柳本非桮棬必矯揉而後就也何其昧於理邪夫仁義卽性也告子乃曰以人性爲仁義如此則性自性仁義自仁義也其可乎夫以杞柳爲桮棬必斬伐之屈折之乃克有成若人之爲仁義乃性之所固有孩提皆知愛親卽所謂仁及長皆知敬兄卽所謂義何勉强矯揉之有使告子之言行世之人必曰仁義乃戕賊人之物將畏憚而不肯爲是率天下而害仁義其禍將不可勝計此孟子所以不可不辨也○雙峯饒氏曰性者人所稟之天理天理卽是仁義順此性行之無非自然元無矯揉集註解性字是朱子指性之本體而言不是解告子所言之性禍仁義與楊墨充塞仁義相似

[備旨]孟子折之曰子安得以杞柳爲桮棬而例人性之仁義哉蓋杞柳木也桮棬器也今子能順杞柳之性而以爲桮棬乎抑將戕賊杞柳之性而後可以爲桮棬也如將戕賊杞柳之性而以爲桮棬則亦將人之性而戕賊之而後可以爲仁義與不知桮棬本杞柳之所無必將戕賊而後成仁義乃人性之自然不待戕賊而後有蓋迥然其不同矣子欲比而同之吾恐此言一倡則人皆以仁義爲性所本無殆將棄仁義而不肯爲矣是率天下之人而禍仁義者必子之言矣夫子之論性自昧其性可也而乃使天下不爲仁義言可

不愼乎

○告子ㅣ曰性은 猶湍水也ㅣ라 決諸東方則東流ᄒᆞ고 決諸西方則西流ᄒᆞᄂᆞ니 人性之無分於善不善也ㅣ 猶水之無分於東西也ㅣ니라 湍他端反

告子ㅣ ᄀᆞᆯ오ᄃᆡ 性은 湍水ᄀᆞᆮᄐᆞᆫ디라 東方으로 決ᄒᆞ면 東으로 流ᄒᆞ고 西方으로 決ᄒᆞ면 西로 流ᄒᆞᄂᆞ니 人性의 善과 不善에 分홈 업숨이 水ㅣ 東과 西에 分홈 업숨 ᄀᆞᆮᄐᆞ니라

●湍 波流瀠 音螢 回之貌也、告子、因前說而小變之、慶源輔氏曰告子本以氣爲性此說亦然故曰因前說但前說以性爲惡必矯揉而後可爲善而此說則以性爲本無善惡但可以爲善可以爲惡耳此其爲小變也 近於揚子善惡混之說、揚子脩身篇人之性也善惡混脩其善則爲善人脩其惡則爲惡人氣也者所適善惡之馬歟○朱子曰告子以善惡皆性之所無而生於習揚子以善惡皆性之所有而成於脩亦有小異故曰近【備旨】告子以杞柳言性見屈於孟子乃小變其說曰今而後吾知性矣人之性有所習本無定體猶之湍水未有所分本無定向也我觀湍水決而引諸東方則東流而非一於東也決而引諸西方則西流而非一於西也然則人性之無分於善與不善也顧人所習何如耳猶之湍水之無分於東與西也顧人所決何如耳告子之變爲此說蓋混善惡而一之而以性爲無善無不善也

孟子ㅣ曰水ㅣ信無分於東西ㅣ어니와 無分於上下乎아 人性之善也ㅣ 猶水之就下也ㅣ니 人無有不善ᄒᆞ며 水無有不下ㅣ니라

孟子ㅣ ᄀᆞᆯᄋᆞ샤ᄃᆡ 水ㅣ 진실로 東西에 分홈이 업거니와 上下에 分홈이 업ᄉᆞ나 人性의

善ᄒᆞ옴이水ㅣ下에就ᄒᆞᆷᄀᆞᄐᆞ니人이善티아니ᄒᆞ니잇디아니ᄒᆞ며水ㅣ下티아니ᄒᆞ리잇디아니ᄒᆞ니라

●言水誠不分東西矣、然、豈不分上下乎、性卽天理、未有不善者也、 朱子曰觀水之流而必下則水之性可知觀性之發而必善則性之韞善亦可知矣 備旨 孟子就其言水而折之曰水之流可東而亦可西信無分於東西矣然必趨下而不趨上豈無分於上下乎蓋水之東西無常而就下有常其決而東者必東之下也決而西者必西之下也彼人性之善本然善也猶水之本然就下也凡爲人決無有不善有不善便非人之性矣卽爲水決無有不下有不下便非水之性矣知水之必下則知性之必善矣

今夫水를搏而躍之면可使過顙이며激而行之면可使在山이어니와是豈水之性哉리오其勢則然也ㅣ니人之可使爲不善이其性이亦猶是也ㅣ니라 夫音扶搏補各反

이제水를搏ᄒᆞ야躍게ᄒᆞ면可히ᄒᆞ여곰顙에過ᄒᆞ며激ᄒᆞ야行케ᄒᆞ면可히ᄒᆞ여곰山에이시려니와이엇디水의性이리오그勢곤그러ᄒᆞ니人의可히ᄒᆞ여곰不善을ᄒᆞ욤이그性이또ᄒᆞᆫ이ᄀᆞᄐᆞ니라

●搏、擊也、躍、跳也、顙、額也、水之過額在山、皆不就下也、然、其本性、未嘗不就下、但爲搏擊所使 而逆其性耳、 謝氏曰如水之就下搏擊之非不可上但非水之性 ○此章 言性本善故、順之而無不善、本無惡故、反之而後、爲惡、 新安陳氏曰反之猶云逆之與張子所謂善反之不同彼乃復之之謂 非本無定體、而可

以無所不爲也、南軒張氏曰伊川先生云荀子之言性杞柳之論也揚子之言性湍水之論也蓋荀子謂人之性也以仁義爲僞而揚子則謂人之性善惡混脩其善則爲善人脩其惡則爲惡人故也告子不識大本故始譬性爲杞柳謂以人性爲仁義今復譬性爲湍水謂無分於善不善夫無分於善不善則性果爲何物耶論眞實之理而委諸茫昧之地其所害大矣善乎孟子之言曰人無有不善水無有不下可謂深切著明矣○西山眞氏曰水之性未嘗不就下雖搏擊之可暫違其本性而終不能使不復其本性人之爲不善者固有之矣所以然者往往爲物欲所誘利害所移而非其本然之性也故雖甚愚無知之人詈之以惡逆斥之以盜賊鮮不變色者至於見赤子之入井則莫不怵惕而救之朱子章旨數言盡之矣○新安倪氏曰先師謂當看集註本性之本字雲峯謂須看集註定體二字水之定體無有不下性之定體無有不善可使過顙在山爲不善三使字皆非定體竊謂本性者本然之性定體即此性本然之定體也若有使之者則出於人力之所爲而非此性本然之定體矣貫二先生之說而一之於本字定體字皆能著眼則朱子釋孟子之深意可見矣○東陽許氏曰告子謂性本無善惡但可以爲善可以爲惡在所引者如何爾故以水無分東西爲喩孟子亦就其水以喩之謂性之必善猶水之必下告子所謂決之者人爲之也非其自然之性也若人欲拂水之性甚至可使逆行況東西乎人之爲善順其本性也水之就下順其本性也

[備旨]夫人性本善而或有不善者蓋有故也今夫水性本就下也人以手搏而躍之可使上過乎顙壅激而行之可使上在於山過顙在山是豈水之本性哉搏之不容不躍激之不容不行勢不得不然也然則人性本善亦可使爲不善者或爲氣稟所拘物欲所蔽亦猶水爲人搏激使然也搏激過而依然就下利欲去而依然爲善豈可因其勢之所使而遂謂性無定體哉

○告子ㅣ曰生之謂性이니라

告子ㅣ ᄀᆞᆯ오ᄃᆡ 生ᄒᆞᆫ거ᄉᆞᆯ 닐온性이니라

●生、指人物之所以知覺運動者而言、朱子曰生之謂性只是就氣上說得蓋謂人也有許多知覺運動物也有許多知覺運動人物只一般却不知人所以異於物者以其得正氣故全得許多道理如物則氣昏而理亦昏了○生之謂氣生之理之謂性○問氣出於天否曰性與氣皆出於天性只是理氣則已屬於形象性之善固人所同氣便有不齊處○物也有這性只是稟得來偏了這性便也隨氣轉了○慶源輔氏曰人物之生則有知覺能運動死則無知覺不能運動也○雙峯饒氏曰生活也其所以能知覺運動爲是箇活底物事有生之初稟得天地之生氣所以有這活底在裏面告子是見得這氣不曾見得這理

蓋精神魂魄之所以能知覺運動者屬乎氣其所得於天以爲仁義禮智之性者則屬乎理告子認氣爲性故云生之謂性問知覺運動何分曰總言之都是精神分言之則知覺屬心運動屬身 告子論性、前後四章、語雖不同、然、其大指、不外乎此、問子以告子論性數章皆本乎生之謂性之一言何也朱子曰告子不知性之爲理乃卽人之身而指其能知覺運動者以當之所謂生者是也始而見其但能知覺運動非敎不成故有杞柳之譬旣屈於孟子之言而病其說之偏於惡也又爲湍水之喩以見其但能知覺運動而非有善惡之分又以孟子未喩已之意也遂於此章極其立論之本意而索言之至於孟子折之則其說又窮而終不悟其非也其以食色爲言蓋猶生之云爾而公都子之所引又湍水之餘論也以是考之凡告子之論性不外乎生之一字明矣然則告子固指氣質而言歟曰告子所謂性固不離乎氣質然未嘗知其爲氣質而亦不知其有淸濁賢否之分也 與近世佛氏所謂作用是性者、略相似、朱子曰禪家說如何是佛曰見性成佛如何是性曰作用是性蓋謂目之視耳之聽手之執捉足之運奔皆性也只說得箇形而下者且如手能執捉若執刀胡亂殺人亦可爲性乎

[備旨]告子言性爲孟子所攻而必欲强伸其說乃仍其立論之本旨而言曰性之爲性非也凡於天地間有此知覺有此運動者卽謂性也若言性而有出於生之外則非性矣此吾所以有杞柳湍水之喩也

孟子ㅣ曰生之謂性也는 猶白之謂白與아 曰然다 白羽之白也ㅣ 猶白雪之白이며 白雪之白이 猶白玉之白與아 曰然다 與平聲下同

孟子ㅣ ᄀᆞᆯᄋᆞ샤ᄃᆡ 生ᄒᆞᆫ거ᄉᆞᆯ 닐온 性이라 홈은 白ᄒᆞᆫ거ᄉᆞᆯ 닐온 白이라 홈ᄀᆞᆮᄃᆞ냐 ᄀᆞᆯ오ᄃᆡ 그러ᄒᆞ다 白羽의 白ᄒᆞᆫ거시 白雪의 白ᄒᆞᆫ것ᄀᆞᆮᄃᆞ며 白雪의 白ᄒᆞᆫ거시 白玉의 白ᄒᆞᆫ것ᄀᆞᆮᄃᆞ냐 ᄀᆞᆯ오ᄃᆡ 그러ᄒᆞ다

●白之謂白、猶言凡物之白者、同謂之白、更無差初加楚宜二反別必列反也、白羽以下、新安陳氏曰白羽至輕之白與白雪不堅之白白玉堅潤之白質本不同 孟子、再問而告子、曰然則、是謂凡有生者、同是一性矣、[備旨]孟子

姑就其說詰之曰子謂生之謂性也猶凡物之白者即謂之白與告子不求諸心而直應之曰然凡有白者即謂之白凡有生者即謂之性無以異也孟子猶恐其言未定復申之曰天下之物稱爲白者亦多矣今若比而同之則白羽之白即猶白雪之白白雪之白即猶白玉之白更無差別與告子復應之曰然彼蓋欲伸其白之謂白之說而不知生之爲性之非己自此而可闕矣

然則犬之性이 猶牛之性이며 牛之性이 猶人之性與아

그러면犬의性이 牛의性ᄀᆞᄐᆞ며 牛의性이 人의性ᄀᆞᄐᆞ나

●孟子、又言若果如此、則犬牛與人、皆有知覺、皆能運動、其性、皆無以異矣、於是告子、自知其說之非、而不能對也、朱子曰犬牛人之形氣既具而有知覺能運動者生也有生雖同然形氣既異則其生而有得乎天之理亦異蓋任人則得其全而無有不善任物則有所蔽而不得其全是乃所謂性也今告子曰生之謂性如白之謂白而凡白無異白焉則是指形氣之生者以爲性而謂人物之所得於天者亦無不同矣故孟子以此詰之而告子理屈詞窮不能復對也○勉齋黃氏曰告子既不知性與氣之分而直以氣爲性又不知氣或不齊性因有異而遂指凡有生者以爲同是以孟子以此語之而進退無所據也 ○愚、按性者、人之所得於天之理也、生者、人之所得於天之氣也、性、形而上者也、氣、形而下者也、朱子曰形而上者一理渾然無有不善形而下者則紛紜雜糅善惡有所分矣○新安陳氏曰易大傳曰形而上者謂之道形而下者謂之器上字上聲讀有形以上便是無形之理性即理也有形以下便是有形之器氣有形者也 人物之生、莫不有是性、亦莫不有是氣、然、以氣言之、則知覺運動、人與物、若不異也、以理言之、則仁義禮智之禀、豈物之所得而全哉、此、人之性、所以無不善、而爲萬物之靈也、雲峯胡氏曰大學中庸首章或問皆以爲人物之生理同而氣異而此則以爲氣同而理異何也朱子嘗曰論萬物之一原則理同而氣異觀萬物之異體則氣猶相近而理絕不同氣之異者粹駁之不齊理之異者偏全之或異也嘗因是而推之蓋自大本大原上說大化流行賦予萬物何嘗分人與物此理之同也但人得其氣之正且通者物得氣之偏且塞者此氣之異也人物既得此氣以生則人能知覺運動物亦能知覺運動此又其氣之同也然人得其氣之全故於理亦全物得其氣之偏故於理亦偏則人與物又不能不異矣理同而氣異是從人物有生之初說氣同而理異是從人物有生之後說朱子之說精矣

告子、不知性之爲理、而以所謂氣者、當之、是以、杞柳、湍水之喩、食色無善、無不善之說、縱(將容反)橫繆(靡幼反)戾、紛紜舛(尺兗反)錯、而此章之誤、乃其本根所以然者、蓋徒知、知覺運動之蠢然者、人與物同、而不知仁義禮智之粹然者、人與物異也、孟子、以是折之、其義精矣、

朱子曰氣相近如知寒暖識饑飽好生惡死趨利避害人與物都一般理不同如蜂蟻之君臣只是他義上有一點明虎狼之父子只是仁上有一點明 其他更推不去○論人與物性之異固由氣稟之不同但究其所以然者却是因其氣稟之不同而所賦之理固亦有異所以孟子分別犬之性牛之性人之性有不同者而未嘗言犬之氣牛之氣人之氣不同也○此章乃告子迷繆之本根孟子開示之要切盖知覺運動者形氣之所爲仁義禮智者天命之所賦學者於此正當審其偏正全闕而求知所以自貴於物不可以有生之同反自陷於禽獸而不自知己性之大全也○勉齋黃氏曰夫性者人物所得乎天之理也仁義禮智之屬是也生者人物所得乎天之氣也有知覺而能運動者是也性者萬物之一原有生之類各得於天固無少異但所稟之氣則或値其淸濁美惡之不齊故理之所賦不能無開塞偏正之異此人物之所以分也然以氣而言則所稟雖殊而其所以爲知覺運動者反無甚異以理而言則其本雖同而人之有是四端所以爲至靈至貴者非庶物之可擬矣告子之學不足以知此但見其蠢然之生即以爲性而又謂凡得此者無有不同則是不惟不知性亦不知氣不惟觀於外者亂於人獸之別而其反於身者亦昧於天理人欲之幾矣○雙峯饒氏曰人說孟子論性不論氣若以此章觀之未嘗不論氣

備旨 孟子因折之曰如子之言凡有白者均謂之白是凡有生者皆同一性矣然則人有知覺運動犬與牛亦有知覺運動將謂犬之性無異於牛之性牛之性無異於人之性與不知以生而言物之知覺運動若與人同以生之理而言人有仁義禮智之稟則與物異何可比而同之也子乃謂生之謂性是同人道於犬牛矣何其悖理之甚哉

○告子ㅣ 曰食色이 性也ㅣ니 仁은 內也ㅣ라 非外也ㅣ오 義는 外也ㅣ라 非內也ㅣ니라

告子ㅣ ᄀᆞᆯ오ᄃᆡ 食이며 色이 性이니 仁은 內라 外아니오 義ᄂᆞᆫ 外라 內아니니라

●告子、以人之知覺運動者、爲性故、言人之甘食悅色者、即其性故、仁愛之心、生於內、而事物之宜、由乎外、學者、但當用力於仁、而不必求合於義也、朱子曰告子先云仁義猶桮棬其意本皆以仁義爲外皆不出於本性既得孟子說方略認仁爲在內亦不以仁爲性之所有但比義差在內耳○告子以生於愛者爲仁故曰內以其制是非者爲義故曰外○南軒張氏曰食色固出於性然莫不有則焉告子擧物而遺其則其說行天理不行而人欲莫遏矣○慶源輔氏曰人之甘食者知其食之美而甘之也悅色者知其色之美而悅之也知即知覺也甘與悅即運動也○雙峯饒氏曰告子雖知以仁爲內而不知愛是情仁是性愛不便是仁愛之理是仁今便指愛爲仁已是不識性了知義則是心之制事之宜事之宜者雖在彼而其所以裁制而得其宜者全自在我若非我有箇義如何處得物告子認以爲外可謂全無見識矣觀告子前面數章之意則謂性中仁義都無到這裏又却有仁而無義皆是遁辭○雲峯胡氏曰告子所謂仁內義外者皆自食色說來以食色爲性言性既粗故言仁義亦粗甘食悅色是自家心裏愛那食色愛便屬仁便是仁愛之心生於內至若食色却有可愛者有不可愛者則是事物之宜由乎外也【備旨】告子誤執生之謂性雖屢詘於孟子之辯而猶不求諸心乃復强伸其說曰欲知生之謂性求之仁義則難明驗之食色則易見夫人生而甘食悅色是即性也即食色之甘悅而推之可見凡心之有所愛而謂之仁者皆內也非外也即食色之可甘可悅而推之可見凡物之有所宜而謂之義者皆外也非內也仁既在內則用力於仁可也義既在外亦何必求合於義哉

孟子ㅣ曰何以謂仁內義外也오 **曰彼長而我長之**라 **非有長於我也**ㅣ니 **猶彼白而我白之**라 **從其白於外也**ㅣ라 **故**로 **謂之外也**ㅣ라ᄒᆞ노라 長上聲下同

孟子ㅣ ᄀᆞᆯᄋᆞ샤ᄃᆡ 엇디 ᄡᅥ 닐오ᄃᆡ 仁이 內오 義ㅣ 外라 ᄒᆞᄂᆞ뇨 ᄀᆞᆯ오ᄃᆡ 뎌 長이어든 내 長이라 ᄒᆞ논디라 내게 長이라 홈이 잇디 아니ᄒᆞ니 뎌 白ᄒᆞ거든 내 白다 홈이라 그 白을 外

예從흠ᄋᆞᆫ디라故로外라니ᄅᆞ노라

●我長之、我以彼、爲長也、我白之、我以彼、爲白也、朱子曰告子不知辨別那利害處正是本然之性所以道彼長而我長之蓋謂我無長彼之心由彼長故不得不長之所以指義爲外也[備旨]孟子曰仁義本同具於一心子乃謂仁在內義獨在外果何所見乎告子曰我以義爲外非無見也誠以彼有人焉其年長也吾從而長之是因其長在彼而非先有長彼之心於我也猶彼有人焉其色白也吾從而白之是從其白於外而非先有白彼之心於我也即此觀之則長不由於我而由於人事物之宜果在外矣故謂之義外也

曰異於白馬之白也ᄂᆞᆫ 無以異於白人之白也ㅣ어니와 不識게라 長馬之長也ㅣ 無以異於長人之長與아 且謂長者ㅣ 義乎아 長之者ㅣ 義乎아 與平聲下同

ᄀᆞᆯ ᄋᆞ사ᄃᆡ馬의白ᄒᆞᆫ이ᄅᆞᆯ白다홈은ᄡᅧ 人의白ᄒᆞᆫ이ᄅᆞᆯ白다홈애다ᄅᆞᆷ이업거니와아디몯게라馬의長ᄒᆞᆫ이ᄅᆞᆯ長이라홈은ᄡᅧ人의長ᄒᆞᆫ이ᄅᆞᆯ長이라홈애다ᄅᆞᆷ이업ᄉᆞ냐또닐오ᄃᆡ長者ㅣ義가長이라ᄒᆞᄂᆞᆫ者ㅣ義가

●張氏、曰上異於二字、宜衍、李氏、曰或有闕文焉、愚、按白馬白人、所謂彼白而我白之也、長馬長人、所謂彼長而我長之也、白馬白人、不異、而長馬長人、不同、是乃所謂義也、義不在彼之長、而在我長之之心、則義之非外、明矣、朱子曰白馬白人我道這是白馬這是白人言之則一若長馬長人則不同長馬則是口頭道箇老大底馬若長人則是敬之之心發於中從而敬之所以謂義內也○慶源輔氏曰人孰以長人之心長馬乎其所以然者乃吾心之義有不同耳義蓋隨事之宜而裁之也[備旨]孟子辯

之曰子以白喩長非其倫也盖不特人有白者馬亦有白者不特人有長者馬亦有長者彼白馬之白也誠無異於白人之白也不識長馬之長也果無以異於長人之長與吾知長馬之長特以彼爲長耳至於長人之長則不但以其人爲長也必有恭敬之心存焉而與長馬之長不同是卽所謂義也子安得以長之白之而同論乎且子所謂義者果安在也彼之年齒長於我所謂長之也我之恭敬施於人所謂長之也子果以人之長者爲義乎抑以在我長之者爲義乎如以長者爲義則義可以爲在外若以長之者爲義則義豈在外哉

曰吾弟則愛之ᄒᆞ고 秦人之弟則不愛也ᄒᆞᄂᆞ니 是ᄂᆞᆫ 以我爲悅者也ㅣ라 故로 謂之內오 長楚人之長ᄒᆞ며 亦長吾之長ᄒᆞᄂᆞ니 是ᄂᆞᆫ 以長爲悅者也ㅣ라 故로 謂之外也ㅣ라ᄒᆞ노라

ᄀᆞᆯ오ᄃᆡ 내弟면愛ᄒᆞ고秦人의弟면愛티아니ᄒᆞᄂᆞ니이ᄂᆞᆫ날로ᄡᅥ悅ᄒᆞᄂᆞᆫ者ㅣ라故로內라니ᄅᆞ고楚人의長을長 라ᄒᆞ며ᄯᅩᄒᆞᆫ내長을長이라ᄒᆞᄂᆞ니이ᄂᆞᆫ長오로ᄡᅥ悅ᄒᆞᄂᆞᆫ者ㅣ라故로外라니ᄅᆞ노라

●言愛主於我故、仁在內、敬主於長故、義在外、備旨告子復申其說曰吾所謂仁內者何也盖吾弟親之也則愛之秦人之弟疎之也則不愛也愛與不愛是以我之心爲悅者也可見仁愛之心生於內故謂之仁在內也吾所謂義外者何也盖致敬以長乎楚人之長者亦致敬以長乎吾之長者敬主於長是以人之長爲悅者也可見事物之宜由乎外故謂之義在外也告子此言終以長者爲義不知長之者爲義矣

曰耆秦人之炙ㅣ 無以異於耆吾炙ᄒᆞ니 夫物이 則亦有然者也ㅣ니 然則耆炙도 亦有外與아 耆與嗜同 夫音扶

ᄀᆞᆯᄋᆞ샤ᄃᆡ秦人의炙를耆ᄒᆞ욤이뻐내炙를耆홈과달옴이업ᄉᆞ니物이곧ᄯᅩᄒᆞᆫ그러홈이인ᄂᆞ니그러면炙를耆홈도ᄯᅩᄒᆞᆫ外인ᄂᆞ냐

●言長之 耆之、皆出於心也、林氏、曰告子、以食色爲性故、因其所明者而通之、南軒張氏曰長則同而待吾之長與待楚人之長固有間矣其分之殊卽所謂義也觀其義外之說固爲不知義矣不知義則其所謂仁內者亦烏知仁之所以爲仁哉○慶源輔氏曰炙在外而耆之者在我長在外而長之者在我初無異也告子所明者食色故取耆於耆炙因其所明通其所蔽亦納約自牖之意也 ○自篇首至此四章、告子之辨、屢屈而屢變其說。以求勝、卒不聞其能自反而有所疑也、此正其所謂不得於言、勿求於心者、所以卒於鹵音魯莽莫補莫厚毋黨三反而不得其正也、雲峯胡氏曰夫子嘗曰義以方外夫義所以裁制其在外者而非在外也告子義外之說孟子所以深闢之 備旨 孟子乃因其明而通之曰長楚人之長亦長吾之長人固有然者彼耆秦人之炙亦無以異於耆吾之炙夫物則亦有同耆而然者也信如子以長爲悅而外乎義然則耆炙之心亦有在乎外與吾知炙雖在外而所以耆之者心也長雖在外而所以長之者心也耆炙非外而敬長爲外乎敬長非外而義豈在外乎

○孟季子ㅣ問公都子曰何以謂義內也오

孟季子ㅣ公都子ᄃᆞ려무러ᄀᆞᆯ오ᄃᆡ엇디뻐義를內라니ᄅᆞᄂᆞ뇨

●孟季子、疑孟仲子之弟也、蓋聞孟子之言而未達故 私論之、備旨 孟季子聞孟子義內之說未達其旨乃私問公都子曰人皆以義爲外夫子獨以義爲在內此其說果何謂也

曰行吾敬故로謂之內也ㅣ니라

ᄀᆞᆯ오ᄃᆡ내敬을行ᄒᆞᄂᆞᆫ故로內라닐ᄋᆞ니라

●所敬之人、雖在外、然、知其當敬而行吾心之敬、以敬之、則不在外也、備旨 公都子曰義主於敬知敬

知敬之所自出則知義之在內矣有人於此在所當敬也行吾心之敬以敬之是敬由心出故謂之內也

鄕人이 長於伯兄一歲則誰敬고 曰敬兄이니라 酌則誰先고 曰先酌鄕人이니라 所敬은 在此ᄒᆞ고 所長은 在彼ᄒᆞ니 果在外라 非由內也ㅣ로다 長上聲

鄕人이伯兄의게서長ᄒᆞᆷ이一歲면누를敬ᄒᆞᆯ고ᄀᆞᆯ오ᄃᆡ兄을敬ᄒᆞᆯ띠니라酌ᄒᆞ면누를몬져ᄒᆞᆯ고ᄀᆞᆯ오ᄃᆡ몬져鄕人의게酌ᄒᆞᆯ띠니라敬ᄒᆞ는바는이에잇고長ᄒᆞ는바는뎌에이시니과연外예인는디라內로由ᄒᆞᆷ이아니로다

●伯、長也、酌、酌酒也、此皆季子問、公都子答、而季子、又言如此、則敬長之心、果不由中出也、

【備旨】孟季子猶未達意以敬雖在內然吾所以用其敬者則在外也乃又辯曰子以行吾敬明義之在內似謂敬即義矣不知敬義固當有別也試以敬長而言假如鄕人長於伯兄一歲則誰敬公都子曰敬以親疎爲殺當敬兄也孟季子曰鄕人與伯兄同飮酌則誰先公都子曰酌以賓主爲序當先酌鄕人也孟季子曰所敬者旣在此伯兄當酌之時所長者又在彼鄕人則吾不得以自主但因人爲轉移義果在外非由內也

公都子ㅣ 不能答ᄒᆞ야 以告孟子ᄒᆞᆫ대 孟子ㅣ 曰敬叔父乎아 敬弟乎아ᄒᆞ면 彼將曰敬叔父ㅣ라ᄒᆞ리라 曰弟爲尸則誰敬고ᄒᆞ면 彼將曰敬弟라ᄒᆞ리라 子ㅣ 曰惡在其敬叔父也오ᄒᆞ면 彼將曰在位故也ㅣ라ᄒᆞ리니 子ㅣ 亦曰在位故也ㅣ라ᄒᆞ라 庸敬은 在兄ᄒᆞ고 斯須之敬은 在鄕人ᄒᆞ니라 惡平聲

公都子ㅣ能히答디몯ᄒᆞ야ᄡᅧ孟子ㅅ긔告ᄒᆞᆫ대孟子ㅣᄀᆞᆯᄋᆞ샤ᄃᆡ叔父ᄅᆞᆯ敬ᄒᆞ랴弟ᄅᆞᆯ敬ᄒᆞ랴ᄒᆞ면데쟝ᄎᆞᆺᄀᆞᆯ오ᄃᆡ叔父ᄅᆞᆯ敬ᄒᆞᆯ띠라ᄒᆞ리라ᄀᆞᆯ오ᄃᆡ弟ㅣ尸되면누ᄅᆞᆯ敬ᄒᆞ료ᄒᆞ면데쟝ᄎᆞᆺᄀᆞᆯ오ᄃᆡ弟ᄅᆞᆯ敬ᄒᆞᆯ띠라ᄒᆞ리라子ㅣᄀᆞᆯ오ᄃᆡ어ᄃᆡ그叔父ᄅᆞᆯ敬ᄒᆞ욤이인ᄂᆞ뇨ᄒᆞ면데쟝ᄎᆞᆺᄀᆞᆯ오ᄃᆡ位예인ᄂᆞᆫ故ㅣ라ᄒᆞ리니子ㅣ또ᄒᆞᆫᄀᆞᆯ오ᄃᆡ位예인ᄂᆞᆫ故ㅣ라ᄒᆞ라ᄃᆞᆫᄃᆞᆫᄒᆞᆫ敬은兄의게잇고斯須ㅅ敬은鄕人의게인ᄂᆞ니라

○尸、祭祀所主以象神、雖弟子、爲之、然、敬之、當如祖考也、在位、弟在尸位、鄕人、在賓客之位也、庸、常也、斯須、暫時也、言因時制宜、皆由中出也、趙氏曰因時制宜所謂義也兄叔父之當敬此理之常若弟在尸位則祭時暫當裁以視如祖考之義而敬弟鄕人在賓位則宴時暫當裁以尊賓之儀而敬鄕人此皆暫時之敬耳或常或暫因時而裁制其宜皆本於吾心爾故曰由中出也

備旨 公都子屈於季子之辯而不能答述其言以告孟子孟子曰子盍就其所難者而反難之則因其辭而折之易矣試問之曰弟與叔父皆至親也敬叔父乎敬弟乎彼將執其禮之常而曰卑不敢尊其敬叔父矣子又問之曰弟或爲尸則誰敬彼將執其禮之變而曰尸以象神其敬弟矣子因辯之曰既曰敬弟則叔父不得以伸其尊矣惡在其爲敬叔父也彼將曰我所謂敬弟者以弟在尸位故也叔父雖尊勢不得不爲祖考屈矣子亦曰吾向所謂先酌鄕人者以鄕人在賓客之位故也伯兄雖親勢不得不爲主道屈矣是盖平日庸常之所敬者在於伯兄之至親亦猶敬叔父之至尊也吾斯須暫時之所敬者在鄕人之爲賓猶之敬弟之爲尸也或常或暫雖異其施因時制宜皆由中出此可見義之在內矣

季子ㅣ聞之ᄒᆞ고曰敬叔父則敬ᄒᆞ고敬弟則敬ᄒᆞ니果在外라非由內也ㅣ로다公都子ㅣ曰冬日則飮湯ᄒᆞ고夏日則飮水ᄒᆞᄂᆞ니然則飮食도亦在外也ㅣ로다

季子ㅣ聞ᄒᆞ고 ᄀᆞᆯ오ᄃᆡ 叔父ᄅᆞᆯ 敬ᄒᆞ면 敬ᄒᆞ고 弟ᄅᆞᆯ 敬ᄒᆞ면 敬ᄒᆞ니 과연 外예 인ᄂᆞᆫ디라 內로 由홈이 아니로다 公都子ㅣ ᄀᆞᆯ오ᄃᆡ 冬日이면 湯ᄋᆞᆯ 飮ᄒᆞ고 夏日이면 水ᄅᆞᆯ 飮ᄒᆞᄂᆞ니 그러면 飮食ᄒᆞ욤도 ᄯᅩ ᄒᆞᆫ 外예 잇도다

●此亦上章、耆炙之義、雲峯胡氏曰集註以爲此亦耆炙之義者炙在外而耆之在乎心水與湯在外而斟酌其可飮不可飮在乎心然則事物之宜在乎外而所以斟酌事物之宜則在乎心也 ○范氏、曰二章問答、大指略同、皆反覆譬喩、以曉當世、使明仁義之在內、則知人之性善、而皆可以爲堯舜矣、慶源輔氏曰若以義爲外則便於性之本體偏枯了安能知人性之本善既不知人性之本善則豈能知人皆可以爲堯舜哉○潛室陳氏曰禮敬之義在外如叔父如弟如鄕人皆指外而言故告子以義爲外然敬之所施雖在外而所以行吾敬處却在內如當敬叔父時則敬叔父當敬弟時則敬弟當敬鄕人時則敬鄕人所以權其事宜而爲之差別者則此理之權度未嘗不在吾心故公都子以此折之其辭簡而理勝所謂不迫切而意已獨至也○新安陳氏曰集註於此又撥挈綱領以示人仁義性也堯舜性與人同但能盡其性耳人惟性善故皆可以爲堯舜也 備旨 季子聞孟子之言而未達又向公都子辯曰信如夫子之言當敬叔父則敬叔父即吾之所敬在此也當敬弟則敬弟即吾之所長在彼也是敬因人以施而不能以自主義果在於外非出於內也公都子遂以所得於孟子之意而即其易見者以曉之曰子謂敬在外而不在內盍觀之飮食之事乎冬日宜飮湯也則從而飮湯時乎夏日宜飮水也則從而飮水子以因人之敬爲在外然則因時而飮食者亦在外與吾知湯與水雖在外而所以酌其當飮之宜者則吾心也叔父與弟雖在外而所以酌其當敬之宜者則吾心也信乎義之在內而非外矣吾故曰行吾敬故謂之內也子又何惑之深哉

○公都子ㅣ曰告子ㅣ曰性은無善無不善也ㅣ라ᄒᆞ고

公都子ㅣ ᄀᆞᆯ오ᄃᆡ 告子ㅣ ᄀᆞᆯ오ᄃᆡ 性은 善도 업ᄉᆞ며 善티 아님도 업다 ᄒᆞ고

●此亦生之謂性、食色性也之意、新安陳氏曰只認能知覺運動甘食悅色者即爲性而任意爲之無所謂善惡 近世蘇氏胡氏之

說、蓋如此、新安陳氏曰蘇東坡論性謂自堯舜以來至孔子不得已而曰中曰一未嘗分善惡言也自孟子道性善而一與中支矣胡文定公論性謂性不可以善言纔說善時便與惡對非本然之性矣孟子道性善只是贊歎之辭說好箇性如佛言善哉善哉 五峯論性云凡人之生粹然天地之心道義全具無適無莫不可以善惡辨不可以是非分［備旨］公都子聞孟子性善之論而惑於衆說故述以問孟子曰性之在人必有一定之理而人之論性亦宜有一定之見何今之言性者不一也告子曰 性無有善無有不善 謂不可以善惡名也是善惡皆性所無此一說也

或曰性은 可以爲善이며 可以爲不善이니 是故로 文武ㅣ 興則民이 好善ᄒᆞ고 幽厲ㅣ 興則民이 好暴ㅣ라ᄒᆞ고 好去聲

或ᄀᆞᆯ오ᄃᆡ性은可히ᄡᅧ善을ᄒᆞ며可히ᄡᅧ不善을ᄒᆞᄂᆞ니이런故로文武ㅣ興ᄒᆞ면民이善을好ᄒᆞ고幽厲ㅣ興ᄒᆞ면民이暴ᄅᆞᆯ好ᄒᆞᆫ다ᄒᆞ고

●此、卽湍水之說也、新安陳氏曰謂性可善可惡惟上所導如湍水可東可西惟人所決也［備旨］或曰性可以使爲善可以使爲不善本無一定惟所習也是故文武興則民皆化之而爲善是性可以爲善矣幽厲興則民皆化之而爲暴是性可以爲不善矣此善惡皆由於習此又一說也

或曰有性善ᄒᆞ며 有性不善ᄒᆞ니 是故로 以堯爲君而有象ᄒᆞ며 以瞽瞍爲父而有舜ᄒᆞ며 以紂爲兄之子ㅣ오 且以爲君而有微子啓 王子比干이라ᄒᆞᄂᆞ니

或ᄀᆞᆯ오ᄃᆡ性이善ᄒᆞ니도이시며性이善티아닌이도인ᄂᆞ니이런故로堯로ᄡᅧ君을삼오ᄃᆡ象이이시며瞽瞍로ᄡᅧ父ᄅᆞᆯ삼오ᄃᆡ舜이이시며紂로ᄡᅧ兄의子ᄅᆞᆯ삼고또ᄡᅧ君을

삼오ᄃᆡ微子啓와王子比干이잇다ᄒᆞᄂᆞ니

●韓子、性有三品之說、蓋如此、韓子原性篇性也者與生俱生也情也者接於物而生也性之品有三而其所以爲性者五情之品有三而其所以爲情者七何也曰性之品有上中下三上焉者善焉而已矣中焉者可導而上下也下焉者惡焉而已矣○朱子曰韓子三品之說只說得氣不曾說得性○此章三者雖同說氣質之性然兩或曰之說猶知分辨善惡惟無善無不善之說最無狀他就此無善無惡之名渾無分別雖爲善爲惡總無妨也與今世不擇善惡顚倒是非而稱爲本性者何以異哉○陳氏曰韓子謂人之所以爲性者五曰仁義禮智信此語似看得性字端的但分爲三品又差了三品只說得氣稟然氣稟不齊或相什百千萬豈但三品而已哉 按此文則微子、比干、皆紂之叔父、而書稱微子、爲商王元子、疑此或有誤字、[備旨]或又曰性稟於有生之初非人力所能移也有性善而不能使之惡者有性不善而不能使之善者是故以堯爲君若可化民於善矣而又有象之傲是性有不善也以瞽瞍爲父若可化子於不善矣而又有舜之聖以紂爲兄之子至親矣且以爲君至尊矣若可化親於不善矣而且有微子啓之哲王子比干之仁是性有善也此善惡皆性所有又一說也

今曰性善이라ᄒᆞ시니 然則彼皆非與가잇 孟子ㅣ曰乃若其情則可以爲善矣니 乃所謂善也ㅣ니라 與平聲

이제ᄀᆞᆯᄋᆞ샤ᄃᆡ性이善타ᄒᆞ시니그러면뎌다외니잇가孟子ㅣᄀᆞᆯᄋᆞ샤ᄃᆡ그情인則可히ᄡᅥ善을ᄒᆞᆯ꺼시니닐온밧善홈이니라

●乃若、發語辭、慶源輔氏曰先儒皆訓若爲順言順其本然之情則無不善恐不必如此說蓋情自善不待順之而善也且此乃若正與下文若夫字相對故斷以爲發語辭 情者、性之動也、人之情、本但可以爲善、而不可以爲惡、則性之本善、可知矣、朱子曰性不可說情却可說所以告子問性孟子却答他情蓋謂情可爲善則性無有不善所謂四端者皆情也仁是性惻隱是情也惻隱是仁發出來的端芽如一箇穀種相似穀之生是性發爲萌芽是情也所謂性只是那仁義禮智四者而已○北溪陳氏曰

在心裏未發動底爲性事物觸著便發動出來底是情這動底只是就性中發出來不是別物情之中節是從本性發來便是善其不中節是感物欲而動不從本性發來便有不善○慶源輔氏曰情只是性之動因其情之善而可以知其性之本善若程子謂天下之理原其所自無有不善喜怒哀樂未發何嘗不善發而中節亦何往而不善此則又因其性之善而知其情之無不善也○新安陳氏曰性渾然全體在中未發無形象可見動而爲情方可見耳仁義禮智之性動而爲惻隱羞惡辭遜是非之情所謂本但可爲善而不可爲惡者也因其情之善而可知其性之本善蓋遡其流而知其源也如水之初流出尙清則可知其末流之先清也必矣此乃若其情至乃所謂善也己包下文惻隱之心至我固有之也之意下文乃盡發此意耳 備旨 夫三說不同或各有見今夫子獨曰性善然則彼三說者果皆非與在夫子折衷衆論必有一定之見幸擧以敎我焉 備旨 孟子不辨三說之非但以性善告之曰吾所謂性善者豈無所驗哉亦有驗於情耳性蘊於中情發於外 乃若其情之發則皆可以爲善矣即情以驗性則性之善可知乃所謂性爲善也

若夫爲不善은 非才之罪也니라 夫音扶

만일不善을홈은才의罪아니니라

● 才、猶材質、人之能也、人有是性、則有是才、性既善、則才亦善、人之爲不善、乃物欲陷溺而然、非其才之罪也、

問才是以其能解作用底說材質是合形體說否朱子曰是兼形體說知說材料相似○問才與材字之別曰才字是就義理上說材字是就用上說如人見其濯濯也以爲未嘗有材用木旁材字便是指適用底說非天之降才爾殊便是就義理上說○情是這心裏動出有箇路脉曲折隨物恁地去才是能主張運動做事底這事有人做得有不會做得這處可見其才○性如水情如水之流情既發則有善有不善在人如何耳才則可爲善者也彼其性既善則其才亦可以爲善今乃至於爲不善是非才如此乃自家使得才如此故曰非才之罪○問性之所以無不善以其出於天也才之所以有善不善以其出於氣也要之性出於天才亦出於天何故便至如此曰性是形而上者氣是形而下者形而上者全是天理形而下者只是那渣滓至於形又是渣滓至濁者也○問孟子言情與才皆善如何曰情本自善其發也未有染汚何嘗不善才只是資質亦無不善譬物之未染只是白也又曰性之本體理而已情則性之動而有爲才則性之具而能爲者也性無形象聲臭之可形容也故以二者言之誠知二者之本善則性之善必矣○西山眞氏曰善者性也而能爲善者才也性以體言才以用言才本可以爲善而不可以爲惡今乃至於爲不善者是豈才之罪也哉陷溺使然也○雙峯饒氏曰孟子是指那好底才說如仁之能愛其親義之能敬其兄所謂良能是也 備旨

情善而性善若夫人之爲不善又何也或者必歸咎於才殊不知才卽性之良能性旣善則才亦善人之爲不善乃物欲之累有以陷溺而然非其才之罪也

惻隱之心을人皆有之ᄒᆞ며羞惡之心을人皆有之ᄒᆞ며恭敬之心을人皆有之ᄒᆞ며是非之心을人皆有之ᄒᆞ니惻隱之心은仁也ㅣ오羞惡之心은義也ㅣ오恭敬之心은禮也ㅣ오是非之心은智也ㅣ니仁義禮智ㅣ非由外鑠我也ㅣ라我固有之也ㅣ언마ᄂᆞᆫ弗思耳矣니라故로曰求則得之ᄒᆞ고舍則失之라ᄒᆞ니或相倍蓰而無筭者ᄂᆞᆫ不能盡其才者也ㅣ니라 鑠式灼反惡去聲舍上聲蓰音師

惻隱ᄒᆞᄂᆞᆫ心을人이다두어시며羞惡ᄒᆞᄂᆞᆫ心을人이다두어시며恭敬ᄒᆞᄂᆞᆫ心을人이다두어시며是非ᄒᆞᄂᆞᆫ心을人이다두언ᄂᆞ니惻隱ᄒᆞᄂᆞᆫ心은仁이오羞惡ᄒᆞᄂᆞᆫ心은義ㅣ오恭敬ᄒᆞᄂᆞᆫ心은禮ㅣ오是非ᄒᆞᄂᆞᆫ心은智니仁과義와禮와智ㅣ外로말ᄆᆡ아마나를鑠홈이아니라내본ᄃᆡ뒷건마ᄂᆞᆫ思티아닐ᄯᆞᄅᆞᆷ이니故로ᄀᆞᆯ오ᄃᆡ求ᄒᆞ면得ᄒᆞ고舍ᄒᆞ면失ᄒᆞᆫ다ᄒᆞ니或서ᄅᆞ倍ᄒᆞ며蓰ᄒᆞ야筭이업ᄉᆞᆫ者ᄂᆞᆫ能히그才ᄅᆞᆯ盡티몯홈이니라

● 恭者、敬之發於外者也、敬者、恭之主於中者也、北溪陳氏曰恭就貌上說敬就心上說 鑠、以火銷金之名、自外以至內也、筭、數也、言四者之心、人所固有、但人自不思而求之耳、所以善惡相去之遠、由不思不求、而不能擴充、以盡其才也、朱子曰惻隱羞惡心也能惻隱羞惡發揮之至於仁義不可勝用者才也○問不能盡其才曰才是能去恁地做底性本好發於情也只是好到得動用去做也只是好不能盡其才是發得略好便自阻隔了不順他道理做去若盡惻隱之才則必當至於博施濟衆盡羞惡之才則必當至於一介不取予祿之天下弗顧千駟弗視這是本來自合恁地滔滔做去止緣人爲私意阻隔多是有些發動後便遏折了天便似天子命便似將告勅付與人性便似人所受職事情便似親臨這職事才便似去動作行做許多事○人皆有許多才聖人却做許多事我不能做得些事出攸謂相倍蓰而無筭者不能盡其才者也一性之中萬善完備發用出來事事做得便是盡其才○其未發也性雖寂然不動而其中自有條理自有間架不是儱侗都無一物所以外邊纔感中間便應如赤子入井之事感則仁之理便應而惻隱之心於是乎形於過廟朝之事感則禮之理便應而恭敬之心於是乎形蓋由其中間衆理渾具各各分明故外邊所遇隨感而應所以四端之發各有面貌之不同是以孟子析而爲四以示學者使知渾然全體之中而粲然有條若此○慶源輔氏曰仁義禮智性也惻隱至是非性之動而爲情也皆謂之心心統性情者也四者之心根於本性非如火之銷金自外至內但人自不思不求耳○西山眞氏曰物有求而弗得者在外故也性求其在我者何不得之有思而求之則得之而全其本善不思不求則失之而流於惡善惡相去之遠由一倍五倍而極於無筭者皆不思不求不能擴充以盡其才故也本然之才初無限量極天下之善無不可爲今乃如此是有才而不能盡其才耳曰思曰求而又曰盡皆孟子喫緊敎人處

前篇、言是四者、爲仁義禮智之端、而此不言端者、彼、欲其擴而充之、此、直因用以著其本體故、言有不同耳、雲峯胡氏曰前篇於四者言端欲人充廣此不言端而直因用以著其本體欲人體認前以辭讓爲禮之端辭讓皆以發乎外者言此曰恭敬則兼以外與內而言故不必言端【備旨】然果何以見其情善而才亦善耶彼惻隱之心情之善者也人皆有之羞惡之心情之善者也人皆有之恭敬之心情之善者也人皆有之是非之心情之善者也人皆有之故曰乃若其情則可以爲善矣使人無是惻隱羞惡恭敬是非又安可以言情之善乎即是惻隱之心可以驗其性之有仁也即是羞惡之心可以驗其性之有義也曰仁曰義豈有不善乎即是恭敬之心可以驗其性之有禮也即是是非之心可以驗其性之有智也曰禮曰智又豈有不善乎故曰乃所謂善也使性非仁義禮智又安可以言性之善乎然此仁義禮智四者之善非由外而鑠我也蓋得之於天與生俱生我固有之性也但人陷溺於物欲弗思而求之耳矣故曰思而求則得此仁義禮智之善也苟不思而舍則失此仁義禮智之善也故卒歸於惡而與善相遠至於或相倍蓰而無筭者由其不能擴充

惻隱羞惡恭敬是非之情以盡其本然之才者也若能盡其才則何善不可爲哉吾故曰爲不善者非才之罪也

詩曰天生蒸民하시니 **有物有則**이로다 **民之秉夷**라 **好是懿德**이라ᄒᆞ야ᄂᆞᆯ **孔子**ㅣ **曰爲此詩者**여 **其知道乎**ᆫ뎌 **故**로 **有物**이면 **必有則**이니 **民之秉夷也故**로 **好是懿德**이라ᄒᆞ시니라 好去聲

詩에 ᄀᆞᆯ오ᄃᆡ 天이 蒸民을 生ᄒᆞ시니 物이 이시면 則이 잇도다 民의 秉ᄒᆞ얀ᄂᆞᆫ 夷라 이 懿德을 好ᄒᆞ다ᄒᆞ야ᄂᆞᆯ 孔子ㅣ ᄀᆞᆯ오샤ᄃᆡ 이 詩를 ᄒᆞᆫ 者ㅣ여 그 道ᄅᆞᆯ 안뎌 故로 物이 이시면 반ᄃᆞ시 則이 인ᄂᆞ니 民의 秉ᄒᆞ얀ᄂᆞᆫ 夷론 故로 이 懿德을 好ᄒᆞᄂᆞ다ᄒᆞ시니라

●詩、大雅蒸民之篇、蒸、衆也、物、事也、則、法也、夷、詩作彝、常也、懿、美也、有物、必有法、如有耳目、則有聰明之德、有父子、則有慈孝之心、是、民所秉執之常性也、故、人之情、無不好此懿德者、新安陳氏曰於好字上見得是情集註此情字與上文乃若其情相應 以此觀之、則人性之善、可見、而公都子所問之三說、皆不辨而自明矣、蔡氏曰惻隱等正是指性之初發動處以明未發動之理又擧蒸民詩者當然之則無物不體而此理之妙實根於人性之本然惟人之生各秉其有常之性所以應事接物皆好此美德而不容已也所謂懿德即所謂物之則也其曰好是者即指上文秉彝而言天命之所賦者謂之則人性之所秉者謂之彝存於心而有所得者謂之德實一而已孔子又加一必字於有則之上加一故字於好是之上其旨愈明矣孟子擧此者蓋謂秉彝懿德即是常性心之所好者德即是情之發動者不外乎性就性初發動爲情處指出以示人方見得性之本無不善也

○程子、曰性、卽理也、理則堯舜至於塗人、一也、才稟於氣、氣有清濁、稟其清者、爲賢、稟其濁者、爲愚、學而知之、則氣無清濁、皆可至於善、而復

性之本、湯武、身之是也、孔子所言下愚不移者、則自暴自棄之人也、朱子曰理精一故純氣粗故雜○理如寶珠氣如水有是理而後有是氣有是氣則必有是理但氣稟之淸者爲聖賢如珠落在淸水中稟氣之濁者爲愚暗如珠落在濁水中 又曰論性不論氣、不備、論氣不論性、不明、二之、則不是、朱子曰論性不論氣則無以見其生質之異論氣不論性則無以見義理之同孟子之言性善者前聖所未發也而此言者又孟子所未發也○本然之性只是至善然不以氣質論之則莫知其有昏明開塞剛柔强弱故有所不備徒論氣質之性而不自本原言之則雖知有昏明開塞剛柔强弱之不同而不知至善之原未嘗有異故有所不明須是兩邊都說理方明備○北溪陳氏曰只論大本而不及氣稟則所論有欠闕未備若只論氣稟而不及大本便只說得粗底道理全然不明千萬世而下學者只得按他說更不可改易○潛室陳氏曰孟子性善從源頭上說及論情論才只是說善不論氣質淸濁厚薄是不備也諸子紛紛之說各自把氣質 才別便作天性看了其不明之失爲害滋甚 孔門性相近習相遠却就氣質之性上論淸濁至說上智下愚乃論得 氣淸之十分厚者爲上智氣濁之十分薄者 爲下愚其間相近者乃是中人淸濁在四六之間總起是三等氣質此說乃是與孟子之說互相發明要知孔子是說氣質之性孟子是說源頭本然之性諸子只是把氣質使作本然之性看錯了○新安陳氏曰須是論性兼論氣不判而二之方是 張子、曰形而後、有氣質之性、善反之則天地之性、存焉故、氣質之性、君子有弗性者焉、朱子曰論天地之性則專指理而言論氣質之性則以理與氣雜而言之天地之性則太極本然之妙萬殊之一本也氣質之性則二氣交運而生一本而萬殊也氣質之性卽此理墮在氣質之中耳非別有一性也○性只是理然無那氣質則此理沒安頓處但得氣之淸明則不蔽固此理順發出來蔽固少者發出來天理勝蔽固多者則私欲勝便見得本原之性無有不善只被氣質有昏濁則隔了學以反之則天地之性存矣故說性須兼氣質書之方備○氣質之說起於張程極有功於聖門有補於後學言之使人深有感如退之說性三品也是但不會分明說是氣質之性耳孟子說性善但說得本原處却不會說得氣質之性所以亦費分踈使張程之說早出則諸子說性惡與善惡混等自不用爭論故張程之說立則諸子之說泯矣○孟子雖不言氣質之性然於告子生之謂性之辨亦既微發其端矣但告子辭窮無復問辨故亦不得而盡其辭焉至周子出始復推明太極陰陽五行之說以明人物之生其性則同而氣質之所從來其變化錯糅有如此之不齊者至程子始明性之爲理而與張子皆有氣質之說○氣質之性便只是這箇天地之性却從那裏過好底性如水氣質之性如殺些醬與鹽便是一般滋味○又曰天地之所以生物者理也其生物者氣與質也人物得是氣質以成形而其理之在是者則謂之性也○勉齋黃氏曰學者知理之無不善則當加存養之功知氣質之有善有不善則當施矯揉之力○北溪陳氏曰氣質之性是以氣稟言之天地之性是以大本言之其實天地之性亦不離乎氣質之中只是就氣質之中分別出氣質之性不與相雜而言耳○雙峯饒氏曰人未生以前不喚做性既生以後方喚做性纔喚做性便夾在氣質中所以有善有不善此氣質之性也然性之本然惟有善而已就氣質中指那本然者說是則天地之性也若不分做兩箇性說則性之與氣鶻突無分曉若不合做一箇性說認做兩件物事去了故程子曰二之則不是問善反之則天地之性存焉不知未反以前此性亦存否曰不曾反時此性亦未嘗無且如一鄙吝人見幾疾也知憐憫一强梁人見好人也知恭遜畢竟有箇性在內不知不覺忽然發見出來但人有氣質物欲之累則此性不能常存須於善反上做工夫方存得性之本體問反之之工夫如何曰涵養體認克治充廣皆是反之之道譬如水被泥沙混了若加澄治則本然之清仍在孟子說夜氣便是要使人涵養說四端及擴充便是要體驗充廣獨有克治一邊却不曾說○新安陳氏曰論性不論氣是說孟子其論甚正而明但不曾說破氣質不周備耳論氣不論性是說荀揚則全舛繆而說理不明其害大矣孟子性善之說正而未備得程子性即理也之說足以助其甚正者又得張程氣質之說足以補其未備者朱子會萃提掇盡發其秘而無餘蘊其繼往開來之功大矣哉○又曰文勢如君子弗謂性也君子既善變化其氣質之性而復其天地之性矣故氣質之性君子弗以爲性也

愚、按程子、此說才字、與孟子本文、小異、蓋孟子、專指其發於性者、言之故、以爲才無不善、程子兼指其稟於氣者言之、則人之才、固有昏明强弱之不同矣、張子所謂氣質之性、是也、二說、雖殊、各有所當去聲然、以事理考之、程子、爲密、蓋氣質所稟、雖有不善、而不害性之本善、性雖本善、而不可以無省悉井反察矯揉人九反之功、省察屬知矯揉屬行學者所當深玩也、問孟子程子論才字同異朱子曰才只一般能爲之謂才才之初亦無不善緣他氣質有善惡故其才亦有善惡孟子自其同者言之故以爲出於性程子則自其異者言之故以爲稟於氣大抵孟子多是專以性言故以爲性善才亦無不善到周程張子方說到氣上要之須是兼二者言之方備○集註中以程子爲密卽見得孟子所說未免少有疏處今但以程子爲主而推其說以陰補孟子之不足則於理無遺矣○雲峯胡氏曰程子就氣質上說則情或有不善不可無省察之功才或有不善不可無矯揉之功律註此矯揉二字與此篇首章所謂矯揉不同首章是告子之說以本然之性必待矯揉而後可以爲善此則先儒之說以氣質之性必加矯揉而後可變其不善二者正相反也【備旨】即情善以驗性善此非我私言也大雅蒸民之詩有曰天生蒸民有是形體之物有是至理之則此民所秉執之常性無不好是懿美之德孔子讀此詩而贊之曰爲此詩者其知性情之道乎蓋天之生人氣以成形而理亦賦焉故有此物必有此物之則是乃民所秉執之常性也故人之情無不好是懿德者使非同此秉夷之性何以同此懿德之好乎爲此詩者信乎其知道也由孔子說詩之言觀之則知物則秉夷即吾之所謂性善也好其懿德即吾之所謂情善也而才善從可知矣彼三說者豈待辯而後明哉

孟子ㅣ曰富歲엔子弟ㅣ多賴ᄒᆞ고凶歲엔子弟ㅣ多暴ᄒᆞᄂᆞ니非天之降才ㅣ爾殊也ㅣ라其所以陷溺其心者ㅣ然也ㅣ니라

孟子ㅣ ᄀᆞᆯᄋᆞ샤ᄃᆡ 富ᄒᆞᆫ 歲엔 子弟ㅣ 賴ᄒᆞᆷ이 하고 凶ᄒᆞᆫ 歲엔 子弟ㅣ 暴ᄒᆞᆷ이 하ᄂᆞ니 天의 才ᄅᆞᆯ 降ᄒᆞ심이 그러히 달옴이 아니라 그ᄡᅥ 그 心을 陷溺ᄒᆞᆫ 배 그러ᄒᆞ니라

●富歲、豐年也、賴、藉慈夜反也、豐年、衣食饒足故、有所顧藉而爲善、凶年、衣食不足故、有以陷溺其心而爲暴、問程子謂語其才則有下愚之不移與孟子之意不同朱子曰孟子只見得性善便把才都做善不知有氣稟之不同程子說得較密○新安陳氏曰天之降才與書所謂上帝降衷文意略似言非天賦以有爲之才如此殊異也乃阻饑而陷溺其良心賊其爲善之才而然耳【備旨】孟子推人心之同以見性之善也曰人性本有善而無惡常情每因物而易遷彼富歲子弟多有所賴藉而爲善凶歲子弟多有至於暴棄而爲不善夫子弟一也而凶歲多暴獨異於富歲之多賴者非天之降才厚於彼而薄於此如是其殊異也良由飢寒迫於外利害攻其中禮義不暇顧而非僻之心生以陷溺其心者至於多暴然也夫豈才之罪哉

今夫麰麥을播種而耰之호ᄃᆡ其地ㅣ同ᄒᆞ며樹之時ㅣ又同ᄒᆞ면浡然

而生ᄒᆞ야至於日至之時ᄒᆞ야皆熟矣나ᄂᆞᆫ雖有不同이나則地有肥磽ᄒᆞ며雨露之養과人事之不齊也ㅣ니라 夫音扶麰音牟耰音憂磽苦交反

이제麰와麥을種을播ᄒᆞ고耰호ᄃᆡ그地ㅣ同ᄒᆞ며樹ᄒᆞᄂᆞᆫ時ㅣ또同ᄒᆞ면浡然히生ᄒᆞ야日이至ᄒᆞᆫ時에니ᄅᆞ러다熟ᄒᆞᄂᆞ니비록同티아니홈이이시나곧地ㅣ肥와磽ㅣ이시며雨露의養홈과人事의齊티몯홈이니라

註 麰、大麥也、耰、覆敷救反種上聲也、韻會徐氏曰布種後以耰摩田使土之開處復合曰覆種 日至之時、謂當成熟之期也、磽、瘠音夕薄也、新安陳氏曰種麥三者多同雖其間有多寡之不同者則以地有肥瘠之分雨露有有無之異人事有勤惰之不齊故耳以譬降才同而養其心與陷溺其心有不同也 備旨 盡例觀之物性乎今夫麰麥因地之利播種而耰之其麗於地同也因天之時樹藝以植之其得於時又同也及其浡然而生至於日至之時不先不後而皆同歸於熟矣其熟之期又同也麰麥之性何相似也雖其所獲有多寡之不同則以地之力有肥磽雨露之養有厚薄人事之勤惰有不齊也任麰麥豈有不同哉

故로凡同類者ㅣ擧相似也ㅣ니何獨至於人而疑之리오聖人도與我同類者ㅣ시니라

故로믈읫類ㅣ同ᄒᆞᆫ者ㅣ다서르ᄀᆞᆮᄐᆞ니엇디ᄒᆞ올로人에니ᄅᆞ러疑ᄒᆞ리오聖人도날로더블어類ㅣ同ᄒᆞᆫ者ㅣ시니라

註 聖人、亦人耳、其性之善、無不同也、新安陳氏曰凡同類謂凡物之同類者人性善無不同此提掇綱領處 備旨 夫由麰麥之同而推之故凡天下之物惟不同類則已苟同一所生之類者其性擧相似也夫物且然何獨至於人類而疑其性之不相似哉雖聖人亦與我同

一人之類者類同而性同可知矣

故로龍子ㅣ曰不知足而爲屨도ㅣ라我ㅣ知其不爲蕢也ㅣ라ᄒᆞ니屨之相似는天下之足이同也ㅣ니라 蕢音匱

故로龍子ㅣ글오ᄃᆡ足을아디몯ᄒᆞ고屨를ᄒᆞ야도내그蕢ㅣ되디아닐줄을아노라ᄒᆞ니屨ㅣ서르ᄀᆞᆮᄐᆞᆷ은天下엣足이同ᄒᆞᆫ쌔니라

註 蕢、草器也、不知人足之大小、而爲之屨、雖未必適中、然、必似足形、不至成蕢也、備旨 人性之同不但有徵於物類而已驗之人身莫不皆然故龍子有言曰業屨者不知人足之大小而爲屨然我知其不至於去足之遠而爲蕢也龍子言此蓋謂屨之相似者以天下之足同故也

口之於味에有同耆也ㅣ니易牙는先得我口之所耆者也ㅣ라如使口之於味也에其性이與人殊ㅣ若犬馬之與我不同類也ㅣ면則天下ㅣ何耆를皆從易牙之於味也ㅣ리오至於味ᄒᆞ야는天下ㅣ期於易牙ᄒᆞᄂᆞ니是는天下之口ㅣ相似也ㅣ니라 耆與嗜同下同

口ㅣ味에ᄒᆞᆫ가지로耆홈이이시니易牙ᄂᆞᆫ내口의耆ᄒᆞᄂᆞᆫ바를몬져得ᄒᆞᆫ者ㅣ라만일ᄒᆞ여곰口ㅣ味에그性이人으로더브러달옴이犬馬ㅣ날로더브러類ㅣ同티아님ᄀᆞᄐᆞ면곧天下ㅣ므슴耆홈을다易牙의味에從ᄒᆞ리오味에至ᄒᆞ야ᄂᆞᆫ天下ㅣ易牙의게期ᄒᆞᄂᆞ니이ᄂᆞᆫ天下읫口ㅣ서르ᄀᆞᆮᄐᆞᆷ을쌔니라

◎易牙、古之知味者、言易牙所調之味、則天下、皆以爲美也、 新安陳氏曰易牙齊桓公寵臣能辨淄澠二水味此先得我口之所耆已爲下文先得我心之所同然耆張本矣 [備旨]豈惟足同哉口之於味亦有同嗜也雖易牙極善於味不過先得我口之所耆者也如使易牙口之於味也其所耆之性或與人殊若犬馬之與我不同類也則天下之人何其所耆皆從易牙之於味也至於味天下皆期於易牙之所調是同此人則同此耆而天下之口相似也

惟耳도亦然ᄒᆞ니至於聲ᄒᆞ야ᄂᆞᆫ天下ㅣ期於師曠ᄒᆞᄂᆞ니是ᄂᆞᆫ天下之耳ㅣ相似也ㄹ시니라

오직耳도또ᄒᆞᆫ그러ᄒᆞ니聲에至ᄒᆞ야ᄂᆞᆫ天下ㅣ師曠의게期ᄒᆞᄂᆞ니이ᄂᆞᆫ天下의耳ㅣ서르ᄀᆞᆮᄒᆞᆫ쎄니라

◎師曠、能審音者也、言師曠所和之音、則天下、皆以爲美也、 [備旨]然豈惟口爲然哉惟耳亦然師曠所審之音天下之至和也而天下皆樂聽之矣至於聲天下皆期於師曠之所和是同此人則同此聽而天下之耳相似也

惟目도亦然ᄒᆞ니至於子都ᄒᆞ야ᄂᆞᆫ天下ㅣ莫不知其姣也ᄒᆞᄂᆞ니不知子都之姣者ᄂᆞᆫ無目者也ㅣ니라 姣古卯反

오직目도또그러ᄒᆞ니子都의게至ᄒᆞ야ᄂᆞᆫ天下ㅣ그姣ᄒᆞᆷ을아디몯ᄒᆞ리업ᄂᆞ니子都의姣ᄒᆞᆷ을아디몯ᄒᆞᄂᆞᆫ者ᄂᆞᆫ目이업ᄉᆞᆫ者ㅣ니라

◎子都、古之美人也、姣、好也、 [備旨]然豈惟耳爲然哉惟目亦然子都之色天下之至美也天下莫不知其姣矣苟不知子都之姣者必其無目者也是同此人則同此視而天下之目相似也

故로曰口之於味也에有同耆焉하며耳之於聲也에有同聽焉하며目之於色也에有同美焉하니至於心하야獨無所同然乎아心之所同然者는何也오謂理也義也니聖人은先得我心之所同然耳시니故로理義之悅我心이猶芻豢之悅我口니라

故로굴오듸口ㅣ味에혼가지로耆홈이이시며耳ㅣ聲에혼가지로聽홈이이시며目이色에혼가지로美홈이이시니心에至호야는호올로혼가지로그러혼배업스랴心의혼가지로그러혼바는언디오닐온理와義니聖人은내心에혼가지로그러혼바를몬저得호시니故로理와義의내心을悅케홈이芻와豢이내口를悅케홈곧트니라

●然、猶可也、(朱子曰然是然否之然人心同以爲然者義理也) 草食曰芻、牛羊、是也、穀食曰豢、(音患) 犬豕是也、程子、曰在物爲理、處(上聲)物爲義、體用之謂也、孟子、言人心、無不悅理義者、但聖人、則先知先覺乎此耳、非有以異於人也、程子、又曰理義之悅我心、猶芻豢之悅我口、此語、親切有味、須實體察、得義理之悅心、眞猶芻豢之悅口、始得、(朱子曰理是此物上便有此理義是於此物上自家處置合如此便是義楊雄言義以宜之韓愈言行而宜之之謂義若以義爲宜則義有在外意思須如程子言處物爲義是則處物者在心而非外也非處物爲義一句則後人恐未免有義外之見蓋物之宜雖在外而所以處之使得其宜者則在內也○義理人心之同然如人之爲事自家處之當於義人莫不以爲然無有道不好者又如人皆知君父之當事我能盡忠盡孝天下莫不以爲當然此心之所同也如今處一件事苟當於理則此心必安人亦以爲當然如此則其心悅乎不悅乎悅於心必矣○雲峯胡氏曰芻豢人之所同耆也耆之斯悅之矣理義人之所同然也然之斯悅之矣○新安陳氏曰此章大意以人心理義之同而見人性之皆善也衆人與聖人同此至善之性所以同此理義之心本同而未莫之同者陷溺其心故也能以理義養其心而不至陷溺其心則心得所養於理義得無味之味如悅芻豢有味之味其於希聖之學日將勉勉循循而欲罷不能矣始與聖人同者其終何患與聖人不同哉 [備旨] 惟其相似如此吾故曰凡口之於味也人有同耆焉凡耳之於聲也人有同聽焉凡目之於色也人有同美焉一身衆體無有不同如此至於心爲一身之宰神明之用豈獨無所同然於天下者乎心之所同然者果何在也謂其卽物而存之理也謂其處物咸宜之義也盖理義人心所同具雖踐形盡性之聖人不過先得我心之理義所同然耳故理義之悅懌於我心猶芻豢之物悅於我口也若於同然中而有不然則是陷溺其心如凶歲子弟矣豈天降才之殊哉

○孟子ㅣ曰牛山之木이嘗美矣러니以其郊於大國也ㅣ라斧斤이伐之어니可以爲美乎아是其日夜之所息과雨露之所潤에非無萌蘗之生焉이언마는牛羊이又從而牧之라是以로若彼濯濯也ᄒᆞ니人이見其濯濯也ᄒᆞ고以爲未嘗有材焉이라ᄒᆞᄂᆞ니此ㅣ豈山之性也哉리오 蘗五割反

孟子ㅣ ᄀᆞᆯᄋᆞ샤ᄃᆡ 牛山의 木이 일ᄶᅳᆨ 美ᄒᆞ더니 ᄡᅧ 그 大國에 郊ᄒᆞ얏ᄂᆞᆫ디라 斧斤이 伐ᄒᆞ거니 可히 ᄡᅧ 美ᄒᆞ랴 이 그 日夜에 息ᄒᆞᄂᆞᆫ바와 雨露의 潤ᄒᆞᄂᆞᆫ바에 萌蘗의 生홈이 업디 아니ᄒᆞ건마ᄂᆞᆫ 牛羊이 ᄯᅩ조차 牧ᄒᆞᄂᆞᆫ디라 일로ᄡᅧ 뎌러ᄐᆞ시 濯濯ᄒᆞ니 人이 그 濯濯홈을 보고 ᄡᅧ 일ᄶᅳᆨ 材잇디 아니타 ᄒᆞᄂᆞ니 이엇디 山의 性이리오

●牛山、齊之東南山也、邑外、謂之郊、言牛山之木、前此固嘗美矣、今爲大國之郊、伐之者、衆故、失其美耳、息、生長上聲下同也、雙峯饒氏曰息本訓止息纔息便生故息又訓生 日夜之所息、謂氣化流行、未嘗間去聲斷徒玩反故、日夜之間、凡物、皆有所生長也、萌、芽也、蘖、芽之旁出者也、濯濯、光潔之貌、材、材木也、言山木雖伐、猶有萌蘖而牛羊、又從而害之、是以、至於光潔而無草木也、新安陳氏曰山以生物爲性猶曰天地以生物爲心謂爲無材豈山之本性哉此全是引起以譬喩下一節[備旨]孟子就山木例人心不可失養也曰人心本自有天理之良而善端每戕於物欲之害觀之山木則可知矣牛山之木前此有所生而無所戕固嘗美盛矣但以其近於大國之郊也未免取材者衆時有斧斤以伐之向之美者尚可以爲美乎然其美雖失而根本猶存是其氣化日夜之所生息加以雨露之所滋潤非無萌蘖之生焉使於此而養之猶可以復其美也牛羊又從而牧之則生之者無幾而戕之者繼至是以萌蘖俱盡若彼濯濯而光潔也人但見其濯濯也而以爲牛山未嘗有材焉不知山以生物爲性而材木不生此豈山之性也哉失養害之也

雖存乎人者ㅣㄴ들 豈無仁義之心哉리오마는 其所以放其良心者ㅣ 亦猶斧斤之於木也애 旦旦而伐之어니 可以爲美乎아 其日夜之所息과 平旦之氣에 其好惡ㅣ 與人相近也者ㅣ 幾希어ᄂᆞᆯ 則其旦晝之所爲ㅣ 有梏亡之矣ᄂᆞ니 梏之反覆則其夜氣ㅣ 不足以存이오 夜氣ㅣ 不足以存則其違禽獸ㅣ 不遠矣니 人이 見其禽獸也而以爲未嘗有才焉者ㅣ라ᄒᆞᄂᆞ니 是豈人之情也哉리오 好惡幷去聲梏工毒反

비록人의게인ᄂᆞᆫ거신ᄃᆞᆯ엇디仁義ㅅ心이업ᄉᆞ리오마ᄂᆞᆫ그ᄡᅥ그良心을放ᄒᆞᄂᆞᆫ배또ᄒᆞᆫ斧斤이木에旦旦로伐홈이ᄀᆞᆮ거니可히ᄡᅥ美ᄒᆞ랴그日夜에息ᄒᆞᄂᆞᆫ바와平旦ㅅ氣예그好와惡홈이人으로더브러서르近홈이幾希ᄒᆞ거ᄂᆞᆯ곧그旦晝의ᄒᆞᄂᆞᆫ배梏ᄒᆞ야亡홈이인ᄂᆞ니梏홈을反覆ᄒᆞ면그夜氣ㅣ足히ᄡᅥ存히오디몯ᄒᆞ고夜氣ㅣ足히ᄡᅥ存히오디몯ᄒᆞ면그禽獸에違홈이遠티아니ᄒᆞ니人이그禽獸ㅣㄴ줄을보고ᄡᅥ일ᄌᆞᆨ才잇디아니타ᄒᆞᄂᆞ니이엇디人의情이리오

○良心者,本然之善心,卽所謂仁義之心也,平旦之氣,謂未與物接之時,淸明之氣也,好惡與人相近,言得人心之所同然也,幾希,不多也,梏,械也,下戒反 朱子曰梏如被禁械在那裏更不容他轉動亡如將自家物失去了 反覆,展轉也,朱子曰反覆非顚倒之謂蓋有互換更迭之意 言人之良心,雖已放失,新安陳氏曰物欲者伐良心之斧斤也 然,其日夜之間,猶必有所生長故,平旦,未與物接,其氣淸明之際,良心,猶必有發見,形甸反下同 者,但其發見,至微,而旦晝所爲之不善,又已隨而梏亡之,如山木旣伐,猶有萌蘖,而牛羊,又牧之也,朱子曰平旦之氣只是夜間息得許多時節不與事物接纔醒來便有得這些淸明之氣此心自恁地虛靜少間纔與物接依舊又汨沒了 晝之所爲,旣有以害其夜之所息,夜之所息,又不能勝其晝之所爲,是以,展轉相害,至於夜氣之生,日以寖音浸薄,而不足以存其仁義之良心,則平旦之氣,亦不能淸,而所好惡,遂與人遠矣,程子曰夜氣之所存者良知也良能也苟廣而充之化旦晝之所梏爲夜氣之所存然後有以至於聖人也○朱子曰日夜之所息底是良心平旦之氣自是氣夜氣如雨露之潤良心如萌蘖之生人之良心雖有梏亡而彼未嘗不生也○此段首尾只爲良心設夜氣不足以存蓋以夜氣至淸足以存此良心平旦之氣亦淸亦足以存此良心故其好惡與人相近但此心存得不多時也梏亡之人謂梏亡其夜氣非也謂梏亡其良心也○夜氣不足以存皆是旦晝所爲壞了所謂好惡與人相近今只要去這好惡上理會日用間於這上見得分曉有得力處夜氣方與你存夜氣上却未有工夫只是去旦晝理會這裏有工夫日間添得一分道理夜氣便添得一分日間只管進夜間只管添這氣便盛○氣日裏也生夜間也生只是日間生底爲物欲梏亡隨手又耗散了夜間生底則聚在那裏不曾耗散所以養得那良心譬如一井水終日攪動便渾了至夜稍靜便有淸水出所謂夜氣不足以存者如攪動得太甚則雖有止息時此水亦不能淸矣○人心每日梏於事物斷喪戕賊所餘無幾唯夜氣靜庶可以少存耳至夜氣之靜而猶不足以存則人理都喪去禽獸不遠矣前輩皆無明說某因將孟子反覆熟讀方看得出後看程子說夜氣之所存者良知良能也與臆見合以此知觀書須熟讀深思道理自見○氣與理本相依旦晝之所爲不害其理則夜氣之所養益厚夜之所息旣有助於理則旦晝之所爲益無不當矣日間梏亡者寡則夜氣自然淸明虛靜至平旦亦然至旦晝應事接物時亦莫不然○夜氣是母所息者是子蓋所息者本自微了旦晝只管梏之今日梏一分明日梏一分所謂梏之反覆而所息者泯夜氣亦不足以存若能存便是息得仁義之良心仁義之心人所固有但放而不知求則天之所以與我者始有所汨沒矣是雖如此然其日夜之所息至於平旦其氣淸明不爲利欲所昏則本心好惡猶有與人相近處至其旦晝之所爲又有以梏亡之梏之反覆則雖有這些夜氣亦不足以存養其良心反覆只是循環夜氣不足以存則雖有人之形其實與禽獸不遠故下文復云苟得其養無物不長苟失其養無物不消良心之消長只在得其養與失其養爾牛山之木嘗美矣是喩人仁義之心郊於大國斧斤伐之猶人之放其良心日夜之所息雨露之所潤非無萌蘖之生便是平旦之氣其好惡與人相近處旦晝之梏亡則又所謂牛羊又從而牧之雖芽蘖之萌亦且戕賊無餘矣○此章以仁義之良心爲主其存其亡皆以心言之下文引孔子之言以明心之不可不操則意益明矣但日夜所息以下只以好惡相近爲良心之萌蘖不復更著心字故說者謂氣有存亡而欲致養於氣誤矣○趙氏曰仁義性也而集註以心言者統乎性也良心即仁義之心即所謂性也○雲峯胡氏曰此章以山木喩人心分爲兩段每段皆當分六節看第一節是說牛山之木本來自美喩人仁義之良心本來未嘗無第二節以斧斤之伐喩良心之放第三節萌蘖之生喩好惡與人相近者幾希言旣伐之後其發至微此心之存甚不多如萌蘖之生甚不多也第四節謂萌蘖之生本自不多而牛羊又牧之喩夜氣之所存者本自不多而旦晝所爲之不善又梏之也第五節謂向也猶有萌蘖之生今則濯濯無復存矣喩良心向也猶有與人相近者今則去禽獸不遠矣但木與良心皆有日夜之所息而惟於人曰夜氣者木之萌蘖一絕於牛羊旣牧之後無復存者人之良心夜之所息者已

絕於日之所爲而俊無所爲則其氣猶足以存所謂存者謂夜氣猶足以存其本然之良心也至於梏之反覆則雖有夜氣亦不足以存矣第六節謂人但見其濯濯而不見其初也未嘗不美喻人但見其近於禽獸而不見其存乎人者未嘗無仁義之良心也材字與才字不同朱子以爲才字是就義理上說材字是就用上說○新安陳氏曰前言好惡與人近今遂去禽獸不遠則與人遠矣人見其如此而以爲未嘗有能爲之才者此豈人性發而爲情之本然者哉此所謂才與情與前章乃若其情天之降才意同皆發於性者也[備旨]然不特山木有是美也雖存乎人者於其有生之初豈無仁義之良心哉其所以放失其良心者物欲害之亦猶斧斤之伐乎木也旦旦而伐之人心尙可以爲美乎然良心雖放而本體未泯其日間紛擾之後到得夜時寧靜良心亦必有所生息故平旦之氣淸明其好惡與人良心之相近也者特幾希耳是卽吾心之萌蘖也使於此而養之而良心復全其美矣夫何旦晝之所爲不善又已隨而梏亡之矣亦卽萌蘖之牧於牛羊也今日梏之明日又梏之反覆相尋而不已則其夜氣浸薄而不足以存其良心也夜氣不足以存而好惡不與人同則其違禽獸不遠矣人見其如禽獸也而以爲未嘗有天降之才焉者不知人有是性則有是情而亦有是才良心不存是豈人之情也哉亦失養害之也

故로苟得其養이면無物不長이오苟失其養이면無物不消ㅣ니라 長上聲

故로진실로그養홈을得ᄒᆞ면物이長티아닐거시업고진실로그養홈을失ᄒᆞ면物이消티아닐거시업ᄂᆞ니라

[圈]山木、人心、其理、一也、朱子曰此段緊要在苟得其養四句存是箇保養護衛底意苟得其養無物不長苟失其養無物不消見得雖梏亡之餘有以養之則仁義之心卽存緣是此心本不是外面取來乃是與生俱生下又說存養之要擧孔子之言操則存舍則亡見此良心其存亡只在眇忽之間纔操便在這裏纔舍便失去若能知得常操之而勿放則良心常存夜之所息益有所養夜之所養愈深則旦晝之所爲無非良心之發見矣○慶源輔氏曰此總結上二段意○新安陳氏曰斧斤伐牛羊牧山木之失養而消也放其良心所爲梏亡人心之失養而消也所以養其心者不外乎下文之操存而已此結上二段以起下文所引孔子語之意[備旨]由此觀之山木人心惟係於所養耳故苟得其養不惟山木日以滋長卽吾心仁義之良有不可勝用者何物之不長也苟失其養不惟山木日以濯濯卽吾心仁義之幾希將無復有存者何物之不消也知此則人當養其心矣

孔子ㅣ曰操則存ᄒᆞ고舍則亡ᄒᆞ야出入無時ᄒᆞ야莫知其鄕은惟心之謂與ᆫ뎌ᄒᆞ시니라 舍音捨 與平聲

孔子ㅣ 글ᄋᆞ샤ᄃᆡ 操ᄒᆞ면存ᄒᆞ고舍ᄒᆞ면亡ᄒᆞ야出ᄒᆞ며入홈이時업서그鄕을아디몯ᄒᆞ욤은오직心을닐음인뎌ᄒᆞ시니라

●孔子、言心、操之則在此、捨之則失去、其出入、無定時、亦無定處、如此、北溪陳氏曰忽然出忽然入無有定時忽在此忽在彼亦無定處操之便存在此捨之便亡失了 孟子、引之、以明心之神明不測、得失之易、去聲 而保守之難、雲峯胡氏曰得之易者謂操則存失之易者謂舍則亡保守之難者謂出入無時莫知其鄕 不可頃刻、失其養、學者、當無時而不用其力、使神淸氣定、常如平旦之時、則此心常存、無適而非仁義矣、新安陳氏曰此集註推廣孟子言外意徼上上文收結一章之義 程子、曰心豈有出入、亦以操舍而言耳、操之之道、敬以直內而已、朱子曰心豈有出入只指外而言入只指內而言只是要人外而存之耳非是如物之散失而後收之也○心是箇活物須是操守不要放舍亡不是無只是走作逐物去了又見得心不操則舍不出則入無閑處可以安頓惟心之謂與直指而總結之○孟子大意只在操則存舍則亡兩句上心一放時便是斧斤之伐牛羊之牧一收斂在此便是日夜之息雨露之潤他是要人於旦晝時不爲事物所汩人心能操則常存豈特夜半平旦○問范淳夫女讀孟子曰孟子誤矣心豈有出入伊川聞之曰此女雖不識孟子却識心伊川此語是許之是不許之曰此女必天資高見此心常湛然安定無出入然衆人不能皆如此若通衆人論之心却是走作底物孟子所引夫子之言是通衆人論耳○問不能操而存之則其出而逐物於外與其偶存於內者皆荒忽無常莫知定處然所謂入者亦非此心既出而復自外入也亦曰逐物之心暫息則此心未嘗不在內耳學者於此苟能操而存之則此心不放而常爲主於內矣○孔子此四句只是狀人之心是箇難把捉底物事而人之不可不操出入便是上面操存舍亡入則是在這裏出則是亡失了此大約泛言人心如此非指己放者而言亦不必要於此論心之本體也○心體固本靜然亦不能不動其用固本善然亦能流而入於不善夫其動而流於不善者固不可謂心體之本然然亦不可不謂之心也但其誘於物而然耳故先聖只說操則存存則靜而其動也無不善矣舍則亡於是乎有動而流於不善者出入無時莫知其鄕出者亡也入者存也本無一定之時亦無一定之處特係於人之操舍如何耳只此四句說得心之體用始終眞妄邪正無所不備○新安陳氏曰敬以直內本文未有此意乃程子揭要義以補孟子之意也

○愚、聞之師、(延平李先生)曰人理義之心、未嘗無、唯持守之、卽在爾、若於日晝之間、不至梏亡、則夜氣愈淸、夜氣淸、則平旦未與物接之時、湛然虛明氣象、自可見矣、(潛室陳氏曰此段境界乃指示喪失良心者欲其認取此時體段從此養去也)孟子、發此夜氣之說、於學者、極有力、宜熟玩而深省(悉井反)之也、(雙峯饒氏曰此章緊要在三箇存字首說存乎人者是說此心本來存次說夜氣不足以存是說衆人不能存此心終說操則存是敎人用力以存此心○雲峯胡氏曰集註論浩氣則以爲擴前聖所未發學者所當潛心而玩索此論夜氣則以爲於學者極有力宜熟玩而深省蓋此兩氣字前此未發而孟子發之浩氣謂是氣之體段人皆得之於天地以生者夜氣則從浩氣中說夜間又淸明如此非有二氣也浩氣是統說夜氣則爲人之放其良心者說聖人志氣常淸明無放心故無夜氣若學者尤宜深省不但當玩索而已○東陽許氏曰浩然章論養氣而以心爲主此章論養心而以氣爲驗曰志者氣之帥故謂以心爲主曰平旦好惡與人相近故謂以氣爲驗集義固爲養氣之方所以知夫義而集之者乃心也養心固戒其梏亡驗其所息而可致力者則氣也彼欲養而無暴以充吾仁氣之義此欲因氣之息以養吾仁義之心兩章之持志操心之意未嘗不同而氣則有在身在天之異然未始不相爲用也)

[備旨]孔子嘗有言曰天下有物焉操之則在此而存舍之則失去而亡亡則出存則入初無一定之時也出則在外入則在內初莫知其一定之鄕也若是者果何物哉其惟心之謂與由孔子之言觀之則知心貴常操而不舍也人若能操存以養之將良心仁義之美其復全矣哉

○孟子ㅣ曰無或乎王之不智也ㅣ로다

孟子ㅣ갈ᄋᆞ샤ᄃᆡ 王의智티몯홈이或홈이업도다

●或、與惑同、疑怪也、王、疑指齊王、[備旨]孟子爲齊王不能純心用賢而發也曰智臨者大君之宜然君德莫貴於智必有所以智者今無或乎齊王之不智也

雖有天下易生之物也나 一日暴之오 十日寒之면 未有能生者也니 吾見이 亦罕矣오 吾退而寒之者ㅣ至矣니 吾如有萌焉애 何哉리오 易去聲暴步卜反見音現

비록天下에수이生홀物이이시나一日을暴ᄒᆞ고十日을寒ᄒᆞ면能히生홀者ㅣ잇디아 ᄒᆞ 내見홈이또ᄒᆞᆫ드믈고내退커든寒홀者ㅣ至ᄒᆞᄂᆞ니내萌이이심애엇디리오

●暴。温之也、我見王之時、少、猶一日暴之也、我退則諂諛雜進之日、多、是、十日寒之也、雖有萌蘖之生、我亦安能如之何哉、西山眞氏曰人主之心養之以義理則明蔽之以物欲則昏猶草木然煥之以陽則生寒之以陰則悴孟子於齊王引以當道王秉彝之心其端倪亦有時而萌動矣而進見之時少理義浸灌之益微退而蔽之以私欲者何可勝旣雖有如萌芽之發旋復摧折雖孟子其如之何哉○勿軒熊氏曰此是孟子格心之學須就有萌上著力善端之發正須正人賢士輔翼而開廣之【備旨】何則君心惟在所養王之不智由於失所養耳譬如雖有天下至易生之物也必得陽氣之舒而後能生也苟一日暴之以陽十日寒之以陰則暴之所生不勝其寒之所剝未有能生者也今吾見齊王之時亦罕矣但一日暴之也吾退而羣邪雜進是所以寒之者至矣不猶十日寒之乎則王之見我雖有善心之萌而梏亡甚易吾其如王之有萌焉何哉雖欲養之以善而使王之成其智不可得矣

今夫奕之爲數ㅣ 小數也니 不專心致志則不得也니 奕秋는 通國之善奕者也ㅣ라 使奕秋로 誨二人奕이어든 其一人은 專心致志ᄒᆞ야 惟奕秋之爲聽ᄒᆞ고 一人은 雖聽之나 一心에 以爲有鴻鵠이

將至어든 思援弓繳而射之ᄒᆞ면 雖與之俱學이라도 弗若之矣ᄂᆞ니 爲是其智ㅣ 弗若與아 曰非然也ㅣ니라 (夫音扶繳音灼射食亦反爲是之爲去聲若與之與平聲)

이제 奕의 數ㅣ로옴이 져근 數ㅣ나 心을 專ᄒᆞ며 志를 致티 아니ᄒᆞ면 得디 몯ᄒᆞᄂᆞ니 奕秋ᄂᆞᆫ 通國에 奕을 善ᄒᆞᄂᆞᆫ 者ㅣ라 奕秋로ᄒᆞ여곰 二人을 奕을 誨ᄒᆞ거든 그 一人은 心을 專ᄒᆞ며 志를 致ᄒᆞ야 오직 奕秋를 聽ᄒᆞ고 一人은 비록 聽ᄒᆞ나 ᄒᆞᆫ ᄆᆞ음애 ᄡᅥ 호ᄃᆡ 鴻鵠이 쟝ᄎᆞᆺ 至ᄒᆞ거든 弓을 援ᄒᆞ야 繳ᄒᆞ야 射홈을 思ᄒᆞ면 비록 더브러 ᄒᆞᆷᄭᅴ 學ᄒᆞ야도 ᄀᆞᆮ디 몯ᄒᆞᄂᆞ니 이 그 智ᄀᆞᆮ디 몯홈을 爲ᄒᆞ야 나 ᄀᆞᆯ오ᄃᆡ 그러티 아니ᄒᆞ니라

●奕、圍碁也、數、技也、致、極也、奕秋、善奕者、名、秋也、繳、以繩繫矢而射也、(雙峯饒氏曰心以所主者言志以所向者言專心是心之所主專在此致志是極其心之所向直到那田地○新安陳氏曰此章前一譬謂交脩者不得常用其力後一譬謂自修者不肯專用其力意孟子之於齊王既進見時少無以勝衆邪之交蔽而齊王之於孟子又聽信不專有以分其心於多歧故設兩譬以言之前言王之不智後言智不若固衆邪寒之者之罪亦自鴻鵠其心之罪也) ○程子、爲講官、言於上曰人主、一日之間、接賢士大夫之時、多、親宦官宮妾之時、少、則可以涵養氣質、而薰陶德性、時不能用、識者恨之、范氏、曰人君之心、惟在所養、君子、養之以善、則智、小人、養之以惡、則愚、然、賢人易(去聲下同)踈、小人易親、是以、寡不能勝衆、正不能勝邪、自古國家、治(去聲)日常少、而亂日常多、蓋以此也、(南軒張氏曰物固有生之理然不養而將則雖易生之物亦不能以長是則物未有不待養而能生者也一日暴之十日寒之則養之也微而害之者深矣則其生理焉得而遂哉是以古之明君懼一暴十寒之爲害也則博求賢才置諸左右朝夕與處而遠佞人所以養德也豈獨人君爲然一暴十寒之病爲士者其可一日而獨不念乎然其要則在乎專心致志而已專心致志學之大方居敬之道也○慶源輔氏曰後世作事無本知求治而不知正君知攻過而不知養德若程子范氏之說是乃所謂正君養德之道必如是然後君德成而治有本庶幾三代可復不然雖欲言治亦苟而已○雲峯胡氏曰此章首末言智集註不及之獨紀范氏之言君子養之以善則智小人養之以惡則愚然則人主之智與不智在乎所養之正與不正耳 [備旨]然吾見之罕非吾之不欲見也亦由王聽信不專故至此耳今夫弈之爲數特技藝之末小數也不專一其心以極致其志則不可得其數之精也彼弈秋者通國之稱善弈者也設使弈秋誨二人以學弈其一人則專心致志惟弈秋之言是聽而毫不外馳其一人雖同聽之乃一心以爲有鴻鵠將至思爲之援弓繳而射之是其聽在弈秋而其心在鴻鵠也雖與彼一人俱學乎弈吾知其弗若彼之精矣爲是其稟受之智弗若彼一人之爲優與曰非然也聰明原遠而鴻鵠日馳心弗若其專志弗若其致也夫王心有鴻鵠也安望其親君子遠小人吾其如有萌焉何哉無惑乎王之不智也

○孟子ㅣ曰魚도我所欲也ㅣ며熊掌도亦我所欲也ㅣ언마는二者를不可得兼인댄舍魚而取熊掌者也ㅣ로리라生亦我所欲也ㅣ며義亦我所欲也ㅣ언마는二者를不可得兼인댄舍生而取義者也ㅣ로리라 舍上聲

孟子ㅣ갈ᄋᆞ샤ᄃᆡ魚도내欲ᄒᆞ논배며熊掌도ᄯᅩᄒᆞᆫ내欲ᄒᆞ논배언마는二者ᄅᆞᆯ可히시러곰兼티몯ᄒᆞᆯ띤댄魚ᄅᆞᆯ舍ᄒᆞ고熊掌을取호리라生도ᄯᅩᄒᆞᆫ내欲ᄒᆞ논배며義도ᄯᅩᄒᆞᆫ내欲ᄒᆞ논배언마는二者ᄅᆞᆯ可히시러곰兼티몯ᄒᆞᆯ띤댄生을舍ᄒᆞ고義ᄅᆞᆯ取호리라

●魚與熊掌、皆美味、而熊掌、尤美也、 [備旨]孟子示人存羞惡之心也曰世人往往不能善其生死富貴之道者只未察其本心耳試以嗜味論魚乃味之美者固我所欲也熊掌尤味之美者亦我所欲也然或勢有所限得魚則失熊掌得熊掌則失魚二者不可得兼則寧舍魚而取熊掌者也知此則可以論義矣生而存形亦我之所欲也義而全節亦我之所欲也然或勢遭其窮全生則害義全義則害生二者不可得兼則寧舍生而取義者也

生亦我所欲이언마는所欲이有甚於生者ㅣ라故로不爲苟得也ᄒᆞ며死亦我所惡ㅣ언마는所惡ㅣ有甚於死者ㅣ라故로患有所不辟也ㅣ니라(惡辟皆去聲下同)

生도또ᄒᆞᆫ내欲ᄒᆞᄂᆞᆫ배언마ᄂᆞᆫ欲ᄒᆞᄂᆞᆫ배生애셔甚홈이인ᄂᆞᆫ디라故로구챠히得디아니ᄒᆞ며死도또ᄒᆞᆫ내惡ᄒᆞᄂᆞᆫ배언마ᄂᆞᆫ惡ᄒᆞᄂᆞᆫ배死애셔甚홈이인ᄂᆞᆫ디라故로患을辟티아닐빼인ᄂᆞ니라

●釋所以舍生取義之意、得、得生也、欲生惡死者、雖衆人利害之常情、而欲惡、有甚於生死者、乃秉彝義理之良心、是以、欲生而不爲苟得、惡死而有所不避也、朱子曰義在於生則舍死而取生義在於死則舍生而取死○問生人心義道心乎曰欲生惡死人心也惟義所在道心也權輕重却又是義○慶源輔氏曰利害之常情私欲也秉彝之良心天理也孟子只就欲惡二者中分別出天理人欲最明切○新安陳氏曰人遇死生之大變欲全生則害義欲合義則不得生與其不義而生不若合義而死是義之可欲有甚於生之可欲故不爲苟得以偸生不義之可惡有甚於死之可惡故甘死而不肯避死也(備旨)其所以舍生取義者何哉蓋生亦我所欲而義之可欲尤有甚於生者故吾不爲苟且以得生也死亦我所惡而不義之可惡尤有甚於死者故當患難而有所不辟以倖免也蓋好生惡死雖人情趨避之常而舍生取義乃天理民彝之正於此見羞惡之良心人所固有而不可無察識之功矣

如使人之所欲이莫甚於生이면則凡可以得生者를何不用也ㅣ며使人之所惡ㅣ莫甚於死者ㅣ면則凡可以辟患者를何不爲也ㅣ리오

만일ᄒᆞ여곰人의欲ᄒᆞᄂᆞᆫ배生애서甚홈이업ᄉᆞ면곧믈읫可히ᄡᅥ生을得ᄒᆞᆫ者를므서슬ᄡᅳ디아니ᄒᆞ며ᄒᆞ여곰人의惡ᄒᆞᄂᆞᆫ배死애서甚홈이업ᄉᆞ면곧믈읫可히ᄡᅥ患을辟ᄒᆞᆫ者를므서슬ᄒᆞ디아니ᄒᆞ리오

●設使人無秉彝之良心、而但有利害之私情、則凡可以偸生免死者、皆將不顧禮義而爲之矣、慶源輔氏曰偸謂偸竊免謂苟免此兩字說盡私情之意象惟其不然則知秉彝之良心乃吾所固有而利害之私情乃因物而旋生出耳【備旨】如使人之所欲莫有甚於生而不知義之可欲則凡可以得生者將何不用也又豈肯爲義而舍生哉使人之所惡莫有甚於死而不知不義之可惡則凡可以辟患者將何不爲也又豈肯爲義而就死哉

由是라 則生而有不用也ᄒᆞ며 由是라 則可以辟患而有不爲也ㅣ니라

이를由ᄒᆞ여ᄒᆞ논디라곧生ᄒᆞᆯ꺼시라도ᄡᅳ디아님이이시며이를由ᄒᆞ야ᄒᆞ논디라곧可히ᄡᅥ患을辟ᄒᆞᆯ꺼시라도ᄒᆞ디아님이인ᄂᆞ니라

●由其必有秉彝之良心、是以、其能舍生取義、如此、慶源輔氏曰由是之是蓋指秉彝之良心而言也【備旨】惟其必有好義之良心而所欲果有甚於生由是則苟可以得生而有所不用也不然豈樂於輕生耶惟其必有惡不義之良心而所惡果有甚於死由是則可以辟患而有所不爲也不然豈樂於就死耶觀此而秉彝之良心爲人之所必有也

是故로 所欲이 有甚於生者ᄒᆞ며 所惡ㅣ 有甚於死者ᄒᆞ니 非獨賢者ㅣ 有是心也ㅣ라 人皆有之언마ᄂᆞᆫ 賢者ᄂᆞᆫ 能勿喪耳니라 喪去聲

이런故로欲ᄒᆞᄂᆞᆫ배生애서甚ᄒᆞᆫ者ㅣ이시며惡ᄒᆞᄂᆞᆫ배死애서甚ᄒᆞᆫ者ㅣ이스니호올

로賢者ㅣ아心을둔논줄이아니라人이다두건마는賢者는能히喪티아닐씨니라

○羞惡之心、人皆有之、但衆人、汩(音骨)於利欲而忘之、惟賢者、能存之而不喪耳、慶源輔氏曰羞惡之心即所謂秉彝之良心也秉彝之良心是指其全體而言羞惡之心則又於全體之中指其所謂義者言之也 備旨 是故所欲於義有甚於欲生者所惡於不義有甚於惡死者非獨賢者有是羞惡之心也人人皆有之但衆人汨於利欲之私有喪其良心者惟賢者能存養省察是以可生可死而此欲義惡不義之心獨能堅守而勿喪耳夫豈賢者之所獨所有哉

一簞食와一豆羹을得之則生ᄒᆞ고弗得則死ㅣ라도嘑爾而與之면行道之人도弗受ᄒᆞ며蹴爾而與之면乞人도不屑也ㅣ니라 (食音嗣嘑呼故反蹴子六反)

ᄒᆞᆫ簞ㅅ食와ᄒᆞᆫ豆ㅅ羹을得ᄒᆞ면生ᄒᆞ고得디몯ᄒᆞ면死ᄒᆞᆯ떼라도嘑ᄒᆞ야與ᄒᆞ면道에行ᄒᆞ는人도受티아니ᄒᆞ며蹴ᄒᆞ야與ᄒᆞ면乞ᄒᆞ는人도屑히아니너기ᄂᆞ니라

○豆、木器也、嘑、咄(當沒反)啐(七內反)之貌、行道之人、路中凡人也、蹴、踐踏也、乞人、丐乞之人也、不屑、不以爲潔也、言雖欲食之急、而猶惡無禮、有寧死而不食者、是其羞惡之本心、欲惡、有甚於生死者、人皆有之也、慶源輔氏曰路人與乞丐人至微賤者也簞食豆羹生死所繫利害之至急切者也於此而猶惡無禮寧舍之而不食則羞惡之本心所惡有甚於生死者可見人無有無是心者也言羞惡而併及夫欲者羞惡則固爲惡矣及反之而不羞惡焉者則是所欲也 備旨 所謂人皆有是心者果何以驗之今夫一簞之食一豆之羹其爲物固甚微然飢餓之際得食之則生弗得食則死此其勢誠急而其情或亦可苟者宜不顧夫義之可否而受且屑之矣然使嘑爾而與之豈惟賢者弗之受雖行道之人惡其無禮有寧死而弗肯受之者況非行道者乎使蹴爾而與之豈惟賢者不之屑雖乞人之至賤亦惡其無禮有寧死而不屑取之者況非乞人乎是其羞惡之本心不以行乞而民不以危迫而亡而欲惡有甚於生死人皆有之者於此驗矣

萬鍾則不辨禮義而受之ᄒᆞ나萬鍾이於我何加焉이리오爲宮室之美와妻妾之奉과所識窮乏者ㅣ得我與ㄴ뎌 爲去聲 與平聲

萬鍾이면禮義를辨티아니ᄒᆞ고受ᄒᆞᄂᆞ니萬鍾이내게므스거시더으리오宮室의美와妻妾의奉과識ᄒᆞᄂᆞᆫ밧窮乏ᄒᆞᆫ者ㅣ나를得홈을爲ᄒᆞᆫ뎌

●萬鍾於我何加、言於我身、無所增益也、新安陳氏曰萬鍾對簞豆而言彼物之微也尙惡無禮非義不可食而不受此物之富者乃不辨禮義而受之吾身受用不假萬鍾之富是萬鍾於吾身其實何所加益哉 所識窮乏者、得我、謂所知識之窮乏者、感我之惠也、上言人皆有羞惡之心、此言衆人所以喪之、由此三者、新安陳氏曰人之喪其良心固不止於成宮室供妻妾濟知識乏者姑擧三者他可類推 蓋理義之心、雖曰固有、而物欲之蔽、亦人所易去聲昏也、或曰萬鍾於我何加焉他日或爲利害所昏當反思其初則不爲所動矣朱子曰此是克之之方然所以克之者須是有本領後臨時方知克去得不然臨時比並又却只是擇利處去耳 備旨 夫簞食豆羹生死所係尙以嘑蹴爲恥而不受而況萬鍾乎孰意萬鍾之祿則不辨禮義而受之夫萬鍾之受非生死所係於我有何加焉無乃爲宮室計而欲極其華美爲妻妾計而欲極其奉承爲所識窮乏之者計而欲其感我之賙濟故受此無禮義之萬鍾與不然胡喪良心如此

鄕爲身엔死而不受ㅣ라가今爲宮室之美ᄒᆞ야爲之ᄒᆞ며鄕爲身엔死而不受ㅣ라가今爲妻妾之奉ᄒᆞ야爲之ᄒᆞ며鄕爲身엔死而不受ㅣ라가今爲所識窮乏者ㅣ得我而爲之ᄒᆞᄂᆞ니是亦不可以已乎아此之謂失其本心이니라 鄕爲並去聲爲之之爲並如字

鄕애身을爲홈앤死ᄒᆞ야도受티아니ᄒᆞ다가今앤宮室의美홈을爲ᄒᆞ야ᄒᆞ며鄕애身을爲홈앤死ᄒᆞ야도受티아니ᄒᆞ다가今앤妻妾의奉을爲ᄒᆞ야ᄒᆞ며鄕애身을爲홈앤死ᄒᆞ야도受티아니ᄒᆞ다가今앤識ᄒᆞᄂᆞᆫ밧窮乏ᄒᆞᆫ者ㅣ나를得홈을爲ᄒᆞ야ᄒᆞᄂᆞ니이또ᄒᆞᆫ可히뻐마디몯ᄒᆞᆯ껏가이를닐온그其本心을失홈이니라

● 言三者、身外之物、其得失、比生死爲甚輕、鄕爲身、死猶不肯受嘑蹴之食、今乃爲此三者、而受無禮義之萬鍾、是豈不可以止乎、本心、謂羞惡之心、東陽許氏曰三鄕爲身北山先生作一讀言鄕爲辱身失義之故尙不受嘑蹴之食以救身之死今乃爲身外之物施惠於人而受失義之祿乎可謂無良心矣 ○此章、言羞惡之心、人所固有、或能決死生於危迫之際、而不免計豐約於宴安之時、是以、君子、不可頃刻而不省悉井反察於斯焉、

朱子曰此章孟子所論宮室之美妻妾之奉窮乏得我三者或物欲之尤人所易溺或意之私人所不能免者自非燭理素明涵養素定而臨事有省察之功未有不以此而易彼也○慶源輔氏曰羞惡之心雖人之所固有但危迫之際私欲未肆三者之念都未萌芽故天理之發其不可遏有如此者至於宴安之時私欲紛紜展轉不已以至計較豐約都忘義理之心乃其勢之使然也人能於此而省察焉則知所以存天理而遏人欲矣○新安陳氏曰此章前一截反覆發明舍生取義是說人當託孤寄命之大節時事中間食羹不受是說一飮食之小節時事然其能決一死以全義則無分於大小也不食非禮之食蓋是指此以證人皆有羞惡之心以實上文人能舍生取義之意集註謂或能決死生於危迫之際亦併前一截舍生取義處論之古之君子當舍生取義時非徒感慨殺身實能從容就義如張巡死於睢陽之類所謂危迫乃事勢之危迫非謂舍生就死者之蒼黃失措也不受非禮之食而死如齊餓者不受嗟來之食之類古來眞有此等人然謂其能決死生於危迫之際而又謂有不免計豐約於宴安之時者蓋危迫之際物欲不萌義理之心感發有不可遏故往往能決死生若宴安之時物欲易行私意何極義理之心多至迷溺故或不免至於計較豐約亦勢使然也人能於此省察之則知所以遏人欲而擴天理矣又是亦不可以已乎最喚醒人人之不能爲君子多是不得已而爲之今此三者豈不可以已而乃冒爲之乎此之謂失其本心尤斷制得明白失其本心與前所謂賢者能勿喪耳正相反賢者惟克去私欲故能勿喪其良心衆人惟汨於私欲故至於失其本心也

[備旨] 甚矣人心之蔽也鄕爲身死而不受嘑蹴之食今爲宮室之美

而顧爲此萬鍾之受焉鄕爲身死而不受嘑蹴之食今爲妻妾之奉承顧爲此萬鍾之受焉鄕爲身死而不受嘑蹴之食今爲所識窮乏之不給者得我而顧爲此萬鍾之受焉夫簞豆有係於生死是不可已者且已之而不受矣而三者身外之物是亦不可以已而不受乎可已而不已此之謂失其羞惡之本心而反行乞之不若也深可哀哉

○孟子ㅣ曰仁은人心也ㅣ오義는人路也ㅣ니라

孟子ㅣᄀᆞᆯ으샤ᄃᆡ仁은人의心이오義는人의路ㅣ니라

●仁者、心之德、程子所謂心如穀種、上聲 仁則其生之性、是也、○朱子曰生之性便是愛之理○勉齋黃氏曰心是穀種心之德是穀種中生之性也生之性便是理謂其具此生理而未生也若陽氣發動生出萌芽後已是情須認得生字不涉那喜怒哀樂去○潛室陳氏曰人心是物穀種亦是物只是物之有生理者爾然便指心爲仁則不可但人心中具此生理便以穀種爲仁亦不可但穀種中亦含此生理穀不過是穀實結成而穀之所以纔播種而便萌蘖者蓋以其有生之性心不過是血氣做成而心之所以有運動惻怛處亦以其有生之性人心之與穀種惟其有生之性故謂之仁而仁則非梏於二者之形也孟子只恐人懸空去討仁故即人心而言程子又恐人以人心爲仁故即穀種而言○新安陳氏曰遺書云心譬如穀種生之性便是仁陽氣發處乃情也 然、但謂之仁、則人不知其切於己、故、反而名之曰人心、則可見其爲此身、酬酢音昨萬變之主、而不可須臾失矣、此失字卽是下文放字○朱子曰仁無形迹底物事孟子恐人理會不得便說道只人心便是却不是把仁來形容人心乃是把人心來指示人以仁也心是通貫始終之物仁是心體本來之妙汨於物欲則雖有是心而失其本然之妙惟用功親切者爲能復之孟子之言固是渾然然人未嘗無是心而或至於不仁只是失其本心之妙而然耳則仁字心字亦須略有分別○西山眞氏曰仁者心之德也而孟子直以爲人心者盖有此心卽有此仁心而不仁卽非人矣孔門言仁多矣皆指其功用處而言此則徑擧全體使人知心卽仁仁卽心而不可以二視之也○雲峯胡氏曰中庸言仁者人也此人字指人之身而言此則直指人之心而言言身則人有此身便自具此生理比之他處言仁已甚親切此言心則又見生之理具於人之身而心如穀種又具此生理而未生者也視中庸又親切矣 義者、行事之宜、謂之人路、則可以見其爲出入往來、必由之道、而不可須臾舍上聲矣、朱子曰仁人心是就心上言義人路是就事上言○潛室陳氏曰或問孟子謂道若大路然又曰義人路也道爲義體義爲道用均謂之路何耶曰道以路言謂事事物物各有當行之路義亦言路者謂處事處物各就他當行路上行故皆以路言然道若大路則取其明白易知義爲人路則取其往來必由不知道之猶路無目者也不知義之猶路無足者也此孟子言意別處○雲峯胡氏曰路在外出入往來必由乎我事之宜在外而所以行事而酌其宜者在乎心於此見得仁字自包得義字故下文求放心但言仁而不及義也 備旨 孟子示人以求放心曰仁義之心人皆有之而能存之者少亦未知其甚切於人耳夫心爲人身之主宰人知其至切矣而不知仁即人之心也而外心不可以言仁矣路爲人身之往來人知其至切矣而不知義即人之路也而外義不可言路矣仁義之切於人何如哉

舍其路而不由ᄒᆞ며放其心而不知求ᄒᆞᄂᆞ니哀哉라 舍上聲

그路ᄅᆞᆯ舍ᄒᆞ고由티아니ᄒᆞ며그心을放ᄒᆞ고求ᄒᆞᆯ줄ᄅᆞᆯ아디몯ᄒᆞᄂᆞ니哀홉다

● 哀哉二字、最宜詳味、令平聲人、惕然有深省悉井反處、 雲峯胡氏曰兩其字即是上文兩人字蓋曰人心人路則禽獸無是心亦無是路矣人舍其爲人之路而不由放其爲人之心而不知求則不可謂之人矣不可謂之人則謂之何哉此孟子所以深哀之○新安陳氏曰上文先仁而後義由體而及用此先路而後心由用而歸之體也 備旨 夫仁義之切於人如此則人當操存而不放率由而不舍何世之人乃舍置其當行之路而不由放失其固有之心而不知求是失其所以爲人之理則不可謂之人矣不亦可哀之甚哉

人이有鷄犬이放則知求之ᄒᆞ되有放心而不知求ᄒᆞᄂᆞ니

人이鷄犬이放ᄒᆞᆷ이이시면求ᄒᆞᆯ줄ᄅᆞᆯ알오되心을放ᄒᆞᆷ이이쇼되求ᄒᆞᆯ줄ᄅᆞᆯ아디몯ᄒᆞᄂᆞ니

● 程子、曰心、至重、雞犬、至輕、雞犬、放則知求之、心、放則不知求、豈愛其至輕、而忘其至重哉、弗思而已矣、 朱子曰鷄犬放有未必可求者惟是心纔求則便在未有求而不可得者知其爲放而求之則不放矣○存得此心便是仁若此心放了又更理會甚仁今人之心靜時昏動時擾亂便是放了放心不獨是走作喚做放纔昏睡去了便是放

愚、謂上兼言仁義、而此下、專論求放心者、能求

放心則不違於仁、而義在其中矣 慶源輔氏曰能求其心則心存心存則無適而非天理之流行而應事接物之際必能合時措之宜故曰義在其中蓋有體必有用也

【備旨】所以然者良由於不思耳夫仁爲人心其視雞犬之物果孰爲重也吾心之放其視雞犬之放果孰爲失也若人有雞犬放則知求也有心放而不知求急其至輕而忘其至重弗思故也

學問之道는無他ㅣ라求其放心而已矣니라

學問ᄒᆞᆫ道는他ㅣ업ᄉᆞᆫ디라그放ᄒᆞᆫ心을求ᄒᆞᆯᄯᆞᄅᆞᆷ이니라

●學問之事、固非一端、然、其道、則在於求其放心而已、蓋能如是、則志氣清明、義理昭著、而可以上達、不然則昏昧放逸、 新安陳氏曰靜時昏昧動時放逸 雖曰從事於學、而終不能有所發明矣、 朱子曰學問亦多端矣而孟子直以爲無他蓋身如一屋子心如一家主有此家主然後能灑掃門戶整頓事務若無主則此屋不過一荒屋耳實何用焉且如中庸言學問思辨四者甚切然使放心不收則何者爲學問思辨哉收斂此心不容一物乃是用工須就心上做得主定方驗得聖賢之言有歸著自然有契○求放心也不是在外面求得箇放心來只是求時便在如我欲仁斯仁至矣只是欲仁便是仁了○求放心非以一心求一心只求底便是已收之心雖放去千萬里之遠只一收便在此他本無去來也○求放心當於未放之前看如何已放之後看如何復得了又看是如何作三節看後自然習熟此心不至於放○孟子謂學問求放心又謂有是四端知皆擴而充之說得最好人之一心在外者要收入來在內者又要推出去孟子一部書皆是此意○蔡氏曰或者但見孟子有無他而已矣之語便立爲不必讀書窮理只要存本心之說所以卒流於異學此指陸象山集註謂學問之事固非一端然其道則在於求放心而已正所以發明孟子之本意以示異學之失學者切宜玩味 故、程子、曰聖賢千言萬語、只是欲人將己放之心、約之使反復入身來、自能尋向上去、下學而上達也、 朱子曰所謂反復入身來不是將己縱出底依舊收拾轉來如七日來復不是已往之陽重新將來復生蓋舊底已自過去了這裏自然生出來只是知求則心便在便是反復入身來○上有學問二字不只是求放心便休看自能尋向上去下學而上達二句這是存得此心方可做去必不是塊然空守得這心便了○徽庵程氏曰尋向上去者下學也能向上去者上達也○雲峯胡氏曰約之使反復入身來是此心不可爲流蕩忘反之心自能尋向上去下學而上達蓋必由下學而後上達則此心又不

可爲虛空無用之心也 此乃孟子開示切要之言、程子、又發明之曲盡其指、學者、宜服膺而勿失也、

南軒張氏曰學問之道以求放心爲主然心豈遠人哉知其放而求之則在是矣所謂放者其幾間不容息故君子造次克念戰兢自持所以收其放而存之也存之久則天理寖明是心之體將周流而無所蔽矣以堯舜禹相授受之際獨曰人心惟危道心惟微心豈有二乎哉放之則人心之危無有極也知其放而求之則道心之微豈外是哉故貴於精一之而已 ○雙峯饒氏曰上文說仁人心也是把心做義理之心不應下文心字又別是一意若把求放心做收攝精神不令昏放則只說從知覺上去恐與仁人心也不相接了曩嘗以此質之勉齋勉齋云此章首言仁人心是言仁乃人之心次言放其心而不知求末言學問之道無他求其放心而已矣言學問之道非止一端如講習討論玩索涵養持守踐行擴充克治皆是其所以如此者非有他也不過求吾所失之仁而已此乃學問之道也三箇心字脉絡聯貫皆是指仁而言今讀者不以仁言心非矣○新安陳氏曰仁者人之本心也不仁之人失其本心放其心故也本心存則爲仁放則非仁非仁則不能居仁以立其體必不能由義以達其用矣求放心即所以求仁也學問者求仁之方求仁者學問之本此章歸宿在求放心上是歸宿在求仁上也一章有四心字皆是指仁而言文理血脉甚貫讀之可見又按放心人欲也求放心遏人欲而存天理也【備旨】夫放心而不知求者亦未知學問之道無他術也惟在靜存動察以求其放逸之心而已矣是知道莫切於仁義功莫要於存心能求其放逸之心則心存而仁存仁存而義即在其中矣使放心不收則何者爲學問之道哉

○孟子ㅣ曰今有無名之指ㅣ屈而不信이非疾痛害事也ㅣ언마ᄂᆞᆫ如有能信之者ㅣ면則不遠秦楚之路ᄒᆞᄂᆞ니爲指之不若人也ㅣ니라

信與伸同爲去聲

孟子ㅣᄀᆞᆯᄋᆞ샤ᄃᆡ今에無名指ㅣ屈ᄒᆞ야信티몯ᄒᆞᆷ이疾痛ᄒᆞ며事애害ᄒᆞᆫ줄이아니언마ᄂᆞᆫ만일에能히信ᄒᆞᆯ者ㅣ이시면곧秦楚ㅅ路ᄅᆞᆯ멀리아니너기ᄂᆞ니指의人ᄀᆞᆮ디몯ᄒᆞᆷ을爲ᄒᆞ애니라

註無名指、手之第四指也、備旨孟子借指以論心曰吾人立身所貴於不屈者在一心不在一指也今有無名之指其爲體也微矣屈而不伸其爲病也小矣則固非甚疾痛之患而爲害於事也即不急於求伸亦可也如有善術而能信之者則不遠秦楚之路而求以伸之是何其迫切之若此哉爲指之屈而不若人也

指不若人則知惡之호ᄃᆡ 心不若人則不知惡ᄒᆞᄂᆞ니 此之謂不知類也ㅣ니라 惡去聲

指ㅣ人ᄀᆞᆺ디몯ᄒᆞ면惡ᄒᆞᆯ줄을알오ᄃᆡ心이人ᄀᆞᆺ디몯ᄒᆞ면惡ᄒᆞᆯ줄을아디몯ᄒᆞᄂᆞ니이를닐온類를아디몯홈이니라

註不知類、言其不知輕重之等也、南軒張氏曰人與聖人同類以心之同耳不同者陷溺之故也心不若人而知惡之必求所以免於惡蓋有須臾不遑寧處者矣○新安陳氏曰此承上章以鷄犬與心分輕重而言下三章亦以類相方而加切焉備旨夫指不若人則知惡之以求伸至於心屈於物欲不若人則不知惡之求以伸是指本輕而反重之心本重而反輕之此之謂不知輕重之類也吾固不能不爲斯人慨矣

○孟子ㅣ 曰拱把之桐梓를 人苟欲生之ᄀᆞᆫ댄 皆知所以養之者ㅣ로ᄃᆡ 至於身ᄒᆞ야ᄂᆞᆫ 而不知所以養之者ᄒᆞᄂᆞ니 豈愛身이 不若桐梓哉ㅣ리오 弗思ㅣ 甚也ᄒᆞᆫ시니라

孟子ㅣᄀᆞᆯᄋᆞ샤ᄃᆡ拱이며把엣桐과梓를人이진실로살오고저ᄒᆞᆯ딘댄다뻐養ᄒᆞᆯ바를알오ᄃᆡ身애至ᄒᆞ야ᄂᆞᆫ뻐養ᄒᆞᆯ바를아디몯ᄒᆞᄂᆞ니엇디身을愛홈이桐梓만ᄀᆞᆺ디몯ᄒᆞ리오思티아니홈이甚ᄒᆞᆯ써니라

●拱、兩手所圍也、把、一手所握也、桐、梓、兩木名、南軒張氏曰愛其身必思所以養之古之人理義以養其心以至動作起居聲音笑貌之間莫不有養之之法所以尊德性道問學以成其身也於桐梓知所養則自士而爲賢爲聖亦循循可進矣弗思則待其身曾一草木之不若滔滔皆是也○新安陳氏曰苟一思之則思吾之一身三綱五常繫焉四端萬善備焉必思所以養之養之之道養心以養其內謹九容之類以養其外使吾身爲仁義禮智根心見面盎背之身非徒養其口體血氣之身而已也此章身字內包心外包動容周旋而言[備旨]孟子示人當知所以養身也曰吾身之與外物其輕重固自有辨乃人之昧焉而弗覺者多矣即如拱把之桐梓特材木之微耳人苟欲生之則必培植灌漑皆知所以養之者至於身爲萬物之主而不知所以養之以使其身之歸於善者豈眞愛身不若一桐梓哉心有所蔽而不思甚也使思之則養自有所不容己矣

○孟子ㅣ曰人之於身也애兼所愛ㅣ니兼所愛則兼所養也ㅣ라無尺寸之膚를不愛焉則無尺寸之膚를不養也ㅣ니所以考其善不善者는豈有他哉리오於己에取之而已矣니라

孟子ㅣ ᄀᆞᆯᄋᆞ샤ᄃᆡ 人이 身에 愛ᄒᆞᄂᆞᆫ 바ᄅᆞᆯ 兼ᄒᆞ얀ᄂᆞ니 愛ᄒᆞᄂᆞᆫ 바ᄅᆞᆯ 兼ᄒᆞ면 養ᄒᆞᄂᆞᆫ 바ᄅᆞᆯ 兼ᄒᆞ얀ᄂᆞᆫ디라 尺寸만ᄒᆞᆫ ᄉᆞᆯᄒᆞᆯ 愛티 아니홈이 업ᄉᆞ면 尺寸만ᄒᆞᆫ ᄉᆞᆯᄒᆞᆯ 養티 아니홈이 업ᄂᆞ니 ᄡᅥ 그 善과 不善을 考ᄒᆞᆯ 빠ᄂᆞᆫ 엇디 他ㅣ 이시리오 己예 取ᄒᆞᆯ ᄯᆞᄅᆞᆷ이니라

●人於一身、固當兼養、新安陳氏曰無所不愛曰兼愛無所不養曰兼養無尺寸之膚至不養也申兼愛兼養意然、欲考其所養之善否者、惟在反之於身、以審其輕重而已矣、趙氏曰人之於身無所不愛則固當無所不養然體有貴賤小大養其貴且大者則善養其賤且小者則不善此豈待他人言之而後知哉則亦反之於身而審其輕重於心焉則自知矣○新安陳氏曰輕重卽下文所謂貴賤小大是也[備旨]孟子示人當養其大體也曰人固以養身爲貴尤以善養爲難人之於一身也百體備具皆兼所愛既兼所愛則必兼所

養也由此度之無尺寸之膚而不愛焉則無尺寸之膚而不養也然欲於無所不養之中求所以考其何者養得其道而爲善何者養失其道而爲不善者豈有他術哉亦惟反之於己以審取其所養之輕重而已矣斯爲得善養之道也

體ㅣ有貴賤ᄒᆞ며有小大ᄒᆞ니無以小害大ᄒᆞ며無以賤害貴ㅣ니養其小者ㅣ爲小人이오養其大者ㅣ爲大人이니라

體ㅣ貴와賤이이시며小와大ㅣ이시니小로ᄡᅥ大를害티말며賤으로ᄡᅥ貴를害티마롤띠니그小를養ᄒᆞᄂᆞᆫ者ㅣ小人이되고그大를養ᄒᆞᄂᆞᆫ者大人ㅣ이되ᄂᆞ니라

● 賤而小者、口腹也、貴而大者、心志也、 備旨 善不善取之己者亦以己之身體有不一也有分獨尊而爲貴有分是從而爲賤有各分一形而爲小有兼統衆形而爲大善養者當無以養其小者害其大無以養其賤者害其貴若徒養其小者便是徇人欲而爲卑下之小人必須養其大者乃能存天理而爲高明之大人此善不善之所以分而不可不自考也

今有場師ㅣ舍其梧檟ᄒᆞ고養其樲棘ᄒᆞ면則爲賤場師焉이니라 舍上聲檟音價樲音

이제場師ㅣ그梧와檟를舍ᄒᆞ고그樲棘을養ᄒᆞ면곧賤ᄒᆞᆫ場師ㅣ되ᄂᆞ니라

● 場師、治場圃者、梧、桐也、檟、梓也、皆美材也、樲棘、小棗、非美材也、 備旨 試以材木而言如今有場師於此舍其梧檟有用之材而養其樲棘無用之木則是美惡不分以無用害有用也非賤場師而何

養其一指ᄒᆞ고而失其肩背而不知也ㅣ면則爲狼疾人也ㅣ니라

그一指를養ᄒᆞ고그肩背를失ᄒᆞ되아디몯ᄒᆞ면곧狼疾ᄒᆞᆫ人이되ᄂᆞ니라

●狼、善顧、疾則不能故、以爲失肩背之喩、新安陳氏曰一指肩背有小大之分故借以旁證小體大體 備旨 又以一身而言人若養其一指之細而自失其肩背之大而不之知也則是輕重反常如狼之疾走但顧前而不顧後也非狼疾之人而何

飮食之人을則人賤之矣나니爲其養小以失大也ㅣ니라 爲去聲

飮食ᄒᆞᄂᆞᆫ人을곤人이賤히너기ᄂᆞ니그小ᄅᆞᆯ養ᄒᆞ야ᄡᅥ大ᄅᆞᆯ失ᄒᆞᆷ을爲ᄒᆞ얘니라

●飮食之人、專養口腹者也、備旨 觀養木與養指之弊可見人當養其貴且大者矣彼飮食之人專養口腹則人皆目之爲小人而賤之矣爲其所養者小而所失者大不免於賤場師狼疾人之譏也

飮食之人이無有失也ㅣ면則口腹이豈適爲尺寸之膚哉리오

飮食ᄒᆞᄂᆞᆫ人이失ᄒᆞᆷ이잇디아니면곤口腹이엇디다ᄆᆞᆫ尺寸ㅅ膚ㅣ될ᄲᅮᆫ이리오

●此、言若使專養口腹、而能不失其大體、則口腹之養、軀命所關、不但爲尺寸之膚而已、但養小之人、無不失其大者、故、口腹、雖所當養、而終不可以小害大、賤而害貴也、朱子曰此章言身則心具焉飮食之人無有失也則口腹豈適爲尺寸之膚哉此數句說得倒了也自難曉意謂使飮食之人眞無所失則口腹之養本無害然人屑屑理會口腹則必有所失無疑是以當知養其大體而口腹底他自會去討喫不到得餓了也○雙峯饒氏曰以身而言一毫一髮皆吾所當愛皆吾所當食但體有大小莫專養小體若才養目便貪色才養耳便貪聲才養口便貪味必至害其大體又曰無以小害大不是敎人養其大者而不養其小者若養其小者而不失其大者則小者不爲大者之累便是不以小害大○新安陳氏曰此章言人當以養心志爲重養口體爲輕非謂養心志者不養口體也養心志則道心爲主而人心聽命雖饑食渴飮與常人同而食所當食飮所當飮自與常人異若專養口體則人心愈危道心愈微不至於窮口腹之欲而滅天理者鮮矣孟子於此欲人不養小以失大蓋所以遏人欲而存天理也 備旨 若使飮食之人而能於大者無所失也則口腹之養乃軀命所關豈但爲尺寸之膚而已又何必賤惡之哉但養小之人無有不失其大者此其所以可賤也養體者可不審善養之道哉

○公都子ㅣ 問曰鈞是人也ㅣ로ᄃᆡ 或爲大人ᄒᆞ며 或爲小人은 何也ㅣ잇고 孟子ㅣ 曰從其大體ㅣ 爲大人이오 從其小體ㅣ 爲小人이니라

公都子ㅣ묻ᄌᆞ와ᄀᆞᆯ오ᄃᆡ ᄒᆞᆫ가짓이 사ᄅᆞᆷ이로ᄃᆡ 或大人이되며 或小人이되옴은 엇디 잇고 孟子ㅣᄀᆞᄅᆞ샤ᄃᆡ 그 大體ᄅᆞᆯ從ᄒᆞᄂᆞᆫ이 大人이되고 그 小體ᄅᆞᆯ從ᄒᆞᄂᆞᆫ이 小人이되ᄂᆞ니라

●鈞、同也、從、隨也、大體、心也、小體、耳目之類也、 新安陳氏曰心能爲身之主使耳目從心之令者大人也心不能爲身之主反聽命於耳目而從其欲者小人也 [備旨]公都子問曰鈞是人也宜無大小之別矣或爲大人而爲世所尊或爲小人而爲世所鄙其故何也孟子曰人之一身體備大小顧其所從何如耳如以小體從其大體而聽命焉則大體無累斯爲大人矣如以大體反從其小體而役志焉則小體是徇斯爲小人矣

曰鈞是人也ㅣ로ᄃᆡ 或從其大體ᄒᆞ며 或從其小體ᄂᆞᆫ 何也ㅣ잇고 曰耳目之官은 不思而蔽於物ᄒᆞᄂᆞ니 物이 交物則引之而已矣오 心之官則思ㅣ라 思則得之ᄒᆞ고 不思則不得也ㅣ니 此ㅣ 天之所與我者ㅣ라 先立乎其大者ㅣ면 則其小者ㅣ 不能奪也ㅣ니 此ㅣ 爲大人而已矣니라

ᄀᆞᆯ오ᄃᆡ ᄒᆞᆫ가짓이 사ᄅᆞᆷ이로ᄃᆡ 或그 大體ᄅᆞᆯ從ᄒᆞ며 或그 小體ᄅᆞᆯ從ᄒᆞᆷ은 엇디 잇고 ᄀᆞᄅᆞ샤ᄃᆡ 耳目의 官은 思티 몯ᄒᆞ야 物에 蔽ᄒᆞᄂᆞ니 物이 物을 交ᄒᆞ면 引ᄒᆞᆯᄯᆞᄅᆞᆷ이오 心의 官

인則思ᄒᆞᆫ디라思ᄒᆞ면得ᄒᆞ고思티아니ᄒᆞ면得디몯ᄒᆞᄂᆞ니이天이내게與ᄒᆞ신배라몬저그大者를셰면곧그小者ㅣ能히奪디몯ᄒᆞᄂᆞ니이大人이될ᄯᆞᄅᆞᆷ이니라

●官之爲言、司也、耳司聽、目司視、各有所職、而不能思、是以、蔽於外物、既不能思而蔽於外物、則亦一物而已、又以外物、交於此物、其引之而去不難矣、問蔽是遮蔽如目之視色從他去時便是爲他所遮蔽若能思則視其所當視不視其所不當視則不爲他所蔽矣朱子曰然若不思則耳目亦是一物 心則能思、而以思爲職、凡事物之來、心得其職、則得其理、而物不能蔽、失其職、則不得其理、而物來蔽之、此三者、皆天之所以與我者、而心爲大、三者謂耳目心 若能有以立之、則事無不思、而耳目之欲、不能奪之矣、此所以爲大人也、朱子曰物交物上物字指外物下物字指耳目耳目謂之物者以其不能思心能思所以爲大體君子固當於思處用工能不妄思是能先立其大者然後耳目之小者不能奪此句最有力且看他下箇立字謂之立者是要卓然竪起此心使自立所謂敬以直內是也○耳目亦物也不能思而交於外物只管引將去心之官固是主於思然須是思方得若不思却倒把不是做是底却做不是邪思雜慮便順他做去却害事 然、此天之此、舊本、多作比、而趙註、亦以比方、釋之、今本、旣多作此、而註亦作此、乃未詳孰是、但作比字、於義爲短故、且從今本是、○范浚心箴、曰茫茫堪輿、俯仰無垠、音銀 人於其間、眇然有身、是身之微、太倉稊杜兮反米、參爲三才、曰惟心爾、雲峯胡氏曰堪輿謂天地言天地至大而人處天地間此身至小不過如太倉一粒稊米而已然人之所以可與天地參爲三才者惟在此心心之體豈不甚大 往古來今、孰無此心、心爲形役、乃獸乃禽、雲峯胡氏曰此言此心之大往古來今人人有之若純乎義理則是從其大體若役於形氣則是從其小體彼禽獸之心終日役役不過飮食牝牡而已人之心而爲形所役與禽獸何異嗚呼人之心其大也本可以參天地而役於小者不能異乎禽獸亦獨何哉可以反而思矣 惟口耳目、手足動靜、投間去聲抵隙、乞逆反爲厥心病、雲峯胡氏曰此言口欲味目欲色耳欲聲四肢欲安佚本心微有間隙彼則乘之而入矣 一心之微、衆欲攻之、其與存者、嗚呼幾平聲希、雲峯胡氏曰此言此心之發於義理者甚微而役於形氣者甚衆以彼之衆攻我之微如國勢方弱而四面受敵其不亡者罕矣 君子存誠、克念克敬、天君泰然、百體從令、雲峯胡氏曰前八句是說小人之從其小體此四句是說大人之從其大體曰誠曰念曰敬念即思之謂而敬即存誠之方也一誠足以消萬僞一敬足以敵千邪所謂先立乎其大者莫切於此天君泰然是先立乎其大者百體從令是小者弗能奪朱子曰范氏之箴蓋得其旨未可易之也愚故從而釋之云先師曰荀卿以耳目爲天官心爲天君又曰心者形之君也出令而無所受令即此語以看孟子此章甚切能先立乎其大者則此心卓然能爲耳目之君而從其大體所謂天君泰然百體從令者也不能先立乎其大者則退然方聽命於耳目而從其小體所謂心爲形役者也立之如何亦曰操而存之使得其能思之職而已

備旨公都子曰鈞是人也宜其所從皆同矣乃有或從其大體或從其小體者何也孟子曰大體小體之分惟在能思與不能思之間而已彼耳目之官司視司聽而已不能思慮而聲色之外物得以蔽之是耳目亦一物而已以彼聲色之物而交於此耳目之物則引耳目而去聽淫聲視邪色不難矣夫耳目以形用此其所以爲小體也若心之官則以思爲職凡事物之來盡其職而思則得其理而物不能蔽之也失其職而不思則不得其理而蔽於物也夫心以神用此其所以爲大體也然此大體小體皆天之所以與我者苟知心之爲大而靜存動察於未視未聽之先植立其精明之體則其耳目之所欲弗能奪吾心之聰明也能從其大體如此此謂出羣衆之中伸萬物之上而稱爲大人者以此而已矣苟心失其職而求造於大人之域豈可得哉

○孟子ㅣ曰有天爵者ᄒᆞ며有人爵者ᄒᆞ니仁義忠信樂善不倦오此ㅣ天爵也ㅣ오公卿大夫ᄂᆞᆫ此ㅣ人爵也ㅣ니라 樂音洛

孟子ㅣ ᄀᆞᆯᄋᆞ샤ᄃᆡ 天爵도 이시며 人爵도 인ᄂᆞ니 仁과 義와 忠이며 信ᄒᆞ야 善을 樂ᄒᆞᆷ을 倦티 아니ᄒᆞᆷ은 이 天爵이오 公卿과 大夫ᄂᆞᆫ 이 人爵이니라

●天爵者、德義可尊、自然之貴也、南軒張氏曰仁義又言忠信忠信只是誠實此二者○雙峯饒氏曰仁義人人有之忠信樂善人所當勉須忠信樂善仁義方爲我

有乃爲可貴○新安陳氏曰樂善卽樂此仁義忠信不倦者樂之至也[備旨]孟子爲棄天爵者而發也曰人情莫不重爵矣有自然之貴與生俱來而爲天爵者有使然之貴因世而設而爲人爵者何謂天爵心之德愛曰仁心之裁制曰義仁義發諸心無不盡曰忠仁義見諸事無不實曰信樂此仁義忠信之善自始至終而不倦此皆不假於勢而自尊不待於人而後貴乃天爵也何謂人爵公一位卿一位大夫一位頒自朝廷名分各別此皆假乎勢而後重待乎人而後榮乃人爵也爵有天人之異如此然其輕重則有分矣

古之人은脩其天爵而人爵從之러니라

녯사ᄅᆞᆷ은그天爵을脩ᄒᆞᆷ애人爵이從ᄒᆞ더니라

●脩其天爵、以爲吾分(去聲)之所當然者耳、人爵從之、蓋不待求之而自至也、南軒張氏曰古之人脩其天爵而已非有所爲而爲之人爵從之者言其理則然也[備旨]古昔盛時人心淳厚學惟爲己盡夫仁義忠信之理造於樂善不倦之地以修其天爵盡吾分之當然初無意於人爵也而人爵從之道德尊而名譽流公卿大夫之位不期得而自得也

今之人은脩其天爵ᄒᆞ야以要人爵ᄒᆞ고既得人爵而棄其天爵ᄒᆞᄂᆞ니則惑之甚者也ㅣ라終亦必亡而已矣니라 (要平聲)

이젯사ᄅᆞᆷ은그天爵을脩ᄒᆞ야ᄡᅥ人爵을要ᄒᆞ고이믜人爵을得ᄒᆞ야ᄂᆞᆫ그天爵을棄ᄒᆞᄂᆞ니곧惑ᄒᆞᆷ이甚ᄒᆞᆫ者ㅣ라ᄆᆞᄎᆞᆷ애ᄯᅩᄒᆞᆫ반ᄃᆞ시亡ᄒᆞᆯᄯᆞᄅᆞᆷ이니라

●要、求也、脩天爵、以要人爵、其心、固已惑矣、得人爵而棄天爵、則其惑、又甚焉、終必並其所得之人爵而亡之也、朱子曰孟子時人尙脩天爵以要人爵後世皆廢天爵以要人爵○問脩天爵以要人爵者雖曰脩之實已棄之久矣何待於得人爵而後始謂之棄邪曰若是者猶五霸之假仁猶愈於不假不脩者耳○南軒張氏曰古之士脩身於下無一毫求於其君之心而人君求賢於上每懷不及之意上下皆循乎天理是以人才衆多而天下治建德之衰在下者

假名而要利在上者徇名而忘實而人才始壞矣降及後世則不復以仁義忠信取士而乃求之於文藝之間自孩提之童則使之懷利心而習爲文辭則併與其假者而不務矣則人才何怪其難哉○新安陳氏曰無所爲而爲善者誠也故堅所守而不移有所爲而爲善者僞也故得所求而遂已或曰脩其天爵亦有人爵不從之者棄其天爵亦有人爵終不亡者何也曰脩天爵自有得人爵之理棄天爵自有亡人爵之理其不得者上之遺賢其不亡者下之僥倖豈常理哉[備旨]若今之人則異乎古人矣富貴利欲之心勝知人爵之由天爵而得於是修其天爵以爲要求人爵之地旣得人爵則所期旣滿而遂棄其天爵夫要人爵固惑矣而又棄其天爵則惑之甚者也天爵旣棄人爵其可保乎終亦必亡而已矣然則學者可不以古人爲法而以今人爲戒哉

○孟子ㅣ曰欲貴者는人之同心也ㅣ니人人이有貴於己者ㅣ언마는弗思耳니라

孟子ㅣ골ᄋᆞ샤ᄃᆡ貴코쟈홈은人의同ᄒᆞᆫᄆᆞᄋᆞᆷ이니人人마다己예貴ᄒᆞᆫ거ᄉᆞᆯ둣건마ᄂᆞᆫ思티아닐ᄲᆞᆫ이니라

●貴於己者、謂天爵也、[備旨]孟子望人求貴於己曰人皆以貴爲榮則欲貴者人之同有是心也但人人自有天爵之尊而貴於己者至可欲也特人蔽於物而弗之思是以舍在己而求在人耳

人之所貴者는非良貴也ㅣ니趙孟之所貴를趙孟ㅣ能賤之니라

人의貴케ᄒᆞᄂᆞᆫ바ᄂᆞᆫ良貴아니니趙孟의貴케ᄒᆞᆫ바ᄅᆞᆯ趙孟이能히賤케ᄒᆞᄂᆞ니라

●人之所貴、謂人以爵位、加己而後貴也、良者、本然之善也、趙孟、晉卿也、新安倪氏曰晉趙氏世呼趙孟如智氏世呼智伯晉爲盟主趙氏世卿故當時謂趙孟能賤貴人 能以爵祿、與人而使之貴、則亦能奪之而使之賤矣、若良貴、則人安得而賤之哉、[備旨]不思己貴而乃求人之貴何其慕外而忽內也不知人之所貴者非本然之良貴也彼趙孟能褒爵以貴人者然能與之而使之貴亦能奪之

而使之賤人貴之不足恃如此若夫吾身之良貴人安得而賤之哉

詩云既醉以酒ㅣ오 既飽以德이라ᄒᆞ니 言飽乎仁義也ㅣ라 所以不願人之膏粱之味也ㅣ며 令聞廣譽ㅣ施於身이라 所以不願人之文繡也ㅣ니라 聞去聲

詩예닐오ᄃᆡ 임의醉홈을酒로ᄡᅥᄒᆞ고 임의飽홈을德으로ᄡᅥᄒᆞ다ᄒᆞ니 仁義예飽혼디라ᄡᅥ人의膏粱ㅅ味를願티아니ᄒᆞᄂᆞᆫ배며 令ᄒᆞᆫ聞과廣ᄒᆞᆫ譽ㅣ身에施혼디라ᄡᅥ人의文繡를願티아니ᄒᆞᄂᆞᆫ바ㅣ니라

● 詩、大雅既醉之篇、飽、充足也、願、欲也、膏、肥肉、粱、美穀、令、善也、聞、亦譽也、文繡、衣之美者也、仁義充足、而聞譽彰著、皆所謂良貴也、 新安陳氏曰兩不願字即中庸不願乎其外之意充足乎仁義之良貴則自無所慕乎人爵之貴矣 ○尹氏、曰言在我者、重、則外物、輕、 南軒張氏曰人眞知其貴於己者則見外誘之不足慕矣惟不知在己之自有至貴是以慕外而求於人也良貴得之於天人可預焉得於天者公理而求於人者私欲也令聞廣譽君子非有欲之之心飽乎仁義則聞譽自至猶言爲善有令名理之固然者也○雲峯胡氏曰上章一要字是內輕而外重此章兩不願字是內重而外輕○東陽許氏曰世人但知公卿大夫之爵爲貴而不知在我之身皆有貴者乃天所賦之善所謂天爵也天爵人所同有故思則得之人爵各有命分雖求之無益天爵亦是天命此則義理之命人爵乃氣數之命孟子前章尙有脩天爵而人爵自至之說此章則於人爵下兩不願字是不將這箇爲念矣 備旨 夫良貴之可貴於何見之大雅既醉之詩有云既醉以酒既飽以德夫飽不曰味而曰德者何哉蓋言德莫美乎仁義君子戴仁抱義飽乎仁義也仁義充足於中爲飽理義悅心自有無窮之至味所以不願人之膏粱之味也仁義彰著於外爲聞譽聞則令矣譽自廣矣交施於身光華莫揜自有不文之至文所以不願人之文繡也夫曰飽乎仁義則知良貴爲可貴矣曰不願膏粱文繡則知趙孟之貴不足貴矣乃人顧有舍良貴而外慕者何其弗思之甚哉

○孟子ㅣ曰仁之勝不仁也ㅣ猶水勝火ᄒᆞ니今之爲仁者ᄂᆞᆫ猶以一杯水로救一車薪之火也ㅣ라不熄則謂之水不勝火ㅣ라ᄒᆞᄂᆞ니此ㅣ又與於不仁之甚者也ㅣ라

孟子ㅣᄀᆞᆯᄋᆞ샤ᄃᆡ仁의不仁을勝홈이水ㅣ火를勝홈ᄀᆞᄐᆞ니이제仁ᄒᆞᄂᆞᆫ者ᄂᆞᆫ一杯水로ᄡᅥ一車薪ㅅ火를救홈ᄀᆞᄐᆞᆫ디라熄디아니ᄒᆞ면닐오ᄃᆡ水ㅣ火를勝티몯ᄒᆞᆫ다ᄒᆞᄂᆞ니이ᄯᅩ不仁애與홈이甚ᄒᆞᆫ者ㅣ라

●與、猶助也、仁之能勝不仁、必然之理也、但爲之不力、則無以勝不仁、而人遂以爲眞不能勝、是、我之所爲、有以深助於不仁者也、朱子曰仁之勝不仁也猶水勝火以理言之則正之勝邪天理之勝人慾甚易而邪之勝正人慾之勝天理若甚難以事言之則正之勝邪天理之勝人慾甚難而邪之勝正人慾之勝天理却甚易蓋緣是蹉失一兩件事便被邪來勝將去若以正勝邪則須是做得十分工夫方勝得他然猶自恐怕勝他未盡正如人身正氣稍不足邪便得以干之矣 備旨 孟子勉人力於爲仁曰仁者天理之公足以勝人欲之私是仁之勝夫不仁也猶水勝火此固必然之理何乃今之爲仁者天理之存無幾而人欲之私方熾是猶以一杯之水救一車薪盛焰之火也及其不熄則從而謂之水不勝火可乎此言一倡不仁者獲不可勝之名而愈肆不仁是我爲仁不力之故有以深助彼不仁之甚者也

亦終必亡而已矣니라

ᄯᅩᄒᆞᆫᄆᆞᄎᆞᆷ애반ᄃᆞ시亡ᄒᆞᆯᄯᆞᄅᆞᆷ이니라

●言此、人之心、亦且自怠於爲仁、終必幷與其所爲而亡之、○趙氏、曰言爲仁不

至、而不反諸己也、南軒張氏曰此爲有志於仁而未力者言也仁與不仁特係乎操舍之間而天理人慾分焉天理存則人慾消固不兩立也故以水勝火喩之然用力於仁貴乎久而勿舍若一暴十寒倏得復失則暫存之天理豈能勝無窮之人欲遂以爲仁不可以勝不仁而不加勉焉則同於不仁之甚者其淪胥以亡也必矣學者觀此可斯須而不存是心乎天理寖明則人欲寖消及其至也人欲消盡天理純全以水勝火其不然乎○新安陳氏曰深味亦終必亡而已矣竊以爲此章恐爲戰國之諸侯言之以時暫一念一事之仁欲勝彼之殘暴甚不仁不惟不能勝遂使人謂仁不能勝不仁豈非反助其虐亦終必滅亡而已矣如此解則與天爵人爵章終亦必亡而已矣辭爲終必幷所得人爵而失亡之者相協也【備旨】然豈但助人之不仁哉就是自己亦信之不專爲之不力終必幷其所爲杯水之仁至於盡亡而已矣爲仁不力之害如此志於仁者可以勉矣

○孟子ㅣ曰五穀者ᄂᆞᆫ種之美者也ㅣ나 苟爲不熟이면 不如荑稗니 夫仁도 亦在乎熟之而已矣니라 荑音蹄稗蒲賣反夫音扶

孟子ㅣ ᄀᆞᆯᄋᆞ샤ᄃᆡ 五穀은 種의 美ᄒᆞᆫ거시나 진실로 熟디 몯ᄒᆞ면 荑稗만 ᄀᆞᆮ디 몯ᄒᆞ니 仁도 ᄯᅩᄒᆞᆫ 熟홈애 이실 ᄯᆞᄅᆞᆷ이니라

●荑、稗、草之似穀者、其實、亦可食、然、不能如五穀之美也、但五穀不熟、則反不如荑稗之熟、猶爲仁而不熟、則反不如爲他道之有成、是以、爲仁、必貴乎熟、而不可徒恃其種、(上聲)之美、又不可以仁之難熟、而甘爲他道之有成也、○尹氏、曰日新而不已則熟、慶源輔氏曰日新日進也不已無間斷也必日進於一日而又無間斷然後純熟夫仁○潛室陳氏曰他道如百工衆技百家諸子皆是○雲峯胡氏曰此章與上章相因上章言爲仁之不力無以勝不仁此章言仁之熟由於爲之力熟無所容力熟之在乎用力○新安陳氏曰而已矣者熟之之說盡夫爲仁之功外此無他也苟能於孔門求仁之方循而行之日新不已由勉而利利而安心與仁一則熟之功效氣象可言矣【備旨】孟子勉人爲仁曰學莫先於爲仁而仁必期於有得不觀之五穀乎彼五穀者可以養人誠種之美者也然以成熟而後爲美苟爲不熟反不如荑稗之有用夫五穀而可使不如荑稗乎此所以必貴乎熟也況仁爲本心之良兼統萬善至粹至精不亦五穀之美種耶亦在乎克復新功純無間使心卽仁仁卽心熟之而已矣不然是自喪其心德之美而與五穀之不熟者等耳

○孟子ㅣ曰羿之教人射에 必志於彀ᄒᆞᄂᆞ니 學者도 亦必志於彀ㅣ니라 彀古候反

孟子ㅣ ᄀᆞᆯᄋᆞ샤ᄃᆡ 羿ㅣ 人을 射를 敎홈애 반ᄃᆞ시 彀에 志ᄒᆞᄂᆞ니 學ᄒᆞᄂᆞᆫ 者도 ᄯᅩᄒᆞᆫ 반ᄃᆞ시 彀에 志ᄒᆞᄂᆞ니라

●羿、善射者也、志、猶期也、彀、弓滿也、滿而後發、射之法也、學、謂學射、[備旨]孟子以曲藝例聖學曰事必有法而後可成故善教者必有所據善學者必有所循不觀之曲藝乎如滿而後發者射之法也羿之教人射必志於彀學射者亦必志於彀盖射之成法在於彀雖以羿之教人與學於羿者皆不能舍彀相授受也

大匠이 誨人에 必以規矩ᄒᆞᄂᆞ니 學者도 亦必以規矩ㅣ니라

大匠이 人을 誨홈애 반ᄃᆞ시 規矩로ᄡᅥ ᄒᆞᄂᆞ니 學ᄒᆞᄂᆞᆫ 者도 ᄯᅩᄒᆞᆫ 반ᄃᆞ시 規矩로ᄡᅥ ᄒᆞᄂᆞ니라

●大匠、工師也、規矩、匠之法也、新安陳氏曰二節兩學者字一謂學射者一謂學匠者 ○此章、言事必有法然後、可成、師、舍上聲下同是則無以教、弟子、舍是則無以學、曲藝、且然、况聖人之道乎、南軒張氏曰學者之於道其爲有漸其進有序自灑掃應對至於禮儀之三百威儀之三千猶木之有規矩也亦循乎此而已至於形而上之事則在其人所得何如形而上者固不外乎灑掃應對之間也舍是以求道是猶舍規矩以求巧也○慶源輔氏曰射者志於彀而眞積力久則善中矣工者守乎規矩而眞積力久則能巧矣教者與受教者舍彀而言中舍規矩而言巧皆誣也○雙峯饒氏曰聖門教人定法無如一部大學○雲峯胡氏曰此章與離婁篇首章相似彼謂治天下不可無法此謂師之教子弟之學皆不可無法[備旨]規矩以爲方員者匠之法也大匠誨人必以規矩學匠者亦必以規矩盖匠之成法在於規矩雖以大匠誨人與學於大匠者皆不能舍規矩相授受也然則聖人

天下不可無法此謂師之教子弟之學皆不可無法【備旨】規矩以爲方員者匠之法也大匠誨人必以規矩學匠者亦必以規矩蓋匠之成法在於規矩雖以大匠誨人與學於大匠者皆不能舍規矩相授受也然則聖人之道知以開其始行以要其終亦射之彀匠之規矩也其可不知所以敎所以學哉

原本備旨孟子集註卷之十一終

原本備旨孟子集註卷之十二

告子章句下

凡十六章

任人이有問屋廬子曰禮與食이孰重고曰禮重이니라 任平聲

任ㅅ人이屋廬子의게무러ᄀᆞᆯ오ᄃᆡ禮와다ᄆᆞᆺ食이므서시重ᄒᆞ뇨ᄀᆞᆯ오ᄃᆡ禮ㅣ重ᄒᆞ니라

● 任、國名、趙氏曰任薛同姓之國在齊楚之間 屋廬子、名連、孟子弟子也、 備旨 任人有問於屋廬子曰食者人之所急而食之中有禮在焉禮與食二者果孰爲重屋廬子曰禮所以節飲食之流者也禮視食爲尤重

色與禮ㅣ孰重고

色과다ᄆᆞᆺ禮ㅣ므서시重ᄒᆞ뇨

● 任人、復扶又反問也、 備旨 任人又問曰色者人之所欲而色之中有禮在焉禮與色二者果孰爲重

曰禮重이니라 曰以禮食則飢而死ᄒᆞ고不以禮食則得食이라도必以禮乎아親迎則不得妻ᄒᆞ고不親迎則得妻ㅣ라도必親迎乎아屋廬子ㅣ不能對ᄒᆞ야明日에之鄒ᄒᆞ야以告孟子ᄒᆞᆫ대孟子ㅣ曰於答是也애

何有오ㅣ리 迎去聲於如字

골오ᄃᆡ禮ㅣ重ᄒᆞ니라골오ᄃᆡ禮로ᄡᅥ食ᄒᆞ면飢ᄒᆞ야死ᄒᆞ고禮로ᄡᅥ아니ᄒᆞ야食ᄒᆞ면食홈을得ᄒᆞᆯ떠라도반ᄃᆞ시禮로ᄡᅥᄒᆞ랴親迎ᄒᆞ면妻를得디몯ᄒᆞ고親迎티아니ᄒᆞ면妻를得ᄒᆞᆯ떠라도반ᄃᆞ시親迎ᄒᆞ랴屋廬子ㅣ能히對티몯ᄒᆞ야明日에鄒에가ᄡᅥ孟子ㅅ긔告ᄒᆞᆫ대孟子ㅣ골ᄋᆞ샤ᄃᆡ이를答ᄒᆞ욤애므서시이시리오

●何有、不難也、朱子曰不親迎則得妻如古者國有凶荒則殺禮而多昏周禮荒政十二條中亦有此法蓋貧窮不能備親迎之禮法許如此[備旨]屋廬子曰禮所以謹男女之交者也禮視色爲尤重任人妄爲之難曰禮固視食色爲重矣設必以餽請之禮食則至於饑餓而死不以餽請之禮食則得食而生當此之時必以禮乎設必備親迎之禮則不得妻而廢倫不拘親迎之禮則得妻而全倫當此之時必親迎乎亦安在食色之輕於禮也[備旨]屋廬子窮於任人之難而不能答明日之鄒以告孟子孟子曰禮之重於食色者理之常任人之所詰問者事之變於答是以伸其說也何難之有哉

不揣其本而齊其末이면方寸之木을可使高於岑樓ㅣ니라 揣初委反

그本을揣티아니ᄒᆞ고그末을齊ᄒᆞ면方寸인木을可히ᄒᆞ여곰岑樓에서高케ᄒᆞᆯ꺼시니라

●本、謂下、末、謂上、方寸之木、至卑、喩食色、岑鋤深反樓、樓之高銳似山者、至高、喩禮、若不取其下之平、而升寸木於岑樓之上、則寸木、反高、岑樓、反卑矣、慶源輔氏曰物之不齊固當揣其本以齊其末不可只據其末以定其高卑[備旨]夫禮重而食色輕者以大分言之也若任人之論則是不較其大分而禮反輕於食色矣辟如不揣其在下之本而但齊其在上之末則升方寸之卑之木於岑樓之上亦可使反高於岑樓矣吾知寸木雖卑不見其爲卑岑樓雖高難乎其爲高幾何而不失其高卑之常也

金重於羽者ᄂᆞᆫ豈謂一鉤金與一輿羽之謂哉오ㅣ리

金이羽에서重타홈은엇디一鉤ㅅ金과다뭇一輿ㅅ羽를닐옴을닐옴이리오

◉鉤、帶鉤也、金本重、而帶鉤小故、輕、喩禮、有輕於食色者、羽本輕、而一輿多、故、重、喩食色、有重於禮者、慶源輔氏曰物固有重而有輕然重者少而輕者多則輕者反重而重者反輕矣【備旨】不知禮之本重於食色者非以其一偏較也辟如金之所以重乎羽者非以其多寡並較而言也豈謂一帶鉤至小之金與一輿羽而較輕重之謂哉吾見金雖重以一鉤而反輕羽雖輕以一輿而反重幾何而不失其輕重之常也

取食之重者와與禮之輕者而比之면奚翅食重이며取色之重者와與禮之輕者而比之면奚翅色重이리오 翅與啻同古字通用施智反

食의重ᄒᆞᆫ者와다뭇禮의輕ᄒᆞᆫ者를取ᄒᆞ야比ᄒᆞ면엇디食이重ᄒᆞᆯᄲᅮᆫ이며色의重ᄒᆞᆫ者와다뭇禮의輕ᄒᆞᆫ者를取ᄒᆞ야比ᄒᆞ면엇디色이重ᄒᆞᆯᄲᅮᆫ이리오

◉禮食、親迎、禮之輕者也、飢而死、以滅其性、不得妻而廢人倫、食色之重者也、奚翅、猶言何但、言其相去懸絶、不但有輕重之差而已、差楚宜反【備旨】若任人之論則偏甚矣饑而食食之重者也以禮食禮之輕者也偏而取夫食之重者與禮之輕者而比之則食爲必不可已者矣奚翅食之少重於禮哉不得妻色之重者也親迎禮之輕者也偏而取夫色之重者與禮之輕者而比之則色爲必不可少者矣奚翅色之少重於禮哉此正所謂寸木可高於岑樓鉤金反輕於輿羽也豈得其平者哉

往應之曰紾兄之臂而奪之食則得食ᄒᆞ고不紾則不得食이라도則將紾之乎아踰東家牆而摟其處子則得妻ᄒᆞ고不摟則不得妻ㅣ라도則將摟之乎아ᄒᆞ라 紾音軫 摟音婁

가應ᄒᆞ야ᄀᆞᆯ오ᄃᆡ兄의臂ᄅᆞᆯ紾ᄒᆞ야食을奪ᄒᆞ면食을得ᄒᆞ고紾티아니ᄒᆞ면食을得디몯ᄒᆞᆯ띠라도곧장ᄎᆞᆺ紾ᄒᆞ랴東家ㅅ牆을踰ᄒᆞ야그處子ᄅᆞᆯ摟ᄒᆞ면妻ᄅᆞᆯ得ᄒᆞ고摟티아니ᄒᆞ면妻ᄅᆞᆯ得디몯ᄒᆞᆯ디라도곧장ᄎᆞᆺ摟ᄒᆞ랴ᄒᆞ라

●(註)紾、戾也、摟、牽也、處(上聲)子、處女也、此二者、禮與食色、皆其重者、而以之相較、則禮爲尤重也、○此章、言義理事物、其輕重、固有大分、(去聲)然、於其中、又各自有輕重之別、(彼列反) 聖賢於此、錯綜、(子宋反) 斟酌、(錯綜分經緯斟酌量淺深也) 毫髮不差、固不肯枉尺而直尋、亦未嘗膠柱而調瑟、(史記廉頗藺相如傳趙孝成王七年秦與趙兵相距長平時趙使廉頗將兵固壁不戰王信秦之間言使趙括爲將代廉頗藺相如曰王以名使括若膠柱而鼓瑟耳括徒能讀其父書傳不知合變也註瑟每一絃有一柱旋移變而取聲音之和今以膠定其柱不使變移而鼓之豈能聲和) 所以斷(丁亂反)之、一視於理之當然而已矣、

朱子曰禮之大體固重於食色矣然其間事之大小緩急不同則亦或有反輕於食色者惟理明義精者爲能權之而不失耳權之不失是乃所以全禮之重而深明食色之輕也觀於寸木岑樓之喩孟子之意可見矣○南軒張氏曰食色雖出於性而其流則以害性苟無禮以止之則將何所極哉禮之重於食色固不待較而明矣惟夫汨於人欲而昧夫天性於是始有禮與食色孰重之疑矣○慶源輔氏曰集註章旨之說於聖賢處事之權度固已得其要矣苟或義理未精權度未審則於凡事膠轕難辨之際巧者必至於枉尺而直尋拙者必至於膠柱而調瑟終不得夫時措之宜也○新安陳氏曰飮食男女人之大欲存焉禮則天理所以防閑人欲者也禮本重食色本輕固自有大分也然亦不可拘拘於禮文之微者又當隨時隨事而酌其中焉聖賢固不肯枉尺直尋以喩夫禮之經亦未嘗膠柱調瑟以昧時宜之權也○東陽許氏曰敬兄禮也雖無食而將死必不可奪兄之食而違敬兄之禮婚娶禮也雖至於絕嗣必不可摟人處子而違婚娶之禮任人蓋異端之徒棄蔑禮法而譏侮之者故孟子止就其所言食色二者使之自權其輕重而自思之蓋不屑之敎誨也

(備旨)若各隨其輕重而彼此並擧之則見禮爲尤重矣汝試往應之曰子以饑死爲滅性食固重矣然敬兄亦禮之重也設使當饑餓之際紾其兄之臂而奪之食則得食而生不紾則不得食而死則將干犯禮義忍於紾兄而奪之乎吾知寧餓死而兄臂必不可紾也子以不娶爲廢倫色固重矣然以正相從尤禮之重也設使當鰥曠之時踰東家墻而牽摟其處子則得妻而全倫不摟則不得妻而廢倫則將滅棄禮法敢於踰墻而摟之乎吾知寧廢倫而處子必不可摟也是禮之重於食色也明矣子以

此往應任人彼將無以肆其辨矣於答是也何有

○曹交ㅣ問曰人皆可以爲堯舜이라ᄒᆞ니有諸잇가孟子ㅣ曰然ᄒᆞ다

曹交ㅣ묻ᄌᆞ와ᄀᆞᆯ오ᄃᆡ사ᄅᆞᆷ이다可히ᄡᅥ堯舜이되리라ᄒᆞᄂᆞ니인ᄂᆞ니잇가孟子ㅣᄀᆞᆯᄋᆞ사ᄃᆡ然ᄒᆞ다

●趙氏曰曹交曹君之弟也人皆可以爲堯舜疑古語或孟子所嘗言也朱子曰孟子道人皆可以爲堯舜何曾道便是堯舜更不可假脩爲耶 [備旨]昔曹交問於孟子曰嘗聞堯舜古之聖帝也乃人皆可以爲之此言有諸孟子曰然人實皆可以爲堯舜也

交ᄂᆞᆫ聞文王은十尺이오湯은九尺이라ᄒᆞ니今交ᄂᆞᆫ九尺四寸以長이로ᄃᆡ食粟而已로니如何則可ㅣ잇고

交ᄂᆞᆫ드ᄅᆞ니文王은十尺이오湯은九尺이라ᄒᆞ니이제交ᄂᆞᆫ九尺四寸이ᄡᅥ長ᄒᆞᄃᆡ粟만食ᄒᆞᆯᄯᆞᄅᆞᆷ이로니엇디ᄒᆞ면可ᄒᆞ니잇고

●曹交問也食粟而已言無他材能也 [備旨]曹交不知所以爲堯舜之道乃以形體論之曰交聞文王體長十尺湯體長九尺皆爲堯舜者也今交九尺四寸以長形體類於湯文若可以爲堯舜矣然無他材能但食粟而已有其形而無其實交之有愧於湯文遠矣敢問如之何則可爲堯舜耶

曰奚有於是리오亦爲之而已矣니라有人於此ᄒᆞ니力不能勝一匹雛ㅣ면則爲無力人矣오今日擧百鈞이면則爲有力人矣니然則擧烏獲之任이면是亦爲烏獲而已矣니夫人은豈以不勝爲患

哉리오 弗爲耳니라 勝平聲

ᄀᆞᆯᄋᆞ샤ᄃᆡ 엇디 이에 이시리오 ᄯᅩ ᄒᆞᆫ ᄒᆞᆯᄯᆞᄅᆞᆷ이니라 人이 이에 이시니 力이 能히 ᄒᆞᆫ 匹雛를 勝티 몯ᄒᆞ면 곧 力이 업ᄉᆞᆫ 사ᄅᆞᆷ이 되고 이제 ᄀᆞᆯ오ᄃᆡ 百鈞을 擧ᄒᆞ노라 ᄒᆞ면 곧 力이 인ᄂᆞᆫ 사ᄅᆞᆷ이 되ᄂᆞ니 그러면 烏獲의 任을 擧ᄒᆞ면 이 ᄯᅩ ᄒᆞᆫ 烏獲이 될ᄯᆞᄅᆞᆷ이니 人은 엇디 勝티 몯홈으로ᄡᅥ 患을 삼으리오 ᄒᆞ디 아닐ᄲᅮᆫ이니라

●匹字、本作鴄、鴨也、從省作匹、禮記、說匹爲鶩、音木 是也、記曲禮庶人之贄匹註匹讀爲鶩野鴨曰鳧家鴨曰鶩不能飛騰如庶人之終守耕稼也 烏獲、古之有力人也、能擧移千鈞、趙氏曰秦武王好以力戲力士烏獲至大官○新安陳氏曰爲之一字爲此章之要所謂弗爲耳及下文所不爲也皆與爲之而已一句相應而行堯之行與歸而求之行也求也皆所以爲之也擧烏獲之任是亦爲烏獲以譬能爲堯舜之事是亦爲堯舜也【備旨】孟子曰所謂人皆可以爲堯舜者奚有於是形體哉亦在爲堯舜之所爲而已矣如有人於此其始也力不能勝乎一匹雛之輕則人皆以爲無力人矣今曰力足擧百鈞之重則人皆以爲有力人矣是知人之有力無力顧所任何如耳然則能擧烏獲千鈞之任者是亦爲烏獲而已矣奚必形之似烏獲哉使人能爲堯舜之爲非即堯舜而何 夫人豈以材質凡庸不勝堯舜之事爲患哉但甘於自棄而弗爲之耳

徐行後長者를 謂之弟오 疾行先長者를 謂之不弟니 夫徐行者ᄂᆞᆫ 豈人所不能哉리오 所不爲也니 堯舜之道ᄂᆞᆫ 孝弟而已矣니라

後去聲長上聲弟音悌先去聲夫音扶

徐히 行ᄒᆞ야 長者의게 後홈을 弟라 닐ᄋᆞ고 疾히 行ᄒᆞ야 長者의게 先홈을 不弟라 닐ᄋᆞᄂᆞ니 徐히 行홈은 엇디 人의 能티 몯홀 배리오 ᄒᆞ디 아닌ᄂᆞᆫ 배니 堯舜의 道ᄂᆞᆫ 孝弟ᄯᆞᄅᆞᆷ

이니라

●陳氏、曰孝弟者、人之良知良能、自然之性也、堯舜、人倫之至、亦率是性而已、豈能加毫末於是哉、(慶源輔氏曰堯舜不過率是性而充其量非有所增益於性分外也)楊氏、曰堯舜之道、大矣、而所以爲之、乃在夫(音扶)行止疾徐之間、非有甚高難行之事也、百姓、蓋日用而不知耳、(和靖尹氏曰堯舜之道止於孝弟孝弟非堯舜不能盡○朱子曰堯舜之道孝弟而已這是對那不孝不弟底說孝弟便是堯舜之道不孝不弟便是桀紂○南軒張氏曰人性莫大於仁義仁莫先於愛親義莫先於從兄此孝弟之所由立也盡得孝弟則仁義亦無不盡是則堯舜之道豈不可以一言蔽之乎人孰無是心哉顧體而充之何如耳○慶源輔氏曰陳氏就孝弟上說而極於堯舜之聖楊氏是就堯舜上說而本於孝弟之近二說互相發明所謂百姓蓋日用而不知者其警發於人尤爲切至也[備旨]且堯舜亦不難爲也如徐行而後於長者卽謂之弟疾行而先於長者卽謂之不弟夫徐行者豈是難事而爲人所不能哉特人所忽焉而不爲也古今聖人言道大者必歸堯舜夫堯舜之道豈有甚高遠難行之事哉亦不外於孝弟而已矣夫豈有所加哉)

子ㅣ服堯之服ᄒᆞ며誦堯之言ᄒᆞ며行堯之行이면是堯而已矣오子ㅣ服桀之服ᄒᆞ며誦桀之言ᄒᆞ며行桀之行이면是桀而已矣니라(之行幷去聲)

子ㅣ堯의服을服ᄒᆞ며堯의言을誦ᄒᆞ며堯의行을行ᄒᆞ면이堯ㅣᆯᄯᆞ롬이오子ㅣ桀의服을服ᄒᆞ며桀의言을誦ᄒᆞ며桀의行을行ᄒᆞ면이桀일ᄯᆞ롬이니라

●言爲善爲惡、皆在我而已、詳曹交之問、淺陋麤(倉胡反)率、(慶源輔氏曰此指其以身之長短與湯文較也人皆可以爲堯舜豈謂是歟)必其進見之時、禮貌衣冠言動之間、多不循理、故、孟子、告之如此兩節云、(覺軒蔡氏曰孟子以人皆可爲堯舜所以誘曹氏之進也然亦豈謂不假脩爲而卽可爲堯舜耶勉之以孝弟又勉之以衣服言行之間固不以難而沮人亦不以易而許人惜乎曹交之不足以進此也○新安陳氏曰上一節告以徐行疾行此一節告以衣服言行皆是就其病之切處箴欽之【備旨】夫堯舜旣不難爲而爲之則在子也子欲學爲堯舜豈必求之遠且難哉一身衣服言動之微皆道之所在學聖則聖學狂則狂在子之趨向何如耳子若服堯之服而服循乎理誦堯之言而言循乎理行堯之行而行循乎理則衣冠言動皆孝弟之道也皆堯也是堯而已矣不必有湯文之形體而後可以爲堯也子或服不以理而服桀之服言不以理而誦桀之言行不以理而行桀之行則衣冠言動皆非孝弟之道也皆桀也是桀而已矣則雖有湯文之形體而何能不入於桀也夫能爲堯則可以爲舜出乎堯則必入乎桀是皆在乎爲之矣奚有於形體哉

曰交ㅣ得見於鄒君이면可以假館이니願留而受業於門ᄒᆞ노이다 見音現

갈오ᄃᆡ交ㅣ시러곰鄒君ᄭᅴ見ᄒᆞ면可히ᄡᅥ館을假ᄒᆞ리니願컨ᄃᆡ留ᄒᆞ야門에業을受ᄒᆞ려ᄒᆞ노이다

●假館而後、受業、又可見其求道之不篤、慶源輔氏曰此亦是富貴者之習氣都未知那居無求安之味【備旨】交聞言而悅曰夫子之言善矣交於鄒君有鄉好之誼使得見於鄒君可以假借一館願留於此而受業於夫子之門以終爲堯舜之敎焉

曰夫道ㅣ若大路然ᄒᆞ니豈難知哉리오人病不求耳니子ㅣ歸而求之면有餘師ㅣ리라 夫音扶

갈ᄋᆞ사ᄃᆡ道ᄂᆞᆫ大路ᄀᆞᆮᄐᆞ니엇디알옴이어려우리오人이求티아니홈을病ᄒᆞᄂᆞ니子ㅣ歸ᄒᆞ야求ᄒᆞ면餘師ㅣ이시리라

○言道不難知、若歸而求之、事親敬長上聲下同之間、則性分去聲之內、萬理皆備、隨處發見、形甸反無不可師、不必留此而受業也、問學莫難於知道故欲脩身者必以致知爲先今曰道豈難知而特患於不爲何哉朱子曰道之精微固難知也然自始學言之則如是而爲孝如是而爲弟如是而爲不孝如是而爲不弟其大體向背之間豈不明而易知乎致知云者亦曰即其已行之知而推致之耳○慶源輔氏曰道若大路然人所共由者也初匪難知但患人蔽於私役於

氣自暴自棄而不肯求耳誠能即其孝親弟長之良知良能而擴其自然之性則一性之中萬理皆備日用之間隨所感處無不發見而察之而體之則師不必求於外而得道不必索於外而存矣

○曹交、事長之禮、旣不至、求道之心、又不篤、故、孟子、教之以孝弟、而不容其受業、蓋孔子餘力學文之意、亦不屑之教誨也、朱子曰曹交識致凡下又有挾貴求安之意故孟子拒之然所以告之者亦極親切非終拒之也○新安陳氏曰可爲堯舜在性分不在形體交以形體似聖人言陋矣孟子所答全章之要在爲之而已中言行堯之行以躬行言也末言豈難知與病不求歸求以求知言也求知以開其爲之之端躬行以盡其爲之之實則所謂可爲堯舜者必眞能爲之安有不假修爲而可安坐以至堯舜之理耶徐行尤易能故先只言徐行之弟而後總以孝弟言之有餘師非謂人師也如先儒所謂學者當以己心爲嚴師之意【備旨】孟子曉之曰子欲假館而受業者仍以道不易知而欲因我以求道也殊不知夫道具於性分之內著於日用之常譬若大路然明白簡易豈難知哉特人自絕於道病在不知所以求之耳子若歸而求之事親敬長之間而體吾所謂孝弟之道則知性分之內萬理皆備孝弟旣盡衆善自生隨吾身之所往皆是道之發見依道而行即此是師無往而非道則亦無往而非師矣不亦有餘師乎何必留此受業爲也是可見欲爲堯舜者反而求諸孝弟可矣

○公孫丑ㅣ問曰高子ㅣ曰小弁은小人之詩也ㅣ라ᄒᆞ더이다孟子ㅣ曰何以言之오曰怨이니이다 弁音盤

公孫丑ㅣ묻ᄌᆞ와ᄀᆞᆯ오ᄃᆡ高子ㅣᄀᆞᆯ오ᄃᆡ小弁은小人의詩라ᄒᆞ더이다孟子ㅣᄀᆞᆯᄋᆞ샤ᄃᆡ엇디ᄡᅥ닐ᄋᆞᄂᆞ뇨ᄀᆞᆯ오ᄃᆡ怨홈이니이다

【註】高子、齊人也、小弁、小雅篇名、周幽王、娶申后、生太子宜臼、又得褒姒、音似生伯服、而黜申后、廢宜臼、於是、宜臼之傅、爲去聲作此詩、以叙其哀痛迫切之情也、南軒張氏曰家國之念深故其憂苦父子之情切故其辭哀【備旨】公孫丑問曰吾聞高子之說詩曰小弁之詩乃小人之詩也孟子曰何以言之丑答曰高子謂詩之爲敎貴乎溫厚和平況小弁又處父子之間乎今讀其詩但見其哀痛

迫切蓋傷於怨也此所以謂之小人之詩也

曰固哉라高叟之爲詩也ㅣ여有人於此ᄒᆞ니越人이關弓而射之어든則己ㅣ談笑而道之ᄂᆞᆫ無他ㅣ라疏之也ㅣ오其兄이關弓而射之어든則己ㅣ垂涕泣而道之ᄂᆞᆫ無他ㅣ라戚之也ㅣ니小弁之怨은親親也ㅣ라親親은仁也ㅣ니固矣夫라高叟之爲詩也ㅣ여 關與彎同射食亦反夫音扶

ᄀᆞᆯ으샤ᄃᆡ固ᄒᆞ다高叟의詩ᄅᆞᆯᄒᆞᆷ이여人이이에이시니越人이弓을關ᄒᆞ야射ᄒᆞ거든곧己ㅣ談笑ᄒᆞ고道ᄒᆞᆷ은他ㅣ업슨디라疏ᄒᆞᆷ이오그兄이弓을關ᄒᆞ야射ᄒᆞ거든곧己ㅣ涕泣을垂ᄒᆞ고道ᄒᆞᆷ은他ㅣ업슨디라戚ᄒᆞᆷ이니小弁의怨ᄒᆞᆷ은親을親ᄒᆞᆷ이라親을親ᄒᆞᆷ은仁이니固ᄒᆞ다高叟의詩ᄅᆞᆯᄒᆞᆷ이여

[註]固、謂執滯不通也、爲、猶治也、越、蠻夷國名、道、語也、親親之心、仁之發也、新安陳氏曰小弁之事人倫之大變宗社傾覆繫焉如之何勿怨是其怨乃所以見親親之心蓋愛親之仁之發見者也[備旨]孟子曰凡說詩者當會其意而不可泥其言固矣哉高叟之治詩也夫謂小弁爲怨則可謂怨爲小人則不可何者小弁乃怨其所當怨者也譬如有人於此越人關弓而欲射之則己於其旁談笑而勸止之無他疏之也故言不甚切也若其兄關弓而欲射之則己於其旁垂涕泣而勸止之無他戚之也故痛切以爲言恐其妄殺人而墮於罪也小弁父子之閒不啻其兄之關弓射人則小弁涕泣之道乃親親之情也夫親親者仁也仁豈小人之道乎固矣夫高叟之爲詩也

曰凱風은何以不怨이잇고

곧오ᄃᆡ凱風은엇디ᄡᅧ怨티아니ᄒᆞ니잇고

●凱風、邶蒲昧反風篇名、衛有七子之母、不能安其室、七子、作此、以自責也、新安陳氏曰母生七子而寡不能安其室七子作詩不敢非其母引罪自責謂子不能慰母心使母不安以感動之也備旨丑問曰小弁固所當怨彼詩有凱風之過其母猶小弁之過其父也何以不怨

曰凱風은親之過ㅣ小者也ㅣ오小弁은親之過ㅣ大者也ㅣ니親之過ㅣ大而不怨이면是는愈疏也ㅣ오親之過ㅣ小而怨이면是는不可磯也ㅣ니愈疏도不孝也ㅣ오不可磯도亦不孝也ㅣ니라 磯音機

ᄀᆞᆯ으샤ᄃᆡ凱風은親의過ㅣ小ᄒᆞᆫ이오小弁은親의過ㅣ大ᄒᆞᆫ이니親의過ㅣ大ᄒᆞᄃᆡ怨티아니ᄒᆞ면이는더옥疏홈이오親의過ㅣ小ᄒᆞᄃᆡ怨ᄒᆞ면이는可히磯티몯홈이니더옥疏홈도孝ㅣ아니오可히磯티몯홈도ᄯᅩᄒᆞᆫ孝ㅣ아니니라

●磯、水激石也、不可磯、言微激之而遽怒也、朱子曰親之過大則傷天地之大和戾父子之至愛若此而不怨焉則是坐視其親之陷于大惡恝然不少動其心而父子之情益薄矣此之謂愈疏親之過小則特以一時之私心而少有虧于父子之天性若此而遽怨焉則是水中不可容一激石一有激石則呌號而遽怒矣此之謂不可磯故二者均爲不孝也○南軒張氏曰小弁凱風其事異故其情其辭異當小弁之事而怨慕不形是漠然無親當凱風之事而怨心遽形是歸過於親皆失親親之義而賊夫仁矣故皆以不孝斷之怨一也由小弁之所存則爲天理由高子之所見則爲人欲不可不察也備旨孟子曰凱風與小弁不可以幷論也凱風之母特以一時之私心而少有汙於母子之天性過之小者也小弁之父信讒廢嫡則傷天地之太和戾父子之至愛過之大者也親之過大而不怨則親之廢我情旣疏矣我又恝然不介於懷父子之間益薄矣不愈疏乎親之過小而怨則親方不幸而有幾微之失我乃遽爲不平之鳴猶水之不容一激石也非不可磯乎愈疏則有忘親之心固不孝也不可磯則無順親之心亦不孝也此小弁之怨與凱風

之不怨固各有攸當已豈可執不怨者以槪論夫怨者乎

孔子ㅣ曰舜은其至孝矣신뎌五十而慕ㅣ라ᄒᆞ시니라

孔子ㅣᄀᆞᆯᄋᆞ샤ᄃᆡ舜은그지극ᄒᆞᆫ孝ㅣ신뎌五十이도록慕타ᄒᆞ시니라

●言舜猶怨慕、小弁之怨、不爲不孝也、○趙氏、曰生之膝下、一體而分、喘(尺兗反)息呼吸、氣通於親、(新安陳氏曰此由子生之始而推其未生以前深味之愛親之心油然生矣)當親而疏、(疎)怨慕號(平聲)天、是以、小弁之怨、未足爲愆也、(問說詩者皆以小弁之意與舜怨慕同竊謂只我罪伊何一句與舜於我何哉之意同後面君子秉心維其忍之君子不惠不舒究之分明是怨其親與舜怨慕之意似不同朱子曰作小弁者自是未到得舜地位蓋亦常人之情耳只我罪伊何上面說何辜于天亦似自以爲無罪未可與舜同日語也○雲峯胡氏曰七情中有哀而與無怨怨出於哀哀之切故怨之深雖程子嘗論小弁之怨與舜不同然皆出於人情之至痛而天理之至眞者也)備旨 且吾以怨爲孝非私言也昔孔子嘗稱舜曰舜其至孝矣年至五十之時而猶不忘其怨慕之心夫舜之至孝且猶怨慕豈可以小弁之怨爲非孝乎知孝則知仁矣高子乃以小人目之何其說詩之固也

○宋牼이將至楚ㅣ러니孟子ㅣ遇於石丘ᄒᆞ시다(牼口莖反)

宋牼이장ᄎᆞᆺ楚에가더니孟子ㅣ石丘에遇ᄒᆞ시다

●宋、姓、牼、名、石丘、地名、備旨 昔游說之宋牼將往楚國游說楚王孟子偶然與之相遇於石丘之地

曰先生은將何之오

ᄀᆞᆯᄋᆞ샤ᄃᆡ先生은장ᄎᆞᆺ어ᄃᆡ가ᄂᆞ뇨

●趙氏、曰學士、年長(上聲)者故、謂之先生、備旨 問曰先生將何之蓋知其往說於人國所以發其端也

曰吾聞秦楚ㅣ構兵ᄒᆞ니我ㅣ將見楚王ᄒᆞ야說而罷之호ᄃᆡ楚王이不悅이어든我ㅣ將見秦王ᄒᆞ야說而罷之호리니二王애我ㅣ將有所遇焉시ᄇ라 說音稅

글ᄋᆞᄃᆡ내秦楚ㅣ兵을構홈을듣오니내장ᄎᆞᆺ楚王을보와說ᄒᆞ야罷호ᄃᆡ楚王이悅티아니ᄒᆞ거든내장ᄎᆞᆺ秦王을보와說ᄒᆞ야罷호리니二王에내장ᄎᆞᆺ遇홈ᄇᆡ이시리라

●時、宋牼、方欲見楚王、恐其不悅、則將見秦王也、遇、合也、按莊子書、有宋鈃刑堅二音者、禁攻寢兵救世之戰、上說音稅下敎、强上聲聒古活反不舍、上聲○見莊子天下篇疏去聲云齊宣王時人、以事考之、疑即此人也、

構古侯反合也(備旨) 牼曰今百姓之苦莫甚於戰爭而列國相爭莫强於秦楚吾聞秦楚二國構兵相伐我今南見楚王說之罷其兵或楚王不以吾言爲悅吾將西見秦王說之而罷其兵不合於楚必合於秦二王我將有所遇焉則吾之說可行而民可息矣

曰軻也ᄂᆞᆫ請無問其詳이오願聞其指ᄒᆞ노니說之將如何오曰我ㅣ將言其不利也호리라曰先生之志則大矣어니와先生之號則不可ᄒᆞ다

글ᄋᆞ샤ᄃᆡ軻ᄂᆞᆫ請컨댄그詳을묻디말오願컨댄그指를듣고쟈ᄒᆞ노니說홈을장ᄎᆞᆺ엇디ᄒᆞ료글오ᄃᆡ내장ᄎᆞᆺ그利티아니홈을닐오리라글ᄋᆞ샤ᄃᆡ先生의志ᄂᆞᆫ크거니와先生의號ᄂᆞᆫ可티아니ᄒᆞ다

●徐氏曰能於戰國擾攘之中而以罷兵息民爲說其志可謂大矣然以利爲名則不可也 蔡氏曰宋牼在當時想亦是年德之高者故孟子以先生呼之而猶不免溺於利害之私竟不知仁義之正道世俗從可知矣【備旨】孟子曰軻也避遲之際請無問說二國之詳願聞其說二國之指先生所以說之者將何如牼曰我將言其兵連禍結民困財盡不利於國也孟子曰先生之志在於罷兵息民可謂大矣然以利爲號則有所不可也

先生이以利로說秦楚之王이면秦楚之王이悅於利ᄒᆞ야以罷三軍之師ᄒᆞ리니是는三軍之士ㅣ樂罷而悅於利也ㅣ라爲人臣者ㅣ懷利以事其君ᄒᆞ며爲人子者ㅣ懷利以事其父ᄒᆞ며爲人弟者ㅣ懷利以事其兄이면是는君臣父子兄弟ㅣ終去仁義ᄒᆞ고懷利以相接이니然而不亡者ㅣ未之有也ㅣ라니 樂音洛下同 先生이以仁義로說秦楚之王이면秦楚之王이悅於仁義ᄒᆞ야而罷三軍之師ᄒᆞ리니是는三軍之士ㅣ樂罷而悅於仁義也ㅣ라爲人臣者ㅣ懷仁義以事其君ᄒᆞ며爲人子者ㅣ懷仁義以事其父ᄒᆞ며爲人弟者ㅣ懷仁義以事其兄이면是는君臣父子兄弟ㅣ去利ᄒᆞ고懷仁義以相接也ㅣ니然而不王者ㅣ未之有也ㅣ니何必曰利리오 王去聲

先生이利로ᄡᅥ秦楚ㅅ王을說ᄒᆞ면秦楚ㅅ王이利에悅ᄒᆞ야ᄡᅥ三軍ㅅ師ᄅᆞᆯ罷ᄒᆞ리니
이ᄂᆞᆫ三軍ㅅ士ㅣ罷홈을樂ᄒᆞ야利에悅홈이라人臣이되연ᄂᆞᆫ者ㅣ利ᄅᆞᆯ懷ᄒᆞ야ᄡᅥ그
君을事ᄒᆞ며人子ㅣ되연ᄂᆞᆫ者ㅣ利ᄅᆞᆯ懷ᄒᆞ야ᄡᅥ그父ᄅᆞᆯ事ᄒᆞ며人弟ㅣ되연ᄂᆞᆫ者ㅣ利
ᄅᆞᆯ懷ᄒᆞ야ᄡᅥ그兄을事ᄒᆞ면이ᄂᆞᆫ君臣과父子와兄弟ㅣᄆᆞᄎᆞᆷ내仁義ᄅᆞᆯ去ᄒᆞ고利ᄅᆞᆯ懷
ᄒᆞ야ᄡᅥ서ᄅᆞ接홈이니그러코亡티아닐者ㅣ잇디아니ᄒᆞ니라先生이仁義로ᄡᅥ秦楚
ㅅ王을說ᄒᆞ면秦楚ㅅ王이仁義에悅ᄒᆞ야三軍ㅅ師ᄅᆞᆯ罷ᄒᆞ리니이ᄂᆞᆫ三軍ㅅ士ㅣ罷
홈을樂ᄒᆞ야仁義에悅홈이라人臣이되연ᄂᆞᆫ者ㅣ仁義ᄅᆞᆯ懷ᄒᆞ야ᄡᅥ그君을事ᄒᆞ며人
子ㅣ되연ᄂᆞᆫ者ㅣ仁義ᄅᆞᆯ懷ᄒᆞ야ᄡᅥ그父ᄅᆞᆯ事ᄒᆞ며人弟ㅣ되　ᄂᆞᆫ者ㅣ仁義ᄅᆞᆯ懷ᄒᆞ야
ᄡᅥ그兄을事ᄒᆞ면이ᄂᆞᆫ君臣과父子와兄弟ㅣ利ᄅᆞᆯ去ᄒᆞ고仁義ᄅᆞᆯ懷ᄒᆞ야ᄡᅥ서ᄅᆞ接홈
이니그러코王티아닐者ㅣ잇디아니ᄒᆞ니엇디반ᄃᆞ시利ᄅᆞᆯ니ᄅᆞ리오

●此章、言休兵息民、爲事則一、然、其心、有義利之殊、而其效、有興亡之異、學者、所當深察而明辨之也、

南軒張氏曰古之謀國者以義理不以利害此天理人欲之所以分而治忽所由係也說之以利使其能從亦利心耳罷兵雖息一時之患而徇利實傷萬世之彝○西山眞氏曰戰國交兵之禍烈矣宋牼一言而罷之豈非生民之福而仁人之所甚願者哉顧利端一開君臣父子兄弟大抵皆見利而動其禍又有甚於交兵者是以聖賢不得不嚴其防也○新安陳氏曰以利說二王而罷兵若足爲斯民幸矣然上下皆懷利以相接必將有滅亡之禍是利未得而害已甚矣以仁義說二王而罷兵上下皆懷仁義以相接則仁必愛親義必急君雖不言利而仁義之利自在其中矣此章大意與首篇首章相似利端一開利心競熾而大倫將不暇顧其禍有甚於交兵者交兵不過殺人身耳言利則必蠱害人心孟子此章於遏人欲存天理尤嚴焉

備旨何以見利之ㅓ可也先生以利說秦楚之王秦楚之王皆悅於利之說以罷三軍之師是凡所謂三軍之士者皆樂罷而悅於謀利也利之名一倡而人心惟知利之爲美將見爲人臣者懷利之心以事其君有所覬望而非盡忠也爲人子者懷利之心以事其父爲人弟者懷利之心以事其兄有所希冀而非盡孝盡弟也是擧國之君臣父子兄弟終去

仁義只懷利以相接吾恐見利則爭失利則怨親愛之意泯弒奪之禍興然而不亡其國者未之有也利之爲禍有如此信乎利之不可爲號也【備旨】利旣不可爲名則當以何者說之亦有仁義而已矣先生若以仁義說秦楚之王見得殃民非仁伐國非義由是秦楚之王悅於仁義之說而罷息三軍之師是三軍之士皆樂罷而悅於仁義也仁義之名一倡而人皆知仁義之爲美爲人臣者懷仁義之心事其君只見得道理當忠初不爲一己富貴之計爲人子者懷仁義之心以事其父爲人弟者懷仁義之心以事其兄只見得道理當孝弟初不爲一己覬覦之私是擧國之君臣父子兄弟去利懷仁義以相接也吾見君有純臣父有孝子兄有賢弟四境之內同一君親上下之誠愛親敬長之願人心旣振國勢自張然而不王者未之有也仁義之造福如此先王持此以說秦楚可矣何必曰利乎哉

○孟子ㅣ居鄒ᄒᆞ실ᄉᆡ 季任이 爲任處守ㅣ러니 以幣交ᄒᆞᆫ대 受之而不報ᄒᆞ시고 處於平陸ᄒᆞ실ᄉᆡ 儲子ㅣ 爲相이러니 以幣交ᄒᆞᆫ대 受之而不報ᄒᆞ시다 任平聲相去聲下同

孟子ㅣ鄒에居ᄒᆞ실ᄊᆡ季任이任을爲ᄒᆞ야處守ᄒᆞ얏더니幣로ᄡᅥ交ᄒᆞᆫ대受ᄒᆞ고報티아니ᄒᆞ시고平陸에處ᄒᆞ실ᄊᆡ儲子ㅣ相이되얏더니幣로ᄡᅥ交ᄒᆞᆫ대受ᄒᆞ고報티아니ᄒᆞ시다

●趙氏、曰季任、任君之弟、任君、朝音潮會於隣國、季任、爲去聲之居守其國也、儲子、齊相也、不報者、來見則當報之、但以幣交則不必報也、朱子曰初不自來但以幣交未爲非禮但孟子旣受之後便當來見而又不來則其誠之不至可知矣故孟子過而不見施報之宜也亦不屑之敎誨也○慶源輔氏曰來見則禮意重幣交則禮意輕也【備旨】昔孟子之居於鄒也有任君之弟季任爲任君居守其國以幣至鄒來交孟子孟子受之而不往見以報其禮其一日又處於齊之平陸也儲子爲齊相亦以幣至平陸來交孟子孟子亦受之而不往見以報其禮

他日애 由鄒之任ᄒ샤 見季子ᄒ시고 由平陸之齊ᄒ샤 不見儲子ᄒ신대 屋廬子ㅣ 喜曰連이 得間矣와타

他日애鄒로말믜암아任애가샤季子를보시고平陸으로말믜암아齊예가샤儲子를보디아니ᄒ신대屋廬子ㅣ喜ᄒ야ᄀᆞᆯ오ᄃᆡ連이間을得ᄒ과라

(註)屋廬子、連其名也 知孟子之處去聲此、必有義理、故、喜得其間隙而問之、【備旨】及至他日孟子由鄒之任見季子而答幣交之禮由平陸之齊乃不見儲子以答幣交之禮屋廬子喜曰交同而答異君子處此必有義理存焉連得其間隙而問之矣

問曰夫子ㅣ 之任ᄒ샤 見季子ᄒ시고 之齊ᄒ샤 不見儲子ᄒ시니 爲其爲相與ㅣ잇가 爲其之爲去聲 下同與平聲

묻ᄌᆞ와ᄀᆞᆯ오ᄃᆡ夫子ㅣ任에가샤季子를보시고齊예가샤儲子를보디아니ᄒ시니그相이되야심을爲ᄒ얘시니잇가

(註)言儲子、但爲齊相、不若季子、攝守君位故、輕之邪、俗作耶【備旨】於是問曰夫子之任見季子之齊不見儲子意者爲儲子但爲齊相與不然何以幣交則同而有報與不報之異也

曰非也ㅣ라 書에 曰享은 多儀ᄒ니 儀不及物이면 曰不享이니 惟不役志于享이라ᄒ니

ᄀᆞᆯᄋᆞ샤ᄃᆡ아니라書애ᄀᆞᆯ오ᄃᆡ享은儀ㅣ하니儀ㅣ物에及디몯ᄒ면ᄀᆞᆯ온享이아니니

志를享애役디아니홀써라ᄒᆞ니

●書、周書洛誥之篇、享、奉上也、儀、禮也、物、幣也、役、用也、言雖享、而禮意不及其幣、則是不享矣、以其不用志于享故也、蔡氏曰享不在幣而在於禮幣有餘而禮不足亦所謂不享也 備旨 孟子曰吾之不見儲子者非以其爲相之故也獨不覲之周書乎周書洛誥之篇曰享上貴厚乎禮意若物有餘而禮意不足是儀不及物即謂之曰不享惟其但以物爲享而不用志於享故也書之言如此

爲其不成享也ㅣ니라

그享을成티몯홈을爲ᄒᆞ얘니라

●孟子、釋書意如此、新安陳氏曰幣物有餘而禮儀不足是有慢上之心謂其所貪在物雖禮意不足無妨乃是雖有享之名而不成享之禮也 備旨 夫以物享人書乃謂之不享者何哉正爲其徒事虛文而敬有不足則不成其享也我之不見儲子者亦以其不成享耳豈爲其爲相哉

屋廬子ㅣ悅이어ᄂᆞᆯ或이問之ᄒᆞᆫ대屋廬子ㅣ曰季子ᄂᆞᆫ不得之鄒ㅣ오儲子ᄂᆞᆫ得之平陸일서니라

屋廬子ㅣ悅ᄒᆞ거ᄂᆞᆯ或이무른대屋廬子ㅣ골오ᄃᆡ季子ᄂᆞᆫ시러곰鄒에가디몯홀꺼시오儲子ᄂᆞᆫ시러곰平陸에갈꺼실써니라

●徐氏、曰季子、爲去聲君居守、不得往他國、以見孟子、則以幣交、而禮意已備、儲子、爲齊相、可以至齊之境內、而不來見、則雖以幣交、而禮意、不及其物也、慶源輔氏曰不得之鄒而不來則是制於禮者也得之平陸而不至則是簡於禮者也制於禮者欲爲而不可簡於禮者可爲而不欲君子之所爲一視其禮意之輕重而行吾義而已○覺軒蔡氏曰此章見孟子於禮意之間是否之際權衡輕重

各稱其宜如此然皆以幣交而皆受之豈孟子當時亦有幣交之禮而季子儲子皆非惡人亦有可受之理歟【備旨】屋廬子聞言而悅以君子交際信有義理而不苟焉或人又疑而問之以爲均一幣交耳何以有成享有不成享之異乎屋廬子乃解之曰季子爲君守國況至鄒則越國是勢不得至鄒但以幣交其禮意已備故謂之成享也儲子雖爲相國事猶有所主況平陸在齊境內是勢得至平陸亦止以幣交其禮意不及故謂之不成享也惟儲子之不成享異乎季子故夫子之見季子亦異於儲子矣此君子之處己處人各有攸當也與

○淳于髡이曰先名實者는爲人也ㅣ오後名實者는自爲也ㅣ니夫子ㅣ在三卿之中ᄒᆞ샤名實이未加於上下而去之ᄒᆞ시니仁者도固如此乎ㅣ잇가 先後爲皆去聲

淳于髡이골오ᄃᆡ名實을先ᄒᆞᄂᆞᆫ者ᄂᆞᆫ人을爲홈이오名實을後ᄒᆞᄂᆞᆫ者ᄂᆞᆫ스스로爲홈이니夫子ㅣ三卿ㅅ中애겨샤名實이上下의加티몯ᄒᆞ야셔去ᄒᆞ시니仁者도진실로이러ᄐᆞᆺᄒᆞ니잇가

●名、聲譽也、實、事功也、言以名實爲先而爲之者、是有志於救民者也、以名實爲後而不爲者、是欲獨善其身者也、先後並如字 名實、未加於上下、言上未能正其君、下未能濟其民也、【備旨】淳于髡因孟子在齊無功而去乃譏之曰凡人有功利之實斯有功利之名先名實者功利在所先則進而治國濟民爲人也後名實者功利在所後則退而獨善其身自爲也今夫子在三卿之中是志在爲人明矣乃名實未加於上下之間而徒然去之又不成爲人矣欲濟時而時不之濟仁者固如此乎

孟子ㅣ曰居下位ᄒᆞ야不以賢事不肖者는伯夷也ㅣ오五就湯ᄒᆞ며五就桀者는伊尹也ㅣ오不惡汙君ᄒᆞ며不辭小官者는柳下惠也ㅣ니三

子者丶不同道나ᄒᆞ 其趨ᄂᆞᆫ 一也니 一者ᄂᆞᆫ 何也오 曰仁也니 君子ᄂᆞᆫ 亦仁而已矣니 何必同이리오 惡趨並去聲

孟子ㅣ ᄀᆞᆯᄋᆞ샤ᄃᆡ 下位에 居ᄒᆞ야 賢으로ᄡᅥ 不肖를 事티 아니ᄒᆞᆫ 者ᄂᆞᆫ 伯夷오 다ᄉᆞᆺ적 湯의게 就ᄒᆞ며 다ᄉᆞᆺ적 桀의게 就ᄒᆞᆫ 者ᄂᆞᆫ 伊尹이오 汙君을 惡티 아니ᄒᆞ며 小官을 辭티 아니ᄒᆞᆫ 者ᄂᆞᆫ 柳下惠니 三子ㅣ 道ㅣ 同티 아니ᄒᆞ나 그 趨ᄂᆞᆫ ᄒᆞᆫ가지니 ᄒᆞᆫ가지ᄂᆞᆫ 엇디오 ᄀᆞᆯ온 仁이라 君子ᄂᆞᆫ 또ᄒᆞᆫ 仁일ᄯᆞᄅᆞᆷ이니 엇디 반ᄃᆞ시 同ᄒᆞ리오

○仁者丶無私心而合天理之謂丶 慶源輔氏曰無私心以存諸心而言合天理以行諸外而言人固有雖無私心而行事不合天理者唯仁則內外合天人備矣○論語於令尹子文陳文子章註引師說以爲當理而無私心則仁矣今又以爲仁者無私心而合天理其先後不同者盖彼就二子之事而言故以爲當理而無私心此直指夫仁而言故曰仁者無私心而合天理 楊氏丶曰伊尹之就湯丶以三聘之勤也丶其就桀也丶湯丶進之也丶湯丶豈有伐桀之意哉丶其進伊尹以事之也丶欲其悔過遷善而已丶伊尹丶旣就湯丶則以湯之心丶爲心矣丶及其終也丶人歸之丶天命之丶不得已而伐之耳丶若湯丶初求伊尹丶卽有伐桀之心丶而伊尹丶遂相 去聲 之以伐桀丶是丶以取天下爲心也丶以取天下爲心丶豈聖人之心哉丶 程子曰五就湯五就桀此伊尹後來事盖己出了則當以湯之心爲心所以五就桀不得不如此○張子曰伯夷伊尹柳下惠皆稱聖人出於仁之一端莫非仁也三子者各以是成性故得稱仁○雲峯胡氏曰集註於三子之中引楊氏說獨詳於伊尹者如夷惠不屑就不屑去其跡甚易明惟伊尹有去又有就其心未易識故詳之 **備旨** 孟子曰子安得以去就之迹而論仁哉亦推其心而已古有迹近於爲己寧居士庶之下位不以己之賢事人之不肖者伯夷也亦有迹近於爲人始因湯之聘而五就於湯繼因湯之薦而五就於桀者伊尹也更有迹近於爲己爲人不惡汙君而亦事之不辭小官而亦爲之者柳下惠也之三子者或以去爲道或以就爲道或以去就不拘爲道亦有自爲爲人之不同矣原其心之所趨則一也

所謂一者何也曰仁也蓋仁者無私心而合天理之謂也由三子觀之則凡君子之去就本於心之無私理之當然而已矣然則君子之處世可就則就固非有意於爲人而以名實爲先可去則去亦非有意於自爲而以名實爲後要皆合乎此心之仁耳何必拘拘於去就之皆同耶子以名實之先後而議我之未仁殆未識仁者之心矣

曰魯繆公之時에公儀子ㅣ爲政ᄒᆞ고子柳子思ㅣ爲臣이로되魯之削也ㅣ滋甚ᄒᆞ니若是乎賢者之無益於國也ㅣ여

ᄀᆞᆯ오ᄃᆡ魯繆公ㅅ時예公儀子ㅣ政을ᄒᆞ고子柳와子思ㅣ臣이되야쇼ᄃᆡ魯의削ᄒᆞ욤이더옥甚ᄒᆞ니이러ᄐᆞᆺ시賢者의國에益홈이업슴이여

●公儀子、名、休、爲魯相、去聲子柳、泄柳也、削、地見侵奪也、髡、譏孟子、雖不去、亦未必能有爲也、備旨髡又譏之曰君子之去就誠不可以迹拘乃若不去而就於人國亦未必有益也昔者魯繆公之時公儀子爲政而秉執國鈞子柳子思爲臣而布列庶位衆賢在魯宜乎魯之强也而魯之地侵削於人也滋甚由此觀之若是乎賢者雖在人國亦無益於國也

曰虞ㅣ不用百里奚而亡ᄒᆞ고秦穆公이用之而霸ᄒᆞ니不用賢則亡이니削을何可得與ㅣ리오 與平聲

ᄀᆞᆯᄋᆞ샤ᄃᆡ虞ㅣ百里奚를用티아니ᄒᆞ야亡ᄒᆞ고秦穆公이用ᄒᆞ야霸ᄒᆞ니賢을用티아니ᄒᆞ면亡ᄒᆞᄂᆞ니削을엇디可히得ᄒᆞ리오

●百里奚事、見形甸反前篇、新安陳氏曰亡則何止乎削故曰削何可得魯之不亡尙以三賢在也否則如虞之亡求削而不可得矣備旨孟子曰子勿謂賢者之無益也昔虞公不用百里奚之賢而遂亡其國秦穆公用之而遂覇天下此一百里奚也何不賢於虞而獨賢於秦哉由用與不用爲之也夫不用賢則至於亡求如魯之削何可得與然則魯之止於削而不亡者以其有三賢在也安得謂賢者無益於人國哉

曰昔者에王豹ㅣ處於淇而河西ㅣ善謳ᄒᆞ고綿駒ㅣ處於高唐而齊右ㅣ善歌ᄒᆞ고華周杞梁之妻ㅣ善哭其夫而變國俗ᄒᆞ니有諸內면必形諸外ᄒᆞᄂᆞ니爲其事而無其功者를髡이未嘗覩之也ㅣ로니是故로無賢者也ㅣ니有則髡必識之니이다 華去聲

ᄀᆞᆯ오ᄃᆡ녜王豹ㅣ淇예處ᄒᆞ욤애河西ㅣ謳ᄅᆞᆯ善히ᄒᆞ고綿駒ㅣ高唐애處ᄒᆞ욤애齊右ㅣ歌ᄅᆞᆯ善히ᄒᆞ고華周와杞梁의妻ㅣ그夫ᄅᆞᆯ善히哭ᄒᆞ욤애國俗을變ᄒᆞ니內예이시면반ᄃᆞ시外예形ᄒᆞᄂᆞ니그事ᄅᆞᆯᄒᆞ고그功이업ᄉᆞᆫ者ᄅᆞᆯ髡이일쯕보디몯ᄒᆞ연노니이런故로賢ᄒᆞᆫ者ㅣ업ᄉᆞ니이시면髡이반ᄃᆞ시알리이다

●王豹、衛人、善謳、淇、水名、綿駒、齊人、善歌、謳聲有曲折也歌長言也 高唐、齊西邑、華周、杞梁二人、皆齊臣、戰死於莒、音舉 其妻、哭之哀、國俗、化之、皆善哭、左傳襄公二十三年齊侯襲莒杞殖華胡化反還音旋載甲夜入明日先遇莒子莒子重賂之使無死曰請有盟華周對曰貪貨棄命亦君所惡也昏而受命日未中而棄之何以事君莒子親鼓而伐之獲杞梁莒人行成齊侯歸遇杞梁之妻於郊梁戰死妻行迎喪使吊之辭曰殖之有罪何辱命焉若免於罪猶有先人之故廬在下妾不得與郊吊齊侯吊諸其室○劉向說苑齊莊公攻莒杞梁與莒戰梁遂鬪殺二十七人而死妻聞而哭城爲之陁而隅爲之崩 髡、以此、譏孟子仕齊無功、未足爲賢也、

備旨 髡又譏之曰賢者固有益於國而無功則不足爲賢也試以古人所居則化者言之昔者王豹處於淇以善謳名也而環河西之人化之而善謳綿駒處於高唐以善歌名也而環齊右之人化之而善歌華周杞梁之妻善哭其夫而環齊之國俗皆變而善哭夫一歌哭之微尚能感人易俗如此而況賢者之處世乎故髡所覩凡有才猷蘊於內者則必有功業形諸外若有才以爲其事而無成

功之可見者髡實未嘗覩之也是故 當今之世無賢者也如有賢者出則名實加於 上下自有功可見而髡必識之矣若無可見之功而負賢者之名此髡之所未喻也

曰孔子ㅣ爲魯司寇ㅣ러시니不用ᄒᆞ고從而祭예燔肉이不至어늘不稅冕而行ᄒᆞ시니不知者ᄂᆞᆫ以爲爲肉也ㅣ라ᄒᆞ고其知者ᄂᆞᆫ以爲爲無禮也ㅣ라ᄒᆞ니乃孔子則欲以微罪行ᄒᆞ샤不欲爲苟去ᄒᆞ시니君子之所爲를衆人이固不識也ㅣ니라 稅音脫爲肉爲無之爲去聲

ᄀᆞᆯ으샤ᄃᆡ孔子ㅣ魯ㅅ司寇ㅣ되여겨시더니用티아니ᄒᆞ고조차祭홈애燔肉이至티아니ᄒᆞ거늘冕을稅티아니ᄒᆞ고行ᄒᆞ시니아디몯ᄒᆞᄂᆞᆫ者ᄂᆞᆫ뻐肉을爲ᄒᆞ시다ᄒᆞ고그아노라ᄒᆞᄂᆞᆫ者ᄂᆞᆫ뻐禮ㅣ업슴을爲ᄒᆞ시다ᄒᆞ니孔子ᄂᆞᆫ則微ᄒᆞᆫ罪로뻐行코쟈ᄒᆞ샤苟去ᄒᆞ고쟈아니ᄒᆞ시니君子의ᄒᆞᄂᆞᆫ바를衆人이진실로아디몯ᄒᆞᄂᆞ니라

●按史記、孔子、爲魯司寇、攝行相去聲下同事、齊人、聞而懼、於是、以女樂、遺去聲魯君、季桓子、與魯君、往觀之、怠於政事、子路、曰夫子、可以行矣、孔子、曰魯今且郊、如致膰音煩于大夫、則吾猶可以止、桓子、卒受齊女樂、郊又不致膰肉于大夫、孔子、遂行、孟子、言以爲爲肉者、固不足道、以爲爲無禮、則亦未爲深知孔子者、蓋聖人、於父母之國、不欲顯其君相之失、又不欲爲無故而苟去故、不以女樂去、而以膰肉行、其見幾平聲明決、而用意忠厚、固非衆人、所能識也、然則孟子之所爲、

豈髡之所能識哉、○尹氏、曰淳于髡、未嘗知仁、亦未嘗識賢也、宜乎其言、若是、

南軒張氏曰孔子之去魯非孟子發明於此後世固亦未知也○慶源輔氏曰觀孟子引孔子之事以答淳于髡則孟子之去齊亦必有所爲而不欲言之者矣○汪氏曰爲肉爲無禮皆非知孔子盖不能用聖人而耽聲色君之大罪膰肉不至君之微罪若不以微罪行而著君之罪則爲不仁苟去則爲不義以微罪行仁也不爲苟去義也君子之所爲仁義而已○新安陳氏曰髡本掉口滑稽之徒始謂孟子去齊而未仁孟子答以夷惠伊尹或去或就皆仁也又謂有賢則必識之孟子答以夫子之去魯亦豈髡所能識哉反覆言古人事末方以君子自擬以衆人指髡髡雖譏孟子未立功而去而孟子所以去齊之故終不自言以顯齊王之失亦見幾明決而用意忠厚焉自謂所願則學孔子今觀其進退語默宛然孔氏家法也【備旨】孟子曰子謂事功可以觀人似以賢者爲易識矣不知賢者未易識也獨不觀孔子之去魯乎昔者孔子爲魯司寇豈願名實不加而去無如魯之君相惑於女樂而不能用當時孔子之心已決於去矣而猶未即去也適有郊祭之事從而祭焉及燔肉不至遂不脫冕而行夫此肉也亦禮也當時不知者以爲夫子之去爲肉其知者以爲夫子之去爲無禮要皆非深知孔子者也乃孔子之意則不欲顯其君相之罪而行又不欲爲無故而苟去其見幾明決用意忠厚如此此惟孔子自知之耳即此而觀可見凡君子之所爲情深識遠超然形迹之外衆人固不識也又何輕量賢者哉

○孟子ㅣ 曰五霸者는 三王之罪人也오 今之諸侯는 五霸之罪人也오 今之大夫는 今之諸侯之罪人也ㅣ니라

孟子ㅣ ᄀᆞᆯᄋᆞ샤ᄃᆡ 五霸는 三王의 罪人이오 이젯諸侯는 五霸의 罪人이오 이젯태우는 이젯諸侯의 罪人이니라

●趙氏、曰五霸、齊桓、晉文、秦穆、宋襄、楚莊也、三王、夏禹、商湯、周文武也、丁氏、曰（丁氏名公著唐蘇州人）夏、昆吾、商、大彭、豕韋、周、齊桓晉文、謂之五霸、

趙氏曰丁氏說本杜預春秋傳註○新安陳氏曰自王道衰伯圖盛人惟知五伯之功豈敢議五伯之罪惟孟子崇王賤伯故以三王律五伯而名其爲罪人焉五伯宜從前一說【備旨】孟子以王道定衰世君臣之罪曰世道之日降也君臣之間皆不道矣如五霸者似謂有功於三王實三王之罪人也今之諸侯似欲追蹤於五霸實五霸之罪人也豈獨其君之罪哉今之大夫似謂有功於諸侯實今之諸侯之罪人也

天子ㅣ適諸侯曰巡狩ㅣ오諸侯ㅣ朝於天子曰述職이니春省耕而補不足ᄒᆞ며秋省斂而助不給ᄒᆞᄂᆞ니入其疆ᄒᆞ니土地辟ᄒᆞ며田野治ᄒᆞ며養老尊賢ᄒᆞ며俊傑이在位則有慶이니慶以地ᄒᆞ고入其疆ᄒᆞ니土地荒蕪ᄒᆞ며遺老失賢ᄒᆞ며掊克이在位則有讓이니一不朝則貶其爵ᄒᆞ고再不朝則削其地ᄒᆞ고三不朝則六師로移之ᄒᆞᄂᆞ니是故로天子ᄂᆞᆫ討而不伐ᄒᆞ고諸侯ᄂᆞᆫ伐而不討ᄒᆞᄂᆞ니五霸者ᄂᆞᆫ摟諸侯ᄒᆞ야以伐諸侯者也ㅣ라故로曰五霸者ᄂᆞᆫ三王之罪人也ㅣ니라

朝音潮辟與闢同治去聲

天子ㅣ諸侯의게適ᄒᆞᆷ을ᄀᆞᆯ온巡狩ㅣ오諸侯ㅣ天子ㅅ긔朝ᄒᆞᆷ을ᄀᆞᆯ온述職이니春에耕을省ᄒᆞ야不足을補ᄒᆞ며秋에斂을省ᄒᆞ야不給을助ᄒᆞᄂᆞ니그疆에入ᄒᆞ니土地ㅣ辟ᄒᆞ며田野ㅣ治ᄒᆞ며老ᄅᆞᆯ養ᄒᆞ며賢을尊ᄒᆞ며俊傑이位예이시면慶이인ᄂᆞ니慶ᄒᆞᄃᆡ地로ᄡᅥᄒᆞ고그疆에入ᄒᆞ니土地ㅣ荒蕪ᄒᆞ며老ᄅᆞᆯ遺ᄒᆞ며賢을失ᄒᆞ며掊克이位예이시면讓이인ᄂᆞ니ᄒᆞᆫ적朝티아니면그爵을貶ᄒᆞ고두적朝티아니면그地ᄅᆞᆯ削ᄒᆞ고세적朝티아니면六師로移ᄒᆞᄂᆞ니이런故로天子ᄂᆞᆫ討ᄒᆞ고伐티아니ᄒᆞ고諸侯ᄂᆞᆫ伐ᄒᆞ고討티몯ᄒᆞᄂᆞ니五霸ᄂᆞᆫ諸侯ᄅᆞᆯ摟ᄒᆞ야ᄡᅥ諸侯ᄅᆞᆯ伐ᄒᆞᄂᆞᆫ者ㅣ라故로ᄀᆞᆯ오ᄃᆡ五霸ᄂᆞᆫ三王의罪人이니라

註 慶、賞也、益其地以賞之也、掊克、聚斂力驗反也、讓、責也、移之者、誅其人而變置之也、討者、出命以討其罪、而使方伯連帥、帥上所類反下所律反諸侯以伐之也、伐者、奉天子之命、聲其罪而伐之也、摟、牽也、五覇、牽諸侯、以伐諸侯、不用天子之命也、新安陳氏曰無王如此使居三王之世豈非罪人 自入其疆、至則有讓、言巡狩之事、自一不朝、至六師移之、言述職之事、南軒張氏曰天子入諸侯之國首察其土田次詢其賢才盖爲國之道莫先於農桑莫要於人才也

備旨 何以見五覇爲三王之罪人也三王之世紀綱振擧法度修明天子十二年而適諸侯名曰巡狩諸侯六年而朝天子名曰述職而天子諸侯時乎春也則省民之耕察其有不足者從而補之時乎秋也則省民之歛察其有不給者從而助之且其巡狩也而賞罰之與行焉其入諸侯之疆也土地以闢而無不田之地田野以治而無不耕之田尊高年而老者得其養貴有德而賢者在所尊於凡俊傑而有才之士莫不布列庶位焉是其國以治而無負於天子分土分民之寄矣則有慶賞以勸之而所賞以地也其入諸侯之疆也土地荒蕪而不治老者遺棄而不養賢者屛斥而不尊而其在位者皆掊克聚斂之徒而非俊傑焉是其國不治而有負於天子分土分民之寄矣則有責讓以懲之而辭無所貸也是當巡狩之時而王章於是乎肅矣且其述職有常期也而貶削征伐之法行焉一不朝則貶其爵公貶爲侯侯貶爲伯伯貶爲子男所以懲其始也至於再不朝則削其地百里削爲七十里七十里削爲五十里所以懲其慢也至於三不朝則六師移之誅其人而變置其君所以重怙終之刑也是述職之時而侯度於是乎益明矣此可見三王之世賞罰征討之權皆自天子出諸侯無有自專而不奉命者是故天子但出命以討罪而不親伐以損威重諸侯但承命以伐罪而不興討以侵大權若五覇者則不用天子之命而摟牽與國之諸侯以伐諸侯之叛己者則征討自諸侯出而凡所賞罰可知也是犯三王之法而不容於三王有道之世者也故曰五覇者三王之罪人也

五覇에 桓公이 爲盛ᄒᆞ더니 葵丘之會에 諸侯ㅣ 束牲載書而不歃血ᄒᆞ고 初命曰誅不孝ᄒᆞ며 無易樹子ᄒᆞ미 無以妾爲妻ㅣ라ᄒᆞ고 再命曰尊賢育才ᄒᆞ야 以彰有德이라ᄒᆞ고 三命曰敬老慈幼ᄒᆞ며 無忘賓旅ㅣ라ᄒᆞ고 四

命曰士無世官ᄒᆞ며官事無攝ᄒᆞ며取士必得ᄒᆞ며無專殺大夫ㅣ라ᄒᆞ고五命曰無曲防ᄒᆞ며無遏糴ᄒᆞ며無有封而不告ㅣ라ᄒᆞ고曰凡我同盟之人은旣盟之後에言歸于好ㅣ라ᄒᆞ니今之諸侯ㅣ皆犯此五禁ᄒᆞᄂᆞ니故로曰今之諸侯ᄂᆞᆫ五霸之罪人也ㅣ니라 歃所洽反 糴音狄 好去聲

五霸예桓公이盛ᄒᆞ더니葵丘ㅅ會예諸侯ㅣ牲을束ᄒᆞ고書ᄅᆞᆯ載ᄒᆞ고血을歃디아니ᄒᆞ고처엄의命ᄒᆞ야ᄀᆞᆯ오ᄃᆡ不孝ᄅᆞᆯ誅ᄒᆞ며樹ᄒᆞᆫ子ᄅᆞᆯ易디말며妾으로ᄡᅥ妻ᄅᆞᆯ삼디말라ᄒᆞ고둘재命ᄒᆞ야ᄀᆞᆯ오ᄃᆡ賢을尊ᄒᆞ며才ᄅᆞᆯ育ᄒᆞ야ᄡᅥ有德을彰ᄒᆞ라ᄒᆞ고셋재命ᄒᆞ야ᄀᆞᆯ오ᄃᆡ老ᄅᆞᆯ敬ᄒᆞ며幼ᄅᆞᆯ慈ᄒᆞ며賓旅ᄅᆞᆯ忘티말라ᄒᆞ고넷재命ᄒᆞ야ᄀᆞᆯ오ᄃᆡ士ᄅᆞᆯ世로官티말며官事ᄅᆞᆯ攝디말며士ᄅᆞᆯ取홈애반ᄃᆞ시得ᄒᆞ며태우ᄅᆞᆯ專殺티말라ᄒᆞ고다ᄉᆞᆺ재命ᄒᆞ야ᄀᆞᆯ오ᄃᆡ防을曲히말며糴을遏티말며封홈이잇고告티아니티말라ᄒᆞ고ᄀᆞᆯ오ᄃᆡ믈읫우리同盟ᄒᆞᄂᆞᆫ人은이믜盟ᄒᆞᆫ後에好애歸홀ᄯᅵ라ᄒᆞ니이젯諸侯ㅣ다이五禁을犯ᄒᆞᄂᆞ니故로ᄀᆞᆯ오ᄃᆡ이젯諸侯ᄂᆞᆫ五霸의罪人이니라

●按春秋傳、去聲 僖公九年、葵丘之會、陳牲而不殺、讀書加於牲上、新安陳氏曰威信服人無事歃血歃歠也 壹明天子之禁、樹、立也、已立世子、不得擅 時戰反 易、初命三事、所以脩身正家之要也、穀梁傳僖公九年九月戊辰諸侯盟于葵丘桓盟不日此何以日 日謂記其日 美之也爲見天子之禁故備之也葵丘之會陳牲而不殺讀書加於牲上一明天子之禁曰毋壅泉 專水利 毋訖糴 訖止也 毋易樹子毋以妾爲妻毋

以婦人與國事 與音預 ○慶源輔氏曰一明天子之禁但一意以明天子之禁而已不孝是惡之大者故居首
世子必告於天子而後立既立則豈可擅自易之不孝是不子易樹子是不父以妾爲妻則無夫婦之別 賓、賓
客也、旅、行旅也、皆當有以待之、不可忽忘也、士、世祿而不世官。恐其未必賢也、
官事無攝、當廣求賢才以充之、不可以闕人廢事也、取士必得、必得其人也、無專
殺大夫、有罪則請命于天子而後、殺之也、無曲防、不得曲爲隄防、壅泉激水、以專
小利病鄰國也、無遏糴、鄰國凶荒、不得閉糴也、無有封而不告者、不得專封國邑、
而不告天子也、 新安陳氏曰五命卽載書之辭才者育之亞於尊賢所以明貴德言歸于和好無搆怨也 [備旨]
何以見今之諸侯爲五霸之罪人也五霸迭興而惟齊之桓公爲最盛觀其葵丘之會諸侯也
威足以驅之信足以服之但束牲載以優書而不事歃血以要質鬼神其書命之辭有五初命曰罪莫大於不孝有
不孝不可不誅世子者國之本無大故不可輕易己樹之子妻所以配身而承宗廟者無以愛妾爲妻以亂其分也
再命曰賢者德之成則尊之而隆以位才者德之用則育之而授以職凡所彰顯有德而不使之遺逸也三命曰吾
國之人有老幼焉則勿忽之敬其老以慈其幼也他國之人有賓旅焉則無忘之優待乎賓客行旅也四命曰己仕
之士有功德於民者但世與其子孫以祿而無世授之以官恐未必賢也有司之官當廣求賢才以充之而事無以
一人兼任之恐闕人廢事也當度德以取士務必得其人防冒進也大夫有罪雖可殺當請命於天子無專殺大夫
恐擅刑也五命曰水旱之灾彼此同之無得曲爲隄防旱則壅泉以專小利澇則激水以病鄰國也鄰國凶荒吾當
救之無得閉遏其糴坐視其灾使我有餘而彼不足也地皆王土人皆王臣無有專封功臣以國與邑而不告於天
子也五命既終而又叮嚀之曰凡我今日同盟之人自此既盟之後務同心同德其遵乎五命之禁而言歸於和好
無背盟也桓公首霸之盛如此而五霸從可知矣桓公首霸之禁如此而五霸之禁從可知矣乃今之諸侯皆犯此
五禁而不遵焉使當五霸之時必不能逃五霸之責矣故曰今之諸侯五霸之罪人也

長君之惡은其罪ㅣ小ᄒᆞ고逢君之惡은其罪ㅣ大ᄒᆞ니今之大夫ㅣ皆
逢君之惡ᄒᆞᄂᆞ니故로曰今之大夫ᄂᆞᆫ今之諸侯之罪人也ㅣ니라 長上聲

君의惡을長ᄒᆞ욤은그罪ㅣ小ᄒᆞ고君의惡을逢ᄒᆞ욤은其罪ㅣ大ᄒᆞ니이젯대우ㅣ다

君의惡을逢ᄒᆞᄂᆞ니故로ᄀᆞᆯ오ᄃᆡ이젯대우ᄂᆞᆫ이젯諸侯의罪人이니라

●君有過、不能諫、又順之者、長君之惡也、君之過、未萌而先意導之者、逢君之惡也 南軒張氏曰君有惡承順而長之固爲罪矣逢君惡者逆探君意而成之罪尤大也其詭秘姦譎爲甚而戕賊蠹害尤深蓋君萌不善之念其始必有未安於心未敢遽達也己迎而安之則其發也必果君以爲己意未形於事而彼能先之則其愛也必篤故長君惡於外者其罪易見逢君惡於內者其慝難知易見者害猶淺難知者害不可言也自古姦臣之得君未有不自逆探君意以成其惡故君臣之相愛不可解卒至於俱亡而後已逢君之惡云者可謂極小人之情狀矣○慶源輔氏曰長君之惡者無能而巽懦阿諛之人也逢君之惡者有才而傾險陰邪之人也 ○林氏、曰邵子、有言治春秋者、不先治五覇之功罪、則事無統理、而不得聖人之心、春秋之間、有功者、未有大於五覇、有過者、亦未有大於五覇故、五覇者、功之首、罪之魁也、以上邵子之說 孟子此章之義、其亦若此也與、音余 然、五覇、得罪於三王、今之諸侯、得罪於五覇、皆出於異世、故、得以逃其罪、至於今之大夫、宜得罪於今之諸侯、則同時矣、而諸侯、非惟莫之罪也、乃反以爲良臣、而厚禮之、不以爲罪、而反以爲功、何其謬哉、靡幼反 慶源輔氏曰孟子雖取桓文之五命而又以五覇爲三王之罪人得春秋之大指矣 備旨 何以見今之大夫爲今之諸侯之罪人也蓋諸侯所賴乎大夫者爲其能正己之惡也乃於君之過己萌而順之者長君之惡也君之過未萌而導之者逢君之惡也長君之惡固有罪矣然以比逢君之惡爲猶小也逢君之惡又有甚於長君之惡其罪之大無以加矣今之大夫皆逢其君之惡凡諸侯所以干三王之法犯五覇之禁者孰非大夫有以導之乎其得罪於諸侯也甚矣故曰今之大夫今之諸侯之罪人也夫五覇得罪於三王己非矣而況夫今之諸侯又得罪於五覇乎今之諸侯得罪於五覇己非矣而況今之大夫又得罪於今之諸侯乎世道之衰誠可傷己

○魯ㅣ欲使愼子로爲將軍이러니

魯ㅣ愼子로ᄒᆞ여곰將軍을삼고져ᄒᆞ더니

●愼子、魯臣、備旨魯欲取南陽之地乃使其臣愼子爲將軍而殃民違制有所弗顧矣

孟子ㅣ曰不敎民而用之를 謂之殃民이니 殃民者는 不容於堯舜之世니라

孟子ㅣ ᄀᆞᆯᄋᆞ샤ᄃᆡ 民을 敎티 아니ᄒᆞ고 用ᄒᆞ옴은 民을 殃홈이라 닐ᄋᆞᄂᆞ니 民을 殃ᄒᆞᄂᆞᆫ 者ᄂᆞᆫ 堯舜ㅅ 世예 容티 몯ᄒᆞᄂᆞ니라

●敎民者、敎之禮義、使知入事父兄、出事長上聲上也、用之、使之戰也、慶源輔氏曰能如是而敎其民乃可以卽戎使之敵愾禦侮臨戰之際皆如手足之捍頭目子弟之衛父兄矣不然則是陷之於死地也故謂之殃民在堯舜之仁政豈容之哉 備旨 孟子止之曰兵凶器戰危事古人不得已而用之者也然必上有以敎其民乃可以卽戎使之敵愾禦侮平日不敎民以禮義而用之戰則民未嘗有勇而知方是陷之死地以殃之也殃民者愛民者之所必誅也堯舜之世豈容之哉

一戰勝齊ᄒᆞ야 遂有南陽이라도 然且不可ᄒᆞ니라

ᄒᆞᆫ번 戰ᄒᆞ야 齊를 勝ᄒᆞ야 드듸여 南陽을 둘ᄯᅥ라도 그러나 ᄯᅩ 可티 아니ᄒᆞ니라

●是時、魯、蓋欲使愼子、伐齊、取南陽也、故、孟子、言就使愼子、善戰、有功如此、且猶不可、新安陳氏曰就使僥倖克敵己驕敵怨禍方深耳況未必能且不免敗乎 備旨 今日之役縱使子有善將之才一戰勝齊遂有南陽之地不至殃民而克立大功然且於理有所不可況殃民而可爲乎

愼子ㅣ勃然不悅曰此則滑釐의 所不識也ㅣ로소이다 滑音骨

愼子ㅣ 勃然히 悅티 아니ᄒᆞ야 ᄀᆞᆯ오ᄃᆡ 이ᄂᆞᆫ 滑釐의 아디 몯ᄒᆞᆯ 배로소이다

●滑釐、愼子、名、 備旨 愼子聞不可之言乃勃然變色不悅而言曰吾惟患無伐齊之功耳今曰勝齊不可者此則滑釐有所不識之也

曰吾ㅣ明告子호리라 天子之地ㅣ 方千里니 不千里면 不足以待諸侯ㅣ오 諸侯之地ㅣ 方百里니 不百里면 不足以守宗廟之典籍이니리

ᄀᆞᆯᄋᆞ샤ᄃᆡ내明히子ᄃᆞ려告호리라天子의地ㅣ方이千里니千里온몯ᄒᆞ면足히ᄡᅥ諸侯ᄅᆞᆯ待티몯ᄒᆞ고諸侯의地ㅣ方이百里니百里온몯ᄒᆞ면足히ᄡᅥ宗廟의典籍을守티몯ᄒᆞᄂᆞ니라

●待諸侯、謂待其朝音潮覲聘問之禮、宗廟典籍、祭祀會同之常制也、慶源輔氏曰觀此二句則知先王之制封國大小自有意義豈私意可得而損益之哉【備旨】孟子曰吾明 告子以不可之故昔者先王之建邦設都也天子畿內之地其定制則方千里蓋以不千里則賦無所出不足以待 諸侯之朝覲聘問而備其燕享錫予之禮諸侯封國之地其定制則方百里蓋以不百里則賦無所出不足以守宗 廟之典籍而備祭祀會同之禮先王封建之制如此

周公之封於魯에 爲方百里也ㅣ니 地非不足이로되 而儉於百里ᄒᆞ며 太公之封於齊也애 亦爲方百里也ㅣ니 地非不足也ㅣ로되 而儉於百里ᄒᆞ니라

周公이魯에封ᄒᆞ욤애方百里ᄅᆞᆯᄒᆞ니地ㅣ不足ᄒᆞᆫ줄이아니로ᄃᆡ百里예儉ᄒᆞ며太公이齊예封ᄒᆞ욤애ᄯᅩᄒᆞᆫ方百里ᄅᆞᆯᄒᆞ니地ㅣ不足ᄒᆞᆫ줄이아니로ᄃᆡ百里예儉ᄒᆞ니라

●二公、有大勳勞於天下、而其封國、不過百里、儉、止而不過之意也、問王制與孟子同而周禮諸公之地封疆方五百里諸侯方四百里伯三百里子二百里男百里鄭氏以王制爲夏商制爲夏商中國方三千里周公取而大之中國於七千里所以不同朱子曰鄭氏只文字上說得好看然甚不曉事情且如百里之國周人欲增到五百里須併四箇百里國地方做得一國其所併四國又當別裂地以封之如此則天下諸侯東遷西移改立宗廟社稷皆爲之騷動矣且如此纔去不數大國便無地可容了許多國何以處之恐其不然竊意其初只方百里後來吞併遂漸漸大如禹會諸侯於塗山執玉帛者萬國到周時只千八百國自非吞併如何不見了許多國武王時諸國地已大武王亦不奈何只得就而封之當時封許多功臣之國緣當初滅國五十得許多空地可封不然則周公太公亦自無安頓處孟子百里之說亦只是大綱如此說不是實考得見古制【備旨】獨不觀齊魯始封之時乎如周公之功雖大而其封於魯爲方百里也當是時地非不足以封而王制有限故儉止於百里初不以懿親之故而厚之也太公之功雖大而其封於齊也亦爲方百里也當是時地亦非不足以封也而王制有限故儉止於百里初不以克商之故而厚之也盖皆足以守宗廟之典籍而已

今魯ㅣ方百里者ㅣ五ㅣ니子ㅣ以爲有王者ㅣ作則魯ㅣ在所損乎아在所益乎아

이제魯ㅣ方이百里ㄴ者ㅣ五ㅣ니子ㅣ뻐ᄒᆞ요ᄃᆡ王者ㅣ作ᄒᆞ리이시면魯ㅣ損ᄒᆞᆯ빠애이시라益ᄒᆞᆯ빠애이시라

●魯地之大、皆并(去聲)吞小國而得之、有王者作、則必在所損矣、【備旨】夫先王以百里而定封先君以百里而開國則宜守百里之定制也今魯方百里者已五其逾制多矣子以爲有王者作則魯之地在所損乎在所益乎其有損而無益也必矣

徒取諸彼ᄒᆞ야以與此도ㅣ라然且仁者ㅣ不爲온况於殺人以求之乎아

ᄒᆞᆫ갓더에取ᄒᆞ야ᄡᅥ이ᄅᆞᆯ與ᄒᆞᆯᄯᅵ라도그러나ᄯᅩ仁ᄒᆞᆫ者ㅣᄒᆞ디아니ᄒᆞ곤ᄒᆞ믈며人을殺ᄒᆞ야ᄡᅥ求ᄒᆞ리아

●徒、空也、言不殺人而取之也、慶源輔氏曰不殺人而取彼與此仁者猶且不爲以其非所當得故也況於殃民而求廣土地者乎[備旨]由此觀之則雖不待殃民徒取諸彼齊之地以與魯然且仁者以爲非理而不爲況於忍爲不仁殺不敎之民以求不可必之功乎吾所謂然且不可者此也子其識之乎

君子之事君也ᄂᆞᆫ務引其君以當道ᄒᆞ야志於仁而已니라

君子의君을事ᄒᆞ욤은힘ᄡᅥ그君을引ᄒᆞ야ᄡᅥ道애當ᄒᆞ야仁에志ᄒᆞᆯᄯᆞᄅᆞᆷ이니라

●當道、謂事合於理、志仁、謂心在於仁、華陽范氏曰君子之事上也引其君於正小人之事上也引其君於邪君子引其君於仁義引其君於愛民引其君於納諫引其君於恭儉引其君於學問此君子之所以引其君者志於仁而已小人引其君於好利引其君於好戰引其君於用刑引其君於拒諫引其君於驕侈此小人之所以引其君者志於不仁而已矣伊尹以堯舜之道引成湯故成湯爲堯舜之君周公以文武之道引成王故成王爲文武之君此引其君以當道榮夷公以專利引周厲王故周亂趙高以刑法引秦二世故秦亡此引君以當非道也○西山眞氏曰道之與仁非有二也以事之理而言則曰道以心之德而言則曰仁心存於仁則其行無不合道矣○新安陳氏曰事合理必不爭己所不當有之地心存仁必不殺人以爭地二句不特可斷此一擧實臣事君之法也殃民者仁之反欲愼子導君以仁不殃民而爲不仁也[備旨]夫違制以行非道也殃民以取非仁也此豈盡其君之過哉子亦與有責矣蓋君子之事君也務引其君以所行合道事事循理守法而志之所向當在於仁絕不萌一毫殘忍之念如是而已彼其驅不敎之民以圖分外之地道耶仁耶豈君子之所以事其君耶

○孟子ㅣ曰今之事君者ㅣ曰我ㅣ能爲君ᄒᆞ야辟土地ᄒᆞ며充府庫ㅣ라ᄒᆞᄂᆞ니今之所謂良臣이오古之所謂民賊也ㅣ라君不鄕道ᄒᆞ야不志

於仁이어든 而求富之ᄒᆞ니 是ᄂᆞᆫ 富桀也ㅣ니라 爲去聲辟與闢同鄕與向同下皆同

孟子ㅣ 글ᄋᆞ샤ᄃᆡ 이제 君을 事ᄒᆞᄂᆞᆫ 者ㅣ 글오ᄃᆡ 내 能히 君을 爲ᄒᆞ야 土地ᄅᆞᆯ 辟ᄒᆞ며 府庫ᄅᆞᆯ 充ᄒᆞ노라 ᄒᆞᄂᆞ니 이제 닐온 밧 良臣이오 녜 닐온 밧 民의 賊이라 君이 道애 鄕티 아니ᄒᆞ야 仁에 志티 아니ᄒᆞ거든 富ᄒᆞ욤을 求ᄒᆞ니 이ᄂᆞᆫ 桀을 富케 홈이니라

●辟、開墾口狠反也、朱子曰鄕道志仁不可分爲二事中庸曰脩道以仁孟子言不志於仁所以釋不鄕道之實也前章務引其君以當道志於仁而已亦言志仁之爲當道耳 備旨 孟子深著富强之害曰古之人臣所以善事其君而稱良臣者惟引君鄕道志仁而已乃今之事君者類皆自負曰我能爲君辟土地以充府庫其有益於君也如此斯人也今之所謂良臣實古之所謂民賊也何則君不鄕道不志於仁與桀無異矣爲臣者不能引君以當道志仁乃求爲之聚歛以富之是富桀也富桀則君惡日滋而民不聊生矣非民賊而何

我ㅣ 能爲君ᄒᆞ야 約與國ᄒᆞ야 戰必克이라 ᄒᆞᄂᆞ니 今之所謂良臣이오 古之所謂民賊也ㅣ라 君不鄕道ᄒᆞ야 不志於仁이어든 而求爲之强戰ᄒᆞ니 是ᄂᆞᆫ 輔桀也ㅣ니라

내 能히 君을 爲ᄒᆞ야 與國을 約ᄒᆞ야 戰홈애 반ᄃᆞ시 克ᄒᆞ노라 ᄒᆞᄂᆞ니 이제 닐온 밧 良臣이오 녜 닐온 밧 民의 賊이라 君이 道애 鄕티 아니ᄒᆞ야 仁에 志티 아니ᄒᆞ거든 爲ᄒᆞ야 强히 戰홈을 求ᄒᆞ니 이ᄂᆞᆫ 桀을 輔홈이니라

●約、要平聲結也、與國、和好去聲相與之國也、新安陳氏曰前是爲君富國剝下奉上者此是爲君强兵戰勝攻取者暴君之良臣[illegible]治世之民賊不能引君鄕道志仁而導以不道不仁助桀爲虐者也 備旨 今之事君者又類皆自負曰我能爲君約好與國有戰必克其有功於君也如此斯人也今之所謂良臣實古之所謂民賊也何則君不鄕道不志於仁與桀無異矣爲臣者不能引

之當道志仁乃求爲之强戰以輔之是輔桀也 輔桀則君惡日滋而民不聊生矣又非民賊而何

由今之道ᄒᆞ야 無變今之俗이면 雖與之天下ㅣ라도 不能一朝居也ㅣ니라

이젯道를말미암아이젯俗을變티아니ᄒᆞ면비록天下를與ᄒᆞ야도能히一朝도居티몯ᄒᆞ리니라

○言必爭奪、而至於危亡也、南軒張氏曰此章大抵與前章意同戰國之臣所以輔君者徒以能富國强兵爲忠而其君亦固以此爲臣之忠於我也而孟子以爲民賊何哉蓋君不鄕道不志於仁而但爲之富强之計則君益以驕肆而民益以憔悴是上成君之惡而下絕民之命也當時諸侯乃以民賊爲良臣豈不痛哉○新安陳氏曰自當時觀之孟子此論若迂且激旣而六國呑暴秦亡此論豈不深中大驗此章與上章意實相類其因譏切愼子而繼發歟 備旨 然今之君皆以民賊爲良臣者豈不以富國强兵遂可以取天下乎殊不知由今富强之道無變今富强之俗則雖與之以天下而人心不歸國本不固危亡之禍可立而待殆不能以一朝居也況欲終有天下乎則向之所謂富國强兵者適所以爲亡國之漸而已矣君亦何樂此富强之臣而用之哉

○白圭ㅣ曰吾欲二十而取一ᄒᆞ노니 何如ᄒᆞ니잇고

白圭ㅣᄀᆞᆯ오ᄃᆡ내二十에서一을取코져ᄒᆞ노니엇더ᄒᆞ니잇고

○白圭、名、丹、周人也、欲更平聲稅法、二十分扶問反下同而取其一分、林氏、曰按史記、白圭、能薄飮食、忍嗜時至反欲、與童僕、同苦樂、音洛下同樂觀時變、人棄我取、人取我與、以此、居積致富、其爲此論、蓋欲以其術、施之國家也、勿軒熊氏曰按貨殖列傳白圭當魏文侯時李克務盡地力而白圭樂觀時變故人棄我取人取我予能薄飮食忍嗜欲與用事僮僕同苦樂趨時若猛獸鷙鳥之發曰吾治生猶孫吳用兵商鞅行法智不足以權變勇不足以斷決仁不能以取予强不能以有守雖欲學吾術者不告也蓋

世言治生者祖白圭【備旨】昔白圭以儉積致富乃言於孟子曰古今稅法皆十而取一吾以爲取之民者太重也吾欲輕之二十而取一何如

孟子ㅣ曰子之道는貉道也ㅣ로다 貉音陌

孟子ㅣ ᄀᆞᆯᄋᆞ샤ᄃᆡ子의道는貉의道ㅣ로다

● 貉、北方夷狄之國名也、【備旨】孟子曰所云二十取一之道非先王之國所行之道乃北狄貉國所行之道也中國豈可以貉之治治哉

萬室之國에一人이陶則可乎아曰不可ᄒᆞ니器不足用也ㅣ니이다

萬室ㅅ國에一人이陶ᄒᆞ면可ᄒᆞ냐 ᄀᆞᆯ오ᄃᆡ可티아니ᄒᆞ니器ㅣ用홈에足디몯ᄒᆞ리니이다

● 孟子、設喩以詰契乙反圭、而圭亦知其不可也、【備旨】試比類言之設若萬室之國惟取足於一人之治陶以應其用則可以爲國乎白圭曰不可蓋陶之家一而用器之家萬不足以供用也

曰夫貉은五穀이不生ᄒᆞ고惟黍ㅣ生之ᄒᆞᄂᆞ니無城郭宮室宗廟祭祀之禮ᄒᆞ며無諸侯幣帛饔飧ᄒᆞ며無百官有司ㅣ라故로二十에取一而足也ㅣ니라 夫音扶

ᄀᆞᆯᄋᆞ샤ᄃᆡ貉은五穀이生티몯ᄒᆞ고오직黍ㅣ生ᄒᆞᄂᆞ니城郭과宮室과宗廟와祭祀ᄒᆞ는禮ㅣ업ᄉᆞ며諸侯의幣帛과饔飧이업ᄉᆞ며百官有司ㅣ업ᄉᆞᆫ디라故로二十에一을取ᄒᆞ야도足ᄒᆞᄂᆞ니라

●北方、地寒、不生五穀・黍早熟故、生之、得及未寒時生成 饔飧、以飲食饋客之禮也、【備旨】孟子曰子知一人之陶不足以應萬室之用則知貉道之不可行中國矣夫貉地甚寒五穀不生惟黍早熟故生之旣無可以多取矣且無城郭宮室則無營造之費又無宗廟祭祀之禮則無犧牲粢盛之費無諸侯聘問之幣帛燕享之饔飧則無交際之費無分治之百官有司則無祿食之費又不必於多取矣故二十取一而已足也此貉道之所以但可行於貉也

今에 居中國ᄒᆞ야 去人倫ᄒᆞ며 無君子ㅣ면 如之何其可也ㅣ오

이제 中國에 居ᄒᆞ야 人倫을 去ᄒᆞ며 君子ㅣ 업스면 엇디 그 可ᄒᆞ리오

●無君臣祭祀交際之禮、是、去人倫、無百官有司、是、無君子、【備旨】今居中國非若五穀不生之地也其居城郭宮室其禮宗廟祭祀其邦交諸侯幣帛饔飧其分職百官有司所以爲國者恃有此也如欲行二十取一之法則必去人倫而宗廟祭祀諸侯交際弛矣無君子而百官有司廢矣是胥中國而入於夷狄也如之何其可以爲國也

陶以寡도ㅣ라 且不可以爲國이온 況無君子乎아

陶ㅣ 써 寡ᄒᆞ야도 可히 써 國을 ᄒᆞ디 몯ᄒᆞᆯ꺼시온 ᄒᆞ믈며 君子ㅣ 업슴가

●因其辭以折之【備旨】據子所言夫陶以寡且無以周民用而不可以爲國況無君子則國無其人誰與共理而凡人倫之賴君子以修明者悉擧而去之矣尙可以爲國乎此二十取一必不足用而什一之法所以必不可廢也

欲輕之於堯舜之道者ᄂᆞᆫ 大貉애 小貉也ㅣ오 欲重之於堯舜之道者ᄂᆞᆫ 大桀애 小桀也ㅣ니라

堯舜의 道애셔 輕케코져 ᄒᆞᄂᆞᆫ 者ᄂᆞᆫ 大貉애 小貉이오 堯舜의 道애셔 重케코져 ᄒᆞᄂᆞᆫ 者ᄂᆞᆫ 大桀에 小桀이니라

●什一而稅、堯舜之道也、多則桀、寡則貉、今欲輕重之、則是、小貉、小桀而已、慶源輔氏曰什一中正之制也故以爲堯舜之道三代聖人雖因時損益有所不同然一本於中正則無以異也惟其中正所以行之天下而安傳之萬世而無弊周衰王制盡廢兼幷之俗起而貧富遂以不均白圭謹身禁欲樂觀時變知取知予以此居積致富此三代盛時所無有也其犯先王之禁大矣顧乃私憂過計創爲輕賦之說欲以其術施之國家故孟子明辨其不可觀其始則取其最之易辨者以開其智中則歷陳其不可之實以破其說末則擧堯舜之道不可得而輕重者使之有所歸著亦可謂委曲詳盡矣○雲峯胡氏曰易曰節以制度必先言中正以通蓋堯舜之道中而已重之輕之皆非中也可行於夷狄不可通行於天下可行於一時不可通行於萬世○新安陳氏曰彼眞貉眞桀爲大者此爲小者也[備旨]蓋什一而稅堯舜中正之道也欲輕之於什一之法而損乎堯舜之道者貉固爲大貉而我則爲小貉也太輕不可行勢必加重矣欲重之於什一之法而益乎堯舜之道者桀固爲大桀而我則爲小桀也桀固不可爲貉亦豈可爲哉然則取民之制亦法堯舜可也

○白圭ㅣ曰丹之治水也ㅣ愈於禹ᄒᆞ이다

白圭ㅣᄀᆞᆯ오ᄃᆡ丹의水를治홈이禹의셔愈ᄒᆞ이다

●趙氏、曰當時諸侯、有小水、白圭、爲(去聲)之築堤、壅(委恐反)而注之他國、[備旨]白圭自誇治水之功曰古稱善治水者必曰禹然丹之治水也隄防一築泛濫即除無四乘之勞與八年之久殆愈於禹焉

孟子ㅣ曰子ㅣ過矣로다禹之治水는水之道也ㅣ니라

孟子ㅣᄀᆞᆯᄋᆞ샤ᄃᆡ子ㅣ過ᄒᆞ도다禹의水를治ᄒᆞ샤믄水의道ㅣ니라

●順水之性也、[備旨]孟子曰子自負愈於禹之言過矣蓋禹之治水行其所無事順水之道者也

是故로禹는以四海爲壑이시어ᄂᆞᆯ今에吾子는以隣國爲壑이로다

이런故로禹ᄂᆞᆫ四海로ᄡᅥ壑을삼거시ᄂᆞᆯ이제吾子ᄂᆞᆫ鄰國으로ᄡᅥ壑을삼놋다

●壑、受水處也、[備旨]惟其順水之道是故水性就下而最下莫如海乃水之所歸也禹則順其性而道之下以四海爲受水之壑故九州攸同萬世永賴焉今吾子築隄壅水注之他國是以隣國爲受

水之壑斯則失水之道而貽禍於隣其視禹之治水爲何如也

水逆行을謂之洚水ㅣ니洚水者는洪水也ㅣ라仁人之所惡也ㅣ니吾子ㅣ過矣로다 惡去聲

水ㅣ逆行흠을洚水ㅣ라니르ᄂᆞ니洚水ᄂᆞᆫ洪水ㅣ라仁人의惡ᄒᆞᄂᆞᆫ배니吾子ㅣ過ᄒᆞ도다

●水逆行者、下流壅塞故、水逆流、今乃壅水、以害人、則與洪水之災、無異矣、勿軒熊氏曰按白圭自言善治生有智仁强勇四術然築堤壅水不能行所無事則不智以隣國爲壑利己害人則不仁所謂强勇亦愚悍自信而已此戰國富强之術故深抑之○新安陳氏曰禹除天下之害順水之性而委之於海圭除一國之害不順水之性而但委之於隣是禹爲天下除害而圭乃爲隣國之害也不仁甚矣[備旨]夫以四海爲壑則水以順而行以隣國爲壑則水以逆而行水而至於逆行則謂之洚水以其下流壅塞而水因之以洚洞無涯也夫是洚水者即堯之時洪水也正愛民之仁人所深惡也以水害人而不免爲仁人之所惡乃猶自謂愈於禹也吾子之言過矣

○孟子ㅣ曰君子ㅣ不亮이면惡乎執이리오 惡平聲

孟子ㅣᄀᆞᆯᄋᆞ샤ᄃᆡ君子ㅣ亮티아니ᄒᆞ면어ᄃᆡ執ᄒᆞ리오

●亮、信也、與諒、同、惡平執、言凡事苟且、無所執持也、朱子曰考之說文古無亮字以爲與諒通者近之然諒有二訓止訓信者友諒之類是也訓必信者貞而不諒是也○南軒張氏曰諒對貞而言則專於諒者未必貞也以己之私意爲諒非諒之正也孟子之言諒諒之正也○慶源輔氏曰此與論語人而無信章同意此以守言彼以行言也○汪氏曰執諒體常也不諒通變也[備旨]孟子勉人當以亮爲應事之本也曰心必能亮而後能有執苟君子存心而不亮則凡事苟且惡乎執持以爲據哉甚矣人之不可以不亮也

○魯ㅣ欲使樂正子로爲政이러니孟子ㅣ曰吾ㅣ聞之ᄒᆞ고喜而不寐호라

魯ㅣ樂正子로ᄒᆞ여곰政을ᄒᆞ게코져ᄒᆞ더니孟ᄌᆞㅣᄀᆞᆯᄋᆞ샤ᄃᆡ내듣고喜ᄒᆞ야寐티몯호라

●喜其道之得行、【備旨】昔魯君欲使樂正子爲政是將擧國之政而授之也孟子曰吾聞之喜而不寐焉蓋喜吾道有可行之機也

公孫丑ㅣ曰樂正子ᄂᆞᆫ强乎ㅣ잇가曰否ㅣ라有知慮乎ㅣ잇가曰否ㅣ라多聞識乎ㅣ잇가曰否ㅣ라 知去聲

公孫丑ㅣᄀᆞᆯ오ᄃᆡ樂正子ᄂᆞᆫ强ᄒᆞ니잇가ᄀᆞᆯᄋᆞ샤ᄃᆡ아니라知慮ㅣ인ᄂᆞ니잇가ᄀᆞᆯᄋᆞ샤ᄃᆡ아니라聞識이多ᄒᆞ니잇가ᄀᆞᆯᄋᆞ샤ᄃᆡ아니라

●此三者、皆當世之所尙、而樂正子之所短故、丑、疑而歷問之、【備旨】公孫丑不知而問曰政貴於能任重樂正子强乎孟子曰否强固非所長也丑又問政貴於能決疑樂正子有知慮乎 孟子曰否智慮固非所長也 丑又問政貴於習典章以理煩通變樂正子多聞識乎孟子曰否多聞識固非所長也

然則奚爲喜而不寐시니잇고

그러면엇디喜ᄒᆞ야寐티아니ᄒᆞ시니잇고

●丑、問也、【備旨】丑問曰今之爲政者皆以强與智慮多聞爲尙三者既非樂正子所長然則夫子奚爲喜而不寐

曰其爲人也ㅣ好善이니라 好善이 足乎ㅣ잇가 好去聲下同

ᄀᆞᆯᄋᆞ샤ᄃᆡ 그 사ᄅᆞᆷ이로옴이 善을 好ᄒᆞᄂᆞ니라 善을 好ᄒᆞ욤이 足ᄒᆞ니잇가

●丑、問也、[備旨]孟子曰樂正子雖不足合當世之所尙然其爲人也好善而凡人之所長者不必出於己而皆其心所好也以善人而爲政其道可行矣此吾之所以喜而不寐也[備旨]丑曰魯大國也執政重任也好善一節便足以治乎

曰好善이 優於天下ㅣ온 而況魯國乎ㅣᄯᆞ녀

ᄀᆞᆯᄋᆞ샤ᄃᆡ 善을 好ᄒᆞ욤이 天下애도 優ᄒᆞ곤 ᄒᆞ믈며 魯國이ᄯᆞ녀

●優、有餘裕也、言雖治天下、尙有餘力也、趙氏曰善取於己則有盡善取於人則無窮此其所以雖治天下猶有餘力也[備旨]孟子曰善之量甚大而好善之用無窮由是以理天下且綽綽然有餘裕矣況區區一魯國乎

夫苟好善則四海之內ㅣ 皆將輕千里而來ᄒᆞ야 告之以善ᄒᆞ고 夫音扶下同

진실로 善을 好ᄒᆞ면 四海ㅅ 內ㅣ 다 쟝ᄎᆞᆺ 千里를 輕히 너겨 來ᄒᆞ야 告호ᄃᆡ 善으로ᄡᅥ ᄒᆞ고

●輕、易去聲也、言不以千里、爲難也、[備旨]何以見好善之優於天下也盖善之伏於四海者無窮夫苟好人之善則其意氣所孚風聲所感四海之內凡有善者皆將輕千里而來告之以善由是以天下之善理天下之事豈不優哉

夫苟不好善則人將曰訑訑를 予ㅣ 既已知之矣로라ᄒᆞ리니 訑訑之聲音顏色이 距人於千里之外ᄒᆞᄂᆞ니 士ㅣ 止於千里之外則讒

諂面諛之人이至矣리니與讒諂面諛之人으로居ㅣ면國欲治ㄴ들可得乎아 訑音移 治去聲

진실로善을好티아니ᄒᆞ면人이쟝ᄎᆞᆺ갈오ᄃᆡ訑訑히홈을내이믜아로라ᄒᆞ리니訑訑ᄒᆞᄂᆞᆫ聲音과顏色이人을千里ㅅ外예距ᄒᆞᄂᆞ니士ㅣ千里ㅅ外예止ᄒᆞ면讒諂ᄒᆞ며面諛ᄒᆞᄂᆞᆫ人이至ᄒᆞ리니讒諂ᄒᆞ며面諛ᄒᆞᄂᆞᆫ人으로더브러居ᄒᆞ면國이治코져ᄒᆞᆫ들可히得ᄒᆞ랴

●訑訑、自足其智、不嗜善言之貌、慶源輔氏曰世間此等人亦甚多然其所謂智者是乃所以爲愚也然原其始則起於予既已知之之意萌于中而已可不畏乎○新安陳氏曰距與拒通前漢汲黯傳智足以距諫亦用此距字 君子小人、迭爲消長、上聲 直諒多聞之士、遠則讒諂面諛之人、至、理勢然也、○此章、言爲政、不在於用一己之長、而貴於有以來天下之善、南軒張氏曰好善誠篤非舍己私者不能能舍己則中虛虛則能來天下之善於爲天下何有蓋善者天下之公也自以爲是則專己而絕天下之公理蔽孰甚焉[備旨]夫苟不好人之善則四海之善人皆將曰彼之爲人訑訑然自謂天下之事予皆知矣往告以善必不見好也但見訑訑然之聲音顏色距人於千里之外必無有輕千里而來告之以善者善士既止於千里之外則讒諂面諛之人至矣與讒諂面諛之人居則所聞者既非善言而所行皆非善政也國欲治可得乎此爲政所以貴於好善也此吾所以喜正子之得爲政也

○陳子ㅣ曰古之君子ㅣ何如則仕ㅣ니잇고孟子ㅣ曰所就ㅣ三이오所去ㅣ三이니라

陳子ㅣ갈오ᄃᆡ녯君子ㅣ엇디ᄒᆞ면仕ᄒᆞ니잇고孟子ㅣ갈ᄋᆞ샤ᄃᆡ就ᄒᆞᄂᆞᆫ배三이오去

ᄒᆞᄂᆞᆫ배三이니라

● 其目、在下、【備旨】陳子問於孟子曰仕以行義古之君子未嘗不欲仕也不知何如則仕孟子曰時之所遇不同君子之自處亦異始仕而就也其所就有三焉不終仕而去也其所去亦有三焉合而觀之則君子之仕可知矣

迎之致敬以有禮ᄒᆞ며言將行其言也則就之ᄒᆞ고禮貌未衰나言弗行也則去之니라

迎ᄒᆞ욤애敬을致ᄒᆞ야ᄡᅥ禮를두며言호ᄃᆡ쟝ᄎᆞᆺ그言을行호려ᄒᆞ면就ᄒᆞ고禮貌ㅣ衰티아니ᄒᆞ나言이行티몯ᄒᆞ면去ᄒᆞᄂᆞ니라

● 所謂見行可之仕、若孔子、於季桓子、是也、受女樂而不朝、(音潮)則去之矣、【備旨】何以言去就有三也如君子至其國則君迎之既致敬以有禮且有所言君將行其言也是道有可行之機君子則就之若禮貌未衰而其言已不行矣君子則去之蓋道合則留不合則去君子之去就此其一也

其次ᄂᆞᆫ雖未行其言也나ㅣ迎之致敬以有禮則就之ᄒᆞ고禮貌衰則去之니라

그次ᄂᆞᆫ비록그言을行티아니ᄒᆞ나迎ᄒᆞ욤애敬을致ᄒᆞ야ᄡᅥ禮를두면就ᄒᆞ고禮貌ㅣ衰ᄒᆞ면去ᄒᆞᄂᆞ니라

● 所謂際可之仕、若孔子、於衛靈公、是也、故、與公、遊於囿、公、仰視蜚(與飛同)鴈而後、去之、史記孔子世家孔子反乎衛入主蘧伯玉家他日靈公問兵陳孔子曰俎豆之事則嘗聞之軍旅之事未之學也明日與孔子語見蜚鴈仰視之色不在孔子孔子遂行復如陳【備旨】其次君雖未必能行其

言也但迎之致敬以有禮而我之就未必屈節辱身也是有際可之仕君子則就之若夫簡賢棄禮而禮貌衰是不可以虛拘己君子則去之盖因禮意之盛衰決吾身之進退君子之去就又其一也

其下ᄂᆞᆫ朝不食ᄒᆞ며夕不食ᄒᆞ야飢餓不能出門戶ㅣ어든君이聞之曰吾ㅣ大者론不能行其道ᄒᆞ고又不能從其言也ᄒᆞ야使飢餓於我土地를吾ㅣ恥之라ᄒᆞ고周之ᄂᆞᆫ댄亦可受也ㅣ어니와免死而已矣니라

그下ᄂᆞᆫ朝애食디몯ᄒᆞ며夕애食디몯ᄒᆞ야飢餓ᄒᆞ야能히門戶애出티몯ᄒᆞ거든君이듣고ᄀᆞᆯ오ᄃᆡ내大ᄒᆞ니론能히그道를行티몯ᄒᆞ고ᄯᅩ能히그言을從티몯ᄒᆞ야ᄒᆞ여곰내土地에셔飢餓케홈을내恥ᄒᆞ노라ᄒᆞ고周ᄒᆞᆯ띤댄ᄯᅩᄒᆞᆫ可히受ᄒᆞᆯ개시어니와死를免ᄒᆞᆯ만ᄒᆞᆯᄯᆞᄅᆞᆷ이니라

註 所謂公養之仕也、君之於民、固有周之之義、況此又有悔過之言、新安陳氏曰所謂大者以大節論所謂又者以其次言也 所以可受、然、未至於飢餓、不能出門戶、則猶不受也、其曰免死而已、則其所受、亦有節矣、朱子曰孟子言所就三所去三其上以言之行不行爲去就此仕之正也其次以禮貌衰未衰爲去就又其次至於不得已而受其賜則豈君子之本心哉盖當是時擧天下莫能行吾言矣則有能接我以禮貌而周我之窮困者豈不善於彼哉是以君子以爲猶可就也然孟子盖通上下言之若君子之自處則在所擇矣孟子於其受賜之節又肯究言之曰飢餓不能出門戶則周之亦可受也明未至於如是之貧則不可受免死而已矣言受之有限不求贏餘明不多受也○慶源輔氏曰言將行其言也則就之爲道而仕也迎之致敬以有禮則就之爲禮而仕也道在我禮在彼至於周之亦可受此君子之不得已也集註恐後之貪利苟得者以是藉口而全不顧義遂流於欲而不知也故言此以防警之然使上之賜下止周其身下受其賜止以免其死則時可知矣○雲峯胡氏曰本文初言去就各有三至其目則上兩節言去就末一節獨不言盖飢餓不能出門戶是欲去而不能去者故周之不曰可就而曰亦可受觀亦之辭見其瀕死不容不受 [備旨]而曰免死而已則亦未甞過受也君子於去就辭受之際可謂嚴矣此孟子答古之君子之問也今之君子何如哉 [備旨]其下朝不得食夕不得食至饑餓不能出門戶君聞之曰吾大者不能行其所欲行之道又不能從其因事納誨之言也使徒饑餓於我土地欲去而不得去是吾之恥也於是有以周之夫君之於民固有周之之義況此又有悔過之言而吾窮困亦已極矣故亦可受也然其所受有節雖受亦不多受不過免死而已矣夫周之可受則有辭之餽不可以終絕是亦一就也然受之於免死則非義之交不可以苟留是亦一去也君子之去就非又其一乎此古君子三就三去之道也今之君子何如哉

○孟子ㅣ曰舜은發於畎畝之中ᄒᆞ시고傅說은舉於版築之間ᄒᆞ고膠鬲은舉於魚鹽之中ᄒᆞ고管夷吾ᄂᆞᆫ舉於士ᄒᆞ고孫叔敖ᄂᆞᆫ舉於海ᄒᆞ고百里奚ᄂᆞᆫ舉於市ᄒᆞ니라 說音悅

孟子ㅣ ᄀᆞᆯᄋᆞ샤ᄃᆡ 舜은畎畝ㅅ中에서發ᄒᆞ시고傅說은版築ㅅ間애舉ᄒᆞ고膠鬲은魚鹽ㅅ中애舉ᄒᆞ고管夷吾ᄂᆞᆫ士애舉ᄒᆞ고孫叔敖ᄂᆞᆫ海애舉ᄒᆞ고百里奚ᄂᆞᆫ市예舉ᄒᆞ니라

●舜、耕歷山、三十登庸、說、築傅巖、武丁、舉之、膠鬲、遭亂、鬻 余六反 販 方萬反 魚鹽、文王、舉之、管仲、囚於士官、桓公、舉以相 去聲 國、孫叔敖、隱處 上聲 海濱、楚莊王、舉之爲令尹、百里奚、事見 形甸反 前篇、新安陳氏曰舜聖人且君也故只曰發傅說以下五賢者臣也故皆曰舉 [備旨]孟子勉人當以困窮自勵也曰天生聖賢所以維持世道康濟民生不偶然也然窮達有數屈伸有時往往有自困而亨者如舜爲天子實發跡於歷山畎畝之中傅說相高宗實舉之於版築之間膠鬲仕商紂實文王舉之於魚鹽之中至於霸佐如管夷吾則齊桓公舉於士官之囚孫叔敖則楚莊王舉於海濱之際百里奚則秦穆公舉之於市井之地是數聖賢者人品不同事業亦異而要皆在困窮中來也是可以觀天意矣

故로天將降大任於是人也ㅣ신댄 必先苦其心志ᄒᆞ며 勞其筋骨ᄒᆞ며 餓其體膚ᄒᆞ며 空乏之其身ᄒᆞ야 行拂亂其所爲ᄒᆞᄂᆞ니 所以動心忍性ᄒᆞ야 曾益其所不能이니라 曾與增同

故로天이장ᄎᆞᆺ大任을是人의게降호려ᄒᆞ신댄반ᄃᆞ시몬져그心志를苦케ᄒᆞ며그筋骨을勞케ᄒᆞ며그體膚를餓케ᄒᆞ며그身을空乏케ᄒᆞ야行ᄒᆞ욤애그ᄒᆞᄂᆞᆫ바를拂亂케ᄒᆞᄂᆞ니ᄡᅥ心을動ᄒᆞ며性을忍ᄒᆞ야그能티몯ᄒᆞᄂᆞᆫ바를曾益ᄒᆞᄂᆞᆫ배니라

●降大任、使之任大事也、若舜以下、是也、空、去聲 窮也、乏、絕也、拂、戾也、言使之所爲不遂、多背音佩戾也、動心忍性、謂竦荀勇反動其心、堅忍其性也、然、所謂性、亦指氣稟食色而言耳、 朱子曰動其仁義禮智之心忍其聲色臭味之性○慶源輔氏曰竦動其心則心活堅忍其性則性定心活則不爲欲所役性定則不爲氣所動○雲峯胡氏曰或謂孟子嘗曰不動心曰養性此曰動心忍性何也曰彼言不動心是處富貴而富貴不能動其心也此言動心是處貧賤而貧賤有以竦動其心也譬之水動心是浚得源頭活水袞袞出來不動心是水之流不爲沙泥所溷不爲波流所汨也養性者養其本然天命之性不使之有所動於外忍性者忍其氣稟食色之性不使之有所動於中○新安陳氏曰分配之苦心志所以動心動心則善念由此生勞餓空乏所以忍性忍性則物慾由此窒拂亂所爲所以增益前所不能者而能之則德業由此進舜大聖人未必盡由此而窮苦之迹實如此履此豈無所警省若傅說以下所以能當大任實由乎此也 程子、曰若要熟也、須從這裏過、 朱子曰只是要事事經歷過似一條路須每日從上面往來行得熟了方認得許多險阻去處若素不曾行忽然一旦撞去少間定墮坑落塹也○慶源輔氏曰人不經憂患困窮頓挫摧屈則心不平氣不易察理不盡處事多率故謂人若要熟須從這裏過○潛室陳氏曰更嘗變故多則閱義理之會熟熟謂義理與自家相便習如履吾室中 備旨 故天將降君相大任於是數人也豈遽降之哉必先苦其心志使內不得舒勞其筋骨使外不得息餓其體膚使飮食不充空之其身使財用不足凡身之所行與心之所欲爲者相拂亂而意願不遂如此者正欲其窮則反本勞則能思有以竦動其仁義禮智之心堅忍其氣禀食色之性而德於是乎益純矣又且詳審人情閱歷世故則見聞日廣智慮日生是又增益其所未能知未能行而才於是乎益周矣是其困之者正所以厚之也然則聖賢之能勝大任也豈無所自乎

人恒過然後에能改ᄒᆞᄂᆞ니困於心ᄒᆞ며衡於慮而後에作ᄒᆞ며徵於色ᄒᆞ며發於聲而後에喩ᄒᆞᄂᆞ니라 衡與橫同

人은덛더디過ᄒᆞᆫ然後에能히改ᄒᆞᄂᆞ니心에困ᄒᆞ며慮에衡ᄒᆞᆫ後에作ᄒᆞ며色에徵ᄒᆞ며聲에發ᄒᆞᆫ後에喩ᄒᆞᄂᆞ니라

●恒、胡登反常也、猶言大率也、橫、不順也、作、奮起也、徵、知盈反驗也、喩、曉也、此、又言中人之性、常必有過然後、能改、新安陳氏曰下文所謂作與喩即是改過之事蓋不能謹於平日故、必事勢窮蹙、以至困於心、橫於慮然後、能奮發而興起、不能燭於幾平聲徵故、必事理暴著、以至驗於人之色、發於人之聲然後、能警悟而通曉也。朱子曰困心衡慮者心覺有其過徵色發聲者其過形於外○慶源輔氏曰舜大聖人之事傳說而下皆上智之事自人恒過而下則中人之事也纔言恒過而後能改便見是中人之性矣下兩句只是改過之事雖是不能謹於平日至於事勢窮蹙困心衡慮始能奮發而興起然畢竟是其才尚足以有爲雖是不能燭於幾徵至於事理暴著徵色發聲始能警悟而通曉然畢竟是其智尙足以有察如此故亦可以進於善若至是而猶不之覺焉則下愚而已【備旨】不特上智之人由處困以成其德而中人之性亦恒有過然後能改而遷於善焉蓋其不能謹於平日以免過故必事勢窮蹙以至困於心不得通衡於慮不得順然後能振作以自新焉不能燭於幾先以免過故必事理暴著以至驗於人慍怒之色發於人譏訕之聲然後能警省以自悟也所謂恒過能改者如此

入則無法家拂士ᄒᆞ고出則無敵國外患者ᄂᆞᆫ國恒亡이니라 拂與弼同

入ᄒᆞ면法家와拂士ㅣ업고出ᄒᆞ면敵國과外患이업ᄉᆞᆫ者ᄂᆞᆫ國이뎐더디亡ᄒᆞᄂᆞ니라

●此、言國亦然也、慶源輔氏曰上旣言上智中人之事矣故此推言在國亦然 法家、法度之世臣也、拂士、輔弼之賢士也、新安陳氏曰人主爲國內有守法持正者規諫之外有敵國外患以警懼之則不敢縱肆而國可保否則驕從而國亡矣 備旨 不特中人爲然 即國亦有然者苟入而在內無法家拂士之規戒出而在外無敵國外患之儆惕吾見上下溺於晏安君臣習於驕惰而國鮮有不亡者

然後에知生於憂患而死於安樂也ㅣ니라 樂音洛

그런後에憂患애生ᄒᆞ고安樂애死ᄒᆞᆷ을알띠니라

●以上文觀之則知人之生、全出於憂患、而死亡、由於安樂矣、新安陳氏曰憂患未必便生然憂患則警戒而其慮深有生全之理結章首至而後喩一截安樂未必便死然安樂則多怠肆而其志荒有死亡之理結入則無法家至國恒亡一節自困而亨上聖且然諸賢皆然中人則待有過而後能然爲國者亦莫不然也大槪此章言處困苦憂患之意多安樂即憂患之反也 ○尹氏、曰言困窮拂鬱、能堅人之志、而熟人之仁、雲峯胡氏曰必堅忍其志然後自至於熟堅志是入德路頭熟仁是成德地步 以安樂、失之者、多矣、南軒張氏曰知生於憂患而死於安樂生言生之道死言死之道也繼體之君公侯之裔生處安樂無憂患可歷則如之何必也念安樂之可畏思天命之無常戒謹恐懼不敢有其安樂是乃困心衡慮之方生之道也死於安樂非安樂能死之以溺於安樂而自絕焉耳故在君子則雖處安樂而生理未嘗不遂在小人則雖處憂患而死亦恐不免窮斯濫是也○勉齋黃氏曰恐懼脩省常生於憂患驕奢淫佚必起於宴安當阨窮困躓之餘其操心危其慮患深其刻厲奮發以進於善有不期然者矣○新安陳氏曰張子西銘云富貴福澤將厚吾之生貧賤憂戚庸玉汝于成後二句卽孟子此章之義前二句孟子所未言也人能知此則處憂患者固可生處安樂者亦不死矣盡心上篇有德慧章意與此合當參看動心是充廣道心忍性是節制人心一是擴天理一是遏人欲 備旨 合而觀之然後知人之生全多出於憂患而死亡多由於安樂也是則處憂患者不忘砥礪而處安樂者亦常懷憂患之心而後可哉

○孟子ㅣ曰教ㅣ亦多術矣니子ㅣ不屑之教誨也者ᄂᆞᆫ是亦教

誨之而已矣니라

孟子ㅣ ᄀᆞᆯᄋᆞ샤ᄃᆡ 敎홈이 ᄯᅩ 術이 하니 내 屑히 너겨 敎誨티 아니홈은 이 ᄯᅩ ᄒᆞᆫ 敎誨ᄒᆞᆯ ᄯᆞᄅᆞᆷ이니라

●多術、言非一端、屑、潔也、不以其人爲潔而拒絕之、所謂不屑之敎誨也、其人、若能感此、退自脩省(悉井反)則是亦我、敎誨之也、朱子曰趙氏註屑潔也考孟子不屑就與不屑不潔之言屑字皆當作潔字解不屑之敎誨謂不以其人爲潔而敎誨之如坐而言不應隱几而臥之類○新安陳氏曰不屑敎非忍而絕之實將激而進之是亦多術中敎誨之一術也孔子於孺悲孟子於滕更皆是 ○尹氏、曰言或抑、或揚、或與、或不與、各因其材而篤之、無非敎也、

[備旨]孟子勉人體敎意曰學者之質不同君子之敎亦多術矣予於人之有過或拒之而不屑之敎誨也者雖曰我無所語而彼無所聞也然非我忍而絕之正欲激而進之苟其人而感此退自修省是亦吾敎誨之而已矣夫以不屑敎之中而亦有敎存焉信乎敎之多術也

原本備旨孟子集註卷之十二終

原本備旨孟子集註卷之十三

盡心章句上

凡四十六章

○孟子ㅣ曰盡其心者는知其性也니知其性則知天矣니라

孟子ㅣ골ᄋᆞ샤ᄃᆡ그心을盡ᄒᆞᄂᆞᆫ者ᄂᆞᆫ그性을알써니그性을알면天을아ᄂᆞ니라

●心者、人之神明、所以具衆理、而應萬事者也、新安陳氏曰心者神明之舍具衆理心之體也應萬事心之用也大學章句釋明德或問釋致知之知字此釋心字大槪三處互相發云性、則心之所具之理、而天、又理之所從以出者也、人有是心、莫非全體、然、不窮理、則有所蔽、而無以盡乎此心之量去聲故、能極其心之全體、而無不盡者、必其能窮夫音扶理、而無不知者也、既知其理、則其所從出、亦不外是矣、朱子曰天者理之自然而人之所由以生者也性者理之全體人之所得以生者也心則人之所以主於身而具是理者也天大無外而性稟其全故人之本心其體廓然亦無限量惟其梏於形氣之私滯於聞見之小是以有所蔽而不盡人能卽事卽物窮究其理至於一日會通貫徹而無所遺焉則有以全其本然之體而吾之所以爲性與天之所以爲天者皆不外此而一以貫之矣伊川云盡心然後知性此不然盡字大知字零星性者吾心之實理若不知得卻盡个甚惟就知上積累將去自然盡心人能盡其心者只爲知其性此句文義與得其民者得其心也相似者字不可不仔細看○人之所以盡其心者以其知其性故也蓋盡心與存心不同存心卽操存求放之事是學者初用力處盡心則窮理之至廓然貫通之謂所謂知性卽窮理之事也須是窮理方能知性知性之盡則能盡其心矣○性以賦於我之分而言天以公共道理而言天便是箇大底人人便是箇小底天吾之仁義禮智卽天之元亨利貞凡吾之所有者皆自彼而來也故知吾性則自然知天矣○問如何是天者理之所出曰天便是那太虛但能盡心知性則天便不外是矣○慶源輔氏曰知性而盡心者譬如家主盡識一家所有之物然後隨取隨有隨用隨足方盡得家主之職知性而知天如家主旣識得家中之物則自然知此物是何從而來也○陵陽李氏曰性與心初無間而知與盡則有序性與心無間則知性故能盡心知與盡有序則謂盡之爲先而知之爲後是失其先後之倫也 以大學之序、言之、知性則物格之謂、盡心則知至之謂也、問盡心今旣定作知至說則知天一條當何繫屬繫之知性之下盡心之前與知性俱爲一衮事耶抑繫之盡心之下乃知至又情熟底事耶朱子曰知其性則知天矣據此文勢只合在知性裏說○問四十而不惑五十而知天命不惑謂知事物當然之理知天命謂知事物之所以然便是知天知性之說否曰然

備旨 孟子示人以人合天之學曰天下之理具於心統於性而原於天者也人惟性有未知則心有不盡而欲以知天也難矣故能盡其心之全體大用者必其於吾心之性即物窮理而無不知者也 既知其性則性之仁義禮智即天之元亨利貞有不知天者乎此造理之學也

存其心ᄒᆞ야養其性은所以事天也ㅣ오

그 心을存ᄒᆞ야 그 性을養ᄒᆞ욤은ᄡᅥ 天을事ᄒᆞᄂᆞᆫ배오

●存、謂操平聲而不舍、上聲養、謂順而不害、事、則奉承而不違也、朱子曰先存心而後養性存得父子之心盡方養得仁之性存得君臣之心盡方養得義之性存之養之即是事心性即是天故曰所以事天也 知性是知得性中物事既知得須盡知得方始是盡心存其心養其性方始是做工夫處如大學物格而后知至物格者物理之極處無不到知性也知至者吾心之所知無不盡盡心也至於意誠則存其心養其性也聖人說知必說行○存心者氣不逐物而常守其至正也養性者事必循理而不害其本然也○心性皆天之所以與我者不能存養而梏亡之則非所以事天也夫心具性敬以存之則性得其養而無所害矣此君子之所以奉順乎天蓋能盡其心而終之之事顔冉所以請事斯語之意故敬者學之終始所謂徹上徹下之道也○問盡心存心盡莫是極至地位存莫是初存得這心否曰盡心也未說極至只是凡事便須理會教十分周足無所闕漏處是盡存也非獨是初工夫初間固是操守存在這裏到存得熟後也只是存這存字無始終只存這裡○慶源輔氏曰心是活物須是操則存不然便放去矣性是實理須當順之而不害害謂違悖而戕傷之性本不可以戕傷言但爲自家違悖了便是戕傷之也 奉承之而不違便只是存心養性事○問盡心知性存心養性上是知工夫下是行工夫然上一節知性在先盡心在後下一節存心在先養性在後何也潛室陳氏曰知性即窮理格物之學是工夫最先者盡心即大學知至境界存心即誠意正心之謂養性在其中矣非存心外別有所謂養性工夫故養性在存心下○新安陳氏曰人能存心養性然後能事

事合理順事乎天而無愧於天之所以賦予我者此西銘所以曰存心養性爲匪懈又曰存吾順事存心養性即所以順事之本也備旨然心雖盡矣猶慮出入之無常必操存其心而常守吾神明之舍性雖知矣猶慮作輟之或間必順養其性而渾全吾繼善之長夫心也性也即天也存之養之正所以事天而不違也此履事之學也

殀壽에不貳ᄒᆞ야脩身以俟之ᄂᆞᆫ所以立命也ㅣ니라

殀壽에貳티아니ᄒᆞ야身을修ᄒᆞ야ᄡᅥ俟ᄒᆞ욤은ᄡᅥ命을立ᄒᆞᄂᆞᆫ배니라

●殀、壽、命之短長也、貳、疑也、不貳者、知天之至、修身以俟死、則事天以終身也、立命、謂全其天之所付、不以人爲害之、朱子曰殀壽不貳不以死生爲吾心之欣戚也不貳是不疑若一日未死一日要是當百年未死百年要是當這便是立命既不以殀壽貳其心又須脩身以俟方始能立命不以殀壽動心一向亂做又不可殀壽不貳便是知性知天之力脩身以俟便是存心養性之功立命一句更用通下章看此與西銘都相貫穿○殀壽之不貳蓋氣之所稟有不同者不以悅戚二其心而惟修身以俟之則天之正命自我而立而氣稟之短長非所論矣○慶源輔氏曰徇私以賊理縱欲以傷生皆所謂以人爲害之也○新安陳氏曰命之短長此命字以氣言立命此命字兼理與氣言○程子、曰心也、性也、天也、一理也、自理而言、謂之天、自稟受而言、謂之性、自存諸人而言、謂之心、張子、曰由太虛、有天之名、由氣化、有道之名、合虛與氣、有性之名、合性與知覺、有心之名、朱子曰由太虛有天之名由氣化有道之名此是總說合虛與氣有性之名合性與知覺有心之名此就人上說四句本只是一箇太虛漸細分說得密耳由太虛有天之名便是四者之總體而不雜乎四者之言由氣化有道之名氣化者那陰陽造化金木水火土皆是太虛便是太極圖上面一圓圈氣化便是陰靜陽動合虛與氣有性之名有這氣便有這理隨在這裡若無此氣這理在甚處安頓合性與知覺有心之名知覺又是那氣之虛處聰明視聽作爲運用皆是知覺○有是物則有是理與氣故有性之名若無是物則不見理之所寓由太虛有天之名只是據理而言由氣化有道之名由氣之化各有生長消息底道理故有道之名既已成物則物各有理故曰合虛與氣有性之名○九峯蔡氏曰橫渠四語只是理氣二字而細分由太虛有天之名即無極而太極之謂以理言也由氣化有道之名即一陰一陽之謂道之謂以氣言也合虛與氣有性之名即繼之者善成之者性之謂以人物稟受而言也合性與知覺有心之名即人心道心之謂以心之體而言也○趙氏曰集註並擧程張二說正欲學者於三者同處分析得異處分明於異處體會得同處親切耳○新安陳氏曰天者理而已惟以理言則幾於泛以形體謂之天惟以形體言則涉於淺今曰太虛則虛空之中有太極之理此由太虛所以有天之名也一陰一陽之謂道所以一陰而又一陽一陽而又一陰者氣之化也化云者所以然之妙也此由氣化所以有道之名也合太虛之虛與氣化之氣理寓於氣而具於人此合虛與氣所以有性之名也性理也知覺所以知覺此理也偏言知覺惟見氣之靈耳必合性與知覺言之所以有心之名也以此剖析之其庶幾乎 愚、謂盡心知性而知天、所以造七到反其理也、存心養性以事天、所以履其事也、不知其理、固不能履其事、然、徒造其理、而不履其事、則亦無以有諸己矣、慶源輔氏曰不知其理則冥行妄作而已不履其事則必至於妄想空虛 知天而不以殀壽、貳其心、智之盡也、事天而能脩身以俟死、仁之至也、智有不盡、固不知所以爲仁、然、智而不仁、則亦將流蕩不法、而不足以爲智矣、朱子曰盡心者私智不萌萬理洞貫歛之而無所不具擴之而無所不通之謂也學至於此則知性之爲德無所不該而天之爲天者不外是矣存者存此而已養者養此而已生死不異其心而脩身以俟其正則不拘乎氣稟之偏而天之正命自我立矣○大概此章所謂盡心者物格知至之事曾子所以一唯而無疑於一貫之言者是也所謂事天者誠意正心脩身之事曾子所以臨深履薄而無日不省其身者是也所謂立命者如是以沒身焉曾子所以啓手足而知免得正斃而無求者是也以是推之一章之指略可見矣○節齋蔡氏曰孟子此章與大學中庸相表裡窮其理以知天即中庸所謂智也履其事以事天即中庸所謂仁也殀壽不貳脩身以俟死所以立命而不渝即中庸所謂勇也與大學合前屢言矣○雲峯胡氏曰欲造其理者用工全在知性上知性有工夫盡心無工夫盡是大段見功知是積累用功欲履其事者用工全在存心上存心有工夫養性無大工夫存者操之而不舍養不過順之而不害耳集註分理與事言又分智與仁言何也蓋能知其理己自是智然必不以殀壽貳其心方見其爲智之盡能踐其事己自是仁然必脩身以俟死方見其爲仁之至流蕩不法四字讀者多以爲指異端之學言愚見流蕩與存養字相反不法與脩字相反能存養則不至於流蕩矣能脩身則所爲無不法者矣流蕩不法則是不能全其天之所與而以人爲害之者也 備旨 猶未也心有所疑而或動於殀壽之數非知天之至也身有不脩而或移於終身之久非事天之至也必其盡心知性之功愈精愈明初不以殀壽之不齊而貳其心一惟修身以俟之而所以存心養性者直至死而後已則知天事天之功己至而天之所以命於我者有以植立之而不墜矣乃所以立命也是則知天者智也事天者仁也立命者仁智各造其極也學至是不有其全功乎哉

○孟子ㅣ曰莫非命也ㅣ나順受其正이니라

孟子ㅣ ᄀᆞᆯᄋᆞ샤ᄃᆡ 命이아니니업ᄉᆞ나 그正을順히受ᄒᆞᆯᄯᅵ니라

●人物之生、吉凶禍福、皆天所命、然、惟莫之致而至者、乃爲正命故、君子、脩身以俟之、所以順受乎此也、此字指正命○朱子曰莫非命也此一句是活略在這裏看他如何來然在天言之皆是正命在人言之便有正有不正此命字是指氣言若我無以致之則命之壽殀皆是合當如此者如顏子之夭伯牛之疾是也○雲峯胡氏曰莫非命也凡有生者之所同順受其正能脩身者之所獨○新安陳氏曰此命字氣也順受其正理也立巖墻下非理也盡道而死理也桎梏死非理也君子必以理御氣[備旨]孟子承上章立命之說而發也曰凡人之吉凶禍福皆有一定之數莫非天所命也然惟在我莫之致而至者乃爲正命君子當盡其在我以聽其在天凡吉凶禍福一順受其正而無計較之私焉

是故로 知命者ᄂᆞᆫ 不立乎巖墻之下ᄒᆞᄂᆞ니라

이런故로 命을아ᄂᆞᆫ者ᄂᆞᆫ 巖墻ㅅ下애 立디아니ᄒᆞᄂᆞ니라

●命、謂正命、巖墻、墻之將覆者、知正命、則不處上聲危地、以取覆壓之禍、慶源輔氏曰立乎巖墻之下以致覆壓而死則乃是人所自取耳非天爲之也蓋巖墻有傾覆之勢自家却去下面立地便是自取其覆壓也是故君子戰戰兢兢如履薄氷非禮勿動○雲峯胡氏曰集註於此命字必曰正命者蓋上文有莫非命也一句故死於巖墻之下亦命也但非正命爾惟知正命者則不立乎巖墻之下○新安陳氏曰巖墻下理不當立立而壓死人所自取非正命也[備旨]夫當順受其正是故知正命者必不肯行險而立乎巖墻之下以自取禍也

盡其道而死者ᄂᆞᆫ 正命也오

그道ᄅᆞᆯ盡ᄒᆞ야 死ᄒᆞᄂᆞᆫ者ᄂᆞᆫ 正ᄒᆞᆫ命이오

●盡其道、則所値之吉凶、皆莫之致而至者矣、問人或死於干戈死於患難如比干之類亦是正命乎朱子曰固是正命又問以理論之則謂之正命以死生論之則非正命如何曰如何恁地說得盡其道而死者正命也當死而不死却是失其正命此處須當活看古人所以殺身成仁舍生取義學者須是於此處見得臨利害時便將自家斫剉了直須是壁立萬仞始得如今

小有利害便生計較便說道恁地死非正命如何得○新安陳氏曰盡其道即上章所謂脩身是也 備旨 然必何如而後爲正命哉人能存心養性盡其修身之道而不免於死者此是莫之致而至則其死爲正命也

桎梏死者ᄂᆞᆫ非正命也ㅣ니라

桎梏ᄒᆞ야死ᄒᆞᄂᆞᆫ者ᄂᆞᆫ正ᄒᆞᆫ命이아니니라

●桎梏、所以拘罪人者、桎音質足械也梏姑沃反手械也 言犯罪而死、新安陳氏曰不盡其道而有罪爲犯罪若在縲絏非其罪者不謂之犯罪 與立巖墻之下者、同、皆人所取、非天所爲也、問桎梏死者雖非正命然亦以命言此乃自取如何謂之命 朱子曰亦是自作而天殺之但非正命耳使文王死於羑里孔子死於桓魋却是正命○新安陳氏曰天之命於人吉凶禍福死生壽殀雖萬變而不齊人之事乎天必盡其道有正無邪則一定而不易能盡其道而値其吉且福且壽者固正命也此似有以致之然我唯知自盡其道耳初非有所覬覦於天而爲之也盡道而吉福壽自至焉非天命之正而何苟盡其道不幸而値凶禍夭是我於道理本無愧不過自値乎凶禍夭耳非我有以致之而然是亦命之正也必不盡其道自取禍敗喪亡則自有以致之始不得爲正命耳 ○此章與上章、蓋一時之言、所以發其末句未盡之意、潛室陳氏曰凡死雖均是命但盡道而無慊者爲正比干雖殺身正也盜跖雖永年非正也知謂知此道理立謂盡此道理不惑於死生壽夭一是天理排定是謂知命旣知得了不成一向委付於命須是盡了自家身分上道理無少虧欠方是立命盡此道理了恁時死才無慊是謂正命○雲峰胡氏曰前章末句言立命是全其天之所付而不以人爲害之者也此所謂桎梏死及死于巖墻之下是不知正命未免流蕩不法而以人爲害之矣立命是己造聖賢之域知命是方入聖賢之階立在知後知在立先 備旨 又必何如而後爲非正命哉蓋爲惡犯罪陷於桎梏之刑而死者乃其所自取非正命也非正命又安可以言命哉夫命之修短雖制於天而死之善惡則係於己故君子貴乎立命之學矣

○孟子ㅣ曰求則得之ᄒᆞ고舍則失之ᄒᆞᄂᆞ니、是求ᄂᆞᆫ有益於得也ㅣ니求在我者也ᄅᆞᆫ시니라 舍上聲

孟子ㅣᄀᆞᆯᄋᆞ샤ᄃᆡ求ᄒᆞ면得ᄒᆞ고舍ᄒᆞ면失ᄒᆞᄂᆞ니이求ᄂᆞᆫ得홈애益홈이인ᄂᆞ니내게

인ᄂᆞᆫ 者를 求홀ᄊᆡ니라

● 在我者、謂仁義禮智、凡性之所有者 [備旨] 孟子示人審所求也若曰求一也而有益無益分焉彼求則得之而隨有於我舍則失之而不爲我得夫得失係於求不求如此是所求有益於得也蓋以所求者在我所性而有者也惟其在我故求而可得也而人乃不知求之何哉

求之有道ᄒᆞ고 得之有命ᄒᆞ니 是求ᄂᆞᆫ 無益於得也ㅣ니 求在外者也

ᄂᆞᆫ시니라

求ᄒᆞ욤이 道ㅣ 잇고 得ᄒᆞ욤이 命이 이시니 이 求ᄂᆞᆫ 得홈애 益홈이 업ᄉᆞ니 外예 인ᄂᆞᆫ 者를 求홀ᄊᆡ니라

● 有道、言不可妄求、有命、則不可必得、在外者、謂富貴利達、凡外物、皆是、命字以氣言

○ 趙氏、曰言爲仁、由己、富貴、在天、如不可求、從吾所好、去聲○朱子曰富貴身外之物求之惟恐不得縱使得之於身心無分毫之益況不可必得乎若義理求則得之能不喪其所有可以爲聖爲賢利害甚明○南軒張氏曰言求在我者有益於得所以擴天理也言求在外者無益於得所以遏人欲也富貴利達衆人謂己有求之之道然不知其有命焉固有求而得之者矣是亦有命而非求之能有益也蓋亦有巧求而不得者多矣以此可見其無益於得也○新安陳氏曰此章言仁義禮智根於性乃所當求富貴利達制於命不可必求也 [備旨] 若求之有道不可妄求得之有命不可必得夫得失係於道與命如此是所求無益於得也蓋以所求者求在外之物者也而人乃切切以求之何哉世之舍有益而求無益者亦惑矣

○ 孟子ㅣ 曰萬物이 皆備於我矣니

孟子ㅣ ᄀᆞᆯᄋᆞ샤ᄃᆡ 萬物이 다 내게 備ᄒᆞ얏ᄂᆞ니

●此、言理之本然也、大則君臣父子、小則事物細微、其當然之理、無一不具於性分去聲之內也、備旨孟子勉人以盡性之學曰天下之物凡大而綱常倫理小而事物細微其當然之理皆備於我性分之內矣此則誠之原仁之本也

反身而誠이면樂莫大焉이오 樂音洛

身애反ᄒᆞ야誠ᄒᆞ면樂이이만크니업고

●誠、實也、言反諸身、而所備之理、皆如惡去聲惡臭、好去聲好色之實、然則其行之、不待勉强上聲而無不利矣、利順也 其爲樂 孰大於是、朱子曰萬物不是萬物之迹只是萬物之理如君臣之義父子之親這道理本備於吾身誠是實有此理檢點自家身上果無欠缺事君眞箇忠事父眞箇孝莫不各盡其當然而無一毫之不盡則仰不愧天俯不怍人自然是快活然反之於身有些子不實則中心愧怍不能以自安如何會樂橫渠謂反身而誠則不慊於心此說極有理○反身而誠見得本具是理而今亦不曾虧欠了他底若不反身而誠只是天下公共之理我無與焉○此乃躬行之至無一理不實有於吾身非爲一時見處發也如仁義忠孝應接事物之理皆眞有之而非出於勉强僞爲也此是見得透信得及處到此地位則推己及物不待勉强而仁在我矣下言强恕而行者蓋言未至於此則當强恕以去己私之蔽而求得夫天理之公也○潛室陳氏曰反諸身者旣是萬理皆實即渾身是義理流行何處不順裕苟於實理無得即觸處滯礙無往而非逆境何樂之有○雲峯胡氏曰此一反字只是自檢點過不是湯武反之之反 備旨 夫人之盡性何如其或反之於身私意不萌物欲無累於所備之理果能盡其當然而無一之不實則理與心俱融行亦與理俱適初無待於勉强而達之自無不利其爲樂孰大於是焉

强恕而行이면求仁이莫近焉이니라 强上聲

恕를强ᄒᆞ야行ᄒᆞ면仁을求홈이이만갓가오니업스니라

●强、勉强也、恕、推己以及人也、反身而誠則仁矣、其有未誠、則是猶有私意之隔、而理未純也、故、當凡事勉强、推己及人、庶幾平聲心公理得、而仁不遠也、朱子曰强恕不言忠

無忠何以爲恕蓋有心爲恕則忠固在其中矣所謂無忠做恕不出兩字不容去一者正謂此也若自己心裏元自不實不盡更將何物推以及人以此見凡說恕字必有忠字在源頭了今人皆不忠之恕惟務苟且於一時不復有己可推亦無復近仁矣○反身而誠則恕從這裡流出不用勉强未到恁田地須是勉强○問强恕而行曰此是元不曾恕在故當凡事勉强推己及人若反而誠則無待於勉强矣强恕而行是要求至於誠○雲峯胡氏曰强恕求仁卽誠之之事○此章、言萬物之理、具於吾身、體之而實、則道在我、而樂音洛有餘、聖賢之事行之以恕、則私不容、而仁可得、學者之事○朱子曰反身而誠自然循理所以樂强恕而行且恁地把捉勉强做去萬物皆備於我下文反身强恕皆蒙此句爲義强恕者亦是他見得萬物皆備於我了只爭着一箇反身而誠便須要强恕上做工夫亦只是要去箇私意而已私意旣去則萬物自無欠缺處矣○新安陳氏曰樂莫大焉必以樂不慊仰不愧俯不怍形容方見樂之味集註雖不用此語然曰如惡惡臭好好色之實然則是以大學誠意章自慊之意言之而此意已在其中矣誠與仁一理耳實有此理則曰誠純乎此理而無私則曰仁未有誠而不仁者也亦未有仁而不誠者也【備旨】人能反身而誠則仁矣其未至於此者則是猶有私意間隔而尙遠乎仁也必凡事加强恕之功推己及物以去其有我之私而力行以求乎皆備之理庶幾心漸公而理漸得求仁莫近於此焉夫能由恕而仁則誠身之樂在我所備之理不虧君子之能事畢矣

○孟子ㅣ曰行之而不著焉ᄒᆞ며習矣而不察焉이라終身由之而不知其道者ㅣ衆也ㅣ니라

孟子ㅣ ᄀᆞᆯᄋᆞ샤ᄃᆡ 行ᄒᆞᄃᆡ 著티 몯ᄒᆞ며 習ᄒᆞᄃᆡ 察티 몯ᄒᆞᄂᆞᆫ디라 身이 終토록 由ᄒᆞ야도 그 道를 아디 몯ᄒᆞᄂᆞᆫ 者ㅣ 하니라

●著者、知之明、察者、識之精、慶源輔氏曰著則明之而已察則又加精焉言方行之、而不能明其所當然、既習矣、而猶不識其所以然、習謂行之積習既久所以終身由之、而不知其道者、多也、慶源輔氏曰所當然是就事上說所以然是就理上說凡事皆有所當然必有理之所以然人能於方行之時明其事之所當然既習之後又識其理之所以然則能知夫道矣○勿軒熊氏曰此與上章通言有此三等人反身而誠上也强恕而行次也此承

上章而言下等人也○新安陳氏曰天下事物有當然之則必有所以然之故行而不明當然之則習而不察所以然之故此爲凡人言也易曰百姓日用而不知終身由之而不知其道於凡人無責也學者則不當然矣孟子斯言其亦悶凡人而不無望於學者與[備旨]孟子慨世不明道曰道之不明於天下非道之晦也由不知者晦之也人但行之而不能著其事之所當然焉習矣而不能察其理之所以然焉不著則行爲粗不察則習爲迹所以終其身行且習於斯道之中而不知其道之所當然與所以然者固衆也於凡民可無責矣學者豈當然哉

○孟子ㅣ曰人不可以無恥니無恥之恥면無恥矣리니

孟子ㅣ골ᄋᆞ샤ᄃᆡ人이可히ᄡᅥ恥업디몯ᄒᆞᆯ꺼시니恥업슴을恥ᄒᆞ면恥ㅣ업스리니라

●趙氏ㅣ曰人能恥己之無所恥、是能改行去聲從善之人、終身、無復扶又反有恥辱之累矣、南軒張氏曰恥者羞惡之心所推也恥吾之未能進於善則善可遷恥吾之未能遠於過則過可消苟惟漠然無所恥則爲無所忌憚而已矣故人當以無所恥爲恥也○慶源輔氏曰恥者改過遷善之機也人能以己之無恥爲恥則思去其恥而恥可無否則安於其恥而恥終不可免[備旨]孟子勉人存羞惡之心曰恥者羞惡之心所由推也恥吾之未能進於善則善可遷恥吾之未能遠於過則過可改故人不可以無所恥也人若能以無所恥爲恥則終身無復有恥辱之累矣夫無可恥由於有所恥如此信乎人之不可無恥也

○孟子ㅣ曰恥之於人에大矣라

孟子ㅣ골ᄋᆞ샤ᄃᆡ恥ㅣ사ᄅᆞᆷ의게크다

●恥者、吾所固有羞惡去聲之心也、存之則進於聖賢、失之則入於禽獸、故、所繫、爲甚大、慶源輔氏曰存之則有所不爲故可進於聖賢失之則無所不爲故至入於禽獸讀之使人凜凜[備旨]孟子戒人不可失其羞惡之心曰恥者羞惡之心也人能存之則有所不爲而進於聖賢若其失之則無所不爲而入於禽獸其係於人品心術誠大矣哉

爲機變之巧者ᄂᆞᆫ無所用恥焉이니라

機變人巧를ᄒᆞᄂᆞᆫ者ᄂᆞᆫ恥를쁠배업ᄉᆞ니라

●爲機械下戒反變詐之巧者、所爲之事、皆人所深恥、而彼方且自以爲得計、故、無所用其愧恥之心也、慶源輔氏曰陷溺其心於機械變詐之巧則是無所不爲者也故人雖以爲深耻而己方自以爲得計其愧耻之心雖其固有亦自窒塞而不復發見矣○雲峯胡氏曰爲機變之巧此巧字便與耻字相反耻則守正而有所不爲巧則行險而無所不爲雖其本心未嘗無耻而彼方自矜其爲之之巧則無所用其耻矣周夫子拙賦正是深貶此一巧字【備旨】何以見耻之於人大矣彼爲機械變詐之巧者此其人於人所深耻而自喜爲得計是羞惡之心雖其固有而恬然無所用之焉

不恥ㅣ不若人이면何若人有ㅣ리오

恥티아니홈이사ᄅᆞᆷᄀᆞᆮ디몯ᄒᆞ면므서시사ᄅᆞᆷᄀᆞᄐᆞᆷ이이시리오

●但無恥一事、不如人、則事事、不如人矣、或曰不恥其不如人、則何能有如人之事、其義、亦通、新安陳氏曰前說以不耻爲無耻不如後說之明順其意蓋曰耻不如人則漸能如人不耻其不如人則何能如人之有或、問人有恥不能之心、如何、程子、曰恥其不能而爲之、可也、恥其不能而掩藏之、不可也、慶源輔氏曰程子是用後說耻不能而爲之則終必能是以貴夫耻也耻不能而掩藏之則終不能矣是不能擴充夫耻也【備旨】夫不以機變之巧爲耻是無耻一事已不若人矣無耻不若人則良心旣喪無所不至將不惟無望於聖賢之域且日入於禽獸不難矣何一事可以若人哉信乎耻之於人大矣

○孟子ㅣ曰古之賢王이好善而忘勢ᄒᆞ더니古之賢士ㅣ何獨不然이리오樂其道而忘人之勢라故로王公이不致敬盡禮則不得亟見之ᄒᆞ니見且猶不得亟온而況得而臣之乎아 好去聲樂音洛亟去吏反

孟子ㅣ골ᄋᆞ샤ᄃᆡ녜賢ᄒᆞᆫ王이善을好ᄒᆞ야勢ᄅᆞᆯ忘ᄒᆞ더니녜賢ᄒᆞᆫ士ㅣ엇디ᄒᆞ올로그러티아니리오그道ᄅᆞᆯ樂ᄒᆞ야人의勢ᄅᆞᆯ忘ᄒᆞ논디라故로王公이敬을致ᄒᆞ며禮ᄅᆞᆯ盡티아니ᄒᆞ면시러곰ᄌᆞ로見티몯ᄒᆞ니見ᄒᆞ욤도ᄯᅩ오히려시러곰ᄌᆞ로몯ᄒᆞ곤ᄒᆞ믈며시러곰臣ᄒᆞ랴

●言君、當屈己以下(去聲降也)賢、士、不枉道而求利、二者、勢若相反、(此勢字不與本文二勢字相關)而實則相成、蓋亦各盡其道而已、張子曰不資其力而利其有則能忘人之勢若資仰其富貴而欲有所取則不能矣○南軒張氏曰在上者忘其勢而惟恐不得天下之善在下者忘人之勢而惟義是從此爲俱得其道使二者一旦而相合則上下交而爲泰矣故王公不致敬盡禮於賢士雖欲數見之且不得況可得而臣之盖士非以此自高也其道固當爾也○慶源輔氏曰君好善則不知勢之在己士樂道則不知勢之在人兩盡其道則雖若相反而實相成不然君挾其勢而驕夫士士懾於勢而徇乎君則兩失其道矣尙何足與有爲哉○雲峯胡氏曰使爲君者有以成賢士樂道之志而爲士者肯出而成其君好善之美則上下交而爲泰矣此集註所謂相成也○新安陳氏曰致敬內致敬也盡禮外盡禮也王公必致敬盡禮於賢是能好善而忘勢屈己以下賢也賢士必待君致敬盡禮而後應之是能樂道忘人之勢不枉道而求利也【備旨】孟子即古賢王賢士之相與以慨今也曰今之君類皆自恃其勢而今之士亦多徇於人之勢若古則不爾也古之賢王好人之善而忘在己之勢此在古之賢王則然至於古之賢士何獨無所好無所忘而不然哉樂其在已之道而忘其在人之勢惟其樂道妄勢故王公待之內焉不致敬外焉不盡禮則王公不可得而亟見之見且猶不可得而亟而況可得以爵祿役使而臣之乎此可見惟賢王方能遂賢士之高惟賢士方能成賢王之大此隆古泰交之盛所以不可及也

○孟子ㅣ謂宋句踐曰子ㅣ好遊乎아吾ㅣ語子遊호리라(句音鉤好語皆去聲)

孟子ㅣ宋句踐ᄃᆞ려닐어ᄀᆞᆯᄋᆞ샤ᄃᆡ子ㅣ遊ᄒᆞ욤을好ᄒᆞᄂᆞ냐내子ᄃᆞ려遊ᄅᆞᆯ語호리라

●宋、姓、句踐、名、遊、遊說(音稅)也、【備旨】孟子以游說之道謂宋句踐曰今列國策士無不喜爲游說矣子亦好游說乎吾語子以游之之道焉

人知之라도亦囂囂ᄒᆞ며人不知라도亦囂囂ㅣ니라

人이知홀띠라도또ᄒᆞᆫ囂囂ᄒᆞ며人이知티몯홀띠라도또ᄒᆞᆫ囂囂홀띠니라

● 趙氏、曰囂囂、五高許驕二反 自得無欲之貌、慶源輔氏曰遊說之士大病是不識義理而惟欲其言之售故往往以人之知不知爲欣戚是以孟子語以自得無欲之
說○新安陳氏曰自得於己而無所欲於人非內重而外輕者不能也 備旨 夫游說而冀其言獲售往往以人之知
不知爲欣戚若子之游也如其言見信而人知之亦囂囂然自得也不因人之知而遽以爲喜如其言見違而人不
知之亦囂囂然自得也不因人之不知而遽以爲憂夫自足於己而置得失於兩忘無求於人而任窮通於所遇則
隨在無非順適之境此遊之道也

曰何如ㅣ라아斯可以囂囂矣잇고 曰尊德樂義則可以囂囂矣니라

樂音洛

골오ᄃᆡ엇더ᄒᆞ야아이可히ᄡᅥ囂囂ᄒᆞ리잇고골ᄋᆞ샤ᄃᆡ德을尊ᄒᆞ며義를樂ᄒᆞ면可히
ᄡᅥ囂囂홀이니라

● 德、謂所得之善、尊之則有以自重、而不慕乎人爵之榮、義、謂所守之正、樂之則
有以自安、而不徇乎外物之誘矣、慶源輔氏曰尊如尊德性之尊樂如樂天知命之樂○新安陳氏曰能如此則自得無欲之氣象自然著見而不可掩矣 備旨 句踐問曰
囂囂未易能也不知何如斯可以囂囂矣孟子曰所得之善謂德吾自尊之而不違所守之正謂義吾自樂之而不
厭尊德則良貴在我而不羨人爵之榮樂義則眞趣在我而不計得喪之迹斯可以囂囂而自得無欲之氣象不可
掩矣

故로士는窮不失義ᄒᆞ며達不離道ㅣ니라 離力智反

故로士ᄂᆞᆫ窮ᄒᆞ야도義를失티아니ᄒᆞ며達ᄒᆞ야도道애離티아니ᄒᆞᄂᆞ니라

●言不以貧賤而移、不以富貴而淫、此、尊德樂義、見形甸反於行事之實也、新安陳氏曰尊德樂義內存於心無迹可見必窮有定守而不失義所謂貧賤不能移達有實用而不離道所謂富貴不能淫此乃尊德樂義著見於行事之實迹也[備旨]夫囂囂本於尊德樂義有如此故凡士之處窮也則不失義窮而尊德樂義也其處達也則不離道達而尊德樂義也

窮不失義故로士得己焉ᄒᆞ고達不離道故로民不失望焉이니라

窮ᄒᆞ야도義ᄅᆞᆯ失티아니ᄒᆞᄂᆞᆫ故로士ㅣ己ᄅᆞᆯ得ᄒᆞ고達ᄒᆞ야도道애離티아니ᄒᆞᄂᆞᆫ故로民이望을失티아니ᄒᆞᄂᆞ니라

●得己、言不失己也、不失已如云不失其身民不失望、言人、素望其興道致治、去聲而今、果如所望也、慶源輔氏曰窮不失義則在我者得其所守達不離道則能興道致治以慰斯民平日之所望[備旨]如此則焉往而不善哉吾見窮不失義則士之所以立身行己者今果有以得已焉而窮可以囂囂矣達不離道則民之素望其興道致治者今果不失其望焉而達可以囂囂矣

古之人이得志ᄒᆞ얀澤加於民ᄒᆞ고不得志ᄒᆞ얀修身見於世ᄒᆞ니窮則獨善其身ᄒᆞ고達則兼善天下ㅣ니라 見音現

녯사ᄅᆞᆷ이志ᄅᆞᆯ得ᄒᆞ야ᄂᆞᆫ澤이民의게加ᄒᆞ고志ᄅᆞᆯ得디몯ᄒᆞ야ᄂᆞᆫ身을修ᄒᆞ야世예見ᄒᆞ니窮ᄒᆞ면그身을ᄒᆞ올로善ᄒᆞ고達ᄒᆞ면天下ᄅᆞᆯ兼ᄒᆞ야善ᄒᆞᄂᆞ니라

●見、謂名實之顯著也、新安陳氏曰內盡脩身之實而名自著見於世蓋實之不可掩者非君子願乎其外而欲以是自見也此、又言士得已、民不失望之實、新安陳氏曰得志兼善此民不失望之實不得志獨善此士得已之實也○此章、言內重而外輕、則無往而不善、南軒

張氏曰句踐徇名而外求者孟子使求之吾身而已夫士達所不離之道卽其窮所不失之義也直言體義言用互相明耳窮不失義則無慕乎外故有以自得於己一達於義則失己矣達不離道則凡其注措設施無非道之所在故有以副民望也得志澤加於民其道得行也不得志脩身見於世惟義之安也其曰得志不得志云者蓋澤加於民雖所性不存焉而道行固亦君子本志之所欲也○雲峰胡氏曰內重是德義外輕是窮達嚴內外輕重之分者旣不失其本性之善故窮亦善達亦善但達則能使民皆歸於善窮則此身自不失其善耳 備旨 不又言士得己民觀諸古人乎士之外輕則無往而不尊德樂義人也當其得志則推此德義於人而膏澤不下究也當加於民不至黑其不得志則修此德義於身而名實見於世不至泯沒志窮也而修無聞於世不得身見於世是窮則以德義自重而獨善其身也所謂得己者信矣得志者達也而澤加於民是達則以德義淑人而兼善天下也所謂不失望者信矣然則人知之亦囂囂人不知亦囂囂微古人其誰與歸

○孟子ㅣ曰待文王而後에 興者는 凡民也니 若夫豪傑之士는 雖無文王이라도 猶興이니라 夫音扶

孟子ㅣ 갈ᄋᆞ샤ᄃᆡ 文王을 待ᄒᆞᆫ 後에 興ᄒᆞᄂᆞᆫ 者ᄂᆞᆫ 凡民이니 만일에 豪傑읫 士ᄂᆞᆫ 비록 文王이 업슬띠라도 오히려 興ᄒᆞᄂᆞ니라

⊛興者、感動奮發之意、凡民、庸常之人也、豪傑 有過人之才智者也、蓋降衷秉彝、人所同得、唯上智之資、無物欲之蔽、爲能無待於敎、而自能感發以有爲也、

南軒張氏曰興者興起於善道也文王風化之盛者必待風化之盛薰陶漸漬而後興起此衆民耳若夫豪傑之士則卓然自立無待於人雖無文王固自興起也此章勉人使自立耳○慶源輔氏曰文武興則民好善此中人以下之資也蓋無特立之操敎之善則爲善否則爲惡矣惟豪傑之士無物欲之累以蔽其秉彝之天有過人之才以致其爲善之力雖無聖人在上以敎率之自能奮其特立之操以有爲也孟子此言蓋欲學者不以凡民自棄而以豪傑自期耳

備旨 孟子以豪傑望天下曰善雖由敎而入非因敎而後有也在人之自勉何如耳古今言作人之盛者莫過於文王然必待文王風化之盛熏陶漸漬而後興起者此特凡民也而非所以概天下之豪傑也若夫豪傑之士則卓然自立

無待於人雖無文王猶自興起也學者可以凡民自安而不以豪傑自期待哉

○孟子ㅣ曰附之以韓魏之家ㅣ라도 如其自視欿然이면 則過人이 遠矣라니 欿音坎

孟子ㅣ골으샤ᄃᆡ附호ᄃᆡ韓과魏人家로ᄡᅥ홀띠라도만일에그스스로視홈이欿然ᄒᆞ면人에過홈이遠ᄒᆞ니라

●附、益也、韓魏、晉卿、富家也、欿然、不自滿之意、尹氏、曰言有過人之識、則不以富貴、爲事

南軒張氏曰以外物爲重輕者不得其欲則不足得則滿矣其滿與不足係乎外物者也若益以韓魏之家而自視欿然則是不以外物爲重輕志存乎道義而已所進又可量乎其過人也遠矣

【備旨】孟子爲溺情於富貴者發也曰凡人識不足者恒以外物爲重輕有人於此一旦附益之以韓魏之家則其富其貴者生平之所未有宜不勝其自滿矣如其視欿然不驕不溢若不知有韓魏之家者此其識見高明視之常情不但過之且過之遠也然則世之溺情於富貴者其亦可以少愧矣

○孟子ㅣ曰以佚道使民이면 雖勞나ㅣ不怨ᄒᆞ고 以生道殺民이면 雖死나ㅣ不怨殺者ㅣ니라

孟子ㅣ골으샤ᄃᆡ佚ᄒᆞᆫ道로ᄡᅥ民을使ᄒᆞ면비록勞ᄒᆞ나怨티아니ᄒᆞ고生ᄒᆞᆫ道로ᄡᅥ民을殺ᄒᆞ면비록死ᄒᆞ나殺ᄒᆞᄂᆞᆫ者를怨티아니ᄒᆞᄂᆞ니라

●程子、曰以佚道使民、謂本欲佚之也、播穀乘屋之類、是也、以生道殺民、謂本欲

生之也、除害去上聲惡之類、是也、蓋不得已、而爲其所當爲、則雖咈符勿反民之欲、而民不怨、其不然者、反是、朱子曰彼有惡罪當死吾求所以生之者而不得然後殺之以安衆而厲其餘此以生道殺之也彼亦何怨之有○慶源輔氏曰播穀乘屋之類雖不免於勞然其本意則乃欲佚之而已故雖勞而不怨除害去惡之類雖不免於殺然其本意則乃欲生之而已故雖死而不怨殺者○不得已者事也爲其所當爲者理也事雖不得已而吾但爲其理之所當爲故雖勞之殺之可謂拂民之欲矣而民自不怨不然則是私意妄作而已民之怨怨其可得而逃乎君子其亦謹其所謂勞與殺之事哉○新安陳氏曰事雖不得已而理實所當爲則雖拂民之私欲而實契民之公心故民雖勞且死而自不怨也[愚按]孟子示人君服民之道曰民情好佚而惡勞勞之未有不怨者惟上之心本欲佚之乃有不得已而使之是謂以佚道使民則民皆諒其佚之之心雖勞亦不怨矣民情好生而惡殺殺之未有不怨者惟上之心本欲生之乃有不得已而殺之是謂以生道殺民則民皆諒其生之之心雖死亦不怨殺者矣所謂說以先民民忘其勞說以犯難民忘其死者此也舍是而欲民之無怨得乎

○孟子ㅣ曰霸者之民은驩虞如也ㅣ오王者之民은皞皞如也ㅣ니라皞胡老反

孟子ㅣᄀᆞᆯᄋᆞ샤ᄃᆡ霸者의民은驩虞ᄃᆞᆺᄒᆞ고王者의民은皞皞ᄃᆞᆺᄒᆞᄂᆞ니다

●驩虞與歡娛同、皞皞、廣大自得之貌、程子、曰驩虞、有所造爲而然、豈能久也、耕田、鑿井、帝力、何有於我、帝王通曆帝堯之時有老人擊壤於路曰吾日出而作日入而息鑿井而飮耕田而食帝力於我何哉風土記云擊壤者以木爲之長三四寸形如履臘節僮少以爲戲將戲先側一壤於地遙於三四十步以手中壤擿之中者以爲上如天之自然、乃王者之政、楊氏、曰所以致人驩虞、必有違道干譽之事、若王者、則如天、亦不令力呈反下同人喜、亦不令人怒慶源輔氏曰霸者取民之從規模狹窄時下雖得民之歡娛然豈能久哉事過意息則忘之矣至於王者則如天道之自然當生則生當殺則殺而民自忘其喜怒也○新安陳氏曰二如字似恂恂如踧踖如之如語助辭也霸者之民感上之惠而

驩虞如覇功淺近易悅故也王者之民忘上之德而皥皥如王道廣大深遠而無迹故也【備旨】孟子深明王道之異於覇道也曰王覇之治效不同而功效亦異但自其民風觀之可見矣彼覇功淺近而易悅故覇者之民感上之惠跡其小康自喜之氣象殆驩虞如也王道深遠而無迹故王者之民忘上之德跡其廣大自得之氣象殆皥皥如也

殺之而不怨ᄒᆞ며利之而不庸이라民日遷善而不知爲之者ㅣ니라

殺ᄒᆞ야도怨티아니ᄒᆞ며利ᄒᆞ야도庸티아니ᄒᆞᄂᆞᆫ디라 民이日로善에 遷호ᄃᆡᄒᆞᄂᆞᆫ者ᄅᆞᆯ아디몯ᄒᆞᄂᆞ니라

【註】此、所謂皥皥如也、庸、功也、周禮曰民功曰庸 豐氏、曰 豐氏名稷字相之四明人 因民之所惡去聲而去去聲之、非有心於殺之也、何怨之有、新安陳氏曰卽上章以生道殺民之意 因民之所利而利之、非有心於利之也、何庸之有、輔其性之自然、使自得之故、民日遷善、而不知誰之所爲也、

慶源輔氏曰因民之性輔其自然使自得夫善如堯所謂匡之直之輔之翼之使自得之是也惟其如是故民日遷於善而不知誰之使我如此也此卽程子所謂耕田鑿井帝力何有於我之事【備旨】何以見其皥皥也王者以刑糾民非無殺也然因民所惡而去之民且忘其爲殺矣不以爲怨也王者以政養民非無利也然因民所利而利之民且忘其爲利矣不以爲庸也王者以敎正民非不導民以善也然順民之性而導之民雖日遷於善而自得其性不知誰之所爲也所謂皥皥者如此

夫君子ᄂᆞᆫ所過者ㅣ化ᄒᆞ며所存者ㅣ神이라上下ㅣ與天地同流ᄒᆞᄂᆞ니豈曰小補之哉리오 夫音扶

ᄒᆞ다니ᄅᆞ리오

●君子、聖人之通稱也、所過者、化、身所經歷之處 即人無不化、如舜之耕歷山而田者、遜畔、陶河濱而器不苦窳(音愈)也、所存者、神、心所存主處、便神妙不測、如孔子之立斯立、道(去聲)斯行、綏斯來、動斯和、莫知其所以然而然也(此句釋神字) 是其德業之盛、(慶源輔氏曰德以其得於己者而言業以其見於事者而言) 乃與天地之化、同運並行、擧一世而甄(吉延反)陶之、非如霸者、但小小補塞(先則反)其罅(虛訝反)漏而已、此則王道之所以爲大、而學者、所當盡心也、

程子曰所存者神在己也所過者化及物也○朱子曰經歷不必爲經行之地凡其身之所臨政之所及風聲氣俗之所被皆謂經歷程子直以所過者化爲及物蓋言所過者化則凡所經歷物無不化不必久於此而深治之然後物從其化也其曰在己者蓋以化者無意而及物此則誠於此而動於彼其感應之速如影響形聲之召有不知其所以然者是則所謂神爾○問所經歷處皆化如此即是民化之非大而化之之化曰作大化之化有病只是所經歷處纔霑著些便化當一震而萬物俱生動霜一降而萬物皆成實無不化者書曰俾予從欲以治四方風動亦是此意○存是自家主意處便神妙不測亦是人見其如此○上下與天地同流重鑄一番過相似小補只是逐片逐些子補綴○自王者之民皥皥如也而下至此皆說王者功用如此○南軒張氏曰霸者之爲利小而近目前之利民歡樂之王者之化遠而大涵養斯民富而敎之民安於其化由於其道而莫知其所以然也○新安陳氏曰過化存神所存主者其體也所過者化以其所存者神也若此則上下與天地同流矣言其配化育之流行也視霸者之區區求以利之者不亦小乎夫以王者功用之大其本在於過化存神而已而此二者又存神爲之主焉○孟子辨王霸屢矣此又言王霸之民其不同如此首以霸與王對說中言王而不及霸末方以小補繳上霸者之事(備旨)即是而可以見王道之大矣君子一身凡其爲刑爲政爲敎皆身之所歷而謂之過也過斯化焉盡入而莫不丕變也君子一心凡其欲刑欲養欲敎皆心之所主而謂之存也存斯神焉順應而莫知其然也夫是神化也天神之運於上下而覆載萬物者也而君子之化以遂神神以運化者其德業之盛至擧一世而甄陶之則是天地以其神化日流行於上下而天下之物無不被王者亦以神化周流於

上下而天下之民無不冒蓋與天地同運而並行矣豈若覇者之功僅小補之而已哉此霸功所以不若王道之大也爲治者可以審所尙矣

○孟子ㅣ曰仁言이不如仁聲之入人深也ㅣ니라

孟子ㅣ골ᄋᆞ샤ᄃᆡ仁ᄒᆞᆫ言이仁ᄒᆞᆫ聲이人의게入홈이深홈만ᄀᆞᆮ디몯ᄒᆞᄂᆞ니라

●程子、曰仁言、謂以仁厚之言、加於民、仁聲、謂仁聞、去聲謂有仁之實、而爲衆所稱道者也、此、尤見德之昭著故、其感人、尤深也、 慶源輔氏曰仁言如書所載訓誥誓命之類是也仁聲如邠人聞太王爲仁人伯夷太公聞文王善養老之類是也【備旨】孟子示爲治者當審所尙也曰凡爲君者必以仁如言之仁與聲之仁皆有以入人也但仁言發於己而未必其然且但出於一時仁聲傳於人而已有所試且又著於平素仁言之入人淺不如仁聲之入人深

善政이不如善敎之得民也ㅣ니라

善ᄒᆞᆫ政이善ᄒᆞᆫ敎의民을得홈만ᄀᆞᆮ디몯ᄒᆞᄂᆞ니라

●政、謂法度禁令 所以制其外也、敎、謂道去聲德齊禮、所以格其心也 慶源輔氏曰善政亦非徒尙夫法度禁令也固亦有德行乎其間但道之以政齊之以刑終不若道之以德齊之以禮者得民之心感而誠服也【備旨】然所謂仁聲者不外政敎政之善敎之善皆有以得民也但善政以紀綱法令整飭民於事迹善敎以仁義禮樂導引民於性分善政得民之效小不如善敎得民之效大也

善政은民이畏之ᄒᆞ고善敎는民이愛之ᄒᆞᄂᆞ니、善政은得民財ᄒᆞ고善敎는得民心이니라

得民心이니라

善ᄒᆞᆫ政은民이畏ᄒᆞ고善ᄒᆞᆫ敎ᄂᆞᆫ民이愛ᄒᆞᄂᆞ니 善ᄒᆞᆫ政은民의財ᄅᆞᆯ得ᄒᆞ고善ᄒᆞᆫ敎ᄂᆞᆫ民의心을得ᄒᆞᄂᆞ니라

●得民財者、百姓、足而君無不足也、得民心者、不遺其親、不後其君也、南軒張氏曰善政立而後善敎可行所謂富而敎之者也孟子論得民心必歸之善敎者蓋至此而後爲得民之至也○慶源輔氏曰百姓足而君無不足者取之有道用之有節故民先自足而君亦無不足也不遺其親不後其君使民之於君親之如父母愛之如四體尊而敬之則得其財與無不足又有不足道者矣○雲峯胡氏曰孟子之意蓋謂使民畏不如使民愛得民財不如得民心然善政得民財一句集註又恐後世貪君汚吏借此以藉口訓之曰得民財者百姓足而君無不足也意謂無善政則百姓不足君孰與足矣然有善政以得民財孟子猶以爲不如善敎之得民心況後世無善政而取民之財者哉愚按然何以見善政不如善敎之得民也善政則法令齊肅而民不敢抗是民畏之矣善敎則德意浹洽而民不忍悖是民愛之矣且善政之於民取之有道用之有節故百姓足而君無不足可以得民之財焉善敎之於民率之有方敎之有素故民不遺其親不後其君所以得民之心焉夫畏迫於法愛生於心苟至於愛而畏不足言矣民心本也民財末也苟得其心而財在其中矣善政不如善敎之得民也此非其驗耶卽仁聲之入人且以善政與善敎異也而仁言更無論矣

○孟子ㅣ曰人之所不學而能者ᄂᆞᆫ 其良能也ㅣ오 所不慮而知者ㅣ 其良知也ㅣ니라

孟子ㅣ ᄀᆞᆯᄋᆞ샤ᄃᆡ 人의 學디 아니ᄒᆞ여도 能ᄒᆞᄂᆞᆫ바ᄂᆞᆫ 그 良能이오 慮티 아니ᄒᆞ여도 知ᄒᆞᄂᆞᆫ바ᄂᆞᆫ 그 良知니라

●良者、本然之善也、程子、曰良知良能、皆無所由、乃出於天、不繫於人、西山眞氏曰善出於

性故有本然之能不待學而能本然之知不待學而知也【備旨】孟子示人當存其良心曰天下之人莫不有知有能然凡學而後能者可以言能而不可以言良能也惟學習未加而自有所能是其能一出於本然之善乃人之良能也凡慮而後知者可以言知而不可以言良知也惟思慮不庸而自有所知是其知一出於本然之善乃人之良知也

孩提之童이 無不知愛其親也ㅣ며 及其長也ᄒᆞ야 無不知敬其兄也ㅣ니라 長上聲 下同

孫提옛童이 그親愛ᄒᆞ옴을아디아니리업스며 그長홈애 맏처그兄敬홈을아 디아니리업스니라

●孩提、二三歲之間、知孩笑、可提抱者也、愛親敬長、所謂良知良能也、 慶源輔氏曰孩提而下又所以指其良知良能之在人者曉之是豈待學而後能慮而後知哉○新安陳氏曰孩提知愛親敬兄與能愛親敬兄此蓋指良知良能之先見而切近者以曉人也【備旨】吾所謂良能良知何以驗之我觀孩提之童初未嘗學且慮也孰敎之以孝哉然無不知親之當愛而自能愛其親也及其稍長也亦未嘗學且慮也孰敎之以弟哉然無不知兄之當敬而自能敬其兄也夫以孩提而知愛親敬兄之道此可以驗知能之良矣

親親은 仁也ㅣ오 敬長은 義也ㅣ니 無他ㅣ라 達之天下也ㅣ니라

親을 親ᄒᆞ옴은仁이오長을敬ᄒᆞ옴은義ㅣ니他ㅣ업슨디라天下에達홀씨니라

●言親親敬長、雖一人之私、然、達之天下、無不同者、所以爲仁義也、 朱子曰無他達之天下只說達之天下無別道理○問仁義不止於孝悌而孟子以爲達之天下還是推孝弟之心以友愛天下卽是仁義否潛室陳氏曰此章無推此及彼之意所謂達乃達道達德之達言人心所同然也親親仁之發敬長義之發仁義之道無他人

心之所同然耳○新安陳氏曰親吾親敬吾長雖一人之私然推而達之天下則人人皆親親敬長無不同者此人心天理之公也親親仁之實敬長義之實仁義不待外求不過即人之本心可通乎天下之人心而仁義不可勝用矣正以愛親敬兄出於良知良能者凡人之性無不同此本然之善故也【備旨】若此者豈有出於吾性之外哉孩提之親親非自外至即吾性之仁爲之也稍長之敬兄非自外至即吾性之義爲之也此無他正以達之天下無不同故耳天下同是親也無不知愛之心同也天下同是長也無不知敬之心同也以是驗之仁義之不待外求也豈不昭昭然哉

○孟子ㅣ曰舜之居深山之中에與木石居ᄒᆞ시며與鹿豕遊ᄒᆞ시니其所以異於深山之野人者ㅣ幾希러시니及其聞一善言ᄒᆞ시며見一善行ᄒᆞ샨若決江河ㅣ라沛然莫之能禦也ㅣ러시다 行去聲

孟子ㅣ글ᄋᆞ샤ᄃᆡ舜이深山ㅅ가온ᄃᆡ居ᄒᆞ심애木과石으로더브러居ᄒᆞ시며鹿과豕로더브러遊ᄒᆞ니시그ᄡᅥ深山ㅅ野人의게달온배幾希ᄒᆞ더시니그ᄒᆞᆫ善言을聞ᄒᆞ시며ᄒᆞᆫ善行을見ᄒᆞ심애밋ᄎᆞ샤ᄂᆞᆫ江河를決ᄒᆞᆫ디라沛然ᄒᆞ야能히禦ᄒᆞᆯ이업ᄉᆞᆷᄀᆞᄐᆞ더시다

●居深山、謂耕歷山時也、蓋聖人之心、至虛至明、渾上聲然之中、萬理畢具、新安陳氏曰此由其感而應之用而推原其未感未應之體如此 一有感觸則其應甚速、而無所不通、新安陳氏曰善言善行皆是感觸我者聞而急聽之見而急行之若決江河沛然莫禦乃其應之甚速而無不通者矣 非孟子造七到反道之深、不能形容至此也、問舜聞善言見善行若決江河沛然莫能禦其未有所聞見時氣象如何朱子曰滿然而已其理充塞具備一有所觸便沛然而不可禦○南軒張氏曰所謂善言善行者豈有外於舜之性哉惟舜之心純乎天理故聞善言見善行不待勉强而自趍沛然若決江河之莫禦也○新安陳氏曰孟子又嘗曰大舜有大焉善與人同舍己從人樂取諸人以爲善與此章實互相發蓋舜之心萬善之感會也聞見天下之善兩感觸吾心之善卽勇於從之合而爲一人之善此大舜之所以爲大歟【備旨】孟子表大舜之心曰聖人居處之迹雖與人同而樂善之誠則與人異試以其迹而言舜之側陋未揚居深山之中其所與居者木石而已所與遊者鹿豕而已以是觀之野人此居此遊舜亦此居此遊其所以異於深山之野人者幾希蓋未有所聞未有所見則然耳及其聞人有一善言卽釋然悟其所善之理見人有一善行卽釋然明其所行之理感而遂通畧無凝滯若决江河之水沛然莫之能禦其順流之勢也深山之野人否耶

○孟子ㅣ曰無爲其所不爲ᄒᆞ며無欲其所不欲이니如此而已矣니라

孟子ㅣ ᄀᆞᆯᄋᆞ샤ᄃᆡ 그ᄒᆞ디 아니ᄒᆞᆯ빠ᄅᆞᆯ ᄒᆞ디 말며 그 欲디 아니ᄒᆞᆯ빠ᄅᆞᆯ 欲디 마ᄅᆞᆯ띠니 이러ᄐᆞᆺᄒᆞᆯ ᄯᆞᄅᆞᆷ이니라

●李氏、曰有所不爲不欲、人皆有是心也、至於私意一萌、而不能以禮義制之 則爲所不爲、欲所不欲者、多矣、能反是心、則所謂擴充其羞惡去聲之心者、而義不可勝平聲用矣、故、曰如此而已矣、 華陽范氏曰君子所當爲者義也所不可爲者不義也所可欲者善也所不可欲者不善也不爲不義則所爲皆義不欲不善則所欲皆善君子之道止於如此而已矣○朱子曰人心至靈其所不當爲不當欲之事何嘗不知但初間自知了到計較利害却自以爲不妨便自冒昧爲之欲之耳今旣知其所不當爲不當欲者便要這裡截斷斷然不爲不欲故曰如此而已矣○勿軒熊氏曰此大學誠意章事無爲其所不爲是就躬行上克治所謂志士厲行守之於爲也無欲其所不欲是就心之發念處克治所謂哲人知幾誠之於思也○雲峯胡氏曰有所不爲有所不欲是本來羞惡之心無爲其所不爲無欲其所不欲是能擴充其羞惡之心爲是一身之動欲是一念之動不惟謹其動而且謹其動之幾是眞能擴充其羞惡之心而義不可勝用矣○新安陳氏曰李氏之說上言禮義下獨言義者蓋以義制事則能不爲其所不當爲以禮制心則能不欲其所不當欲故兼以禮義言之然義者心之制也施之斷制義爲尤切斷然不爲其所不當爲不欲其所不當欲則在充其羞惡之心以達夫義之用而已【備旨】孟子示人擴充其羞惡之心曰羞惡之心人皆有之孰無是不爲不欲之心哉是則所謂義也但私意一萌而爲所不爲欲所不欲者多矣誠能反吾不爲之本心而守之於爲無爲其所不爲焉反吾不欲之本心而誠之於思無欲其所不欲焉由是而一身之所爲皆義也一念之所欲皆義也而義不可勝用如此而已矣自此之外又豈復有所爲義哉

○孟子ㅣ曰人之有德慧術知者ᄂᆞᆫ恒存乎疢疾이니라 知去聲疢丑刃反

孟子ㅣᄀᆞᆯᄋᆞ샤ᄃᆡ人의德의慧와術의知ᄅᆞᆯ둔ᄂᆞᆫ者ᄂᆞᆫ덧덧이疢疾에인ᄂᆞ니라

●德慧者、德之慧、慧聰警也 術知者、術之知、疢疾、猶災患也、言人必有疢疾、則能動心忍性、增益其所不能也、慶源輔氏曰德之慧謂慧德也與昏正相反術之智謂智術也與愚正相反疢疾則非眞是病故曰猶災患也人惟有災患乃動其仁義禮智之心堅忍其食色臭味之性故能增益其所不能而有夫德慧術智也【備旨】孟子爲處困者勉曰人情每快志於安樂而拂意於困窮不知困窮乃成德之地也彼在心之理謂之德以理燭事見於未然是謂德之慧處事之方謂之術因事循理盡其當然是謂術之知人之有此一德慧術知者恒不得之於逸豫而存乎疢疾

獨孤臣孼子ᄂᆞᆫ其操心也ㅣ危ᄒᆞ며其慮患也ㅣ深故로達이니라

오직孤臣과孼子ᄂᆞᆫ그心을操홈이危ᄒᆞ며그患을慮홈이深ᄒᆞᆫ故로達ᄒᆞᄂᆞ니라

●孤臣、遠臣、獨惟也不連孤字 孼子、庶子、皆不得於君親、而常有疢疾者也、達、謂達於事理、即所謂德慧術知也、南軒張氏曰人平居無事漠然不省惟疢疾加焉則動心忍性有所感發故慧知由此而生危故專一而不敢肆深故精審而不敢忽專精之極故於事能通達也處安樂者誦斯言可不思逸豫之溺人而深戒懼乎當憂患者誦斯言可不念其爲進德之地而自勉厲乎○新安陳氏曰此章與舜發畎畝章互相發故集註及南軒之說皆引動心忍性以釋此章人苟履憂患之境處孤孼之勢當知天以是玉我于成勿自沮而深自力于以進其德益其術庶幾操心危而卒無危慮患深而卒免患而至於達乎達則德必慧術必知而疢疾不能爲吾患矣【備旨】何以驗其然也且如爲臣盡忠爲子盡孝理之常也獨彼孤遠之臣忠不能自效於

君庶孽之子情不得自達於親此正臣子之有疢疾者也其操心也危事一而不敢肆其慮患也深精審而不敢忽專精之極德慧術知生焉故於事能通達而全乎忠孝之道所謂有德慧術知者恒存乎疢疾也然則處憂患者可不思進德而自勉勵乎

○孟子ㅣ曰有事君人者ᄒᆞ니事是君則爲容悅者也ㅣ니라

孟子ㅣ골ᄋᆞ샤ᄃᆡ君을事ᄒᆞᄂᆞᆫ人이이시니이君을事ᄒᆞ면容ᄒᆞ며悅홈을ᄒᆞᄂᆞᆫ者ㅣ니라

●阿徇以爲容、逢迎以爲悅 此、鄙夫之事、妾婦之道也、慶源輔氏曰阿徇爲容謂長君之惡以求容其身者逢迎爲悅謂逢君之惡以求君之悅者備旨孟子別臣品之不同曰人臣事君人品不同事業亦異我嘗辨其等矣有事君人者其事是君也不務責難陳善而但阿徇逢迎爲君之容悅者也此乃佞臣也

有安社稷臣者ᄒᆞ니以安社稷爲悅者也ㅣ니라

社稷을安ᄒᆞᄂᆞᆫ臣이이시니社稷을安ᄒᆞ옴으로ᄡᅥ悅을삼ᄂᆞᆫ者ㅣ니라

●言大臣之計社稷、如小人之務悅其君、眷眷於此而不忘也、慶源輔氏曰此即所謂天理人欲同行而異情也其眷眷不忘雖同而其情則異一則務爲容悅之私一則務安社稷以爲意也備旨等而上之有安社稷臣者未安則思圖其安既安則思保其安惟以計安社稷爲悅者也所謂安社稷臣者如此

有天民者ᄒᆞ니達可行於天下而後에行之者也ㅣ니라

天民인者ㅣ이시니達ᄒᆞ야可히天下애行ᄒᆞ얌즉ᄒᆞᆫ後에行ᄒᆞᄂᆞᆫ者ㅣ니라

●民者、無位之稱、以其全盡天理、乃天之民、故、謂之天民、必其道、可行於天下然後、行之、不然則寧沒世不見知而不悔、不肯小用其道、以徇於人也、張子、曰必

功覆(敷救反)斯民然後、出、如伊呂之徒、雲峰胡氏曰伊尹爲天民之先覺此則曰有天民者旨意不同蓋前所謂天民者皆稟氣於天均之爲天生之民此則以其全盡天理乃天之民也○新安陳氏曰伊耕莘呂釣渭之時可當天民之名使不遇湯武則沒世不出必矣此提天民主其不輕出而言非以伊呂等後來出當大任而言也[備旨]進而求之有天民者當其未行之先必其達焉可行其道於天下之君民而後行此道以事是君治是民者也所謂天民者如此

有大人者ᄒᆞ니正己而物正者也ㅣ니라

大人인者ㅣ이시니己를正홈애物이正ᄒᆞᄂᆞᆫ者ㅣ니라

【注】大人、德盛而上下化之、所謂見(形甸反)龍在田、天下文明者 龜山楊氏曰物正物自正也大人只是正己而已若物之正何可必乎惟能正己物自然正此乃篤恭而天下平之意○慶源輔氏曰上謂君下謂民大人德盛故君民無不化大人一出而天下文明是聖人之事也○雲峯胡氏曰易乾卦九二九五皆稱大人九二見龍在田天下文明在下之大人也九五飛龍在天乃位乎天德在上之大人也孟子所言四者雖人品不同然皆在下而爲臣者也故以乾九二當之

○此章、言人品不同、略有四等、容悅佞臣、不足言、安社稷則忠矣、然、猶一國之士也、天民、則非一國之士矣、然、猶有意也、無意無必、唯其所在、而物無不化、惟聖者、能之、朱子曰天民專指未得位者大人則其德已著○南軒張氏曰以事是君爲容悅者慕爵祿而從君者也以安社稷爲悅則志存乎功業者也與爲容悅者固有間矣然未及乎道義也蓋志存功業則苟可就其功業而遂其志則亦所屑爲矣古之人惟守道明義而已雖有蓋世之功業在前可爲而在我者有一毫未安則不敢徇也天民者必明見夫達而其道可行於天下而後行之蓋其所主在道而非必於行也謂之天民者言能全夫天理者也天之生民也其理無不具而人之虧欠者多矣故程子謂天民爲能踐形者也以其在下而未達故謂之民若伊尹之在莘野是也正己而物正之者正己而物自正也若規規然有意於正物則其道狹矣至正而天下之感無不通焉固有不言而信不令而從者矣秦漢而下其間號爲賢臣者不過極於以安社稷爲悅而已語夫天民事業則鮮也○慶源輔氏曰猶有意如程子所謂伊尹雖聖人終是有任底意思在是也大人則聖人矣如周公孔子方能當之周公在上而能使天下文明者也孔子在下而能使萬世文明者也至公無私進退以道周公之無意無必也仕

止久速無可不可孔子之無意無必也○新安陳氏曰志於道德者功名不足以累其心事君爲容悅志於富貴者也安社稷爲悅志於功名者也春秋列國名卿可以當之若天民者則志於道德矣然猶未能純乎道德而無意於功名也至於大人則純乎道德之自然而功名不足以累其心矣[備旨]進而求之有大人者其德旣盛其化自神也正其在己而上君下民物自然正者也蓋功安社稷而無計安社稷之勞道濟天下而無道在必行之意此爲大人而已矣夫大人不易得也得天民而用之可以安天下矣得安社稷臣而用之則社稷猶有賴矣彼事君人者幾何而不敗乃國家也爲臣者固當知所戒而用臣者亦當知所擇哉

○孟子ㅣ曰君子ㅣ有三樂而王天下ㅣ不與存焉이니라　樂音洛王與皆去聲下竝同

孟子ㅣ ᄀᆞᆯᄋᆞ샤ᄃᆡ 君子ㅣ 세樂이 이쇼ᄃᆡ 天下애 王ᄒᆞ욤이 與ᄒᆞ야 存티 아니ᄒᆞ니라

南軒張氏曰君子之樂樂其天也於下文三者得其樂則視王天下之事如太虛中浮雲耳樂何與於我而況其他哉[備旨]孟子明性分之樂曰人皆知以王天下爲可樂不知君子自有三者可樂之事而王天下之樂不與存於其間焉

父母ㅣ俱存ᄒᆞ며兄弟ㅣ無故ㅣ一樂也ㅣ오

父母ㅣ 다 存ᄒᆞ며 兄弟ㅣ 故ㅣ 업숨이 ᄒᆞᆫ 樂이오

●此、人所深願、而不可必得者、今旣得之、其樂、可知、[備旨]何言乎三樂也人處親長之間每難適遭其幸者今父母幸而俱存兄弟幸而無故則天倫無虧而吾致孝致友之心得以自盡矣此樂之得於天者也一樂也

仰不愧於天ᄒᆞ며俯不怍於人이二樂也ㅣ오

仰ᄒᆞ야 天에 愧티 아니ᄒᆞ며 俯ᄒᆞ야 人에 怍디 아니홈이 두 樂이오

●程子、曰人能克己、則仰不愧 俯不怍、心廣體胖、其樂、可知、有息則餒矣、新安陳氏曰本

文無克己之意此程子推原所以能不愧不怍之由而示人以其要也人所以俯仰愧怍累於己私耳克去己私則內不愧於心所以仰不愧於天俯不怍於人心廣體胖之樂不期其然而然矣【備旨】人處天人之間每難得其盡合者今己私旣克天理旣復仰則全天之理不愧於天俯則盡人之道不怍於人則內省不疚浩然其自得矣此樂之裕於己者也二樂也

得天下英才而敎育之ㅣ三樂也니

天下에ᄭ英才를得ᄒᆞ야敎育ᄒᆞᆷ이세樂이니

●盡得一世明睿兪例反之才、而以所樂乎己者、不愧不怍之樂敎而養之、則斯道之傳、得之者衆、而天下後世、將無不被其澤矣、聖人之心、所願欲者、莫大於此、今旣得之、其樂、爲何如哉、慶源輔氏曰此樂與朋自遠來之樂同而有大焉○新安陳氏曰朋自遠來其言平而易遂得天下英才其言高而難必孟子之門僅一樂正子亦恐未足以當此韓子曰軻之死不得其傳焉是孟子於此一樂亦終不能得也【備旨】人才難得斯道易孤成物之心多不能自遂者今盡得天下之英才以所樂乎己者敎而育之則斯道之傳得之者衆矣此樂之公於人者也三樂也

君子ㅣ有三樂而王天下ㅣ不與存焉이니라

君子ㅣ세樂이이쇼ᄃᆡ天下애王ᄒᆞ옴이與ᄒᆞ야存티아니ᄒᆞ니라

●林氏、曰此三樂者、一係於天、一樂一係於人、三樂其可以自致者、惟不愧不怍而已、學者、可不勉哉、南軒張氏曰三樂之中仰不愧俯不怍其本歟蓋不愧不怍在我可得而勉者也使吾胷中多所愧怍則雖處父母兄弟之間固亦不得而樂其樂也所以敎育天下之英才者是吾之不愧不怍者也自不能無愧怍則雖得英才亦何以爲敎而有此樂哉【備旨】是君子之所樂者或以盡倫或以盡性或以盡物皆性分之樂也彼王天下者烏足以語此故曰君子有三樂而王天下不與存焉

○**孟子ㅣ曰廣土衆民**을**君子ㅣ欲之**나**所樂**은**不存焉**이니라 樂音洛下同

孟子ㅣ ᄀᆞᆯᄋᆞ샤ᄃᆡ 土ㅣ 廣ᄒᆞ며 民이 衆홈을 君子ㅣ 欲ᄒᆞ나 樂ᄒᆞᄂᆞᆫ 바ᄂᆞᆫ 存티 아니ᄒᆞ니라

●地闢、民聚、澤可遠施去聲故、君子、欲之、然、未足以爲樂也、備旨孟子明所性之重曰天下有勢分有性分而內外輕重別乎其間矣如廣土衆民澤可遠施君子欲之然所及猶有限而所樂不存於此焉此其所樂出於所欲之外也

中天下而立ᄒᆞ야 **定四海之民**을 **君子**ㅣ **樂之**나 **所性**은 **不存焉**이니라

天下애 中ᄒᆞ야 立ᄒᆞ야 四海人民을 定ᄒᆞ욤을 君子ㅣ 樂ᄒᆞ나 性인 바ᄂᆞᆫ 存티 아니ᄒᆞ니라

●其道、大行、無一夫不被其澤、故、君子、樂之、然、其所得於天者、則不在是也、

朱子曰此君子是通聖人而言○慶源輔氏曰二者皆施仁之事但有一國與天下之辨故所欲未足以爲樂至於樂則博施濟衆聖人之事也所欲極於所樂固亦非性外事但於吾性所受之全體則初無增損也○雲峯胡氏曰前章君子三樂所樂在所性之中此章君子樂之所性在所樂之外何也曰中天下而立達而在上者之事君子之所性固不以達而在上有所加也故君子雖樂乎此而其所得乎天者不在此也或曰集註前謂斯道傳之者衆而天下後世將無不被其澤此謂其道大行無一夫不被其澤皆曰道曰澤而此則所性不存焉何也曰斯道傳之者衆萬世之澤也其道大行一時之澤也況其道大行必中天下而立者能之是道有待於位而後行不如是則不能行此君子雖樂乎此而所性不存焉若夫盡得一世明睿之才而以所樂乎己者教而育之以己之天覺彼之天聖人之心深樂乎此而其樂卽在性分之內且孟子於三樂則曰王天下不與存於中天下而立則曰所性不存分而言之固自大有間哉

備旨若夫中天下而立作君作師定四海之民以教以養則仁之所施者博君子樂之矣然所性不存於此焉此其所性出於所樂之外也

君子所性은 **雖大行**이나 **不加焉**이며 **雖窮居**ㅣ나 **不損焉**이니 **分定故**

也라ㅣ니 分去聲

君子의性인바ᄂᆞᆫ비록크기行ᄒᆞ나加티아니ᄒᆞ며비록窮히居ᄒᆞ나損티아니ᄒᆞᄂᆞ니分이定ᄒᆞᆫ故ㅣ니라

●分者、所得於天之全體、故、不以窮達而有異、朱子曰此是說生來承受之性君子所性只是這一箇道理雖達而爲堯舜在上亦不是加添些子若窮而爲孔孟在下亦不是減少些子蓋這一箇道理合下都定了更添減不得○中天下而立定四海之民固是人所欲與其處畎畝之中孰若進而得行其道使天下皆被其澤要得出行其道者亦是人之所欲但其用其舍於我性分之內本不相關進而大行退而窮居於我性分之內無所加損[illegible]夫君子所性是生來承受者雖所樂得而大行也而不爲之加焉雖所欲亦失而窮居也而不爲之損焉何則分之得於天者本一定而不可易故不以窮達而有加損焉

君子所性은仁義禮智ㅣ根於心이타其生色也ㅣ睟然見於面ᄒᆞ며盎於背ᄒᆞ며施於四體ᄒᆞ야四體ㅣ不言而喩ㅣ니라 睟音粹見音現盎烏浪反

君子의性인바ᄂᆞᆫ仁과義와禮와智ㅣ心에根ᄒᆞ얀ᄂᆞᆫ디라그色애生ᄒᆞ욤이睟然히面에見ᄒᆞ며背예盎ᄒᆞ며四體예施ᄒᆞ야四體ㅣ言티아니ᄒᆞ야셔喩ᄒᆞᄂᆞ니라

●上言所性之分與所欲所樂、不同、此、乃言其蘊委粉反又去聲也、仁義禮智、性之四德也、四蘊即性之德蓄者根、本也、生、發見音現下同也、睟然、清和潤澤之貌、盎、豊厚盈溢音逸之意、施於四體、謂見於動作威儀之間也、喩、曉也、四體不言而喩、言四體、不待吾言、而自能曉吾意也、蓋氣稟、清明、無物欲之累、則性之四德、根本於心、其積之盛、則發而著

見於外者ㅣ不待言而無不順也ㅣ新安陳氏曰順謂順其則也當玩味根字生字其根深則其積盛其積盛則其生發自不可遏矣 程子ㅣ曰睟面盎背ㅣ皆積盛致然ㅣ四體不言而喩ㅣ唯有德者ㅣ能之ㅣ朱子曰仁義禮智根於心便見得四端著在心上相離不得纔有些子私意便刬斷了那根便無生意譬如木根著在土上方會生其色也睟然便從那根上發出來且性字從心見得有這心便有許多物在其中○君子氣字清明無物欲之累故合下生時這箇根便著土所以生色形見於外衆人則合下生時便爲氣稟物欲一重隔了這箇根未著土蓋有殘忍底心便沒了仁之根有頑鈍底心便沒了義之根有忿狠底心便沒了禮之根有黑暗底心便沒了智之根都各有一重隔了而今人便只要去其氣稟之隔教四者之根著土而已○四體不言而喩是四體不待命令而自如此如手容恭不待自家教他恭而手容自然恭足容重不待自家教他重而足容自然重○覺軒蔡氏曰先師云看文字當看大意又看句語中何字最切要仁義禮智根於心根字甚有意蓋根於心者培養得厚盛則發於外者自然睟面盎背到得手足順使不覺其所以然 ○此章ㅣ言君子ㅣ固欲其道之大行ㅣ然ㅣ其所得於天者ㅣ則不以是而有所加損也ㅣ新安陳氏曰道之大行如堯舜固所樂也而於性分亦何加窮居如孔孟亦非所戚也其於性分亦何損此君子所以惟求盡其性分之在內者而無所慕於勢分之在外者也【備旨】且以君子所性之蘊言之彼仁義禮智皆人所固有之性也惟君子氣稟清明無物欲之累擧仁義禮智之四德根本於一心之中植立堅固有不可得而搖奪者矣由是積中發外其生色也睟然清和潤澤之見於面皆四德之發呈也盎然豐厚盈溢之形於背皆四德之凝重也施於四體動作威儀之間而四體皆從心所欲動皆中則不待言而自喩吾意皆四德之默順也君子所性之蘊如此豈窮達之所得而加損哉而所欲所樂信乎不足以語此矣

○孟子ㅣ曰伯夷ㅣ辟紂ᄒᆞ야 居北海之濱이러니 聞文王作興ᄒᆞ고 曰盍歸乎來리오 吾聞西伯은 善養老者ㅣ라ᄒᆞ고 太公이 辟紂ᄒᆞ야 居東海之濱이러니 聞文王作興ᄒᆞ고 曰盍歸乎來리오 吾聞西伯은 善養老者ㅣ라ᄒᆞ니 天下애 有善養老則仁人이 以爲己歸矣니라

辟去聲下同 大他蓋反

孟子ㅣ골으샤ᄃᆡ伯夷ㅣ紂를辟ᄒᆞ야北海ㅅ濱에居ᄒᆞ더니文王의作興홈을듣고골오ᄃᆡ엇디歸ᄒᆞ야來티아니ᄒᆞ리오나ᄂᆞᆫ西伯은老者를善養ᄒᆞᆫ다ᄃᆞ로라ᄒᆞ고太公이紂를辟ᄒᆞ야東海ㅅ濱에居ᄒᆞ더니文王의作興홈을듣고골오ᄃᆡ엇디歸ᄒᆞ야來티아니ᄒᆞ리오나ᄂᆞᆫ西伯은老者를善養ᄒᆞᆫ다ᄃᆞ로라ᄒᆞ니天下애老를善養ᄒᆞ리이시면仁人이ᄡᅥ己의歸를삼ᄂᆞ니라

●己歸、謂己之所歸、餘見(形甸反下同)前篇、新安陳氏曰仁人指伯夷太公前篇以爲大老此以爲仁人達尊三齒德居其二大老以齒言仁人以德言也[備旨]孟子望人君行養老之政曰人君爲政莫不欲人之歸我也然未有仁政不行而能得人來歸者也以文王之事觀之伯夷辟紂隱居北海之濱聞文王起爲西伯乃奮然興曰盍歸乎來吾聞西伯發政施仁善養老者太公辟紂居東海之濱聞文王起爲西伯乃奮然興曰盍歸乎來吾聞西伯發政施仁善養老者夫伯夷太公固天下之仁人而歸文王如此今天下之君有能善養老如文王則仁人皆翕然以爲己歸矣

五畝之宅애樹墻下以桑ᄒᆞ야匹婦ㅣ蠶之則老者ㅣ足以衣帛矣며五母鷄와二母彘를無失其時면老者ㅣ足以無失肉矣며百畝之田을匹夫ㅣ耕之면八口之家ㅣ可以無饑矣리라(衣去聲)

五畝ㅅ宅애墻下애樹호ᄃᆡ桑으로ᄡᅥᄒᆞ야匹婦ㅣ蠶ᄒᆞ면老者ㅣ足히ᄡᅥ帛을衣ᄒᆞ리며五母ㅅ鷄와二母ㅅ彘를그時를失홈이업ᄉᆞ면老者ㅣ足히ᄡᅥ肉을失홈이업ᄉᆞ리며百畝ㅅ田을匹夫ㅣ耕ᄒᆞ면八口ㅅ집이可히ᄡᅥ饑홈이업ᄉᆞ리라

●此、文王之政也、一家、養母鷄五、母彘二也、餘見前篇[備旨]文王所以致仁人之來歸者亦以其善養老耳試以文王治岐之政言之

匹婦不蠶無以衣老也於是一夫授以五畝之宅而墻下樹之以桑使匹婦蠶之則帛有所出而老者足以衣帛矣畜養不時無以養老也於是五母雞二母彘焉而無失其孕字之時則肉有所出而老者足以無失肉矣 一夫不耕或受之飢無以事老也於是授以私田百畝使匹夫耕之則粒食有所出而八口之家可以無飢矣此文王治岐之政也

所謂西伯이善養老者는制其田里ᄒᆞ야教之樹畜ᄒᆞ며導其妻子ᄒᆞ야使養其老니五十애非帛不煖ᄒᆞ며七十애非肉不飽ᄒᆞ니不煖不飽를謂之凍餒니文王之民이無凍餒之老者ㅣ此之謂也ㅣ니라

닐온밧西伯이老者ᄅᆞᆯ善養타ᄒᆞᆷ은그田里ᄅᆞᆯ制ᄒᆞ야樹ᄒᆞ며畜ᄒᆞᆷ을敎ᄒᆞ며그妻子를導ᄒᆞ야ᄒᆞ여곰그老ᄅᆞᆯ養케ᄒᆞᆷ이니五十에帛이아니면煖티아니ᄒᆞ며七十에肉이아니면飽티아니ᄒᆞᄂᆞ니煖티아니ᄒᆞ며飽티아니ᄒᆞᆷ을凍ᄒᆞ며餒ᄒᆞᆷ이라니ᄅᆞᄂᆞ니文王의民이凍ᄒᆞ며餒ᄒᆞᆫ老者ㅣ업다ᄒᆞᆷ이이ᄅᆞᆯ닐옴이니라

●田、謂百畝之田、里、謂五畝之宅、樹、耕桑、畜、許六反謂鷄彘也、趙氏、曰善養老者、致導之、使可以養其老耳、非家賜而人益之也、南軒張氏曰以伯夷太公之事觀之則知天下有善養老者則仁人必歸之盖善養則其仁心之所存仁政之所行可知矣仁人見其然是以樂從之○慶源輔氏曰若無孟子此說則人將謂文王之養老只如後世尊養三老五更之禮文而已

由文王治岐之政觀之則當時伯夷太公所謂西伯善養老者豈家賜而人益之哉亦惟制其百畝之田五畝之宅教之樹以蠶桑畜以鷄彘導其民之妻子使因所出之肉帛以供老者之衣食而已所以然者蓋以五十血氣始衰非衣帛則不煖七十血氣既衰非食肉則不飽若使之不煖不飽則謂之凍 而老者始失其養矣文王之民皆遂飽煖之願而無凍餒之老者惟此制田里教樹畜導妻子使養其老之謂也今天下有師文王者焉

則仁人以爲己歸又奚疑乎

○孟子ㅣ曰易其田疇ᄒᆞ며薄其稅斂이면民可使富也ㅣ니라 易斂皆去聲

孟子ㅣ갈ᄋᆞ샤ᄃᆡ그田疇ᄅᆞᆯ易ᄒᆞ며그稅斂을薄히ᄒᆞ면民을可히ᄒᆞ여곰富케ᄒᆞᆯ이니라

●易、治也 疇、耕治之田也、敎民務本(備旨)孟子論治道當先於足民曰善治天下者孰不欲斯民之仁哉然仁民自足民始也誠能不奪農時使之易治其田疇什一而賦有以薄取其稅斂則地利之所出者無窮征輸之所入者有限而民可使富也所謂開財之源者如此

食之以時ᄒᆞ며用之以禮면財不可勝用也ㅣ니라 勝音升

食ᄒᆞ옴을時로ᄡᅥᄒᆞ며用ᄒᆞ옴을禮로ᄡᅥᄒᆞ면財ᄅᆞᆯ可히이긔여用티몯ᄒᆞᆯ이니라

●敎民節儉、則財用足也、(備旨)然財源旣裕則奢侈易生又不可無以節之也敎民食之以時而不至於靡用之以禮而不至於濫則所生者常不盡於所食所入者常不盡於所用而財不可勝用也所謂節財之流者又如此

民非水火ㅣ면不生活이로ᄃᆡ昏暮애叩人之門戶ᄒᆞ야求水火ㅣ어든無弗與者ᄂᆞᆫ至足矣ㅣ리시니聖人이治天下애使有菽粟을如水火ㅣ니菽粟이如水火ㅣ면而民이焉有不仁者乎ㅣ리오 焉於虔反

民이水火ㅣ아니면生活티몯ᄒᆞᆯ꺼시로ᄃᆡ昏暮애人의門戶ᄅᆞᆯ叩ᄒᆞ야水火ᄅᆞᆯ求ᄒᆞ야ᄃᆞᆫ與티아닐者ㅣ업슴은지극히足ᄒᆞᆯ쎄니聖人이天下ᄅᆞᆯ治ᄒᆞ심애ᄒᆞ여곰菽粟두믈水火ᄀᆞᆮ티ᄒᆞ시ᄂᆞ니菽粟이水火ᄀᆞᆮ두면民이엇디仁티아닌者ㅣ이시리오

●水火、民之所急、宜其愛之、而反不愛者、多故也、尹氏、曰言禮義、生於富足、民無常產、則無常心矣、華陽范氏曰先王養天下之民非人人衣食之也唯不奪農時則皆得治其田疇恭儉節用則可以薄其稅斂此二者使富足之道也曰又聖人之治天下旣庶而後富之旣富而後敎之倉廩實而知禮節衣食足而知榮辱所謂菽粟如水火則民無有不仁堯舜三王之盛皆由此道也○新安陳氏曰禮義常心卽所謂仁也使菽粟如水火之多則民皆能推有餘以濟不足必不至於慳吝不仁矣有餘則易公其有所以無不仁不足則各私其有烏得仁夫聖人治天下政事亦多端矣然其大本在養民而已民以食爲天使民足其食之天不在乎他在使民務本以豊財之源儉約以節財之流而已孟子言治鑿鑿皆實如此【備旨】是道也固足民之道亦仁民之道也彼民非水火則無爲尸食之資不可以生活宜其愛之而不輕以與人矣如昏暮叩人之門戶求水火無有吝而不與者以其至足故也聖人治天下知民之所急在菽粟凡所以開其源而節其流者無所不用其至使有昏暮如水火焉夫禮義生於富足旣有菽粟如水火而民焉有放辟邪侈而不仁者乎夫以仁之化必自足民先之治天下者何可不加意於足民之政也哉

○孟子ㅣ曰孔子ㅣ登東山而小魯[ᄒᆞ시고]登太山而小天下[ᄒᆞ시니]故[로]觀於海者[애]難爲水[오]ㅣ遊於聖人之門者[애]難爲言[이니라]

孟子ㅣᄀᆞᆯᄋᆞ샤ᄃᆡ孔子ㅣ東山애登ᄒᆞ샤魯ᄅᆞᆯ小히너기시고太山애登ᄒᆞ샤天下ᄅᆞᆯ小히너기시니故로海예觀ᄒᆞᆫ者애水되옴이어렵고聖人의門애遊ᄒᆞᆫ者애言되옴이어려오니라

●此、言聖人之道、大也、東山、蓋魯城東之高山、而太山、則又高矣、此、言所處、上聲益高則其視下、益小、所見、旣大則其小者、不足觀也、難爲水、難爲言、猶仁不可爲衆之意、慶源輔氏曰觀於海則天下之水皆不足以動吾之視遊於聖人之門則天下之言皆不足以動吾之聽亦猶仁則天下之衆皆莫能與之敵故亦曰難爲衆也○潛室陳氏曰仁不可爲衆言仁者難爲衆

看有幾多人衆來到仁者面前皆使不得如太山之前難爲山大海之前難爲水【備旨】孟子示人以希聖之學曰人至於聖而止道至於聖人而極大哉孔子在一國則高一國其諸登東山之上而小夫魯焉在天下則高天下其諸登泰山而小天下焉蓋所處高而視下小如此是故凡水皆水也而獲觀於海者目擊乎汪洋浩瀚之勢則衆水皆難乎其爲水凡言皆言也而獲遊乎聖人之門者耳聽乎仁義道德之訓則衆言皆難乎其爲言蓋所見者大而小者不足觀亦明矣孔子之道其大如此

觀水ㅣ有術ᄒᆞ니 必觀其瀾이니라 日月이有明ᄒᆞ니 容光애 必照焉이니라

水를觀홈이術이인ᄂᆞ니반ᄃᆞ시그瀾을觀홀띠니라日月이明이이시니光을容ᄒᆞᄂᆞᆫᄃᆡ반ᄃᆞ시照ᄒᆞᄂᆞ니라

●此、言道之有本也、瀾、水之湍急處也、明者、光之體、光者、明之用也、觀水之瀾則知其源之有本矣、觀日月於容光之隙、(乞逆反)無不照則知其明之有本矣、新安陳氏曰二者皆是於其用處知其本承上文以此聖道之所以大者以其有本也【備旨】然豈無其本乎今夫水惟有源故湍急不息欲觀水者有術惟自其瀾觀之則知其原泉混混者爲之本矣日月惟有明故無微不照欲觀日月者惟自其容光必照觀之則知其貞明不息者爲之本矣然則聖道之大而有本者非即水之源日月之明乎

流水之爲物也ㅣ 不盈科ㅣ면 不行ᄒᆞᄂᆞ니 君子之志於道也애도 不成章이면 不達이니라

流水의物이로옴이科애盈티몯ᄒᆞ면行티몯ᄒᆞᄂᆞ니君子의道애志홈애도章이成티몯ᄒᆞ면達티몯ᄒᆞᄂᆞ니라

●言學、當以漸、乃能至也、成章、所積者、厚而文章、外見、形甸反也、朱子曰成章是做得成片段有文理可觀如孝眞箇是做得孝成忠眞箇是做得忠成子貢之辨子路之勇都是眞箇做得成了不是半上落下今日做得明日又休了達者、足於此而通於彼也、慶源輔氏曰如自有諸己之謂信至於大而化之之謂聖自志學至於從心不踰矩其間次第皆是足於此而通於彼須實體之方知其味非妄想虛空者所能測識也○新安陳氏曰盈科而後進已見前篇盈而行者溢於此而流於彼也

○此章、言聖人之道、大而有本、學之者、必以其漸、乃能至也、朱子曰此一章如詩之有比興比者但比之以他物而不說破其事如鶴鳴于九皐之類是也此之觀水有術至容光必照焉似詩之比興則引物以發其意而終說破其事如他人有心予忖度之之上引躍兎柔木之類是也此之以登山觀海興起游聖門難爲言以流水不盈科不行興起爲道不成章不達似詩之興也君子之志於道不成章不達蓋人之爲學須是務實乃能有進若這裏工夫欠了分毫定是要透過那裏不得○慶源輔氏曰聖道之大固有其本矣然自學者言之則又豈能一蹴而遽至哉故又以水必盈科而後行君子之志於道必成章而後達者曉之以見學者當務實而有漸不可躐等陵節懸空妄想而卒歸於無所得〔備旨〕聖人之道固大而有本矣欲學聖人者豈一蹴所能至哉彼流水之爲物也必盈科而後進不盈科則不行蓋足此斯可以通彼任水猶有然者而況於志道者乎君子之志於聖道也必篤實光輝而後道可達也苟功積未久不能造於成章之地必不能上達於聖人之域矣然則有志於聖道者愼無以欲速之心躐等之功求之可也

○孟子ㅣ曰鷄鳴而起ᄒᆞ야孶孶爲善者ᄂᆞᆫ舜之徒也ㅣ오

孟子ㅣ ᄀᆞᆯᄋᆞ샤ᄃᆡ 鷄ㅣ 鳴ᄒᆞ거든 起ᄒᆞ야 孶孶히 善을ᄒᆞᄂᆞᆫ者ᄂᆞᆫ舜의徒ㅣ오

●孶孶孶與孜同勤勉之意、言雖未至於聖人、亦是聖人之徒也、〔備旨〕孟子辨聖狂之幾也曰論人品善惡者不當於其事爲之著而當於其意念之萌舜大聖人也天下之言善者必歸焉人若鷄鳴而起卽孶孶然心向於公而爲善者雖未至於舜而此向善之心是卽舜之徒也

鷄鳴而起ᄒᆞ야孶孶爲利者ᄂᆞᆫ蹠之徒也ㅣ니

鷄ㅣ鳴ᄒᆞ거든起ᄒᆞ야孳孳히利ᄅᆞᆯᄒᆞᄂᆞᆫ者ᄂᆞᆫ蹠의徒ㅣ니

● 蹠、盜蹠也、蹠與跖同【備旨】蹠六惡人也天下之言利者必歸焉人若鷄鳴而起卽孳孳然心向於私而爲利者雖未至於蹠而此徇利之心是卽蹠之徒也

欲知舜與蹠之分인댄**無他**ㅣ라**利與善之間也**ㅣ니라

舜과다ᄆᆞᆺ蹠의分ᄒᆞ욤을알오쟈ᄒᆞᆯ띤댄他ㅣ업ᄉᆞᆫ디라利와다ᄆᆞᆺ善의間이니라

● 程子、曰言間者、謂相去、不遠、所爭、毫末耳、善與利、公私而已矣、才出於善、便以利言也、問這箇利非是有心於爲利只是理不明纔差些便入那邊去朱子曰然纔差向利邊去只見利之爲美矣○間是兩者相並在這裡一條路做這邊去一條路做那邊去所以謂之間 ○楊氏、曰舜蹠之相去、遠矣、而其分、乃在利善之間而已、是豈可以不謹、然、講之不熟、見之不明、未有不以利爲義者、又學者、所當深察也、朱子曰程子嘗言不獨財利之利凡有利心便不可如作一事須尋自家穩便處皆利心也如此則善利之間相去毫髮苟辨之不明其不反以利爲善者鮮矣此大學之道所以雖以誠意正心爲重而必以格物致知爲先也○新安陳氏曰善與利之間察之貴乎精而爲善之力守之貴乎一察之精致知之事也守之一力行之事也察之不精則認利爲義認人欲爲天理者有矣守之不一則今日爲善明日怠焉者有矣必精以察乎善利之間而不雜一以守其爲善之力而不移則庶乎不流爲蹠之歸而人皆可爲舜者將眞可以爲舜矣此章亦所以遏人欲擴天理也 或、問鷄鳴而起、若未接物、如何爲善、程子、曰只主於敬、便是爲善、慶源輔氏曰程子又敎人以靜時工夫也動靜相涵敬義兩立孳孳不已則庶乎可以進於聖人之學矣○新安陳氏曰未接物時敬以直內以立其本及接物時義以方外以達其用此動靜交養內外夾持之功皆所謂爲善也必如是而後爲善之功始密矣不然則未接物時爲無所用其爲善之力乎【備旨】夫舜蹠之相去遠矣欲知舜之聖所以分於蹠蹠之狂所以分於舜者豈有他道哉惟分於利與善二者之間而已從其間而一念向善則分於蹠而爲舜者此也從其間而一念向利則分於舜而爲蹠者此也然則人可不愼其幾哉

○孟子ㅣ曰楊子는取爲我ᄒᆞ니拔一毛而利天下ㅣ라도不爲也ᄒᆞ니라

爲我之爲去聲

孟子ㅣ ᄀᆞᆯᄋᆞ샤ᄃᆡ 楊子ᄂᆞᆫ 我ᄅᆞᆯ 爲홈을 取ᄒᆞ니 一毛ᄅᆞᆯ 拔ᄒᆞ야 天下ᄅᆞᆯ 利케 홀ᄯᅵ라도 ᄒᆞ디 아니ᄒᆞ니라

● 楊子、名、朱、取者、僅足之意、取爲我者、僅足於爲我而已、不及爲(爲亦去聲)人也、列子、稱其言曰伯成子高、不以一毫利物、是也、此失之不及者也○列子楊朱篇楊子曰伯成子高不以一毫利物舍國而隱大禹不以一身自利一體偏枯古之人損一毫利天下不與也悉天下奉一身不取也人人不損一毫人人不利天下天下治矣禽子問楊朱曰去子體之一毛以濟一世汝爲之乎楊朱曰世固非一毛之所濟禽子曰假濟爲之乎楊子弗聽○朱子曰莊子數稱楊子吾恐楊氏之學如今道流修煉之士其保嗇神氣雖一句話不妄與人說只是個逍遙物外僅足其身微似義耳然不似也

備旨孟子闢異端之害道意曰今異端之學何其紛紛矣乎世有楊子僅取足爲我而已不及爲人也拔一毛之微而可以利天下之大彼亦不爲也

墨子는兼愛ᄒᆞ니摩頂放踵이라도利天下ㅣㄴ댄爲之ᄒᆞ니라

放上聲

墨子ᄂᆞᆫ 兼ᄒᆞ야 愛ᄒᆞᄂᆞ니 頂을 摩ᄒᆞ야 踵애 放홀ᄯᅵ라도 天下ᄅᆞᆯ 利케 홀딘댄 ᄒᆞᄂᆞ니라

● 墨子、名、翟、兼愛、無所不愛也、摩頂、摩突其頂也、(突陀沒反觸也)放、至也、此失於太過者也○南軒張氏曰摩其頂以至踵一身之間凡可以利天下者皆不惜也

備旨有墨子者至於兼愛而已不及於爲己也則雖摩突其頂而至於踵苟可以利天下彼亦爲之也

子莫은執中ᄒᆞ니執中이爲近之나執中無權이猶執一也ㅣ니라

子莫은中을執ᄒᆞ니中을執홈이近ᄒᆞ나中을執ᄒᆞ고權이업슴이오히려一을執홈이니라

●子莫、魯之賢者也、知楊墨之失中也、故、度待洛反於二者之間、而執其中、近、近道也、權、稱去聲下同錘直爲反也、所以稱物之輕重、而取中也、執中而無權、則膠於一定之中、而不知變、是亦執一而已矣、程子曰中無定體惟達權然後能執之○龜山楊氏曰聖人所謂權者猶權衡之權量輕重而取中也用之無銖兩之差則物得其平矣今夫物有本重而末輕者執其中而不知權則物失其平非所以用中也 程子、曰中字、最難識、須是默識如字心通 且試言 一廳則中央、爲中、一家則廳非中、而堂爲中、一國則堂非中、而國之中、爲中、推此類可見矣、又曰中不可執也、新安陳氏曰不可如子莫之固執耳非謂堯舜湯之執中爲不可也 識得則事事物物、皆有自然之中、不待安排、安排著直略反則不中矣、程子曰楊子拔一毛不爲墨子又摩頂放踵爲之此皆是不得中至子莫執中欲執此二者之中不知怎麼執得○朱子曰三聖相授允執厥中與子莫執中文同而意異蓋精一之餘無適非中其曰允執則非徒然執之也子莫之執中其爲我不敢爲楊朱之深其兼愛不敢爲墨翟之過而於二者之中執其一節以爲中耳故由三聖以爲中則其中活由子莫以爲中則其中死中之活者隨時隨事而無不中中之死者非學聖人之學不能有以權之而常適於中也權者權衡之權言其可以稱物之輕重而遊移前却以適其中蓋所以節量仁義之輕重而時措之者也程子謂子莫執中比楊墨爲近而中則不可執也當知子莫之執中與舜禹湯之執中不同則知此說矣蓋聖人義精仁熟非有意於執中而自然無過不及故有執中之名而實未嘗有所執也以其無時不中故又曰時中若學未至理未明而徒欲求夫所謂中者而執之則所謂中者果何形狀而可執也殆見愈執而愈失矣子莫是也旣不識中乃慕夫時中者而欲隨時以爲中吾恐其失之彌遠未必不流而爲小人之無忌憚也中庸但言擇善而不言擇中其曰擇乎中庸亦必繼之曰得一善豈不以善端可求而中體難識乎夫惟明善則中可得而識矣○慶源輔氏曰楊氏資質畧偏於剛毅墨氏資質略偏於寬厚只緣不知至理所在而各流於一偏淪胥不己遂至各極其偏一則爲我一則兼愛至於子莫又自其末流觀之而知楊墨之皆失中也乃度於兼愛爲我之間而執其中其意固善而於道亦近矣然時有萬變事有萬殊物有萬類而中無定體若但膠於一定之中而執之不能如稱錘之因物輕重而前却以取平則與二子之執一者亦無異矣若子莫者是要安排箇中來執之也○問書之允執厥中與子莫執中之說二者分辨如何潛室陳氏曰允執厥中乃時中之中觸處是道理活法也子莫乃執一以爲中死法也霄壤之異○新安陳氏曰安排者以私意揣度之而不順其自然也【備旨】又有子莫非若二者之各有偏處其爲我不至如楊子之固其兼愛不至若墨子之汎而不楊不墨執中以爲道執中爲近似之矣然中有推移變化之用所謂有權乃是中也執中而無權則膠於一定猶如楊墨執一不通之見也

所惡執一者는**爲其賊道也**ㅣ니**擧一而廢百也**ㅣ니라 惡爲皆去聲

一을執홈을惡ㅎ는바는그道를賊홈을爲ㅎ애니一을擧ㅎ고百을廢홈이니라

●賊、害也、爲我、害仁、兼愛、害義 新安陳氏曰爲我者惟知有己不知有人似義非義而有害於仁兼愛者愛無差等似仁非仁而有害於義 執中者、害於時中、皆擧一而廢百者也、南軒張氏曰爲我兼愛皆道也當爲我則爲我當兼愛則兼愛是乃道也彼墮於一偏者固賊夫道而於其間取中者是ア擧其一而廢其百耳○雲峰胡氏曰吾儒亦有所謂中所謂一但吾儒之中也隨時以取中異端之中也執中而無權吾儒之一也一以貫萬異端之一也一而廢百○新安陳氏曰擧一偏而廢百端百者言其多耳 ○此章、言道之所貴者、中、問中一名而函二義這箇中要與喜怒哀樂未發之中異與時中之中同曰然 中之所貴者、權、楊氏、曰禹稷、三過其門而不入、苟不當其可、則與墨子無異、顔回、在陋巷、不改其樂 苟不當其可、則與楊氏無異、子莫、執爲我兼愛之中而無權、鄕鄰有鬪、而不知閉戶、同室有鬪、而不知救之、是亦猶執一耳、故、孟子、以爲賊道、禹、稷、顔回、易地則皆然、以其有權也、不然則是亦楊墨而已矣、朱子曰子莫見楊墨皆偏任一處要就二者之中而執之正是安排尋討也原其意思固好只是見得不分明依舊不是且如三過其門而不入在禹稷之時則可在顔子則不可居陋巷在顔子之時則是中在禹稷之時則非中矣居陋巷則似楊氏三過其門而不入則似墨氏要之禹稷似兼愛而非兼愛顔子似爲我而非爲我【備旨】然則君子所惡楊墨子莫之執一者爲其爲我害仁兼愛害義執中者害於時中

是皆賊害其道也蓋仁義時中之道其端有百徒執其一而不能會其全是擧一而廢百也此執一所以爲可惡也

○孟子ㅣ曰饑者ㅣ甘食ᄒᆞ고渴者ㅣ甘飮ᄒᆞᄂᆞ니是ㅣ未得飮食之正也ㅣ라饑渴이害之也ㅣ니豈惟口腹이有饑渴之害ㅣ리오人心이亦皆有害ᄒᆞ니라

孟子ㅣ ᄀᆞᆯᄋᆞ샤ᄃᆡ 饑ᄒᆞᆫ者ㅣ 食을甘ᄒᆞ고渴ᄒᆞᆫ者ㅣ 飮을甘ᄒᆞᄂᆞ니이飮食의正을得디 몯홈이라 饑渴이 害홈이니엇디오직口腹이饑渴의害ㅣ이시리오人心이ᄯᅩᄒᆞᆫ다害ㅣ인ᄂᆞ니다

●口腹、爲饑渴所害故、於飮食、不暇擇而失其正味、人心、爲貧賤所害故、於富貴、不暇擇而失其正理、朱子曰饑渴害其知味之性則飮食雖不甘亦以爲甘利欲害其仁義之性則所爲雖不可亦以爲可[備旨]孟子示人安貧賤而審富貴意曰飮食於人本有正味也但飢者得食則甘之不暇擇而食渴者得飮則甘之不暇擇而飮是皆不甘而以爲甘未得乎飮食之正味也而所以失其正味者則以飢渴害之也然豈惟口腹有飢渴之害人心之有正理猶飮食之有正味也貧者甘於富而於富之正不暇擇賤者甘於貴而於貴之正不暇擇亦皆有以害之也然則富貴固甘心之飮食而貧賤亦害心之飢渴矣

人能無以饑渴之害로爲心害則不及人을不爲憂矣리라

人이能히饑渴의害로ᄡᅥ心의害를삼디아니ᄒᆞ면人의게밋디몯홈을憂ᄒᆞ디아니ᄒᆞ리라

●人能不以貧賤之故、而動其心、則過人、遠矣、慶源輔氏曰人若能不以貧賤動其心而於富貴辨其所當得而受之其不當得則不受之則過於常人遠矣過人之遠則不憂其不及人矣○新安陳氏曰富貴有當得不當得之正理知之在心如飮食有美惡之正

味知之在口口腹𢾾飢渴而失其正味人易知之人心因貧賤而失其正理人多未知也孟子因擧人之易知者以曉人之未知者夫貧賤不與飢渴期而飢渴必至自非有守之君子必不能忍飢渴遂厭貧賤而求富貴以害其心之正理矣是害口腹者饑渴也害心者亦饑渴也饑渴能害口之正味不當以害心之正理此君子所以可飢可寒可貧可賤而不可與爲不義也人能不以貧賤動其心不以飢渴之害害其心則必不厭貧賤以脫飢渴必不冥受富貴以圖甘肥而不患不及人矣凡此皆孟子所以遏人欲而存天理也[備旨]人能以義安命無以飢渴之害爲心害則識見高明持守堅定雖或學問未充品詣未至有不及於聖賢之人不足以爲憂矣人其可不審富貴而安貧賤哉

○孟子ㅣ曰柳下惠는不以三公으로易其介ᄒᆞ니라

孟子ㅣ ᄀᆞᆯᄋᆞ샤ᄃᆡ 柳下惠는 三公으로ᄡᅥ 그 介ᄅᆞᆯ 易디 아니ᄒᆞ니라

●介、有分辨之意、慶源輔氏曰介有分辨意則與界限之界同凡事各有界限甚分明不可踰越○新安陳氏曰介有剛介介特廉介之意惟其有分辨所以能如此亦如廉本訓廉隅惟其廉隅分辨所以淸廉廉潔也柳下惠、進不隱賢、必以其道、遺佚不怨、阨窮不憫、直道事人、至於三黜、是其介也、○此章、言柳下惠、和而不流、問柳下惠不以三公易其介此與聖人之和互相發明邪乃所以爲和邪龜山楊氏曰觀惠之和宜若不介故此特言之問何以知其介曰只不卑小官之意便自可見如柳下惠之才以爲大官何所不可而樂於爲小官則其剛介可知矣○新安陳氏曰不以三公之貴移奪其所守之介和而不流故也與孔子、論夷齊、不念舊惡、意正相類、皆聖賢、微顯闡齒淺反幽之意也、汪氏曰伯夷餓于首陽伊尹祿以天下不顧皆能不以三公易其介獨稱柳下惠何也以惠之和嫌於不介故也○雲峯胡氏曰人皆知夷齊之淸而不知夷齊之淸而有量人皆知柳下惠之和而不知惠之和而不流孔孟之言皆闡幽之意也微顯是帶過說○新安陳氏曰微顯闡幽四字出杜預春秋傳序本以言孔子作春秋之意於顯明者則微之幽昧者則闡之集註以爲孔孟之論夷齊柳下惠亦得此意蓋夷齊之淸惠之和此其顯而易見者夷齊之不念舊惡惠之介此其幽而難見者今則微其顯而闡其幽聖賢之至公至明如此[備旨]孟子表柳下惠之介曰人皆知柳下惠之和而不知其和而介也觀其雖處阨窮而不隱在己之賢雖至三黜而不改其道之直縱與以三公之位而其介不與易也其和而不流有如此者是豈常之人和所可同哉

○孟子ㅣ曰有爲者ㅣ辟若掘井ᄒᆞ니掘井九軔而不及泉이면猶爲棄井也ㅣ니라 辟讀作譬軔音刃與仞同

孟子ㅣᄀᆞᆯᄋᆞ샤ᄃᆡᄒᆞ욤이인ᄂᆞᆫ者ㅣ辟컨댄井을掘ᄒᆞ욤ᄀᆞᆮᄐᆞ니井掘홈을九軔을ᄒᆞᄃᆡ泉에及디몯ᄒᆞ면오히려井을棄홈이니라

●八尺曰仞、 新安陳氏曰集註於語夫子之墻數仞下云七尺曰仞愚按周書爲山九仞孔安國云八尺曰仞鄭玄云七尺曰仞集註兩存其說歟蔡氏傳從孔說愚證之周禮匠人爲溝洫廣四尺深四尺謂之溝廣八尺深八尺謂之洫廣二尋深二仞謂之澮蓋其爲溝洫澮是加一倍之數尋八尺也仞亦八尺也度脩廣則計之以尋度高深則計之以仞是澮之廣與深各一丈六尺也以此觀之則孔說爲是鄭說恐非 言鑿井雖深、然、未及泉而止、猶爲自棄其井也、○呂侍講、曰 各希哲字原明河南人 仁不如堯、孝不如舜、學不如孔子、終未入於聖人之域、終未至於天道、未免爲半塗而廢、自棄前功也、 慶源輔氏曰爲人而未得爲聖人言治而不及於堯舜皆爲未及夫泉也○雲峯胡氏曰當與論語譬如爲山一章通看學問垂成而不至於成者可爲戒矣備旨孟子勉有爲者當要其成也曰道必以爲而進功必以爲而效爲之不可以己也故有爲者辟若掘井然使掘井至於九仞之深而不及泉而遂止則井置之無用舉九仞之功而盡廢猶爲自棄其井也蓋掘井必求及於泉有爲必求底於成何以異哉

○孟子ㅣ曰堯舜은性之也ㅣ오湯武ᄂᆞᆫ身之也ㅣ오五霸ᄂᆞᆫ假之也ㅣ니라

孟子ㅣᄀᆞᆯᄋᆞ샤ᄃᆡ堯舜은性ᄒᆞ신이오湯武ᄂᆞᆫ身ᄒᆞ신이오五霸ᄂᆞᆫ假ᄒᆞᆫ이니라

●堯舜、天性渾全上聲、不假脩習、湯武、脩身體道、以復其性、五霸則假借仁義之名、以求濟其貪欲之私耳、 程子曰身之是身踐履之也假之者身不行而假借之也○張子曰堯舜固無優劣及至湯武則有別孟子言性之反之自古無人如此言惟孟子分出遂知堯舜是生

知湯武學而能之○龜山楊氏曰堯舜性之由而行者也湯武身之體之者也五覇則假之而已非己有也若管仲責包茅不入王祭不共昭王南征不反非謀伐之本意假此爲說耳○朱子曰性之是合下如此身之是做到那田地○問性善之善與堯舜性之之性如何曰性善之性字實性之之性字虛性之只是合下稟得合下便得來受用又曰反之是先失著了反之而后得身之是把來身上做起○性是自然有底身是從身上做得來底湯武固皆身之但細觀其書湯身之之功恐將精密湯有慙德如武王恐未必有此意○新安陳氏曰孟子論堯舜湯武曰堯舜性者也湯武反之也與此章爲二而互相發明反之卽復其性也論五覇者不一莫切於假之一辭曰以力假仁者覇與此章爲二乃是以一字斷盡五覇心事得春秋以一字爲褒貶與誅心之法者也[備旨]孟子言帝王與覇者之道誠僞不同也曰帝莫盛於堯舜堯舜之於道生而知安而行乃純乎天而性有此仁義之道也王莫盛於湯武湯武之於道學而知利而行乃盡乎人而身體此仁義之道也是道之安勉不同而其誠則同也若五覇者旣失所性之原又昧反身之學惟假借仁義之名以求濟其貪欲之私者也豈容於帝王之世哉

久假而不歸ᄒᆞ니惡知其非有也ㅣ리오 惡平聲

오래假ᄒᆞ고歸티아니ᄒᆞ니엇디그有ㅣ아닌줄을알리오

●歸、還也、有、實有也、言竊其名以終身、而不自知其非眞有、慶源輔氏曰其初不過以之欺人而其終遂至以之自欺 或、曰蓋嘆世人、莫覺其僞者、亦通、舊說、趙邠卿註 久假不歸、卽爲眞有、則誤矣、朱子曰惡知二字爲五覇設如云五覇自不知也五覇久假而不歸安知其亦非己有也○汪氏曰舊說之意謂若能久假而不歸則固有者將自得之是爲假者謀假者之初意全非天理而以人欲之私行之合下己差矣加以久假則私意纏繞以終其身虛僞益甚膠固莫解其得爲眞有之乎是皆學術心術不正不能辨公私理欲之幾者之論宜朱子明辨其誤也

○尹氏、曰性之者、與道一也、身之者、履之也、及其成功、則一也、五覇則假之而已、是以、功烈、如彼其卑也、 問假之之事眞所謂幽沉仁義非獨爲害當時又且流毒后世朱子曰此孟子所以不道桓文而卑管晏也且如興滅繼絶誅殘禁暴懷諸侯而尊周室百般好事他都做只是無惻怛之誠心他本欲他事之行又恰有這題目入得故不得不擧行此卲子所以有功之首罪之魁之論○雲

峯胡氏曰性之者自然而然身之者當然而然假之者似然而實不然自然者所性而有當然者能復其有似然者不自知其非眞有[備旨]使假之而知所亟反焉則猶可以爲湯武而入堯舜之道矣夫何利欲蒙蔽迷惑弗悟久假仁義之名而不反之以歸於正卒亦自以爲是惡知其非眞有也是始則假之以欺人久則因之以自欺此五霸所以終於霸也哉

○公孫丑ㅣ曰伊尹이曰予ㅣ不狎于不順이라ᄒᆞ고放太甲于桐ᄒᆞᆫ대民이大悅ᄒᆞ고太甲이賢커늘又反之ᄒᆞᆫ대民이大悅ᄒᆞ니

公孫丑ㅣᄀᆞᆯ오ᄃᆡ伊尹이ᄀᆞᆯ오ᄃᆡ予ㅣ不順을狎디아니호리라ᄒᆞ고太甲을桐에放ᄒᆞᆫ대民이키悅ᄒᆞ고太甲이賢커늘또反ᄒᆞᆫ대民이키悅ᄒᆞ니

●予不狎于不順、太甲篇文、狎、習見也、不順、言太甲所爲、不順義理也、言不欲習見其如此[餘]見形甸反反前篇[備旨]公孫丑問曰昔伊尹有曰予不欲習見嗣君之所爲不順於義理於是託諒陰之制而放太甲於桐使之覲湯墓而興思當時商民大悅悅其能正君非也既而太甲處仁遷義而賢伊尹又以冕服迎而反之於亳當時商民又大悅悅其能成君德也

賢者之爲人臣也애其君이不賢則固可放與平聲잇가孟子ㅣ曰有伊尹之志則可커니와無伊尹之志則簒也ㅣ니라

賢者ㅣ人臣이되야심애그君이賢티아니ᄒᆞ면진실로可히放ᄒᆞ리잇가孟子ㅣᄀᆞᆯ으샤ᄃᆡ伊尹의志ㅣ이시면可커니와伊尹의志ㅣ업스면簒홈이니라

●伊尹之志、公天下以爲心、而無一毫之私者也、南軒張氏曰伊尹之事志存乎宗祀變而得其正者也方是時太甲在諒陰故徙之先王墓側

使之動心忍性而深思焉是伊尹以冢宰攝政而太甲居憂于桐耳太甲克終允德則於練除之際奉而歸亳焉其克終雖由其自怨艾以改過實亦尹之至誠有以感格之無尹之志徒以君不賢而放之是簒亂之所爲耳後世唯霍光放昌邑王賀而立宣帝庶幾乎心存宗祀者然始也建立之不審而至誠敦篤又不加焉其於尹之志盖有愧也是以嚴延年劾之以爲擅廢立無人臣禮而識者有取焉霍光且爾况他人本爲一身利害計者乎所謂元惡大憝必誅而無赦者也○慶源輔氏曰公天下以爲心豈一朝夕勉强所能爲哉非道全德備其素行有以信於人至誠有以通於天者不能也○覺軒蔡氏曰孟子此兩語不惟見伊尹之心如靑天白日而百世之下姦臣亂賊亦無所逃其罪矣味則可之辭亦見處變僅可之意而非正法也[備旨]由伊尹之事觀之則凡後世賢者之爲人臣也設遇其君之不賢則固可放而置之歟[備旨]孟子曰君何易言放哉乃有不得已而出此亦觀其志何如耳夫伊尹之志至公無私其放君也爲宗社也爲天下也使爲臣者有伊尹之志而遇太甲之君則可以爲伊尹之事而或以得民之悅也若無伊尹之志而欲爲伊尹之事則是專權自立簒而已矣惡乎可哉然則爲臣者愼無口實伊尹而蹈簒君之罪也則幾矣

○公孫丑ㅣ曰詩曰不素餐兮라ᄒᆞ니 君子之不耕而食은 何也ㅣ잇고 孟子ㅣ曰君子ㅣ居是國也애 其君이用之則安富尊榮ᄒᆞ고 其子弟ㅣ從之則孝弟忠信ᄒᆞᄂᆞ니 不素餐兮ㅣ孰大於是리오 餐七丹反

公孫丑ㅣ골오ᄃᆡ 詩예골오ᄃᆡ 素히餐티아니타ᄒᆞ니 君子의耕티아니ᄒᆞ고食ᄒᆞᆷ은엇디잇고 孟子ㅣ골ᄋᆞ샤ᄃᆡ 君子ㅣ이國에居ᄒᆞᆷ애 그君이用ᄒᆞ면安ᄒᆞ며富ᄒᆞ며尊ᄒᆞ며榮ᄒᆞ고 그子弟ㅣ從ᄒᆞ면孝ᄒᆞ며弟ᄒᆞ며忠ᄒᆞ며信ᄒᆞᄂᆞ니 素히餐티아니ᄒᆞᆷ이뉘이에셔크리오

●詩、魏國風伐檀之篇、素、空也、無功而食祿、謂之素餐、此與告陳相彭更之意、同。南軒張氏曰伐檀之詩非必欲君子稼穡而後食也公孫丑以君子不耕而食爲素餐其爲詩也亦固矣其弊將至於爲許行之徒之論矣故孟子告之以不素餐之大者夫君子仁義脩乎身居是國也其君用之則安富尊榮如其未用子弟從之則亦薰陶乎孝弟忠信之習而足以善俗若夫飾小廉而妨大德徇末流而忘正義非君子之道也○新安陳氏曰君子居人國用則有功於君而功業建不用亦有功於人子弟而風俗厚豈爲無功而食乎丑之見何陋也[備旨]公孫丑問曰魏風伐檀之詩有曰不素餐兮詩之美君子者如此以此詩觀之則君子必仕而有功於國斯可以食人之食也今君子不仕無功乃不耕而食何也孟子曰子以君子爲無功而食乎不知其功固不必以仕顯也即居是國也言皆至道動皆至敎苟其君用之而其言得行於朝則國以安而用以富任以尊而名以榮其子弟從之而其敎得行於下則入以孝而出以弟存以忠而發以信君子之有功於上下如此所謂不素餐兮者孰有大於是哉子安得責君子之不耕而食也

○王子墊이 問曰士는 何事잇고 (墊丁念反)

王子墊이 묻ᄌᆞ와 ᄀᆞᆯ오ᄃᆡ 士는 므서ᄉᆞᆯ 事ᄒᆞᄂᆞ니잇고

●墊、齊王之子也、上則公卿大夫、下則農工商賈、(賈音古) 皆有所事、而士居其間、獨無所事故、王子問之也

[備旨]齊王之子墊非知士者故問曰天下之人上則公卿大夫下而農工商賈皆有所事士生於其間不知果何所事

孟子ㅣ 曰尙志니라

孟子ㅣ ᄀᆞᆯ으샤ᄃᆡ 志를 尙ᄒᆞᄂᆞ니라

●尙、高尙也、志者、心之所之也、士、旣未得行公卿大夫之道、又不當爲農工商賈之業、則高尙其志而已、朱子曰此志字與父在觀其志之志同未見於所行方見其所存也[備旨]孟子曰夫士者不肯爲農工商賈之業而欲行公卿大夫之道者也但未得行其道則高尙其志而已

曰何謂尙志잇고 曰仁義而矣니 殺一無罪ㅣ 非仁也ㅣ며 非其有而

取之ㅣ非義也ㅣ니居惡在오仁이是也ㅣ라路惡在오義ㅣ是也ㅣ라居仁由義면大人之事ㅣ備矣니라 惡平聲

골오ᄃᆡ엇디닐온志ᄅᆞᆯ尙ᄒᆞᆷ이니잇고골ᄋᆞ샤ᄃᆡ仁義ᄯᆞᄅᆞᆷ이니ᄒᆞᆫ無罪ᄅᆞᆯ殺ᄒᆞᆷ이仁이아니며그두디아닐꺼ᄉᆞᆯ取ᄒᆞ욤이義ㅣ아니니居ㅣ어ᄃᆡ인ᄂᆞ뇨仁이이라路ㅣ어ᄃᆡ인ᄂᆞ뇨義ㅣ이라仁에居ᄒᆞ며義ᄅᆞᆯ由ᄒᆞ면大人의일이備ᄒᆞᆯ이니라

●非仁非義之事、雖小、不爲、而所居所由、無不在於仁義、此、士所以尙其志也、慶源輔氏曰士雖未得位以行其道而其志則須高尙方可志於仁義則高尙溺於利欲則卑汙 大人、謂公卿大夫、言士、雖未得大人之位、而其志如此、則大人之事、體用已全、若小人之事、則固非所當爲也、南軒張氏曰殺一無罪而非仁由是而體之則人之所以能愛者可得而推矣非其有而取之爲非義由是而體之則其義之所以爲宜者可得以推矣居仁由義居則不違由則不他居仁則體立由義則用行大人之事亦不越此而已矣○新安陳氏曰此章因王子問士何所事對以士志乎仁義己備大人之事蓋志者事之本末爲者也事者志之用有爲者也志之所尙素高則事之大本己立一旦得大人之位擧而措之耳何必待有事迹可見而後始謂之有所事哉若農工商賈小人之事不特非所當爲亦不屑爲且不暇爲也(備旨)王子 曰人各有志士以何者存諸心而謂之尙志孟子曰士之尙志非志於富貴也非志於功名也惟在仁義而已矣如殺一無罪之人非仁也士之志必曰吾必不殺一無罪也非其當有而取之非義也士之志必曰吾必不取其非有也如是而士之所存以爲居者惡在乎仁是也士之所由以爲路者惡在乎義是也士之尙志者如此夫居仁者大人之體也由義者大人之用也士旣志於居仁由義雖未得位而爲大人而大人仁育義正之事己備具矣豈可以未見之行而遂謂無所事哉

○孟子ㅣ曰仲子ㅣ不義로與之齊國而弗受ᄅᆞᆯ人皆信之어니와是

ㅣ舍簞食豆羹之義也ㅣ라 人莫大焉이어늘 亡親戚君臣上下ᄒᆞ니 以其小者로 信其大者ㅣ 奚可哉리오 舍音捨 食音嗣

孟子ㅣᄀᆞᆯᄋᆞ샤ᄃᆡ 仲子ㅣ不義로齊國을與ᄒᆞ야든 受티아니홈을人이다信ᄒᆞ려니와 이簞읫食와豆읫羹을舍ᄒᆞᄂᆞᆫ義라人이 이만크니업거ᄂᆞᆯ 親戚과君臣과上下ㅣ업스니그小者로ᄡᅥ 그大者ᄅᆞᆯ信홈이엇디可ᄒᆞ리오

●仲子、陳仲子也、言仲子、設若非義、而與之齊國、必不肯受、齊人、皆信其賢、然、此但小廉耳、其辟兄離母、不食君祿、無人道之大倫、罪莫大焉、豈可以小廉、信其大節而遂以爲賢哉、 南軒張氏曰仲子飾小廉而廢大倫其不知義已甚矣○慶源輔氏曰觀前篇所論仲子之事其介然自守如此則不義而與之齊國必不肯受此徇名而强矯者或能之故孟子以爲是特舍簞食豆羹之義而已盖未以爲賢也若夫安於人倫使之各盡其道則非盡性而樂循理者不能故孟子言此以曉齊人使之勿迷於小而必察其大耳○新安陳氏曰孟子於陳仲子其對匡章既深非之此又申言之二章當參看[illegible] 孟子因仲子廢人倫而尙廉節齊人稱之故闢其失以示人曰君子觀人當論其大德而略其小節仲子之爲人也設若非義而與之以齊國必不肯受人皆信其爲賢矣不知此不受之義是舍簞食豆羹之義已耳盖親戚君臣上下此人道之大倫正大節所在也人之罪莫大乎亡親戚君臣上下今仲子辟兄離母不食君祿是其虧莫大之節負莫大之罪也若以其固守之小者信其大者而遂以爲賢奚可哉

○桃應이 問曰舜이 爲天子ㅣ오 皐陶ㅣ 爲士ㅣ어든 瞽瞍ㅣ 殺人則如之何잇가

桃應이 묻ᄌᆞ와ᄀᆞᆯ오ᄃᆡ 舜이天子ㅣ되야겨시고 皐陶ㅣ 士ㅣ도엿거든 瞽瞍ㅣ人을殺

ᄒᆞ며엇디ᄒᆞ리잇고

●桃應、孟子弟子也、其意、以爲舜、雖愛父、而不可以私害公、皐陶、雖執法、而不可以刑天子之父故、設此問、以觀聖賢用心之所極、非以爲眞有此事也 [備旨]桃應欲觀聖賢用心之極故設言以問曰天下處常易處變難設若舜爲天子之尊皐陶爲士師之官而遇瞽瞍殺人夫殺人罪所當死也而舜又爲天子則皐陶於此將如之何以善處之

孟子ㅣ曰執之而已矣니라

孟子ㅣ글ᄋᆞ샤ᄃᆡ執홀ᄯᆞᄅᆞᆷ이니라

●言皐陶之心、知有法而已、不知有天子之父也、[備旨]孟子曰典刑者天子之公也士師者天下之平也皐陶亦惟執此法而已矣豈有他道以處之乎

然則舜은不禁與잇가 與平聲

그러면舜은禁티아니ᄒᆞ시리잇가

●桃應、問也、[備旨]桃應又問曰皐陶固以執法爲正矣然則舜天子也將不禁止之以全其父與

曰夫舜이惡得而禁之시리오夫有所受之也ㅣ니라 夫音扶惡平聲

글ᄋᆞ샤ᄃᆡ舜이엇디시러곰禁ᄒᆞ시리오受ᄒᆞᆫ배인ᄂᆞ니라

●言皐陶之法、有所傳受、非所敢私、雖天子之命、亦不得而廢之也、[備旨]孟子曰夫舜雖欲禁之惡得而禁之夫國法至公原於天討制於聖人皐陶固有所受而守之雖君不得而廢也

然則舜은如之何잇고

그러면舜은엇디ᄒᆞ시리잇고

●桃應、問也、 桃應又問曰舜既不得而禁矣然則舜固不可廢法以全親亦不可刑親以之伸法如何以處此耶

曰舜이視棄天下ᄒᆞ샤ᄃᆡ猶棄敝蹝也ᄒᆞ샤竊負而逃ᄒᆞ샤遵海濱而處ᄒᆞ샤終身訢然樂而忘天下ᄒᆞ시리라 蹝音徙訢與欣同樂音洛

ᄀᆞᆯᄋᆞ샤ᄃᆡ舜이天下棄ᄒᆞᆷ을視ᄒᆞ샤ᄃᆡ敝ᄒᆞᆫ蹝棄ᄒᆞᆷᄀᆞᆮ티ᄒᆞ샤 竊ᄒᆞ야負ᄒᆞ야 逃ᄒᆞ샤海濱을遵ᄒᆞ야處ᄒᆞ샤身이終ᄒᆞ도록訢然히樂ᄒᆞ야天下ᄅᆞᆯ忘ᄒᆞ시리라

●蹝 韵書音所爾反又所蟹反 草履也、遵、循也、言舜之心、知有父而已、不知有天下也、孟子、嘗言舜視天下、猶草芥、而惟順於父母、可以解憂、與此意、互相發、○此章、言爲士者但知有法而不知天子父之爲尊、爲子者、但知有父而不知天下之爲大、蓋其所以爲心者、莫非天理之極、人倫之至、雲峰胡氏曰皐但知有天子之法天理也君臣人倫之至也舜但知有父天理也父子人倫之至也學者、察此而有得焉、則不待較計論量、而天下、無難處上聲之事矣、朱子曰某嘗問李先生以此事先生曰蒯聵父子只爲無此心所以爲法律所縛都轉動不得若舜之心則法律縛他不住終身訢樂而忘天下求仁得仁何怨之有然此亦只是言聖賢之心耳聖賢之心合下是如此權制有未暇論然到極不得已處亦須變而通之蓋法者天下公共在皐陶亦只得執之而已若人心不許舜棄天下而去則便是天也皐陶亦安能違天法與理便即是人心底亦須是合下有如此底心方能爲是權制今人於事合下無如此底心其初便從權制去則不可○執之而已矣非洞見皐陶之心者不能言也此一章之義見聖賢所處無所不用其極所謂止於至善者也○南軒張氏曰舜之有天下初不以天下與於己循天理之當然而已爲瞽瞍殺人而枉其法則失天下之公若致辟於瞽瞍則廢父子之倫是皆雖有天下不可一朝居者也舜寧去天下而存此義

耳舜非輕天下也義所當去視天下猶敝蹝也是故在皐陶則使舜得以伸其竊負之義在舜則以此而可以終身夫何求哉循天理而已善發明舜之心者其惟孟子乎若後世以利害之見論之則謂天下方戴舜而賴其治舜乃去之得無廢成業而孤衆望乎此不知天命者也聖人所以爲治奉天命而已若汨於利害而失天理之所在雖舜亦何以治天下哉或者以爲皐旣執瞽瞍舜烏得而竊之蓋未之思也皐旣執瞽瞍於前而使舜得伸其竊負之義於後是乃天理時中全君臣父子之倫者也微孟子孰能推之○汪氏曰竊負而逃畏天故也訢然之樂樂天故也孟子之對示後世爲人臣子之道而已以天子之父殺人且不可舍況其卑者乎以天下之大且可棄況其小者乎[備旨]孟子曰舜之心知有親不知有天下其視天下之大猶棄敝蹝之輕也使瞽瞍陷殺人之罪舜必竊負而逃以爲避禍之計遵海濱而處以爲潛身之密得全瞽瞍之生將終身訢然遂天倫之樂而忘天下之大矣舜之所處不過如此而已是可見爲士執法爲子盡情天理於是乎極人倫於是乎至皐陶與舜兩得之矣由此而推天下又何難處之事哉

○孟子ㅣ自范之齊러시니 望見齊王之子ᄒᆞ시고 喟然嘆曰居移氣ᄒᆞ며 養移體ᄒᆞᄂᆞ니 大哉라 居乎ㅣ여 夫非盡人之子與아 (夫音扶　與平聲)

孟子ㅣ范으로브터 齊예가더시니 齊王의子를ᄇᆞ라 보시고 喟然히 嘆ᄒᆞ야 ᄀᆞᆯ으샤ᄃᆡ 居ㅣ氣를移ᄒᆞ며養이體를移ᄒᆞᄂᆞ니크다居ㅣ여다人의子ㅣ아니가

●范、齊邑、居、謂所處(上聲下同)之位、養、奉養(去聲)也、言人之居處、所繫甚大、王子、亦人子耳、特以所居、不同故、所養、不同、而其氣體 有異也、

[備旨]昔孟子自范之齊望見齊王之子其容貌氣象有異於人者遂喟然嘆曰人之居處能移人之氣奉養能移人之體要之所養亦由於所居也大矣哉其居之所係乎夫王子亦人子耳可因其氣體之異而謂非盡人之子與吾固知其不然也

孟子曰

●張鄒、(張敬夫　鄒志完)皆云羡(延面反)文也、

王子宮室車馬衣服이多與人同而王子ㅣ若彼者는其居ㅣ使之然也ㅣ니況居天下之廣居者乎아

王子의宮室과車馬와衣服이만히人으로더브러同호되王子ㅣ뎌굳홈은그居ㅣ호여곰그러케홈이니호믈며天下읫廣居에居호는者아

●廣居、見形甸反下同 前篇、謂仁也 尹氏、曰粹然見於面、盎於背、居天下之廣居者、然也、

新安陳氏曰居仁宅者之氣象必德潤身而心廣體胖與王子驕貴之氣習又不侔矣[備旨]今王子所居之宮室所乘之車馬所衣之衣服雖不盡同於人亦多與人同宜其氣體亦不同矣而王子之氣體固若彼其異者果何使之然哉以其所居不同故所養不同有以使之然也夫勢分之居尙可以移人如此況居天下之廣居宅仁者之氣象又當何如乎吾知其德潤身心廣體胖充吾正氣而與常人異也必矣豈但王子僅以氣體而異乎人哉

魯君이之宋호야呼於垤澤之門이어늘守者ㅣ曰此非吾君也ㅣ로되何其聲之似我君也오호니此는無他ㅣ라居相似也ㅣ니라 呼去聲

魯君이宋애가垤澤人門에서呼호거늘守혼者ㅣ골오되이우리君이아니로되엇디그소릐우리君굳드뇨호니이는他ㅣ업슨디라居ㅣ서르굳톰이니라

●垤澤、宋城門名也、孟子、又引此事爲證、 問孟子先言居移氣養移體後却只言居朱子曰有是居則有是養居公卿有公卿底奉養居貧賤有貧賤底奉養言居則養在其中○南軒張氏曰居天下之廣居宅乎天理者也宅之之久則其氣質變化有不期然而然者矣夫聖賢相去雖有先後而玩其氣象如出一人者以其所居之同故也○新安陳氏曰此章重在居廣居一句勢位之居猶足移氣與賤者異廣居之居其能充吾正氣而與常人異也必矣[備旨]夫居之能移人者又嘗驗之於魯君矣昔者魯君之宋呼於垤澤之門其守門者曰此呼於門者非吾君也何其所呼之聲似我君也由守者之言觀之二君

之聲相似者無他以其所居之位原相似也是可見居能移氣而王子氣體之異無足怪矣然則居廣居之大異也又何疑乎

○孟子ㅣ曰食而弗愛며豕交之也ㅣ오愛而不敬이면獸畜之也ㅣ니라

食音嗣畜許六反

孟子ㅣᄀᆞᆯᄋᆞ샤ᄃᆡ食ᄒᆞ고愛티아니면豕로交홈이오愛ᄒᆞ고敬티아니면獸로畜홈이니라

● 交、接也、畜、養也、獸、謂犬馬之屬、備旨 孟子爲當時待賢不誠者發也曰人君之待賢爲其能愛且敬也苟徒知祿養以食之而不知所以愛之則是謂豕交之也苟徒知用情以愛之而不知所以敬之則是謂獸畜之也信乎待賢之不可不敬矣

恭敬者ᄂᆞᆫ幣之未將者也ㅣ니라

恭敬은幣ㅣ將티몯ᄒᆞ야셔ᄒᆞᄂᆞᆫ者ㅣ니라

● 將、猶奉也、詩、曰承筐是將、小雅鹿鳴篇 程子、曰恭敬、雖因威儀幣帛而後發見、形甸反 然、幣之未將時、已有此恭敬之心、非因幣帛而後有也、備旨 夫所謂恭敬者豈徒幣交而已哉方其幣帛未將之時已有此恭敬之心存於中者也此所謂恭敬之實也

恭敬而無實이면君子ㅣ不可虛拘ㅣ니라

恭敬ᄒᆞ되實이업스면君子ㅣ可히虛히拘티몯ᄒᆞᆯ꺼시니라

● 此、言當時諸侯之待賢者、特以幣帛、爲恭敬而無其實也、拘、留也、趙邠卿曰實謂愛敬也○慶源輔氏

曰世衰道微在上者皆不知有恭敬待賢之誠而惟特其有幣帛之聘在下者惟知有幣帛之可慕而不知察夫上之人所以待之之誠上下之情交征於利而不知有義理焉故孟子發此論以警之[備旨]奈何今諸侯之待賢者特以幣帛爲恭敬而無恭敬之實則禮爲虛文亦豕交獸畜耳焉有君子而可以虛文拘留之耶然則君之待賢惟當盡愛敬之實而可矣

○孟子ㅣ曰形色은天性也ㅣ니惟聖人然後에可以踐形이니라

孟子ㅣ갈ᄋᆞ샤ᄃᆡ形과色은天性이나오직聖人인然後에可히ᄡᅥ形을踐ᄒᆞᄂᆞ니라

●人之有形有色、無不各有自然之理、所謂天性也、踐、如踐言之踐、禮記曲禮脩身踐言謂之善行 蓋衆人、有是形而不能盡其理故、無以踐其形、惟聖人、有是形、而又能盡其理然後、可以踐其形而無歉苦簟反也、○程子、曰此、言聖人、盡得人道、而能充其形也、蓋人得天地之正氣而生、與萬物不同、既爲人、須盡得人理然後、稱去聲其名、衆人、有之而不知、賢人、踐之而未盡、能充其形、惟聖人也、楊氏、曰天生烝民、有物有則、物者 形色也、則者、性也、各盡其則、則可以踐形矣、龜山楊氏曰莫非形也自聖人言之目之所視耳之所聽以至口之所言身之所動不待著意莫不合則所謂動容周旋中禮者也未至於聖則未免有克焉若孔子告顏淵非禮勿視等語是也故惟聖人然後可以踐形○朱子曰形是耳目口鼻之類色如一嚬一笑皆有至理○形色上便有天性視便有視之理聽便有聽之理○問形色天性下却云踐形而不言色何也曰有此形便有此色言形則色在其中矣○踐猶踐言踐約之踐言聖人所爲便踏著箇形色之性耳性即理之謂伊川說充其形色說得好形是形體色如臨喪則有哀色介冑則有不可犯之色之類天之生人人之得於天其具耳目口鼻者莫不皆有此理耳便必當無有不聰目便必當無有不明口便必能盡別天下之味鼻便必能盡別天下之臭聖人與常人都一般惟衆人有氣稟之雜物欲之累雖同是耳也而不足於聰同是目也而不足於明同是口而不足以別味同是鼻而不足以別臭雖有是形而不能充踐此形惟聖人耳則十分聰目則十分明口鼻莫不皆然如此方可以踐此形○潛室陳氏曰聖人盡性地位方償得他本來形色學未至於聖人則於性分道理未免虧欠才於性分有虧欠卽是空具此形色不能充踐滿足也〇問孟子曰形色天性也告子曰食色性也二者之分如何曰形色爲性是引氣入道理中來食色爲性是逐道理出形氣外去霄壤之分〇新安陳氏曰程子之說蓋自踐字推廣之衆人全不能踐者也賢人雖能踐之而未盡者也聖人則極能踐之而無不盡者也如洪範五事則貌言視聽思極於肅乂哲謀聖皆踐形之意也〔備旨〕孟子示人以盡性之學曰人之有生也凡具於身者同謂之形發於形者同謂之色是形色之生各有自然之理乃天之性也但衆人不能盡其性是以不能踐其形耳惟聖人氣質淸明物欲無累能盡其形之性然後可以實踐其形而無歉於所生也彼同有是形者可不以聖人爲法哉

〇齊宣王이欲短喪이어늘公孫丑ㅣ曰爲朞之喪이猶愈於已乎ㄴ뎌

齊宣王이喪을短히ᄒᆞ고져ᄒᆞ거늘公孫丑ㅣᄀᆞᆯ오ᄃᆡ朞人喪을ᄒᆞᆷ이오히려已ᄒᆞᆷ애셔愈ᄒᆞᆫ뎌

●已、猶止也　新安陳氏曰丑附其說謂三年短而爲朞猶勝於止而不爲者乎〔備旨〕昔齊宣王欲短三年之喪其忍心廢禮甚矣公孫丑乃附會其說曰爲朞之喪不勝於已而不爲服者乎

孟子ㅣ曰是猶或이紾其兄之臂어든子謂之姑徐徐云爾로다亦敎之孝弟而已矣니라　紾之忍反

孟子ㅣᄀᆞᆯᄋᆞ샤ᄃᆡ이ᄂᆞᆫ或이그兄의臂ᄅᆞᆯ紾ᄒᆞ거든子ㅣ닐오ᄃᆡ아직徐徐히ᄒᆞ라ᄒᆞᆷ은ᄀᆞᆮ도다ᄯᅩᄒᆞᆫ孝弟로敎ᄒᆞᆯᄯᆞᄅᆞᆷ이니라

●紾、戾也、敎之以孝弟之道、則彼當自知兄之不可戾、而喪之不可短矣、孔子曰

子生三年然後、免於父母之懷、予也、有三年之愛於其父母乎、所謂敎之以孝弟者、如此、蓋示之以至情之不能已者、非强(上聲)之也、【備旨】孟子責之曰子之事親猶弟之事兄也親喪之不可短猶兄臂之不可紾也今王欲短喪而子謂朞猶勝於己是猶或紾其兄之臂子乃謂之姑徐徐云爾夫徐徐亦紾也豈所以敎人者哉以我言之亦惟敎之以孝弟而動其固有之良則彼當自知兄之不可紾矣子爲朞之說是亦徐徐之類也

王子ㅣ有其母死者ㅣ어늘 其傅ㅣ爲之請數月之喪이러니 公孫丑ㅣ曰若此者는 何如也잇고 (爲去聲)

王子ㅣ그母ㅣ死ᄒᆞᆫ者ㅣ잇거늘 그傅ㅣ爲ᄒᆞ야 數月人喪을 請ᄒᆞ더니 公孫丑ㅣᄀᆞᆯ오ᄃᆡ 이ᄀᆞᄐᆞᆫ者ᄂᆞᆫ 엇더니잇고

● 陳氏、曰王子、所生之母死、厭(一甲反)於嫡母、而不敢終喪、其傅、爲請於王、欲使得行數月之喪也、(大功九月小功五月)時又適有此事、丑問如此者、是非何如、按儀禮、公子、爲(亦去聲)其母、(所生母)練冠、麻衣、縓(七絹反赤黃色)緣、(兪絹反)既葬、除之、疑當時、此禮已廢、或既葬而未忍即除故、請之也、儀禮喪服章記公子爲其其母練冠麻衣縓緣爲其妻縓冠葛絰帶麻衣縓緣皆既葬除之公子君之庶子也【備旨】公孫丑短喪之說孟子既斥其非矣此時適有齊王之子其生母死壓於嫡母而不敢終其喪王子之傅爲之請於王行數月之喪以申孝親之心公孫丑因問曰爲朞之喪旣爲不可者此數月者其是非果何如也

曰是欲終之而不可得也ㅣ라 雖加一日이나 愈於已니ᄒᆞ 謂夫莫之禁而弗爲者也ㅣ니라 (夫音扶)

골ᄋᆞ샤ᄃᆡ 이 終코쟈 호ᄃᆡ 可히 得디 몯ᄒᆞᄂᆞᆫ디라 비록 一日을 加ᄒᆞ나 已홈애셔 愈ᄒᆞ니

禁ᄒᆞ리 업시셔 ᄒᆞ디 아니ᄒᆞᄂᆞᆫ 者를 닐옴이니라

●言王子ㆍ欲終喪而不可得ㆍ其傅ㆍ爲請ㆍ雖止得加一日ㆍ猶勝不加ㆍ我前所譏ㆍ乃謂夫莫之禁ㆍ而自不爲者耳ㆍ○此章ㆍ言三年通喪ㆍ天經地義ㆍ不容私意ㆍ有所短長ㆍ示之至情ㆍ(人心天理毋之眞切處)則不肖者ㆍ有以企(去智反)而及之矣ㆍ

傅爲之請雖能加一日亦足以伸一日之情猶愈於己況數月乎若我譏子之不能敎王終喪者正謂夫齊王莫之禁而自不爲者也非欲終之而不可得者比矣子安可以是例之耶 [備旨]孟子曰此又不可以例論也彼王子壓於嫡母是欲終三年之喪而不可得也故其

○孟子ㅣ曰君子之所以敎者ㅣ五ㅣ니

孟子ㅣ골ᄋᆞ샤ᄃᆡ 君子의 ᄡᅥ 敎ᄒᆞᄂᆞᆫ 바 人者ㅣ 다ᄉᆞ시니

●下文五者ㆍ蓋因人品高下ㆍ或相去遠近先後之不同ㆍ

慶源輔氏曰如時雨化品之高者成德達財其次也答問下者也私淑艾有同時而相去或遠不同時而其生也後不能及門受業者也 [備旨]孟子叙君子曲成之敎化也曰君子敎人之心一而已矣然學者之人品有高下時地有遠近先後其敎自不能一也故其所以敎者有五焉

有如時雨ㅣ化之者ㅣ며

時雨ㅣ化ᄒᆞᆷᄀᆞᄐᆞᆫ者도이시며

●時雨ㆍ及時之雨也ㆍ草木之生ㆍ播種封植ㆍ(丞職反)人力已至ㆍ而未能自化ㆍ所少者ㆍ雨露之滋耳ㆍ及此時而雨之ㆍ則其化速矣ㆍ敎人之妙ㆍ亦猶是也ㆍ若孔子之於顔曾ㆍ是已ㆍ

程子曰待物生以時雨潤之使之自化○朱子曰時雨化者不先不後適當其時而已○他地位已到因而發之如孔子告顔子以四勿告曾子以一貫所謂時雨化之者○新安陳氏曰惟人力已至而後時雨可化惟顔曾力

到功深而後孔子之化可施使他弟子而遽以是告之是惟種植之力未至雖有時雨亦不能速化也【備旨】五者之敎何如彼天下之學者有天資最高學力已到於道有將得之機吾則迎其機而敎之如時雨之加於草木不先不後而化之速者此一敎也

有成德者ᄒᆞ며**有達財者**ᄒᆞ며

德을成ᄒᆞᆫ者도이시며財를達ᄒᆞᆫ者도이시며

● 財、與材同、此、各因其所長而敎之者也、成德、如孔子之於冉閔、達財、如孔子之於由賜、

朱子曰成就其德德則天資純粹者通達其材材是天資明敏者○雲峯胡氏曰孔門四科顔曾冉閔皆以德行稱孟子五敎集註則以夫子之於冉閔爲成德而顔曾爲時雨化之何也盖自顔曾以下皆在夫子敎之之中而顔曾二子獨得夫子化之之妙也【備旨】然天下不皆若人也其次有天資純厚而德之可成則抑其過引其不及以成其德者是成德又一敎也有天資明敏而才之可達則矯其偏歸之於正以達其材者是達材又一敎也

有答問者ᄒᆞ며

問을答ᄒᆞᄂᆞᆫ者도이시며

● 就所問而答之、若孔孟之於樊遲萬章也、

南軒張氏曰成德達材答問固在其中而又有所謂答問者此則專爲凡答其來問者也雖鄙夫之空空所以答之者亦無非竭兩端之敎也○慶源輔氏曰樊遲之粗鄙萬章之淺率孔孟皆必俟其問而後告敎之是也【備旨】又其次則有德無可成材無可達但因其問而答之以釋其疑開其惑者是亦言敎之所及又一敎也

有私淑艾者ᄒᆞ니 艾音乂

그으기淑으로艾ᄒᆞᄂᆞᆫ者도이시니

● 私、竊也、淑、善也、艾、治也、人或不能及門受業、但聞君子之道於人、而竊以善

治其身、是亦君子敎誨之所及、若孔孟之於陳亢、夷之、是也、孟子、亦曰予未得爲孔子徒也、予、私淑諸人也、朱子曰艾芟草也自艾淑艾皆有斬絕自新之意懲艾創艾亦取諸此○有答問者未及師承只是來相答問而已私淑艾者未嘗親見面授只是或聞其風而師慕之或私竊傳其善言善行學之以善於其身是亦君子之敎誨也【備旨】又其次則有地不相近時不相及聞君子之道於人私竊之以淑艾其身者是亦風敎之所及又一敎也

此五者ᄂᆞᆫ君子之所以敎也ㅣ니라

이 五者ᄂᆞᆫ 君子의 ᄡᅥ 敎ᄒᆞᄂᆞᆫ배니라

●聖賢施敎、各因其材、小以成小、大以成大、無棄人也、趙氏曰君子之敎人如天地之生物各因其材而篤焉天地無棄物聖賢無棄人【備旨】凡此五者高下大小異其科先後遠近殊其迹皆君子之所以曲成天下以爲敎也又安有棄人哉

○公孫丑ㅣ曰道則高矣美矣나宜若似登天然이라似不可及也ㅣ니何不使彼로爲可幾及而日孶孶也잇고幾音機

孟子ㅣ曰大匠이不爲拙工ᄒᆞ야改廢繩墨ᄒᆞ며羿ㅣ不爲拙射ᄒᆞ야變其彀率이니라爲去聲彀古候反率音律

公孫丑ㅣ ᄀᆞᆯ오ᄃᆡ 道ㅣ 곧 高ᄒᆞ고 美ᄒᆞ나 맛당이 天에 登홈ᄀᆞᆮᄐᆞᆫ디라 可히 及디 몯홀ᄃᆞᆺᄒᆞ니 엇디 彼로ᄒᆞ여곰 可히 거의 及홀다ᄒᆞ야 日로 孶孶케 아니ᄒᆞ시ᄂᆞ니잇고 孟子ㅣ ᄀᆞᆯᄋᆞ샤ᄃᆡ 大匠이 拙ᄒᆞᆫ 工을 爲ᄒᆞ야 繩과 墨을 改ᄒᆞ며 廢티 아니ᄒᆞ니며 羿ㅣ 拙ᄒᆞᆫ 射를 爲ᄒᆞ야 그 彀의 率을 變티 아니ᄒᆞᄂᆞ니라

●彀率、彎弓之限也、言敎人者、皆有不可易之法、不容自貶、(悲檢反)以徇學者之不能也、

晉公孫丑不能用力於道而欲孟子貶敎以徇人故言曰君子之道則誠高矣而又美矣但就由敎入道者觀之則向慕雖勤從入無自宜若登天之難然似不可及也何不少貶焉別爲卑近易行之說使彼學者得以幾及而日孶孶由其敎以至於道也　孟子曰天下之道有定體而君子之敎有成法即如大匠敎人不爲拙工無能改廢繩墨以徇之羿之敎人不爲拙射無能變其彀率以徇之良以繩墨彀率法有一定不容易也曲藝且然況君子之道乎

君子ㅣ引而不發ᄒᆞ야 躍如也ᄒᆞ야 中道而立이어든 能者從之니라

君子ㅣ引ᄒᆞ고 發티 아니ᄒᆞ야 躍ᄃᆞᆺᄒᆞ야 中道로 立ᄒᆞ얏거든 能ᄒᆞᆫ 者ㅣ 從ᄒᆞᄂᆞ니라

●引、引弓也、發、發矢也、躍如、如踊躍而出也、因上文彀率、而言君子敎人、但授以學之之法、而不告以得之之妙、如射者之引弓而不發矢、然、其所不告者、已如踊躍而見於前矣、中者、無過不及之謂、中道而立、言其非難非易、能(去聲)者從之、言學者、當自勉也、

朱子曰引而不發謂漸啓其端而不竟其說躍如謂義理昭著如有物躍然於心目之間○躍如是道理活潑潑地發出在面前如由中躍出○引而不發躍如也須知得是引箇甚麽是怎生地不發又是甚麽物事躍在面前須是聳起這心與他看敎此心精一無些子夾雜方見得他那精微妙處○道理散在天下事物之間聖賢也不是不說然也全說不得自是那妙處不容說然雖不說只纔撥動那頭了時那箇物事自跌落在面前如張弓十分滿而不發箭雖不發箭然已知得眞箇是中這物事了○南軒張氏曰聖人之道天下之正理不可過不可不及也自卑者視之以爲甚高而不知其高之爲中也自險者視之以爲甚大而不知其大之爲常也徇彼而遷就則非所以爲道矣能與不能則存乎其人耳中道而立能者從之此正大之體而天地之情也學者徇繩墨彀率而勿舍焉及其久也將自有得不然斬獲助長爲害秖甚矣

○此章、言道有定體、敎有成法、卑不可抗、高不可貶、語不能顯、默不能藏、

汪氏曰君子雖不貶道以徇人亦未嘗離人絕物而使人不可幾及也○雲峯胡氏曰道有定體故卑不可抗高不可貶是之謂中道而立敎有成法故語不能顯默不能藏而在乎人之能者從之○新安陳氏曰道有定體謂中道而立敎有成法謂繩墨彀率卑者不可抗之使高者高不可貶之使

卑中言道有定體也雖語有不能顯者謂引而不發雖默有不能藏者謂躍如也熟玩味之有無窮之妙【備旨】是故君子教人但授以致知力行之法而不告以心領神會之妙正如射者教人但引滿其弓以示之而不發矢然其所不告者已躍如而見於前也是道也非難非易惟中道而立其教者也在能善學者從而得之不然是亦一拙工拙射耳君子亦無如之何也其肯貶教以徇學者哉

○孟子ㅣ曰天下ㅣ有道엔以道殉身ᄒᆞ고天下ㅣ無道엔以身殉道ᄒᆞᄂᆞ니

孟子ㅣ ᄀᆞᆯᄋᆞ샤ᄃᆡ 天下ㅣ 道ㅣ 이숌앤 道로ᄡᅥ 身을 殉ᄒᆞ고 天下ㅣ 道ㅣ 업숨앤 身으로ᄡᅥ 道를 殉ᄒᆞᄂᆞ니

●殉、如殉葬之殉、以死隨物之名也、記檀弓下陳子車死於衛其妻與其家大夫謀以殉葬議將殺人以殉葬定而後陳子亢至以告曰夫子疾莫養於下請以殉葬子亢曰以殉葬非禮也雖然則彼疾當養者孰若妻與宰得已則吾欲已不得已則吾欲以二子者之爲之也於是弗果用 身出則道在必行、道屈則身在必退、以死相從、而不離去聲也、趙氏曰道不可離也雖時有治亂已有窮達非道殉身即身殉道以死相從豈可得而離哉【備旨】孟子爲枉道徇人而發曰君子一身與道爲體者也身固不能離道道亦不能離身故當天下有道之時身可出矣身出則道在必行以道殉身而不離焉當天下無道之時道不行矣道屈則身在必退以身殉道而不離焉

未聞以道로殉乎人者也게라

道로ᄡᅥ 人의게 殉홈을 듣디 몯게라

●以道從人、妾婦之道、華陽范氏曰君子遭世之治則身顯而道行得志澤加於民故以道從身遭世之亂則身隱而道不行不得志修身見於世故以身從道以道殉乎人者陳代所謂枉尺而直尋也古之聖賢以道殉身伊尹周公是也以身殉道孔子孟子是也君子窮達不離乎道道可以處則處道可以出則出故人君用人不用其身惟用其道以道殉人者雖得之無所用也○南軒張氏曰身與道不可離也以道殉人

則是可離矣烏有所謂道哉○新安陳氏曰妾婦以順從爲道故亦曰道孟子見有身徒顯而道不行道不行而身猶不知隱者故發此論言當隨時之理亂而酌身之進退非道殉身則身殉道身與道不可須臾離也使道不殉身身不殉道即是以道殉乎人矣 [備旨] 以道殉身即以身殉道此則吾之所聞耳未聞道不殉身身不殉道乃苟且於功名富貴之會以枉道而從乎人者也守道者其知勉夫

○公都子ㅣ曰 滕更之在門也애 若在所禮而不答은 何也잇고 更去聲

公都子ㅣ골오ᄃᆡ 滕更이 門에 이실제 禮홀 빠애 이신 ᄃᆞᆺ호ᄃᆡ 答디 아니ᄒᆞ심은 엇디잇고

●趙氏曰滕更、滕君之弟、來學者也、 [備旨] 公都子問滕更之在於夫子之門也以國君之弟而知所以來學者宜在所尊禮而有問則答之矣夫子顧乃不答其問何也

孟子ㅣ曰挾貴而問ᄒᆞ며 挾賢而問ᄒᆞ며 挾長而問ᄒᆞ며 挾有勳勞而問ᄒᆞ며 挾故而問이 皆所不答也ㅣ니 滕更이 有二焉ᄒᆞ니라 長去聲

孟子ㅣ 골ᄋᆞ샤ᄃᆡ 貴ᄅᆞᆯ 挾ᄒᆞ야 問ᄒᆞ며 賢을 挾ᄒᆞ야 問ᄒᆞ며 長을 挾ᄒᆞ야 問ᄒᆞ며 勳勞ㅣ 이심을 挾ᄒᆞ야 問ᄒᆞ며 故ᄅᆞᆯ 挾ᄒᆞ야 問홈이 다 答디 아니ᄒᆞᆯ 빼니 滕更이 二ᄅᆞᆯ 두ᄂᆞ니라

●趙氏、曰二、謂挾貴、挾賢也、尹氏、曰有所挾、則受道之心、不專、所以不答也、○此、言君

慶源輔氏曰學者之心須是專一方有受敎之地有所挾則二三也○新安陳氏曰挾者兼有而恃之之稱勳勞己嘗有功勞於師故謂己與師有舊好恃此以來學望師待以異意而敎之皆所不當答

子、雖誨人不倦、又惡去聲夫音扶意之不誠者、 南軒張氏曰受道者以虛心爲本則能受有所挾則私意先橫於中而不能入矣故空空之鄙夫聖人必竭兩端之

致而滕更挾二故不答也使能思所以不答之故於所挾致力以消之是亦誨之矣[備旨]孟子曰學者之從師也不貴執求致之禮而貴有慕道之誠若知有己之勢而挾貴而問知有己之德而挾賢而問恃其年之有先於人而挾長而問恃其功之嘗加於師而挾有勳勞而問恃其情之有舊好於師而挾故而問凡此五者總之求師之意不誠而受道之心不篤者所不答也今滕更所挾已有其二焉此吾所以不答其問者正欲矯其矜己驕人之失而發其尊師重道之情也豈爲吝教乎哉

○孟子ㅣ曰於不可已而已者는無所不已오於所厚者薄이면無所不薄也ㅣ니라

孟子ㅣ글ᄋᆞ샤ᄃᆡ 可히 已티 몯ᄒᆞᆯ ᄃᆡ 已ᄒᆞᄂᆞᆫ 者ᄂᆞᆫ 已티 아닐 ᄈᆡ 업고 厚ᄒᆞᆯ 者에 薄ᄒᆞ면 薄다 아닐 ᄈᆡ 업ᄂᆞ니라

●已、止也、不可止、謂所不得不爲者也、所厚、所當厚者也、此、言不及者之弊、朱子曰厚薄是以家對國言之又曰所厚謂父子兄弟骨肉之恩理之所當然而人之不能已者[備旨]孟子著失中之弊也曰凡人立身行己不可不用其心而亦不可過用其心以處事言之凡事有關於綱常倫紀不可已者也若於不可已者而亦已之則必逡巡畏縮於一切小事無所不已矣以待人言之凡人有切於情義相愛此所當厚者也若於所當厚者而亦薄之則必殘忍少恩凡天下之人無所不薄矣二者不用其心固宜廢弛此則不及之弊也

其進이銳者는其退ㅣ速이니라

그 進ᄒᆞᆷ이 銳ᄒᆞᆫ 者ᄂᆞᆫ 그 退ᄒᆞᆷ이 速ᄒᆞᄂᆞ니라

●進銳者、用心太過、其氣ㅣ易(去聲)衰故、退速、覺軒蔡氏曰進銳退速其病正在意氣方盛之時已有易衰之勢不待意氣已衰之後始見其失也○三者之弊、理勢必然、雖過不及之不同、然、卒同歸於廢弛、(施紙反)○慶源輔氏曰不及者之弊則愈見其不及流於欲者之所爲也過者之弊則其退也可立而待役於氣者之所爲也欲肆則無極氣過則易衰循理而行則有則而可繼也○勿軒熊氏曰前二句則見之處事接物之間後一句則本於立心講學之際○雲峯胡氏曰前二者是當用心而不用心

之弊後一者是過用其心之弊不用其心固宜廢弛過用其心者亦同歸於廢弛過猶不及故也[備旨]以爲學言之功固有所當進亦有所當循苟其進之果銳者則急遽無序而氣易衰其退必速矣是過用其心者亦同歸於廢弛此則太過之弊也可見天下事惟適中而已不及太過各有其弊也

○孟子ㅣ曰君子之於物也애愛之而弗仁ᄒᆞ고於民也애仁之而弗親ᄒᆞᄂᆞ니親親而仁民ᄒᆞ며仁民而愛物이니라

孟子ㅣ ᄀᆞᆯᄋᆞ샤ᄃᆡ 君子ㅣ 物에 愛ᄒᆞ고 仁티 아니ᄒᆞ고 民에 仁ᄒᆞ고 親티 아니ᄒᆞᄂᆞ니 親을 親ᄒᆞ고 民을 仁ᄒᆞ며 民을 仁ᄒᆞ고 物을 愛ᄒᆞᄂᆞ니라

●物、謂禽獸草木、愛、謂取之有時、用之有節、新安陳氏曰當取則取當用則用但有時有節即愛也若釋氏以不取不用爲愛則非矣程子、曰、仁、推己及人、如老吾老、以及人之老、於民則可、於物則不可、統而言之則皆仁、分而言之則有序、慶源輔氏曰統而言之則皆自吾一性之仁分而言之則有輕重之序然在學者言之則於此三者之序有由之而不知者有得於此而失於彼者又有倒行逆施雜亂無次者要當因聖賢之言反求之心涵養於未發之前體察於已發之後毋惑於異端毋汨於私欲然後是聖學工夫楊氏、曰其分、去聲下同不同故、所施、不能無差楚宜反等、所謂理一而分殊者也、[備旨]孟子言愛與仁有小大之殊潛室陳氏曰親親而仁民仁民而愛物所謂一理萬殊稱物平施此仁字是用待禽獸只有愛心不可使失所者夫牛不穿鼻馬不絡首一以人理奉之則親民何別不幾於同人類於牛馬乎仁者人心也有人理存焉施於人者不可施於物乃理一分殊處○新安陳氏曰理一所以爲仁分殊所以爲仁之義尹氏、曰何以有是差等、一本故也、無僞也、慶源輔氏曰一本故無僞而有差等若無差等是僞而二本也○西山眞氏曰凡生於天地間者莫非天地之子而吾之同氣者也是之謂理一然親者吾之同體民者吾之同類而物則異類矣是之謂分殊故仁愛之施則有差○朱氏曰祖義不以待人者施之物以其有貴賤之分也不以待親者施之他人以其有親疏之殺也於無所不愛之中而不失其貴賤親疏之等差此聖人之仁所以歷萬世而無弊也○新安陳氏曰暴殄者固非愛物矣梁武之宗廟不用犧牲亦非愛物之宜盖愛之而仁是以仁民者仁物也無怪其於民反不仁也墨氏之愛無差等施由親始亦非仁民之宜盖仁之而親是以親親者親民也無怪其無父而於親反不親也是皆倒行逆施之道無次序無差等非仁矣○東陽許氏曰愛之而弗仁之愛愛惜之義不輕用物不暴殄天物之意仁民之仁乃愛之本義親又重於仁[備旨]孟子論君子施恩之有序曰天下之理本一而分則殊君子之於物也取有時用有節愛矣然但愛之而已而弗加之仁也於民也欲與聚[illegible]勿施仁矣然但仁之而已而弗加之親也然則於誰而親之乎吾有親焉天性之恩一本之誼不在民物之數者也親其親而仁以及民仁其民而愛以及物不以待民者施之物以其有貴賤之分也不以待親者施之民以其有親疏之殺也於無所不愛之中而不失其貴賤親疏之等此君子之仁所以歷萬世而無弊也

○孟子ㅣ曰知者ㅣ無不知也ㅣ나當務之爲急이오仁者ㅣ無不愛也ㅣ나急親賢之爲務ㅣ니堯舜之知로而不徧物은急先務也ㅣ오堯舜之仁으로不徧愛人은急親賢也ㅣ니라 知者之知並去聲

孟子ㅣ갈ᄋᆞ샤ᄃᆡ知ᄒᆞᆫ者ㅣ知티아니홈이업스나맛당이務홀꺼ᄉᆞᆯ急을삼고仁ᄒᆞᆫ者ㅣ愛티아니홈이업스나賢親홈에急히홈을務를삼ᄂᆞ니堯舜의知로物에徧티몯홈은몬져務홀꺼ᄉᆞᆯ急히홈이오堯舜의仁으로人을愛홈애偏티몯홈은賢을親홈을急히홈이니라

●知者、固無不知、然、常以所當務者、爲急、則事無不治、去聲而其爲知也、大矣、仁者、固無不愛、然、常急於親賢 則恩無不洽、而其爲仁也、博矣、問如舜擧皐陶湯擧伊尹所謂親賢者乃治天下不易之務若當務之急是隨其時勢之不同堯之曆象治水舜之擧相去凶湯之伐夏救民皆所務之急者朱子曰也是如此然當務之急如所謂勞心者治人勞力者治於人堯舜之治天下豈無所用其心亦不用於耕耳又如夫子言務

民之義應係所當爲者皆是也又曰堯以不得舜爲己憂舜以不得禹皐陶爲己憂此聖人之所急也上好禮則民莫敢不敬上好義則民莫敢不服上好信則民莫敢不用情若學圃學稼則是不急○新安陳氏曰上四句言知仁之理下六句繫堯舜之知仁以實之〔輔氏〕孟子論治貴知所務也曰人君之治天下知與仁而已矣知主於知知者於事固無不知也然非事事而急之也惟當先務之事爲急則大綱旣擧細目自張而事無不治矣仁主於愛仁者於人固無不愛也然非人人而親之也惟急於親賢之爲務則衆賢在位庶事自理而恩無不洽矣試觀之古堯之聖神舜之睿哲稱極知矣奚嘗偏物以知之哉惟急於授時齊政封山濬川之先務而加之意耳堯之如天舜之好生稱至仁矣奚嘗盡人而愛之哉惟急於求得乎舜求得乎禹皐陶以親夫賢耳此則辨乎輕重大小之等堯舜所以爲知仁之極의

不能三年之喪而緦小功之察ᄒᆞ며放飯流歠而問無齒決이是之謂不知務ㅣ니라

飯扶晚反 歠昌悅反

三年ㅅ喪을能티몯ᄒᆞ고緦와小功을察ᄒᆞ며放히飯ᄒᆞ며흘리歠ᄒᆞ고齒決말옴을問ᄒᆞᆷ이이를닐온務를아디몯ᄒᆞᆷ이니라

●三年之喪、服之重者也、緦麻、三月、小功、五月、服之輕者也、察、致詳也、放飯、大飯、流歠、長歠、不敬之大者也、齒決、齧吾結反斷乾音干肉、不敬之小者也、記曲禮曰毋放飯毋流歠又曰濡肉齒決乾肉不齒決濡濕也宜齧斷之乾肉堅宜用手問、講求之意、南軒張氏曰孟子所譬特言舍大徇小者爲不知務耳非謂能三年之喪則緦小功有不足察無放飯流歠則齒決有不必問也先後具擧本末畢貫此所以爲道○新安陳氏曰上文言智之知急務仁之急親賢爲務乃智仁之大者此取譬於喪服飮食以識不能其大而求其細非知務者也不知務是倂結上文當務親賢爲務二務字全○此章、言君子之於道、識其全體、則心不狹、知所先後、則事有序、雲峯胡氏曰集註之意以爲識智全之全體則其用宜無所不知識仁之體則其用宜無所不愛然智之用有當務之爲急仁之用當急親賢之爲務故不識其全體者知之不周愛之不廣狹用其心者也不知所先後則知之雖周而精神弊於無用愛之欲廣而德澤壅於下流泛用其心也輔氏以爲識其全

體是言仁知所先後則爲智非集註意矣

豊氏、曰智不急於先務、雖徧知人之所知、徧能人之所能、徒弊精神、而無益於天下之治去聲矣、仁不急於親賢、雖有仁民愛物之心、小人在位、無由下達、聰明、日蔽於上、而惡政、日加於下、此、孟子所謂不知務也、

新安陳氏曰當務爲急與急親賢爲務相對以皐謨能哲而惠及樊遲問仁智章之意推之謂智之所當務者即是急親賢之爲務仁之所爲即智之所知亦儘可通南軒即此說也但孟子朱子之意本不如此蓋知所當務所包甚闊不可竟以親賢當知此章乃平論智仁非論智仁相爲用也

夫堯舜且然而今之爲知仁者何獨不然乎試比類而觀之服之輕重易知也乃不能行三年之喪而惟緦麻小功則察之而致詳焉不敬之小大亦易知也不謹於放飯流歠而惟無齒決則問之而講求焉是其於喪服也忘其重而詳其輕於不敬也忽其大而究其小此之謂不知務者也然則知不急先務而徒徧物以爲智仁不急親賢而徒徧愛以爲仁者何以異於此哉爲治者亦法堯舜而可矣

原本備旨孟子集註卷之十三 終

原本備旨孟子集註卷之十四

盡心章句下

凡三十八章

孟子ㅣ曰不仁哉라梁惠王也여仁者는以其所愛로及其所不愛ᄒᆞ고不仁者는以其所不愛로及其所愛니라

孟子ㅣ글ᄋᆞ샤ᄃᆡ仁티아니ᄒᆞ다梁惠王이여仁ᄒᆞᆫ者ᄂᆞᆫ그愛ᄒᆞᄂᆞᆫ바로ᄡᅥ그愛티아니ᄒᆞᄂᆞᆫ바애及ᄒᆞ고仁티아니ᄒᆞᆫ者ᄂᆞᆫ그愛티아니ᄒᆞᄂᆞᆫ바로ᄡᅥ그愛ᄒᆞᄂᆞᆫ바애 及ᄒᆞᄂᆞ니라

●親親而仁民、仁民而愛物、所謂以其所愛、及其所不愛也、

備旨孟子譏梁惠王之不仁以示戒曰君德莫重於仁乃不仁哉梁惠王也何則仁者之人施恩有序以其所親愛者而推及其疎遠之所不愛者則愛者固愛而不愛者亦愛矣若不仁之人倒行逆施以其所不愛者而禍及其至親之所愛者則不愛者固不愛而愛者亦不愛矣今惠王正以所不愛而及其所愛非不仁而何

公孫丑ㅣ曰何謂也잇고梁惠王이以土地之故로糜爛其民而戰之ᄒᆞ야大敗ᄒᆞ고將復之호ᄃᆡ恐不能勝故로驅其所愛子弟ᄒᆞ야以殉之ᄒᆞ니

是之謂以其所不愛로及其所愛也ㅣ니라

公孫丑ㅣ골오ᄃᆡ 엇디닐옴이니 잇고梁惠王이土地의 故로ᄡᅥ그民을糜爛케ᄒᆞ야戰ᄒᆞ야키敗ᄒᆞ고장ᄎᆞᆺ復호려호ᄃᆡ能히勝티몯ᄒᆞᆯ까恐ᄒᆞᆫ故로그愛ᄒᆞᄂᆞᆫ밧子弟를驅ᄒᆞ야ᄡᅥ殉ᄒᆞ니이를닐온그愛티아니ᄒᆞᄂᆞᆫ바로ᄡᅥ그愛ᄒᆞᄂᆞᆫ바애及홈이니라

●梁惠王以下、孟子答辭也、糜爛其民、使之戰鬪、糜爛其血肉也、復(扶又反)之、復戰也、子弟、謂太子申也、(卽所謂東敗於齊長子死焉者)以土地之故、及其民、以民之故、及其子、皆以其所不愛、及其所愛也、○此、承前篇之末三章之意、(雲峯胡氏曰承所厚者薄親親仁民仁者無不愛而言)言仁人之恩、自內及外、不仁之禍、由疏(與疎同)逮親、(南軒張氏曰仁者推其愛親者以愛人不仁者以其忍於他人者忍於其親仁與不仁之分其端甚微而其流如此)

○慶源輔氏曰仁人之恩自內以及外者自本而推之也惟其自本而推之故雖無所不愛而輕重等差蓋不可紊也不仁之禍由疏逮親者徇欲而從流者也惟其徇欲而從流故橫放逆施莫之紀極也始也糜爛其民人而殘賊其子弟終不至殺身覆族不己也[備旨]公孫丑曰所謂以其所不愛及其所愛者何謂也孟子曰爲人君者以土地視民則土地在所不愛而民在所愛以民視子弟則民在所愛而子弟尤在所愛也今梁惠王以爭土地之故驅民於鋒鏑之下糜爛其血肉而戰之至於大敗將復戰之恐民不用命而不能取勝故驅其所愛子弟太子申者以殉之是因土地之故及其民甚至及其子弟此之謂以其所不愛及其所愛也吾故曰不仁哉梁惠王也後之爲君者可以鑒矣

○孟子ㅣ曰春秋애無義戰ᄒᆞ니彼善於此則有之矣니라

孟子ㅣ골ᄋᆞ샤ᄃᆡ春秋에義戰이업스니뎌이예셔善ᄒᆞ니ᄂᆞᆫ인ᄂᆞ니라

●春秋、每書諸侯戰伐之事、必加譏貶、以著其擅(時戰反)興之罪、無有以爲合於義而許之者、但就中彼善於此者、則有之、如召(音邵)陵之師之類、是也、春秋僖公四年齊侯伐楚楚屈完來盟于師盟于召陵○南軒張氏曰春秋無義戰如齊桓公侵蔡伐楚如晉文公城濮之戰在當時其事雖若善至於不稟王命而擅用其師則均爲不義而已矣○雲峯胡氏曰春秋書戰皆以著諸侯無王之罪召陵之師猶知假尊王之義[備旨]孟子追論春秋無王之罪以儆戒當時也曰古之戰者皆以義動若春秋一書所記戰伐之事或書名以示貶或書人以示譏無有以爲合於義而許之者但就其中亦有假尊王之名以行之聲無王之罪以聲之而爲彼善於此者則有之矣要之皆無義戰也

征者는 上이 伐下也ㅣ니 敵國은 不相征也ㅣ니라

征은 上이 下를 伐홈이니 敵國은 서로 征티 몯ᄒᆞᄂᆞ니라

● 征、所以正人也、諸侯、有罪則天子、討而正之、此、春秋所以無義戰也、新安陳氏曰春秋以道名分使征伐自天子出春秋不作矣惟不自天子出而自諸侯出春秋所以作也無義戰三字斷盡春秋諸侯兵爭之罪[備旨]夫春秋所以無義戰者何也蓋征者上伐下之名也諸侯有罪則天子命方伯以討之是征伐自天子出也若均之爲諸侯而稱敵國者則不可相征也相征則無王矣春秋諸侯皆敵國相征此所以無義戰也

○孟子ㅣ 曰盡信書則不如無書ㅣ니라

孟子ㅣ ᄀᆞᄅᆞ샤ᄃᆡ 書를 다 信ᄒᆞ면 書ㅣ 업合만 ᄀᆞᆮ디 몯ᄒᆞ니라

● 程子、曰載事之辭、容有重稱、而過其實者、學者、當識其義而已、苟執於辭、則時或有害於義、不如無書之愈也、[備旨]孟子因當時好殺之徒多藉口於書辭以自解故辨之曰載事之書學者當識其義不可執其辭而盡信之也若盡信乎書反以滋後世之惑固不如無書之爲愈也

吾於武成애 取二三策而已矣로라

내武成에二三策을取홀ᄯᆞ름이로라

●武成、周書篇名、武王、伐紂 歸而記事之書也、策、竹簡也、取其二三策之言、其餘、不可盡信也、程子、曰取其奉天伐暴之意、反正施仁之法而已、張子曰不以文害辭不以辭害意此教人讀詩法也於武成取二三策而已此教人讀書法也(備旨)何以見書之不可盡信也彼武成一書乃記武王伐紂之事者也宜可盡信也然吾於武成但取其二三策如奉天伐暴反政施仁而已矣其餘固不可盡信也

仁人은 無敵於天下니 以至仁으로 伐至不仁이어니 而何其血之流杵也리오

仁人은天下애敵이업스니지극훈仁으로ᄡᅥ지극훈不仁을伐ᄒᆞ거니엇디그血이杵를流ᄒᆞ리오

●杵、舂杵也、或作鹵 與魯同音櫓 楯也、楯竪尹反兵器所以蔽身者 武成、言武王、伐紂、紂之前徒、倒戈、攻于後以北、血流漂杵、孟子、言此則其不可信者、然、書本意、乃謂商人、自相殺、非謂武王、殺之也、孟子之設是言、懼後世之惑、且長上聲 不仁之心耳、開血流漂杵乃紂之前徒倒戈之所爲荀子以爲殺之者皆商人非周人者是也而孟子不之信何哉朱子曰此亦拔本塞源之論蓋雖殺者非我而亦不忍言也程子以爲孟子設爲是言蓋得其微意余隱之云魯語曰俎豆之事則嘗聞之矣軍旅之事未之學也孔子之意可見矣客有問陶弘景註易與本草孰先陶曰註易誤不至殺人註本草誤則有不得其死者世以爲知言唐子西嘗曰弘景知本草而未知經註本草誤其禍疾而小註六經誤其禍遲而大前世儒臣引經誤國其禍至於伏屍

百萬流血千里武成曰血流漂杵武王以此自多之辭當時倒戈攻後殺傷固多非止一處豈至血流漂杵乎孟子深慮戰國之君以此藉口故曰盡信書則不如無書而謂血流漂杵未足爲多豈示訓之至哉經訓之禍正此類也反以孟子爲畔經豈不惑之甚耶[備旨]即武成所記血流漂杵之辭可概見焉夫仁人之師無敵於天下以武王之至仁而伐紂之至不仁應不戰而屈其兵矣而何其與商人敵至殺之而血流漂杵也觀於周書則凡書之不可盡信可知矣吾故曰盡信書不如無書也

○孟子ㅣ曰有人이曰我ㅣ善爲陳ᄒᆞ며我ㅣ善爲戰이라ᄒᆞ면大罪也ㅣ니라 陳去聲

孟子ㅣ골ᄋᆞ샤ᄃᆡ人이이셔골오ᄃᆡ내陳ᄒᆞ기를善히ᄒᆞ며내戰ᄒᆞ기를善히ᄒᆞ노라ᄒᆞ면큰罪니라

●制行音杭伍曰陳、交兵曰戰、以帝王之世律之大罪人也[備旨]孟子著强兵之罪也曰兵者聖人不得已而用之今有人曰我善爲陳而行伍之必明我善爲戰而交兵之必勝彼固自以爲有大功矣自我言之若而人者蓋徒逞一己之功而不顧殘萬民之命以帝王之世律之大罪也

國君이好仁이면天下에無敵焉이니南面而征에北狄이怨ᄒᆞ며東面而征에西夷ㅣ怨ᄒᆞ야曰奚爲後我오ᄒᆞ니라 好去聲

國君이仁을好ᄒᆞ면天下애敵ᄒᆞ리업ᄂᆞ니南으로面ᄒᆞ야征홈애北狄이怨ᄒᆞ며東으로面ᄒᆞ야征홈애西夷ㅣ怨ᄒᆞ야골오ᄃᆡ엇디나ᄅᆞᆯ後에ᄒᆞᄂᆞ뇨ᄒᆞ니라

●此、引湯之事、以明之、解見形甸反前篇、[備旨]且今之國君所以必用善陳善戰者爲其以威武服天下也不知國君誠好仁以寬代虐則天下皆引領而望之矣

其誰與敵焉又安用彼善陳善戰爲哉[備旨]何以見仁者之無敵也如成湯好仁之君其征諸國也南面而征北狄怨東面而征西夷怨怨之者曰我亦苦於虐政奚爲而後來征我之國也夫湯師一出而斯民屬望如此其有敵之者誰乎

武王之伐殷也애革車ㅣ三百兩이오虎賁이三千人이러니라 兩去聲 賁音奔

武王이殷을伐ᄒᆞ심애革車ㅣ三百兩이오虎賁이三千人이러니라

●又以武王之事、明之也、兩、車數、一車、兩輪也、如字 千、書序、作百、[備旨]武王亦好仁之君也其伐殷也載輜重之革車三百兩而已執射御之虎賁三千人而已初不盛兵威也

王曰無畏ᄒᆞ라寧爾也ㅣ라非敵百姓也ㅣ라ᄒᆞ신대若崩厥角ᄒᆞ야稽首ᄒᆞ니라

王이ᄀᆞᆯᄋᆞ샤ᄃᆡ畏티말라爾를寧케ᄒᆞ논디라百姓을敵홈이아니라ᄒᆞ신대그角이崩ᄃᆞᆺᄒᆞ야首를稽ᄒᆞ니라

●書泰誓文、與此小異、孟子之意、當云王謂商人曰無畏我也、我來伐紂、本爲去聲安寧汝、非敵商之百姓也、於是、商人、稽首至地、如角之崩也、[備旨]且其入殷之初謂商人曰爾無畏我也我之伐紂本以安寧爾也非與百姓爲敵也於是商人稽首至地如獸角之崩焉夫武王不以力取勝而有商之民輸誠如此其有敵之者誰乎

征之爲言은正也ㅣ니各欲正己也ㅣ니焉用戰이리오 焉於虔反

征이란말은正홈이니각각己를正코쟈ᄒᆞ니엇디戰을ᄡᅳ리오

●民、爲暴君所虐、皆欲仁者來、國正己之也、 南軒張氏曰戰國之際以功力相勝善爲戰者則謂之能臣矣而孟子前以爲當服上刑今又以爲
大罪盖所謂深救當時之弊使之循其本也循其本有道焉其惟好仁乎好仁則無敵於天下若不志於仁而徒欲
以功力取勝則天下孰非吾敵勝與負均爲殘民而逆天也○雲峯胡氏曰觀此復引書而言則可知前章所謂盡信
書不如無書者矣大抵此四章亦相承而言一章以梁王之戰爲不仁二章以春秋之戰爲無義三章言武王仁義之師
必無血流漂杵之事四章言湯武仁義之師必不用我善爲戰之人○東陽許氏曰孟子之時皆尙攻戰能者爲賢臣
而孟子乃以爲大罪盖國君苟能行仁政以愛其民使之飽暖安佚則下民親戴其上矣其他國之民受虐於君者心
必歸於此人旣樂歸於我我以親上之民而征虐民之君則其民豈肯與我爲敵故引湯武之事以證之[illegible]由湯武
之事觀之則知征之爲言是以己之正而正人之不正者也民爲暴君所虐皆欲仁者來正己之國如望湯之師而有
後我之怨望武之師而有稽首之誠自無與之爲敵者也而又焉用戰哉旣不用戰則彼善陳善戰者誠無所用之矣

○孟子ㅣ曰梓匠輪輿ㅣ能與人規矩ㅣ언뎡不能使人巧ㅣ니라

孟子ㅣ갈오샤ᄃᆡ梓와匠과輪과輿ㅣ能히人을規矩를與ᄒᆞᆯᄲᅮᆫ이언뎡能히人으로ᄒᆞ여곰巧케몯ᄒᆞᄂᆞ니라

●尹氏、曰規矩、法度、可告者也巧則在其人、雖大匠、亦末如之何也已、蓋下學、可以言傳、上達、必由心悟、 南軒張氏曰聖賢之敎人自洒掃應對進退而上皆規矩也行著習察則存乎人聖賢亦豈能使之然哉然而固不外乎規矩舍規矩以求巧無是理也○新安陳
氏曰巧卽循規矩熟後自得之妙未有舍規矩而可以得巧者上達卽下學之覺悟處未有舍下學而徑可以上達者
但巧與上達非敎者所能致力耳未嘗以爲出於規矩與下學之外也○本文如詩六義之比未嘗說破此乃以吾道
之敎者與學者言之也 莊周所論斲輪之意、蓋如此、 莊子天道篇桓公齊君讀書於堂上輪扁音篇又如字匠氏名斲輪於堂下釋椎鑿而上問桓公曰敢問公之所讀者何言耶公曰
聖人之言也曰聖人在乎公曰已死矣曰然則君之所讀者古人之糟魄普各反已夫桓公曰寡人讀書輪人安得議
乎有說則可無說則死輪扁曰臣也以臣之事觀之斲輪徐則甘而不固疾則苦而不入不徐不疾得之於手而

聽之於心口不能言有數存焉於其間臣不能以喻臣之子臣之子亦不能受之於臣是以行年七十而老斲輪古之人與音余其不可傳者死矣然則君之所讀者古人之糟魄已夫(備旨)孟子示人心悟之學也曰道有可傳者有不可傳者嘗觀之曲藝焉彼梓匠輪輿之數人也但能與人以規矩而示以可循之成法至於由是規矩而獨巧焉非不欲使之而不能使之也亦在人之自得而已然則聖賢之道下學可以言傳即規矩之謂也上達必由心悟即巧之謂也學者可不會心於道哉

○孟子ㅣ曰舜之飯糗茹草也애 若將終身焉이러시니 及其爲天子也ᄒᆞ샨 被袗衣鼓琴ᄒᆞ시며 二女果ᄅᆞᆯ 若固有之러시다 飯上聲糗去久反茹音汝袗之忍反果說文作婐烏果反

孟子ㅣ ᄀᆞᆯᄋᆞ샤ᄃᆡ 舜이 糗ᄅᆞᆯ 飯ᄒᆞ시며 草ᄅᆞᆯ 茹ᄒᆞ심애 쟝ᄎᆞᆺ 身을 終ᄒᆞᆯ ᄃᆞᆺᄒᆞ더시니 그 天子ㅣ 되심애 밋ᄎᆞ샨 袗衣ᄅᆞᆯ 被ᄒᆞ시며 琴을 鼓ᄒᆞ시며 二女ㅣ 果ᄒᆞᆷ을 본ᄃᆡ 두ᄂᆞᆫ ᄃᆞᆺᄒᆞ더시다

●飯、食也、糗、乾音干糒音備也、茹、亦食也、袗、畫俗作畵衣也、趙氏曰畫黼黻絺繡之衣也 二女、堯二女也、果、女侍也、朱子曰趙氏以果爲侍廣韻從女從果者亦曰侍 言聖人之心、不以貧賤、而有慕於外、不以富貴、而有動於中、隨遇而安、無預於己、所性分去聲定故也。南軒張氏曰若將終身若固有之可謂善形容舜者蓋所欲不存樂天而安土窮而在下則無一毫之虧達而在上亦無一毫之加故無適而不得也○慶源輔氏曰所性謂天所予我之性分定謂雖大行不加雖窮居不損也夫貧富貴賤皆外物之儻來寄也聖人盡性故湛然無所欣戚於其間隨遇而安不以物動已也無預於已不以己隨物也(備旨)孟子表舜之心曰常人之情未有不隨遇爲欣戚者乃舜之在側微也所飯者糗耳所茹者草耳其貧賤何極也而舜之心則安於貧賤雖未嘗終其身而自舜視之若將終身焉及其受堯禪而爲天子也所被而服者則袗畫之衣所鼓而適者則五絃之琴所果而侍者則堯之二女其富貴何極也而舜之心亦安於富貴雖非其素有而自舜視之則若固有之蓋所性分定不以窮達爲加損如此此舜之所以不可及歟

○孟子ㅣ曰吾ㅣ今而後에知殺人親之重也ㅣ라와殺人之父면ㅣ人亦殺其父ᄒᆞ고殺人之兄이면人亦殺其兄ᄒᆞᄂᆞ니然則非自殺之也ㅣ언뎡一間耳니라 間去聲

孟子ㅣ ᄀᆞᆯᄋᆞ샤ᄃᆡ 내 이젠 後에 人의 親을 殺ᄒᆞᆷ이 重ᄒᆞᆫ줄을 알와라 人의 父를 殺ᄒᆞ면 人이 또ᄒᆞᆫ 그 父를 殺ᄒᆞ고 人의 兄을 殺ᄒᆞ면 人이 또ᄒᆞᆫ 그 兄을 殺ᄒᆞᄂᆞ니 그러면 ᄉᆞᄉᆞ로 殺티 아닐ᄯᅵ언뎡 一間ᄲᅮᆫ이니라

● 言吾、今而後知者、必有所爲去聲而感發也、一間者、我往彼來、間一人耳、其實、與自害其親、無異也、范氏、曰知此則愛敬人之親、人亦愛敬其親矣、南軒張氏曰天有顯道厥類惟彰感應之理未有不以類者方其殺人之親孰知人殺吾親其機固已在此乎觀魏晉南北朝之君互相屠戮自今觀之屠戮他人者實自絕滅而已矣孟子斯言欲使時君無動於忿欲寡怨息爭以保其宗廟親族是仁術也[備旨]孟子有爲而發曰我前日但知殺人之親爲不可而不知其禍之甚重也自今而後乃知殺人父兄之親之重也何也天道好還無施不報殺人之父人亦殺其父以報之殺人之兄人亦殺其兄以報之然則己之父兄本非自殺之也而致其見殺者實由於己是我往彼來特間一人耳其實與手殺父兄者何以異乎人可不慎所施哉

○孟子ㅣ曰古之爲關也는將以禦暴ㅣ러니

孟子ㅣ ᄀᆞᆯᄋᆞ샤ᄃᆡ 녜 關을 ᄒᆞ옴은 쟝ᄎᆞᆺ ᄡᅥ 暴를 禦호려 ᄒᆞ더니

● 譏察非常、[備旨]孟子傷今思古意曰關一也而古今之爲則有異焉古之爲關也將欲譏察非常以之禦暴也

今之爲關也는 將以爲暴ㅣ로다

이제關을ᄒᆞ욤은장ᄎᆞᆺ써暴ᄅᆞᆯᄒᆞᆷ이로다

●征稅出入、新安陳氏曰關有譏有征古者禁異服識異言以譏爲主今以征爲主而已 ○范氏、曰古之耕者、什一、後世、或收太半之稅 此、以賦斂力驗反爲暴也、文王之囿、與民同之、齊宣王之囿、爲阱國中、此、以園囿爲暴也、後世爲暴、不止於關、若使孟子、用於諸侯、必行文王之政、凡此之類、皆不終日而改也、南軒張氏曰古以義理爲國後世徇利而已古人創法立制與天下公共凡以爲民耳以利爲國雖古法之尙存者亦皆轉而爲一己之計矣本原不正無往不失先王之意豈特爲關之暴而已哉○慶源輔氏曰關則一而古今所以爲關之意則不同譏察非常爲義也天理也征稅出入爲利也人欲也天下之事莫不然孟子擧關之一事言之范氏推言及賦斂園囿之事且曰使孟子用於諸侯必行文王之政者尤說得孟子之事實蓋孟子言語句句是事實言之則必行之〔備旨〕乃今之爲關則譏察之法輕而征求之法重將欲征稅出入而以之爲暴民其如之何哉夫卽一關而古今之仁暴相遠如此深可慨矣

○孟子ㅣ曰身不行道ㅣ면不行於妻子ㅣ오使人不以道ㅣ면不能行於妻子ㅣ니라

孟子ㅣᄀᆞᆯᄋᆞ샤ᄃᆡ身이道ᄅᆞᆯ行티아니ᄒᆞ면妻子애行티아니ᄒᆞ고人을使호ᄃᆡ道로ᄡᅥ아니ᄒᆞ면能히妻子애行티몯ᄒᆞᄂᆞ니라

●身不行道者、以行去聲言之、不行者、道不行也、使人不以道者、以事言之、不能行者、令不行也、朱子曰身若不行道則妻子無所取法全無畏憚了然猶可使也若使人不以道則妻子亦不可使矣○問不行於妻子百事不可行不可使亦在其中不能行於妻子却只指使人一事言之否

曰然○南軒張氏曰順理之事則人易從否則雖妻子亦不能使之必從也前言不躬行則無以化之後言使之非道則不得而强之然使之以道而躬行未至彼亦未必信從均於不行而已是行道爲本也然在行道者言之使人以道亦行道之見於一事者也古人謂進德者必考之於妻子其是之謂歟[備旨]孟子示人以端本之化曰道者由己及人之本也如身不行道綱常未立倫紀不修則觀法無自其化不行於妻子如使人不以道工作非時奔走無節則處置失宜其令不能行於妻子夫妻子至近仰吾以爲天者尙不可化不可行況他人乎然則正己以率物而愼令以使人君子誠有不容己者矣

○孟子ㅣ曰周于利者ᄂᆞᆫ凶年이不能殺ᄒᆞ고周于德者ᄂᆞᆫ邪世ㅣ不能亂이니라

孟子ㅣ갈ᄋᆞ샤ᄃᆡ利에周ᄒᆞᆫ者ᄂᆞᆫ凶ᄒᆞᆫ年이能히殺티몯ᄒᆞ고德에周ᄒᆞᆫ者ᄂᆞᆫ邪ᄒᆞᆫ世ㅣ能히亂티몯ᄒᆞᄂᆞ니라

●周、足也、言積之厚、則用有餘、慶源輔氏曰德貴蓄積然後有餘用而外物不足以亂之若夫挾一善一長而自以爲足而欲以遊於邪世則鮮有不爲其所亂者矣故良農不患乎年之有凶而惟患乎蓄糧之不厚君子不患乎世之難處而患乎德之不周戰兢自持死而後已凡皆以周其德也○新安陳氏曰積利厚者豐凶皆給積德厚者理亂皆正孟子不言利而此言之主周于德而言借以爲喩而引起耳[備旨]孟子勉人蓄德意曰君子之處世亦何患世道之不正哉患吾德之未周耳我觀周於利者積儲素充而凶荒有備雖凶年不能殺矣況君子之周於德者理明而知德己深守定而執德己固雖經邪世而吾之所以處事應用者皆有以自立而不失其正豈能移其志而爲之亂哉人當思厚蓄其德爾矣

○孟子ㅣ曰好名之人은能讓千乘之國ᄒᆞᄂᆞ니苟非其人이면簞食豆羹애見於色ᄒᆞᄂᆞ니라 好乘食皆去聲見音現

孟子ㅣ갈ᄋᆞ샤ᄃᆡ名을好ᄒᆞᄂᆞᆫ사ᄅᆞᆷ은能히千乘ㅅ國을讓ᄒᆞᄂᆞ니진실로그人이아니면簞읫食와豆읫羹애色애見ᄒᆞᄂᆞ니라

●好名之人、矯情干譽、是以、能讓千乘之國、然、若本非能輕富貴之人、則於得失之小者、反不覺其眞情之發見矣、蓋觀人、不於其所勉、以於其所忽然後、可以見其所安之實也、

朱子曰讓千乘之國惟賢人能之然好名之人亦有時而能之本非眞能讓國也徒出一時之慕名而勉强爲之耳這邊雖能讓千乘之國那邊簞食豆羹必見於色東坡謂人能破千金之璧而不能無失聲於破釜正此意也苟非其人其人指眞能讓國者非指好名之人也○常把此一段對鄉爲身死而不受爲義蓋此段是好名之心勝大處打得過小處漏綻也動於萬鍾者是小處遮掩得過大處發露也○千乘之國辭受之間十目所視十手所指之地也簞食豆羹得失之際則微矣人亦何暇注其耳目於斯哉此好名之士所以飾情於彼以取美名而不意其鄙吝之眞情實態乃發露於忽易不虞之地也○慶源輔氏曰矯情者務勉於其大而難久至誠者不忽於其小而有常是以觀人之法不於所勉而於所忽人之誠與僞見矣所安即誠也○新安陳氏曰所安對所勉言勉强者多矯飾於大而不免發露於小安焉者則貫小大皆出於眞實也[備旨]孟子論人之所忽者足以觀人也曰讓美德也能讓美名也天下有好名之人矯情干譽是以能讓千乘之國苟非實能輕富貴之人則雖簞食豆羹得失之小者反不覺其喜怒之見於色矣觀人者信當考其實而不可徒徇其名也

○孟子ㅣ曰不信仁賢則國이空虛ᄒᆞ고

孟子ㅣ ᄀᆞᆯᄋᆞ샤ᄃᆡ 仁賢을 信티 아니ᄒᆞ면 國이 空虛ᄒᆞ고

●空虛、言若無人然、慶源輔氏曰仁者德之首賢則總言其有德耳○新安陳氏曰仁賢分言則仁仁人也賢有德之人也合言則仁德之賢人也[備旨]孟子論爲國之要曰人君之爲國有三要焉仁賢國之楨幹也苟不信在夫仁賢或外親而內踈或始用而終疑則國無倚賴而空虛若無人矣

無禮義則上下ㅣ亂ᄒᆞ고

禮義ㅣ 업ᄉᆞ면 上下ㅣ 亂ᄒᆞ고

●禮義、所以辨上下、定民志、[備旨]禮義國之典常也苟無禮以節民性無義以正民行則名分不辨而上下於是乎亂矣

無政事則財用이不足이니라

政事ㅣ업ᄉᆞ면財用이足디몯ᄒᆞᄂᆞ니라

●生之無道、取之無度、用之無節故也、○尹氏、曰三者、以仁賢爲本、無仁賢、則禮義政事處(上聲)之、皆不以其道矣、(南軒張氏曰信仁賢則君有所輔民有所庇社稷有所託姦宄有所憚國本植立而堅固矣有禮義則自身以及國君君臣臣父父子子而上下序所謂治也有政事則先後綱目粲然具擧百姓足而君無不足焉此三者爲國之大要然信仁賢其本也信仁賢而後禮義興禮義興而後政事脩雖三王之所以治亦不越是矣○新安陳氏曰禮義由賢者出爲政在人三者所以以仁賢爲本也何代不生賢在人君能信用之耳有之而不信用與無人同孟子不曰無仁賢而曰不信仁賢見仁賢信用之則有不信用則無此不信二字之深意[備旨]政事國之紀綱也苟無政事凡所以之綱之紀者墜而不擧焉則源之不開流之不節而財用於是乎不足矣凡此三者皆爲國之要而仁賢其本也能信仁賢則禮義由之以出政事由之以立而王道其易易矣)

○孟子ㅣ曰不仁而得國者ᄂᆞᆫ有之矣어니와不仁而得天下ᄂᆞᆫ未之有也ㅣ니라

孟子ㅣ ᄀᆞᆯᄋᆞ샤ᄃᆡ仁티몯ᄒᆞ고國을得ᄒᆞᆫ者ᄂᆞᆫ잇거니와仁티몯ᄒᆞ고天下ᄅᆞᆯ得ᄒᆞᆫ이ᄂᆞᆫ잇디아니ᄒᆞ니라

●言不仁之人、騁(丑井反)其私智、可以盜千乘之國、而不可以得丘民之心、(須看盜字)鄒氏、曰自秦以來、不仁而得天下者、有矣、(秦隋五代是也)然、皆一再傳而失之、猶不得也、所謂得天下者、必如三代而後、可、(南軒張氏曰不仁而得國得其土地而已豈得其民心哉然是終可保乎孟子之言所當深味不可執辭以害意也後之取天下而立國差久者其始所行亦必庶幾於仁不然雖得土地於一時亂亡亦相躡而至是其得也適以速其滅亾耳○慶源輔氏曰不仁而得天下如曹操司馬氏及五代之君皆是也鄒氏斷以得天下必如三代而後可者得孟子之旨矣○雲峰胡氏曰聘私智可以盜之於一時非至仁不可得之於悠久【備旨】孟子儆時君之不仁曰天下之不仁者意謂吾可以竊一國之勢亦可以得天下之心也不知不仁之人上以力脅其主下以術愚其民或能盜得千乘之國者有之矣若其於天下則四海之廣萬民之衆非力可以屈也非計可以欺也故不仁之人而得乎天下者未之有是事也知不仁不可以得天下則欲得天下者必如三代之仁而後可

○孟子ㅣ曰民이爲貴ᄒᆞ고社稷이次之ᄒᆞ고君이爲輕ᄒᆞ니라

孟子ㅣ ᄀᆞᆯᄋᆞ샤ᄃᆡ 民이 貴ᄒᆞ고 社稷이 次ᄒᆞ고 君이 輕ᄒᆞ니라

●社、土神、稷、穀神、建國、則立壇壝、以水反又維季反 以祀之、周禮地官大司徒設其社稷之壝而樹之田主各以其野之所宜木遂以名其社與其野○封人掌設王之社壝爲畿封而樹之 聚土曰封壝謂壇及堳埒也 白虎通曰天子社壇方五丈取五方五色土封之諸侯半之各以其所守之方一色土封之皆冒以黃土○周禮疏社稷壇相並社壇在東稷壇在西各三級壇在四隅如矩曲方○趙氏曰社所以祭五土之神稷所以祭五穀之神稷非土無以生土非稷無以見生生之效以其同功均利以養人故也 蓋國、以民爲本、社稷、亦爲去聲民而立、而君之尊、又係於二者之存亡、故、其輕重、如此、 問民貴君輕之說得不啓後世簒奪之端乎朱子曰以理言之則民貴以分言之則君貴此固竝行而不悖也各於其處視其輕重之所在而已爾若不惟其是而姑借聖賢之說則亦何詞之不可借而所以啓後人之禍者又豈止於斯乎○新安陳氏曰此以理言非以分言也【備旨】孟子爲不恤其民者發也曰今世所謂爲最貴者惟君也其次則社稷爲重至於民則甚輕矣自我言之則惟民爲貴社稷猶次之而君則爲輕焉

是故로得乎丘民이而爲天子ㅣ오得乎天子ㅣ爲諸侯ㅣ오得乎諸侯ㅣ爲大夫ㅣ니라

이런故로丘民 得ᄒᆞᆫ이天子ㅣ되고天子에得ᄒᆞᆫ이諸侯ㅣ되고諸侯의得ᄒᆞᆫ이대위되ᄂᆞ니라

●丘民 田野之民、至微賤也、然 得其心、則天下、歸之、天子、至尊貴也、而得其心者、不過爲諸侯耳、是 民爲重也、(備旨)何以見民之爲貴也蓋丘民雖至微賤也一得其心則人之歸卽天之與而可以爲天子矣若得乎天子之心不過命之爲諸侯而已得乎諸侯之心不過命之爲大夫而已豈能與得丘民之心者並隆哉然則民誠爲貴矣

諸侯ㅣ危社稷則變置ᄒᆞᄂᆞ니라

諸侯ㅣ社稷을危케ᄒᆞ면變置ᄒᆞᄂᆞ니라

●諸侯、無道、將使社稷、爲人所滅、則當更、平聲立賢君、是、君輕於社稷也、(備旨)何以見君之爲輕也、蓋諸侯之立爲其能主社稷而安之者也苟淫佚無道危及社稷則天子必將更置賢君以爲社稷之主矣夫以君位之安否係乎社稷之存亡然則君實輕於社稷也

犧牲이**旣成**ᄒᆞ며**粢盛**이**旣潔**ᄒᆞ며**祭祀以時**호ᄃᆡ **然而旱乾水溢則變置社稷**ᄒᆞᄂᆞ니라 盛音成

犧牲이임의成ᄒᆞ며粢盛이임의潔ᄒᆞ야祭祀ᄅᆞᆯ時로ᄡᅥ호ᄃᆡ 그러나旱ᄒᆞ야乾ᄒᆞ며水ᄒᆞ야溢ᄒᆞ면社稷을變置ᄒᆞᄂᆞ니라

●祭祀、不失禮、而土穀之神、不能爲去聲民、禦災捍音汗患、則毁其壇壝而更平聲置之、亦

年不順成、八蜡助駕反不通之意、記郊特牲天子大蜡八伊耆氏始爲蜡蜡也者索音色也歲十二月合聚萬物而索饗之也蜡之祭也主先嗇而祭司嗇也祭百種以報嗇也饗農
先農及郵音尤表畷陟劣反郵表畷田官督納農事之所也禽獸仁之至義之盡也古之君子使之必報之迎猫爲其食田
鼠也迎虎爲其食田豕也迎而祭之也迎其神而祭之祭坊與水庸事也坊以止水以其事於我而祭之八蜡以記四方四方年
不順成八蜡不通不與諸方相通而祭以謹民財順成之方其蜡乃通○雲峰胡氏曰兩變置字不同是、社稷、雖重
集註釋之亦異變置諸侯者改立其人也變置社稷者改立其祀神之壝壇而非改立其神也
於君、而輕於民也、南軒張氏曰人君惟恃崇高之勢而忽下民之微故肆其私欲輕失人心以危其社稷使其
知民之貴社稷次之而已不與焉則必兢兢業業不敢自恃惟懼其失之也則民心得而社
稷可保矣是以明王畏其民而闇主使民畏己畏其民者昌使民畏己者亡驕亢自居民雖迫於勢而憚之然其心日
離民心離之是天命去之矣○慶源輔氏曰天生民而立之君以司牧之是君爲民而立也世衰道微至戰國時爲君
者不知其職視民如草芥而不知恤也故孟子發此輕重之論而並及夫社稷焉盖社稷亦爲民立故也於是反覆明
辨之其丁寧警切之意可謂仁矣[備旨]何以見社稷之次之也蓋社稷之立爲民而立也苟所陳之犧牲既備腯而告
成所供之粢盛既馨香而告潔春祈秋報不失祭祀之時則爲民以事社稷者已無不至矣然而土穀之神乃不能爲
民禦災捍患而旱乾水溢有不免焉是地之不靈而神以不顯也則毁其壝壇而更置社稷之神於彼焉夫以社稷之
變置係於生民之利害然則社稷雖重於君而實輕於民也民之貴爲何如哉世之欲民立命者亦可以省矣

○孟子이曰聖人은百世之師也ㅣ니伯夷柳下惠ㅣ是也ㅣ라故로聞
伯夷之風者는頑夫ㅣ廉ᄒᆞ며懦夫ㅣ有立志ᄒᆞ고聞柳下惠之風者는
薄夫ㅣ敦ᄒᆞ며鄙夫ㅣ寬ᄒᆞᄂᆞ니奮乎百世之上句이어든百世之下애聞者
ㅣ莫不興起也ᄒᆞ니非聖人而能若是乎아而況親炙之者乎아
孟子ㅣ갈ᄋᆞ샤ᄃᆡ聖人은百世엣師ㅣ니伯夷와柳下惠ㅣ이라故로伯夷의風을聞ᄒᆞᆫ

者ᄂᆞᆫ頑ᄒᆞᆫ夫ㅣ廉ᄒᆞ며懦ᄒᆞᆫ夫ㅣ立ᄒᆞᆯ志를두고柳下惠의風을聞ᄒᆞᆫ者ᄂᆞᆫ薄ᄒᆞᆫ夫ㅣ敦ᄒᆞ며鄙ᄒᆞᆫ夫ㅣ寬ᄒᆞᄂᆞ니百世ㅅ上애奮ᄒᆞ여든百世ㅅ下에聞ᄒᆞᆫ者ㅣ與起티아니ᄒᆞ리업ᄉᆞ니聖人이아니오能히이ᄀᆞᄐᆞ랴ᄒᆞ믈며親히炙ᄒᆞᆫ者아

⊙興起、感動奮發也、親炙、親近而薰炙之也、餘見(形甸反)前篇、朱子曰孟子於二子論之詳矣雖以爲聖之淸和然又嘗病其隘與不恭且以其道不同於孔子而不願學也及其一日發爲此論以百世之師歸之而孔子反不與焉蓋孔子道大德中而無跡故學之者沒身鑽仰而不足二子志潔行高而迹著故慕之者一日感發而有餘也○問孟子學孔子者也乃屢稱夷惠而深歎服之何耶曰夷惠之行高矣然偏勝而易能有跡而易見且百世之貪懦鄙薄者衆一聞其風而興起焉則其爲效也速而所及者廣譬之蔘桂大黃之劑雖非中和然其去病之功爲捷而田夫販婦大寒大暑之所便也若孔子之道則廣大而中正渾然而無跡非深於道者不能庶幾其萬一如蔘苓芝朮之爲藥平居有養性之益而緩急伐病之功未必優於蔘桂大黃非所以施於閭巷之閒危急之候也孟子屢稱夷惠而不及孔子其意殆以此耶○南軒張氏曰夷惠稱聖人以其聖於淸聖於和而得名也○潛室陳氏曰伯夷柳下惠皆入聖來故其淸爲聖人之淸和爲聖人之和作用處與常人萬萬不侔但比孔子猶爲小成之聖耳○汪氏曰聖人達則澤及當時窮則風傳後世於此不及伊尹者夷惠不爲政於天下所可言者風而已伊尹異於是故不及之○雲峯胡氏曰四時之風莫和於春莫淸於秋物無有不動者然在物猶有跡也仲尼元氣也渾然無迹矣[備旨]孟子著夷惠師世之遠以見其爲聖人也曰古之人有以聖人稱者其制行也高其流澤也遠蓋不特一世之師實百世之師也求其可以當此者伯夷柳下惠其人也蓋伯夷淸者也是廉且立志之人也伯夷往矣而聞其風之淸者頑夫變而廉焉不苟取也懦夫變而有立志焉不苟安也未有聞其風而不師其淸者也柳下惠和者也是敦且寬之人也柳下惠往矣而聞其風之和者薄夫變而敦焉行歸厚也鄙夫變而寬焉量有容也未有聞其風而不師其和者也夫夷惠以淸和而奮起乎百世之上而百世之下聞其風者莫不興起而爲廉爲立志爲敦爲寬也是非淸和之極而一無所勉之聖人而能若是乎夫聞夷惠之風未親炙夷惠之爲人猶莫不興起如是而況生當夷惠之時親見而薰炙之則所以感發人心者又當何如也蓋道之所在卽師之所在百世之心卽一世之心信乎夷惠之爲聖人可稱百世師矣

○孟子ㅣ曰仁也者ᄂᆞᆫ人也ㅣ니合而言之ᄒᆞ면道也ㅣ니라

孟子ㅣ갈ᄋᆞ샤ᄃᆡ仁이란거ᄉᆞᆫ人이니合ᄒᆞ야言ᄒᆞ면道ㅣ니라

●仁者、人之所以爲人之理也、然、仁、理也、人、物也、以仁之理、合於人之身而言之、乃所謂道者也、○程子、曰中庸所謂率性之謂道、是也　朱子曰此仁字不是別物即是這人底道理仁是人之道理就人身上體認出來及就人身上說合而言之便是道也○人之所以得名以其仁也言仁而不言人則不見理之所寓言人而不言仁則人不過是一塊血肉耳必合而言之方見得道理出來○如中庸仁者人也是對義者宜也意又不同人字是以人身言人自有生意脩道以仁便說仁者人也是切己言之孟子是統而言之○仁則性而已矣道則父子之親君臣之分見於人之身而尤著者也○只仁與人合而言之便是道猶言公而以人體之便是仁也　或曰外國本、人也之下、有義也者宜也、禮也者履也、智也者知也、信也者實也凡二十字、今按如此則理極分明、然、未詳其是否也、尤延之云孟子仁也者人也下高麗本云云此說近是○新安陳氏曰若據此本則是合仁義禮智信而言之皆道也且又見得仁義禮智兼信而言五常之道尤爲明備云【備旨】孟子以仁責人意曰道率於性者也欲知所謂道必先知所謂仁仁也者非他在天爲生物之心在人爲有生之理即人之所以爲人者也然仁理也人物也單說人則物固無所恃以立若單說仁則理亦無所恃以行惟以仁之理合於人之身而言之性以宰形形以率性便爲天然自有之則至當不易之行而天下古今共由之道即此而在矣人可不體仁以盡道乎哉

○孟子ㅣ曰孔子之去魯애曰遲遲라吾行也ㅣ여ᄒᆞ시니去父母國之道也ㅣ오去齊예接淅而行ᄒᆞ시니去他國之道也ㅣ니라

孟子ㅣ갈ᄋᆞ샤ᄃᆡ孔子ㅣ魯애去ᄒᆞ삼애갈ᄋᆞ샤ᄃᆡ遲遲ᄒᆞ다내行이여ᄒᆞ시니父母의國을去ᄒᆞᄂᆞᆫ道ㅣ오齊예去ᄒᆞ심애淅을接ᄒᆞ야行ᄒᆞ시니他國을去ᄒᆞᄂᆞᆫ道ㅣ니라

●重平聲出、己見萬章下篇○南軒張氏曰當其可即是道當去魯之時則遲遲其行爲道當去齊之時則接淅而行爲道孟子學孔子去齊也非父母國而有三宿出晝之濡滯何也孟子於宣王蓋有望焉故其去有

眷眷不能已者夫其不能以己是固道之所存也　孟子論孔子去國之有道曰孔子之道時而已矣卽一去國之際亦可概見焉當魯之受女樂而三日不朝孔子嘗去魯矣乃猶望於郊祭之致膰而未忍遽去曰遲遲吾行也此以魯父母之國義則已決而恩猶未忘其去之之道當如是其久也當齊景公有老不能用之言嘗去齊矣時漬米將炊乃以手承水取米而行此非急遽也蓋以齊乃他國義旣不合則志當自裁其去之之道當如是其速也夫同一去國也而遲速各當其可非聖人其孰能之

○孟子ㅣ曰君子之戹於陳蔡之間은 無上下之交也ㅣ니라

孟子ㅣ ᄀᆞᆯᄋᆞ샤ᄃᆡ 君子ㅣ 陳蔡ㅅ間애 戹ᄒᆞ심은 上下의 交ᄒᆞ리 업슴이니라

●君子、孔子也、戹與厄同、　君臣、皆惡、　無所與交也、　慶源輔氏曰陳蔡之厄聖人之極否也是亦氣數之窮在聖人則何與焉

孟子歎孔子所遭之窮曰君子之處世也知而用之其交在上知而薦之其交在下而所恃以無厄窮者此耳乃孔子之厄於陳蔡之間者其故何哉蓋以上無禮賢下士之君下無推賢讓能之臣以爲之交也是君子厄窮乃有國者之恥耳於君子乎何尤

○貉稽ㅣ曰稽ㅣ大不理於口호이다　貉音陌

貉稽ㅣ ᄀᆞᆯ오ᄃᆡ 稽ㅣ 키 口에 理티 몯호이다

●趙氏、曰貉、姓、稽、名、爲衆口所訕、所晏反　理、賴也、今按漢書、無俚、音里　方言、亦訓賴

前漢季布贊賢者誠重其死夫婢妾賤人感慨而自殺非能勇也其畫無俚之至耳晉灼曰揚雄方言曰俚聊也許氏曰賴也○慶源輔氏曰大不賴於口者言大爲衆口所訕也　貉稽問於孟子曰人之處世也常以得衆口之譽而有所賴若稽者爲人所訕而大不理於衆口則如之何是稽之意蓋惟憂人之有傷也

○孟子ㅣ曰無傷也ㅣ라 士ㅣ憎玆多口라ᄒᆞ니

孟子ㅣ ᄀᆞᆯᄋᆞ샤ᄃᆡ 傷홈이 업ᄉᆞ니라 士ㅣ 더욱이 에口ㅣ하니라

●趙氏、曰爲士者、益多爲衆口所訕 按此則憎當從土、今本、皆從心、蓋傳寫之誤、

新安陳氏曰爲士者往往見憎於此多口如語之屢憎於人【備旨】孟子慰之曰衆口所訕無傷於子也吾觀爲士者旣異於凡民則責備者必至德修而謗興行高而毁來爲憎茲多口所訕耳

詩云憂心悄悄ㅣ어 慍于羣小ㅣ라ᄒᆞ니 孔子也ㅣ시고 肆不殄厥慍ᄒᆞ시나 亦不隕厥問이라ᄒᆞ니 文王也ㅣ시니라

詩예 닐오ᄃᆡ 憂ᄒᆞᄂᆞᆫ 心이 悄悄ᄒᆞ거ᄂᆞᆯ 羣小의 慍다 ᄒᆞ니 孔子ㅣ 시고 드듸여 그 慍을 殄티 몯ᄒᆞ시나 ᄯᅩᄒᆞᆫ 問을 隕티 아니타 ᄒᆞ니 文王이시니라

●詩、邶(蒲昧反)風栢舟及大雅緜之篇也、悄悄、憂貌、慍、怒也、本言衛之仁人、見怒於羣小、孟子、以爲孔子之事、可以當之、(如見毁於叔孫是也)肆、發語辭、(南軒張氏曰肆猶言遂也承上起下之辭)隕、墜也、問、聲問也、本言大王、事昆夷、雖不能殄絕其慍怒、亦不自墜其聲問之美、孟子、以爲文王之事、可以當之、(如見囚於羑里是也)○尹氏、曰言人顧自處(上聲)如何、盡其在我者而已、

新安陳氏曰文王孔子二聖人尙不免逢人之慍怒況今能絕衆口之謗訕乎惟在自反而盡其在我者耳○東陽許氏曰此章言文王孔子雖有聖人之德亦不免爲衆口所謗訕而其所以處之者如此然人雖謗之終不能損其令名孟子意謂稽雖爲衆口所訕但當自脩其德而已【備旨】何以見士憎茲多口也孔子以士道師天下文王以士道君天下宜可以無慍而免於多口矣然亦不能免也詩云憂心悄悄慍於群小是詩也雖非爲孔子言也而吾以爲孔子之事可以當之彼其畏天憫人不勝悄悄之心而當時之沮且毁者其群小之慍何多也然而無傷於孔子也詩云肆不殄厥慍亦不隕厥問是詩也雖非爲文王言也而吾以爲文王之事可以當之彼其文明柔順雖無損於其德而當時

之蒙大難者其愠亦何不殄也然而無傷於文王也此可見士患不爲孔子文王耳苟有志於孔子文王將爲天下士衆不理於口庸何傷

○孟子ㅣ曰賢者는以其昭昭로使人昭昭ㅣ어늘今엔以其昏昏으로使人昭昭ㅣ로다

孟子ㅣ ᄀᆞᆯᄋᆞ샤ᄃᆡ 賢ᄒᆞᆫ 者ᄂᆞᆫ 그 昭昭로ᄡᅥ 人으로ᄒᆞ여곰 昭昭케ᄒᆞ거ᄂᆞᆯ 이제ᄂᆞᆫ 그 昏昏으로ᄡᅥ 人으로ᄒᆞ여곰 昭昭ᄒᆞ라ᄒᆞᄂᆞ다

●昭昭、明也、昏昏、闇(與暗同)也、尹氏、曰大學之道、在自昭明德、而施於天下國家、其有不順者、寡矣、慶源輔氏曰以己昭昭使人昭昭者求之己也以己昏昏使人昭昭者求之人也尹氏引大學之說當矣能明明德則施於天下國家其有不順者寡矣若不自明其德則如面墻一物無所見一步不可移雖至近如妻子亦且不順況他人乎[備旨]孟子示人重身敎者曰人己同明斯爲德化之盛然貴以身先之如古賢者之君能省察克治己德旣己昭昭然後乃以其昭昭者率先導之使天下之人皆昭昭焉若今爲治者不能省察克治反之於心私欲蔽錮德且不明而昏昏矣而徒以刑驅勢迫使天下之人皆昭昭焉是爲無之本之治也其能强天下人以作新之化乎毋怪乎治之不古若也

○孟子ㅣ謂高子曰山徑之蹊間이介然用之而成路ᄒᆞ고爲間不用則茅塞之矣니今에茅塞子之心矣로다(介音戛)

孟子ㅣ 高子ᄃᆞ려 닐어 ᄀᆞᆯᄋᆞ샤ᄃᆡ 山徑의 蹊ㅅ間이 介然애 用ᄒᆞ면 路ㅣ 成ᄒᆞ고 져근덧 用티 아니ᄒᆞ면 茅ㅣ 塞ᄒᆞᄂᆞ니 이제 茅ㅣ 子의 心에 塞ᄒᆞ엿도다

●徑、小路也、蹊、人行處也、介然、倏然之頃也、用、由也、路、大路也、爲間、少頃也、

茅塞、茅草生而塞之也、言義理之心、不可少有間(去聲)斷(徒玩反)也、趙氏曰高子齊人嘗學於孟子去而學他術○慶源輔氏曰理義之心人所固有雖易發而亦易窒善端發處體察而力充之則可以成德否則內爲氣習所蔽外爲物欲所誘而遂窒之矣○新安陳氏曰學問漸進則理義日開學問纔止則理義日窒氣習物欲皆塞理義之心之茅也學問廢弛譬之茅又生而塞子之心矣高子爲人如前篇論小弁後章論禹文王樂其固陋窒塞可見○東陽許氏曰山間之小徑倏然有人行而不斷即成大路小頃無人行則茅長而遂塞之學問之道才有間斷私欲便生而塞天理之路矣

【備旨】孟子以養心之學謂高子曰理義之心人所固有雖易發而亦易窒不觀之山徑乎彼山徑之蹊間本非共由之路也介然之頃用之以行而成路苟爲間之頃不用之以行則茅生而塞之矣是人心之通塞有係於操舍者可例知也今吾子學力不加私欲交蔽殆茅塞乎子之心矣可不思所以自用之哉

○高子ㅣ曰禹之聲이尙文王之聲이로소이다

高子ㅣᄀᆞᆯ오ᄃᆡ禹의聲이文王의聲의셔더으도소이다

●尙、加尙也、豐氏、曰言禹之樂、過於文王之樂、【備旨】高子誂己見以論聖樂曰夏禹周文皆古之盛王也聞樂知德所不敢言而就樂論樂則禹之聲若過於文王之聲焉

孟子ㅣ曰何以言之오曰以追蠡ㅣ니이다(追音堆 蠡音禮)

孟子ㅣᄀᆞᆯᄋᆞ샤ᄃᆡ엇디ᄡᅥ닐옴고ᄀᆞᆯ오ᄃᆡ追ㅣ蠡홈으로ᄡᅵ니이다

●豐氏曰追、鐘紐(女九反)也、周禮所謂旋蟲、是也、趙氏曰按周禮考工記鍾縣(平聲)謂之旋旋蟲謂之幹蓋縣鍾之紐也其形如環環有盤旋之義於旋之上爲蟲形以飾之自漢以來鐘旋之上以銅篆作蹲熊及盤龍(獸名)辟邪(皆)旋蟲之類也蠡者、齧(倪結反)木蟲也、言禹時、鐘在者、鐘紐、如蟲齧而欲絕、蓋用之者、多而文王之鐘、不然、是以、知禹之樂、過於文王之樂也、

【備旨】孟子曰子以禹之樂過於文王之樂果何以言之高子曰樂之高下恒視其用者之多少何如耳今禹之鐘在者

其追如蠡蟸而欲絶蓋因其用之者多也而文王之鍾不然是以知禹之尙乎文王也

曰是奚足哉리오城門之軌ㅣ兩馬之力與아 (與平聲)

ᄀᆞᆯᄋᆞ샤ᄃᆡ이엇디足ᄒᆞ리오城門읫軌ㅣ兩馬의力가

●豊氏、曰奚足、言此何足以知之也、軌、車轍迹也、兩馬、一車所駕也、城中之涂、(與途同)容九軌、(周禮冬官下匠人營國方九里旁三門國中九經九緯經涂九軌 國中城內也經緯謂涂也經緯之涂皆容方九軌凡八尺爲軌廣九軌積七十二尺則此涂十二步也)車可散行、故、其轍迹、淺、城門、唯容一車、車皆由之、故、其轍迹、深、蓋日久車多所致、非一車兩馬之力、能使之然也、(借此以爲鍾歷年久之譬) 言禹在文王前千餘年、故、鍾久而紐絶、文王之鍾、則未久而紐全、不可以此、而議優劣也、○此章文義、本不可曉、舊說、相承如此、而豊氏、差(初賣反)(較也)明白故、今存之、亦未知其是否也、

孟子曰是追蠡者奚足以知聖樂之優劣哉彼城門轍迹之軌較之城中爲獨深豈一車兩馬之力能使之然與蓋由日久車多所致也然則禹在文王前千餘年鍾久而紐絶猶城門之軌積久而後深耳豈其過於文王之樂而人專用之故耶信乎追蠡不足以言樂也子乃據是以言樂何其輕於議聖人哉

○齊ㅣ饑어ᄂᆞᆯ陳臻이曰國人이皆以夫子로將復爲發棠이라ᄒᆞ니殆不可復이로소이다 (復扶又反)

齊ㅣ饑ᄒᆞ거ᄂᆞᆯ陳臻이ᄀᆞᆯ오ᄃᆡ國人이다夫子로ᄡᅥ장ᄎᆞᆺ다시棠을發ᄒᆞ시리라ᄒᆞᄂᆞ니ᄌᆞᄆᆞᆺ可히다시몯ᄒᆞ시리로소이다

●先時、齊國、嘗饑、孟子、勸王發棠邑之倉、以賑貧窮、至此、又饑、陳臻、問言齊人、望孟子、復勸王發棠、而又自言恐其不可也、華陽范氏曰孟子在賓師之位方以仁義說齊王幸而聽其言故發棠邑之粟然而不行王政孟子言終不合及再饑孟子遂不復言度其不可言也【備旨】孟子在齊值齊國又饑陳臻問曰國人皆望夫子將復爲勸王發棠由臻觀之國人屬意雖殷夫子自處當重殆不可復請也

孟子ㅣ曰是爲馮婦也ㅣ로다晉人有馮婦者ㅣ善搏虎ᄒᆞ더니卒爲善士ᄒᆞ야則之野ᄒᆞᆯ서有衆이逐虎ᄒᆞ니虎ㅣ負嵎ㅣ어ᄂᆞᆯ莫之敢攖ᄒᆞ야望見馮婦ᄒᆞ고趨而迎之ᄒᆞᆫ대馮婦ㅣ攘臂下車ᄒᆞ니衆皆悅之ᄒᆞ고其爲士者ᄂᆞᆫ笑之ᄒᆞ니라

孟子ㅣ 갈ᄋᆞ샤ᄃᆡ 이 馮婦ㅣ로다 晉人 馮婦ㅣ라 ᄒᆞᆫ 者ㅣ 虎搏ᄒᆞ기ᄅᆞᆯ 善히 ᄒᆞ더니 ᄆᆞᄎᆞᆷ애 善ᄒᆞᆫ 士ㅣ 되야 곧 野의 갈ᄊᆡ 衆이 虎ᄅᆞᆯ 逐ᄒᆞ니 虎ㅣ 嵎ᄅᆞᆯ 負ᄒᆞ얏거ᄂᆞᆯ 敢히 攖티 몯ᄒᆞ야 馮婦ᄅᆞᆯ ᄇᆞ라보고 趨ᄒᆞ야 迎ᄒᆞᆫ대 馮婦ㅣ 臂ᄅᆞᆯ 攘ᄒᆞ고 車의 下ᄒᆞ니 衆은 다 悅ᄒᆞ고 그 士도연ᄂᆞᆫ 者ᄂᆞᆫ 笑ᄒᆞ니라

●手執曰搏、卒爲善士、後能改行(去聲)爲善也、之、適也、負、依也、山曲曰嵎、攖、觸也笑之、笑其不知止也、疑此時、齊王、已不能用孟子、而孟子、亦將去矣、故、其言、如此、南軒張氏曰世固有勇於爲善事者不察夫義理之當然與否而必爲之蓋亦足以悅於流俗然發不中節有害於君子之道是皆馮婦之類耳學者其無惑於衆之悅而有勸哉審諸己而已矣○慶源輔氏曰齊人之所望於孟子

者利也而孟子之所以自守者義也夫告君以發粟賑民是亦美事固君子所樂爲者但是時齊王己不能用孟子而孟子亦將去矣故其義不當復有所言耳君子之所爲與時變化不主故常唯義理如何耳豈徇其常所爲者以取人之屢快哉○新安陳氏曰勸王發倉賑饑仁也知時不可言而不言智也【備旨】孟子答之曰以我今日之所遇而復勸王發棠是不爲士君子之所爲而爲馮婦之行也晉國之人有馮婦者善於搏虎其卒也改行而爲善士可謂善變倘能自守必爲士人之所與矣一日則之野有衆逐虎虎負山曲之嵎衆人遂失其勇而莫之敢攖望見馮婦趨而迎之蓋以前日之技望之也乃馮婦不覺有喜心遂攘臂下車而前日之故態復萌當是時衆皆悅之以爲虎可搏也其爲士者則以不知止而笑之使我今日復勸王發棠是又一馮婦也雖爲齊民所悅其如士君子之笑何君子之所謂殆不可復者吾固有以自裁矣

○孟子ㅣ曰口之於味也와目之於色也와耳之於聲也와鼻之於臭也와四肢之於安佚也애性也ㅣ니有命焉이라君子ㅣ不謂性也ㅣ니라

孟子ㅣ ᄀᆞᆯᄋᆞ샤ᄃᆡ 口ㅣ 味에와 目이 色애와 耳ㅣ 聲에와 鼻ㅣ 臭에와 四肢ㅣ 安佚홈애 性이나 命이 인ᄂᆞᆫ디라 君子ㅣ 性이라 닐ᄋᆞ디 아니ᄒᆞᄂᆞ니라

●程子、曰五者之欲、性也、性之所欲此即食色性也之性然、有分、去聲不能皆如其願、則是命也、願即欲也命則天理之則也不可逾越其分限不可謂我性之所有 而求必得之也、愚、按不能皆如其願、不止爲貧賤、蓋雖富貴之極、亦有品節限制、則是亦有命也、朱子曰此性字指氣質而言此命字合理與氣而言五者之欲固是人性然有命分既不可謂我性之所有而必求得之又不可謂我分可以得而必極其欲如貧賤不能如願此固分也富貴之極可以無所不爲然亦有限制裁節又當安之於理如紂之酒池肉林却是富貴之極而不知限節者以其分言之固無不可爲但道理却恁地不得今人只說得一邊不知合而言之未嘗不同也○新安陳氏曰此命字合理與氣言貧賤之安於分此以氣言也富貴之不過其則此以理言也【備旨】孟子示人以性命之辨也曰學莫大於性命而人不知其所謂惟君子能辨之如口之於滋味有同嗜也目之於采色有同美也耳之於聲音有同聽也鼻之於氣臭有同好也四肢之於安佚有同適也所以然者人以其爲知覺運動之性也然有限於貧賤而不得遂有節於富貴而不敢過此蓋有命存焉使任性以自恣則將無所不至矣故君子養心以甘淡泊克己以去慆淫不謂此爲性而徇之也

仁之於父子也와 義之於君臣也와 禮之於賓主也와 智之於賢者也와 聖人之於天道也애 命也ㅣ나 有性焉이라 君子ㅣ 不謂命也ㅣ니라

仁이 父子애와 義ㅣ 君臣에와 禮ㅣ 賓主에와 智ㅣ 賢者애와 聖人 이 天道애 命이나 性이 인ᄂᆞᆫ디라 君子ㅣ 命이라 닐ᄋᆞ디 아니ᄒᆞᄂᆞ니라

● 程子、曰仁義禮智、天道、在人則賦於命者、所稟、有厚薄淸濁、然而性善、可學而盡、故、不謂之命也　張子、曰晏嬰、智矣而不知仲尼、是非命邪、(朱子曰橫渠有云晏嬰智矣而不知仲尼是非命歟此命字恐作兩般看若作所稟之命則是嬰稟得智之淺者若作命分之命則是嬰偶蔽於此遂不知夫子此當作兩般看)　愚、按所稟者、厚而淸、則其仁之於父子也、至、義之於君臣也、盡、禮之於賓主也、恭、智之於賢否也、哲、聖人之於天道也、無不脗(武粉反一音泯)合而純亦不已焉、薄而濁、則反是、是皆所謂命也、或、曰者、當作否、人、衍字、更詳之、朱子曰命也有性焉此命字專指氣而言此性字專指理而言如舜遇瞽瞍固是所遇氣數然舜惟盡事親之道期於底豫此所謂盡性大凡淸濁厚薄之稟皆命也一以所稟言之一以所値言之所造之有淺有深所感之有應有不應但其命雖如此又有性焉故當盡性○或說以五者之命皆爲所値之不同如舜之於瞽瞍則仁或不得於父子文王之於紂則義或不得於君臣孔子之於陽貨則禮或不得於賓主子貢不能聞一知十則智或不得於賢者孔子不得堯舜之位則聖人或不得於天道此皆命也然君子當勉其在己者而不歸之命其義亦通○雲峯胡氏曰此命字專指氣而言然氣亦有二淸濁美惡氣質之不齊也高下厚薄脩短氣數之不異也○愚、聞之師、曰此二條者、皆性之所有、而命於天者也、然、世之人、以前五者、爲性、雖有不得而必欲求之、以後五者、爲命、一有不至、則不復扶又反致力、故、孟子、各就其重處言之、前重在命後重在性以伸此而抑彼也、伸後抑前張子所謂養則付命於天、道則責成於己、其言、約而盡矣、朱子曰口之於味五者此固性之所欲然在人則有所賦之分在理則有不易之則皆命也是以不謂之性而付命於天仁之於父子五者在我則有厚薄之稟在彼則有遇不遇之殊是皆命也然有性焉君子不謂之命而責成於己須如此看意思方圓無欠缺處○口之於味等固是性然亦便是合下賦予之命仁之於父子等固是命然亦是各得其所受之理便是性孟子恐人只見得一邊故就其所主而言舜禹相授受只說人心惟危道心惟微論來只有一箇心人心如口之於味等若以爲性所當然一向惟意所欲却不可蓋有命存焉須著安於定分不敢少過始得道心如仁之於父子等若以爲命已前定任其如何更不盡心却不可蓋有性存焉須著盡此心以求合乎理始得上云性也是氣稟之性有命焉是斷制人心欲其不敢過也下云命也蓋其所受氣稟亦有厚薄之不齊有性焉是充廣道心欲其無不及也此段只要遏人欲長天理前一節人以爲性我所有須要必得後一節以爲命則在天多委之而不脩所以孟子到人說性處却曰有命人說命處却曰有性○且如嗜芻豢而厭藜藿是性如此然芻豢分無可得只得且喫藜藿如父子有親有相愛底亦有不相愛底有相愛深底亦有相愛淺底此便是命然在我有薄處便當勉强以致其厚在彼有薄處吾當致厚感他得他亦厚如瞽瞍之頑舜便能使烝烝乂不格姦○問仁義禮智天道此天之所以命於人所謂本然之性者也今曰命有厚薄則是本然之性有兩般也若曰伊川以厚薄言人氣質稟受於陰陽五行者如此孟子不應言命若以氣質厚薄言命則是天之降才爲有殊矣曰孟子言降才且如此說若命則誠有兩般以稟受有厚薄也又不可謂稟受爲非命也大抵天命流行物各有得不謂之命不可也命如人有貧富貴賤豈不是有厚薄知之於賢者則有小大聖人之於天道亦有盡不盡處只如堯舜性之則是盡天道湯武身之則是於天道未能盡也此固是命然不可不求之於性○潛室陳氏曰世人以上五者爲性則見血氣而不見道理以下五者爲命則見氣數而不見道理於是人心愈危道心愈微孟子於常人說性處却以命言則人之於嗜慾雖所同有却有品節限制不可必得而人心安矣於常人說命處却以性言則人之於義理其氣稟雖有淸濁不齊須是著力自做工夫不可一委之天而道心顯矣[備旨]如仁之於父子有至有不至也義之於君臣有盡有不盡也禮之於賓主有恭有不恭也智之於賢者有知有不知也聖人之於天道有安有勉也所以然者人以其爲所稟所遇之命也然所稟雖不同而天之降衷無殊所遇雖不齊而民之秉彝無異此蓋有性在焉使聽命以自諉則將無所不已矣故君子致曲以會其全盡道以俟其化不謂此爲命而棄之也可見嗜好之性不當與數定之命爭衡而純駁之命不當以維皇之性自限此君子性命之學也

○浩生不害ㅣ問曰樂正子ᄂᆞᆫ何人也ㅣ잇고孟子ㅣ曰善人也ㅣ며信人也ㅣ니라

浩生不害묻ᄌᆞ와ᄀᆞᆯ오ᄃᆡ樂正子ᄂᆞᆫ엇던사ᄅᆞᆷ이니잇고孟子ㅣᄀᆞᆯᄋᆞ샤ᄃᆡ善ᄒᆞᆫ人이며信ᄒᆞᆫ人이니라

●趙氏、曰浩生、姓、不害、名、齊人也、[備旨]浩生不害問曰樂正子所造果何人也孟子曰卽其今日資稟學力而論之可謂之善人也亦可謂之信人也合善信而名之可以盡樂正子之爲人矣

何謂善이며何謂信이잇고

엇디닐온善이며엇디닐온信이잇고

●不害、問也、[備旨]不害又問曰何以謂之善何以謂之信

曰可欲之謂善이오

ᄀᆞᆯᄋᆞ샤ᄃᆡ可히欲ᄒᆞ염즉ᄒᆞᆷ을닐온善이오

●天下之理、其善者、必可欲、其惡者、必可惡、去聲下同其爲人也、可欲、而不可惡、則可謂善人矣、朱子曰可欲是資禀好別人以爲可欲是說這人可愛也只是渾全一箇好人其爲人處心造事行己接物一皆可欲而不可惡則可謂之善人矣○有可欲之善然後有諸己而充實將去若無可欲者則充實箇甚物譬如先討得眞實藥材然後脩製以爲圓爲散若是藥材不眞雖百般羅礙畢竟不是○問可欲之謂善若作人去欲他恐與有諸己之謂信不相協蓋有諸己是說樂正子身上事可欲却做人說恐未安曰此便是他有可欲處人便欲他豈不是渠身上事與下句非不相協○慶源輔氏曰先儒多以可欲爲己之欲如書所謂敬脩其可願之意獨集註不然可欲是別人以爲可欲蓋若以爲己之欲則說得太輕且人之欲有善惡之不同故也

備旨孟子曰大凡爲人存心處事行己接物一皆可欲而不可惡則其有善無惡可知矣此之謂善人也

有諸己之謂信이오

己에두심을닐온信이오

●凡所謂善、皆實有之、如惡去聲惡臭、如好去聲好色、是則可謂信人矣、慶源輔氏曰善固多端故集註言凡所謂善以該之如惡惡臭如好好色則表裏誠實無一毫勉强假托之意也○張子、曰志仁無惡之謂善、誠善於身之謂信、朱子曰善人者或其天資之美或其知及之而勉慕焉未必其眞以爲然而果能不失也必其用力之久眞實有此善於己而無一毫虛僞意然後可以謂之信人矣備旨然謂之善人者或天資偶合或知及之而勉慕焉未必能不失也必其於是善知之明好之篤實有是善於己而無一虛僞此之謂信人也

充實之謂美오

充實홈을닐온美오

●力行其善、至於充滿而積實、則美在其中、而無待於外矣、朱子曰無待於外都是裏面流出來○旣信之則其行必力其守必固如是而不已焉則其所有之善充足飽滿於其身雖其隱微曲折之間亦皆清和純懿而無不善之雜是則所謂美人也○有諸己之謂信是都知得了實是如此做此是就心上說心裏都理會得充實之謂美是就行上說事事都行得盡充滿積實美在其中而無待於外○慶源輔氏曰有諸己則己是知至意誠之事然又須見於履踐方得故云力行其善至於充滿其量蓄積成實然後美在其中而無所待於外矣【備旨】然人之所以爲人者豈止於此哉由信而進之非徒一善之成名也力行其善而不已使所有之善充滿而積實則性分咸備而純懿中存矣不謂之美乎

充實而有光輝之謂大오

充實ᄒᆞ야光輝이숌을닐온大오

●和順積中、而英華發外、引樂記云 美在其中、而暢於四支、發於事業、引易坤卦文言 則德業至盛、而不可加矣、朱子曰美能充於內而已未必其能發見於外也又如是而不已焉則其善之充於內者彌滿布濩洋溢四出而不可禦其在躬也則睟面盎背而施於四體其在事也則德盛仁熟而天下文明是則所謂大人者也○慶源輔氏曰大則形見於外矣故集註以德業至盛不可加言之【備旨】由美而進之非徒衆善之悉有也必其善之充實於內者蓄極而通光輝發越則誠中形外已至廣大高明之域矣不謂之大乎

大而化之之謂聖이오

大ᄒᆞ야化홈을닐온聖이오

●大而能化、使其大者、泯然無復扶又反可見之迹、則不思不勉、從七容反容中去聲道、而非

人力之所能爲矣、張子、曰大可爲也、化不可爲也、在熟之而已矣、程子曰大而化之只是理與己一其未化者如人操尺度量物用之尙不免有差至於化則己便是尺度尺度便是己○朱子曰大而不化則其大者未能離乎方體形迹之間必其德之盛者日益盛仁之熟者日益熟則向之所謂大者方且春融凍解混然無迹而與天地合德日月合明四時合序鬼神合吉凶矣是則所謂聖人者也○慶源輔氏曰大則猶可以目見而指言至於化則無迹不可以目見不可以言傳無待於思惟無假於勉强從容自然與道爲一而非人之智力所能及矣【備旨】然是大也猶有迹也惟由大而化之則德之化而無矜持之迹業之盛而無作爲之勞斯不思不勉從容中道者矣不謂之聖乎

聖而不可知之之謂神이니

聖ᄒᆞ야可히아디몯홈을닐온神이니

●程子、曰聖不可知、謂聖之至妙、人所不能測、非聖人之上、又有一等神人也、朱子曰至於聖則造道入德之功至矣盡矣不可以有加矣是其盛德至善之極無聲無臭之妙必有非耳目所能盡心思所能測者是則所謂神者而非聖人之上復有神人也夫自可欲而至於大則思勉之所及也至於聖且神焉則非思勉之所及矣然非思勉之而不已焉則亦未有至焉者也○問可欲之謂善至聖而不可知之謂神曰善渾全底好人無可惡之惡有可喜可欲之善有諸己之謂信眞箇有此善若不有諸己則若存若亡不可謂之信自此而下雖一節深如一節却易理會充實謂積累光輝謂發見於外化則化其大之之迹聖而不可知處便是神也所以明道言仲尼無迹顔子微有迹孟子其迹著或問顔子之微有迹處曰如願無伐善無施勞皆是○此六位皆他人指而名之之辭○南軒張氏曰本領在可欲之善信者信此者也美者美此者也大則充此而有光輝也化則爲聖而其不可知則神也至於聖且神其體亦不外此而已又曰可欲之善聖神之事備焉人生而靜者具此體至於化而聖然後爲全盡純於此者也【備旨】大求至於聖猶可知也旣至於聖而自不可知矣至德純於不顯天下莫知其所以爲德大業運於無外天下莫知其所以爲業斯無方無體變化不測者矣不謂之神乎

樂正子ᄂᆞᆫ二之中이오四之下也ㅣ니라

樂正子는二의中이오四의下ㅣ니라

●蓋在善信之間。觀其從於子敖、則其有諸己者、或未實也、問樂正子以善名矣而以餔啜從子敖先館舍後長者何也朱子曰言在二者之中則有餘於善而不足於信矣○慶源輔氏曰意者樂正子雖能明善而亦工夫未到於善未誠使其誠有諸己則於從子敖之事當如惡惡臭而自不屑遷也 張子、曰顏淵、樂正子、皆知好去聲下同仁矣、新安陳氏曰樂正子資質純粹略似顏子故橫渠引此立論 樂正子、志仁無惡。而不致於學、所以但爲善人信人而已、顏子、好學不倦、合仁與智、具體聖人、獨未至聖人之止耳、慶源輔氏曰張子幷顏子言之見學之不可已如此 ○程子、曰士之所難者、在有諸己而已、能有諸己、則居之安、資之深、而美且大、可以馴音句致矣、徒知可欲之善、而若存若亡而已、則能不受變於俗者、鮮上聲矣、慶源輔氏曰程子又發明學者只要有諸己有諸己則住不得自然將躐去故美且大可以馴致不然徒知其善而若存若亡則爲流俗所變而終亦必亡之矣○新安陳氏曰此條重在有諸己之信 尹氏、曰自可欲之善、至於聖而不可知之神、上下一理、擴充而至於神、則不可得而名矣、慶源輔氏曰尹氏上下一理之說尤得其要惟其不可得而名故謂之神也○雲峯胡氏曰須看尹氏上下一理四字善者人心之天理始而爲人之所可欲者此理也終而人之所不可知者亦此理也善非粗淺神非高虛惟在乎實有此善而力行以充之爾○新安陳氏曰自善信至聖神高下固懸絶矣然雖聖神之極致亦不外乎自善信而充之生知安行之聖人固不必由科級而進學知利行以下之希聖未有不由科級而進者可欲之善眞能有諸己勉勉循循充而拓之以至於極雖比性之之聖有生熟之不同豈有不能如身之之聖者備旨夫由善信而至於聖神爲人道之至極如此若正子者則優於善而不足於信介在善信二者之中而學力未充猶在美大聖神四者之下也使樂正子不以二者自足而以四者自勉則所造固未可量也

○孟子ㅣ曰逃墨이면必歸於楊이오逃楊이면必歸於儒ㅣ니歸거든斯受之

而已矣니라

孟子ㅣ ᄀᆞᆯᄋᆞ샤ᄃᆡ 墨에 逃ᄒᆞ면 반ᄃᆞ시 楊에 歸ᄒᆞ고 楊에 逃ᄒᆞ면 반ᄃᆞ시 儒에 歸ᄒᆞᄂᆞ니 歸커든 이예 受ᄒᆞᆯ ᄯᆞᄅᆞᆷ이니라

●墨氏、務外而不情、楊氏、太簡而近實、故、其反正之漸、大略如此、歸斯受之者、憫其陷溺之久、而取其悔悟之新也、朱子曰楊墨皆是邪說無大輕重但墨氏之說尤出於矯僞不近人情而難行故孟子之言如此非以楊氏爲可取也○南軒張氏曰兼愛者棄本而外馳爲我者狹隘而私勝墨之比楊猶奢之比儉自爲者固非猶愈於兼愛之泛也泛者尤難反耳 備旨孟子爲待楊墨過嚴者而發曰今之所謂楊墨者皆非吾道之正也但墨氏厭其務外而逃之則必慕近實而歸於楊楊氏惡其太簡而逃之則必慕中正而歸於儒爲吾儒者當憫其陷溺之久取其悔悟之新斯受彼而教之已矣固不宜追其既往之失而與之辯也

今之與楊墨辯者는 如追放豚ᄒᆞ니 既入其苙이어든 又從而招之로다

이제 楊과 墨으로 더브러 辯ᄒᆞᄂᆞᆫ 者ᄂᆞᆫ 放ᄒᆞᆫ 豚을 追ᄒᆞᆷ과 ᄀᆞᄐᆞ니 이믜 그 苙에 入ᄒᆞ여든 ᄯᅩ 조ᄎᆞ 招ᄒᆞᆷ이로다

●放豚、放逸之豕豚也、苙、闌也、招、罥扃縣反也、羈其足也、言彼既來歸、而又追咎其既往之失也、○此章、見聖賢之於異端、拒之甚嚴、而於其來歸、待之甚恕、距之嚴故、人知彼說之爲邪、待之恕故、人知此道之可反、仁之至、義之盡也、雲峯胡氏曰於異端距之甚嚴者至正不可以容邪義之盡也來歸待之甚恕者至大可以容小仁之至也於此可見聖賢至正至大之心矣 備旨何今之與楊墨辯者顧不取其今日之來歸而惟追咎其既往之失就如追趕放豚既入其苙使不得奔走亦可矣又從而招之何也安知彼之既歸者不將病吾儒之招而思叛去乎又安知彼之欲歸者不將畏吾儒之招而不復來乎然則楊墨之不反正未必皆斯人之罪而吾儒亦與有咎焉有衛道之心者可不嚴以盡閑邪之防而恕以開反正之端也哉

○孟子ㅣ曰有布縷之征과 粟米之征과 力役之征ᄒᆞ니 君子ㅣ用其一이오 緩其二ㅣ니 用其二면而民이有殍ᄒᆞ고 用其三이면而父子ㅣ離니라

孟子ㅣᄀᆞᆯᄋᆞ샤ᄃᆡ 布縷ㅅ征과 粟米ㅅ 征과 力役ㅅ征이 이시니 君子ㅣ 그 一을 用ᄒᆞ고 其二ᄅᆞᆯ 緩ᄒᆞᆯ며니 그 二ᄅᆞᆯ 用ᄒᆞ면 民이 殍ㅣ 잇고 그 三을 用ᄒᆞ면 父子ㅣ 離ᄒᆞ리니라

● 征賦之法、歲有常數、然、布縷、取之於夏、粟米、取之於秋、力役、取之於冬、當各以時、若並去聲取之、則民力、有所不堪矣、新安陳氏曰用其二一時併用二端也用其三一時併取三者也 今兩稅、三限之法亦此意也、尹氏、曰言民爲邦本、取之無度、則其國、危矣、慶源輔氏曰此孟子言之以警夫取民無度者○問布縷粟米力役之征周禮皆取之而孟子言用其一而緩其二朱子乃有夏秋之辨夫夏秋之說始出於唐不知何所據而云潛室陳氏曰緩非廢其征但不作一時併征之耳月令孟夏蠶畢而獻繭稅孟秋農乃登穀始收穀布縷征之夏粟米征之秋乃古法者唐分兩稅始於德宗楊炎非止布縷粟米之征乃是取大曆十四年應于賦斂之數併而爲兩稅名同實異失孟子之意矣[備旨]孟子爲取民無制者發曰人君征賦之法歲有常數君不能自織也於是有布縷之征不能自耕也於是有粟米之征不能自勞也於是有力役之征此三者皆上之所用然豈可以盡用乎故愛民之君於布縷取之夏而粟米力役在所緩焉粟米取之秋而力役布縷在所緩焉力役取之冬而布縷粟米在所緩焉皆用其一緩其二此民之所以相生相養而父子相保也苟一時而並用其二則小民養命不給而有殍若一時而並用其三則小民家室難保而父子離矣夫民爲邦本至於殍且離焉則無以爲國矣取民者奈之何而不以制歟

○孟子ㅣ曰諸侯之寶ㅣ三이니 土地와 人民과 政事ㅣ니 寶珠玉者는 殃必及身이니라

孟子ㅣᄀᆞᆯᄋᆞ샤ᄃᆡ 諸侯의 寶ㅣ 三이니 土地와 人民과 政事ㅣ니 珠玉을 寶ᄒᆞᄂᆞᆫ 者ᄂᆞᆫ 殃

이반ᄃᆞ시身에及ᄒᆞᄂᆞ니라

●尹氏、曰言寶得其寶者、安、寶失其寶者、危、新安陳氏曰諸侯寶人民而善政事以治之則有人有土而常爲吾寶矣[備旨]孟子示人君以知所寶也曰諸侯之爲國其所寶者則有三焉土地所以立國也人民所以守國也政事所以治國也寶此三者則寶得其寶國安而身亦因以安矣若舍此而寶珠玉者則內而喪志外而賈禍政事廢弛人民離散土地且失其有矣殃不及身乎此自古帝王不貴難得之物不蓄無用之器有由然也

○盆成括이仕於齊러니孟子ㅣ曰死矣로다盆成括이여 盆成括이見殺이어늘門人이問曰夫子ㅣ何以知其將見殺이시니잇고曰其爲人也ㅣ小有才오未聞君子之大道也ᄒᆞ니則足以殺其軀而已矣니라

盆成括이齊예仕ᄒᆞ더니孟子ㅣᄀᆞᆯᄋᆞ샤ᄃᆡ死ᄒᆞ리로다盆成括이여盆成括이殺ᄒᆞᆷ을見ᄒᆞ야ᄂᆞᆯ門人이묻ᄌᆞ와ᄀᆞᆯ오ᄃᆡ夫子ㅣ엇디ᄡᅥ그장ᄎᆞᆺ殺ᄒᆞᆷ을見ᄒᆞᆯ쭐ᄅᆞᆯ아ᄅᆞ시니잇고ᄀᆞᆯᄋᆞ샤ᄃᆡ그ᄉᆞᄅᆞᆷ이로옴이져기才ᄅᆞᆯ두고君子의큰道ᄅᆞᆯ듣디몯ᄒᆞ여시니곧足히ᄡᅥ그軀ᄅᆞᆯ殺ᄒᆞᆯᄯᆞᄅᆞᆷ이니라

●盆成、姓、括、名也、恃才妄作、所以取禍、徐氏、曰君子、道其常而已、括、有死之道焉、設使幸而獲免、孟子之言、猶信也、南軒張氏曰不聞道則爲才所役道者理義之存乎人心者也於此有聞則才有所不敢恃矣人之有才本不足以爲人害惟無所本而徒用其才於是才始足以病己甚至有取死之道又不若魯鈍無才之愈也小有才而未聞道者身且不能保爲國者乃信而用之亡國敗家其何日之有○慶源輔氏曰才出於氣而有限才本自小道原於性而無方道本自

大況曰小有才則又才之小者也不顧義理而惟才是逞則行險僥倖無所不至不至於顚覆不已也孟子之言但述其理之當然耳不以是爲奇中也學者不達而以是爲奇則必以料事爲明而駸駸然入於逆詐億不信矣[備旨]昔盆成括仕於齊孟子察其必敗也乃曰死矣盆成括蓋以理而知其有必死之道矣乃盆成括果見殺門人疑而問曰死生有命非人所可預知夫子果何所據而知其將見殺孟子曰我於括之死非指以適然之數乃斷以必然之理也夫人不貴有才而貴聞道道苟得聞則必善用其才今括之爲人不過小有才耳未聞君子義理之大道也則恃才妄作必致取禍適足以殺其軀而已矣我所以預知其敗者爲此故也

○孟子ㅣ之滕ᄒᆞ샤 館於上宮이러시니 有業屨於牖上이러니 館人이 求之弗得ᄒᆞ다

孟子ㅣ 滕에 가샤 上宮에 館ᄒᆞ얏더시니 業ᄒᆞ던 屨ㅣ 牖上의 잇더니 館ㅅ人이 求ᄒᆞ야 得디 몯ᄒᆞ다

●館、舍也、上宮、別宮名、業屨、織之有次、業而未成者、蓋館人所作、置之牖上而失之也、[備旨]昔孟子欲行道於世而往於滕滕君館之於上宮時有業屨置於戶牖之上館人求之而弗得焉夫以彼自置之彼自失之固無與於君子矣

或이 問之曰若是乎從者之廋也여 曰子ㅣ 以是로 爲竊屨來與아 曰殆非也ㅣ라 夫子之設科也ᄂᆞᆫ 往者를 不追ᄒᆞ며 來者를 不拒ᄒᆞ샤 苟以是心으로 至커든 斯受之而已矣시니라

從爲去聲與平聲夫子如字舊讀爲扶余者非

或이 묻ᄌᆞ와 ᄀᆞᆯ오ᄃᆡ 이러ᄐᆞᆺᄒᆞᆯ셔 從者의 廋홈이여 ᄀᆞᆯ으샤ᄃᆡ 子ㅣ 일로 ᄡᅥ 屨竊홈을 爲ᄒᆞ야 來ᄒᆞ다 ᄒᆞᄂᆞ냐 ᄀᆞᆯ오ᄃᆡ 자못 아니라 夫子의 科를 設ᄒᆞ심은 往ᄒᆞᄂᆞᆫ 者를 追티 아니

ᄒᆞ며來ᄒᆞᄂᆞᆫ者를拒티아니ᄒᆞ샤진실로이ᄆᆞᄋᆞᆷ으로ᄡᅥ至ᄒᆞ거든이에受ᄒᆞᆯᄯᆞᄅᆞᆷ이시니라

●或問之者、問於孟子也、廋、與廋同匿也、言子之從者、乃匿人之物如此乎、孟子、答之、而或人、自悟其失、因言此從者、固不爲去聲竊屨而來、但夫子、設置科條、以待學者、苟以向道之心而來則受之耳、雖夫子、亦不能保其往也、門人、取其言、有合於聖賢之指故、記之、慶源輔氏曰先儒多讀夫子作夫音扶予而以爲孟子自說朱子獨以爲夫子而作問者自悟其失而言者蓋不獨以殆非也下無曰字而知其然若以爲孟子之言則不惟露筋骨且非所以待學者將使學者不自重矣惟以爲問者之言則可取愚嘗謂近世好議論者往往以學者之失而議先生長者是其識量又不逮於當時織屨者矣苟以是心至斯受之者與人爲善之公也至於孺悲欲見則辭以疾滕更在門則不見答是又義之所當然也然敎亦固在其中矣備旨或不諒其心乃疑而問之曰若是乎從夫子而來者之廋匿人物也孟子曰子之意得毋以我之門人專爲竊屨而來與或人遂自悟其失曰殆非竊屨而來也但夫子之設置科條以待學者也其有旣往之失者不追咎之其有來學之誠者不拒絶之苟以向道之心至斯容受之而已矣在夫子亦何能保其往哉此或人之言雖能諒君子設敎之心而終不能釋從者竊屨之惑則信乎孟子之道之窮也

○孟子ㅣ曰人皆有所不忍ᄒᆞ니達之於其所忍이면仁也ㅣ오人皆有所不爲ᄒᆞ니達之於其所爲면義也ㅣ니라

孟子ㅣᄀᆞᆯᄋᆞ샤ᄃᆡ人이다ᄎᆞᆷ디몯ᄒᆞᄂᆞᆫ바를두ᄂᆞ니그ᄎᆞᆷᄂᆞᆫ바애達ᄒᆞ면仁이오人마다ᄒᆞ디아니ᄒᆞᄂᆞᆫ바를두ᄂᆞ니그ᄒᆞᄂᆞᆫ바애達ᄒᆞ면義니라

●惻隱羞惡之心、人皆有之故、莫不有所不忍不爲、此、仁義之端也、然、以氣質之偏、

物欲之蔽、則於他事、或有不能者、但推所能、達之於所不能、則無非仁義矣、慶源輔氏曰不忍者惻隱之事也不爲者羞惡之事也是皆本於徃達於情而統於心人之所固有者也但爲氣稟所拘物欲所蔽則心失其正而不能統夫性與情故有所當發而不發亦有所不當發而反發遂至於其所不忍者或有時而忍於其所不爲者或有時而爲而性亦從而梏亡之矣今敎之以推所不忍以達於所忍推所不爲以達於所爲如是則心得其職情得其正而性之所以爲仁義者得矣○西山眞氏曰有所不忍不爲者此心之正也能卽是心而推之雖所忍者亦不忍卽仁也雖所爲者亦不爲卽義也備旨孟子示人擴充其良心曰仁義人所固有惟在識其端而推廣之耳夫人遇可哀之事皆有所不忍此仁之端也但氣拘物蔽有不忍於此而或忍於彼者必推其所不忍而達之於其所忍則惻隱之心隨處周流而仁在是矣夫人遇可恥之事皆有所不爲此義之端也但氣拘物蔽有不爲於此而或爲於彼者必推其所不爲而達之於其所爲則羞惡之心隨處發見而義在是矣

人能充無欲害人之心이면而仁을不可勝用也ㅣ며 人能充無穿踰之心이면而義를不可勝用也ㅣ니라 勝平聲

人이能히人을害티말고져ᄒᆞᄂᆞᆫᄆᆞᄋᆞᆷ을充ᄒᆞ면仁을可히이긔ᄡᅳ디몯ᄒᆞ며人이能히穿踰티말오져ᄒᆞᄂᆞᆫᄆᆞᄋᆞᆷ을充ᄒᆞ면義를可히이긔ᄡᅳ디몯ᄒᆞ리니라

●充、滿也、穿、穿穴、踰、踰牆、皆爲盜之事也、能推所不忍、以達於所忍、則能滿其無欲害人之心而無不仁矣、能推其所不爲、以達於所爲、則能滿其無穿踰之心而無不義矣、 南軒張氏曰人皆有所不忍皆有所不爲此其秉彝之不可泯滅者也然有所不忍矣而於他則忍之有所不爲矣而於他則爲之此豈有異心哉爲私欲所蔽而生道息故也若以其所不忍而達之於其所忍豈非仁乎以所不爲而達之於其所爲豈非義乎自無欲害人之心而充之則其愛無所不被仁有不可勝用矣自無穿踰之心而充之則其宜無所不得義有不可勝用矣盖其理本具於性貴於充之而已○慶源輔氏曰此一節因前說而敎人以充滿其本心之量也無欲害人之心卽是所不忍無穿踰之心卽是所不爲是心也其量甚大其用有常人能推所不忍以達於其所忍然後能充滿其無欲害人之心量推所不爲以達於其所爲然後能充滿其無穿踰之

心量能充滿其心量則其用有常而仁義不可勝用矣○新安陳氏曰達如導水自畎澮達之川自川達之海充如水達海而充滿於其中也惟達而後能充如擴而充之之意【備旨】達之如何如害人者人所不忍也人能充滿其無欲害人之心凡類此者皆在所不忍焉則念念皆仁而仁不可勝用也穿窬者人所不爲也人能充滿其無穿窬之心凡類此者皆在所不爲焉則念念皆義而義不可勝用也

人能充無受爾汝之實이면無所往而不爲義也ㅣ니라

人이能히爾汝를受티마로려ᄒᆞᄂᆞᆫ實을充ᄒᆞ면往ᄒᆞᆫ바애義아님이업ᄉᆞ리니라

●此、申說上文、充無穿踰之心之意也、蓋爾汝、人所輕賤之稱、人雖或有所貪昧隱忍而甘受之者、然、其中心、必有慚忿、而不肯受之之實、人能即此而推之、使其充滿、無所虧缺、則無適而非義矣、問充無受爾汝之實朱子曰惡不仁者其爲仁矣不使不仁者加乎其身惡不仁而不能使不仁者不加乎其身便是不能充無受爾汝之實○看來實字對名字說不欲人以爾汝之稱加諸我是惡爾汝之名也然反之於身而去其有可爾汝之行是能充其無受爾汝之實也若我身有未是處則雖惡人以爾汝相稱亦自有所愧矣○新安陳氏曰朱子此條乃用趙註之說與集註不同蓋謂惡爾汝之名是惡人之輕己也反身而去其可輕之行是能充其無受爾汝之實也人能充滿其無受爾汝之實行則所爲無往非義矣意義較明白○慶源輔氏曰此一節事雖微而理愈密夫人不受爾汝之稱者是羞惡之實心存養之不加體察之不至則不受之心雖有得於此而或遂失於彼亦不能充滿其實心之量而義有時而不行矣惟能推所不受而達之於所受而無所滲漏然後能充滿其無受爾汝實心之量無所適而不爲義也【備旨】然充無害人之心顯而易知也充無穿窬之心微而難知也必如何而後爲能充無穿窬之心耶如爾汝人所輕賤之稱人或貪昧隱忍而甘受之然非其實也其中心慚愧而不肯受者乃其實也人能充此無受爾汝之實以去其所以得之之道則凡苟且汚辱之事皆其所不由而光明正大將無往而不爲義矣

士ㅣ未可以言而言이면是ᄂᆞᆫ以言餂之也ㅣ오可以言而不言이면是ᄂᆞᆫ以不言餂之也ㅣ니是皆穿踰之類也ㅣ니라 餂音忝

士ㅣ可히써言ᄒᆞ염즉디아니ᄒᆞ되言ᄒᆞ면이ᄂᆞᆫ言으로써餂홈이오可히써言ᄒᆞ염즉ᄒᆞ되言티아니ᄒᆞ면이ᄂᆞᆫ言티아니홈으로써餂홈이니이다穿踰의類ㅣ니라

●餂、探取之也、今人、以舌取物曰餂、即此意也、便平聲佞、未可以言而言隱默、可以言而不言皆有意探取於人、是亦穿踰之類、然、其事隱微、人所忽易、去聲故、特舉以見形甸反例、明必推無穿踰之心、達於此、而悉去上聲之然後、爲能充其無穿踰之心也、朱子曰餂是鉤致之意如本不必說自家却强說幾句要去動人要去悅人是以言餂之也如合當與他說却不說須故爲隱難要使他來問我是以不言餂之也不直心而私意如此便是穿踰之類裏面是如此外面却不如此外面恁地裏面却不恁地○問此章先言仁義後專言義何也曰仁只是一路只是箇不忍之心苟能充此心便了義却頭項多又問人能充無穿踰之心是就至粗處說未可以言而言與可以言而不言是說人至細處否曰然能充無受爾汝之實處工夫却甚大了到這田地時工夫大段周密了所以說無所往而不爲義也使行己有一毫未盡便不能無受爾汝之實矣達者推之也是展開去充者塡滿也須塡塞敎滿○南軒張氏曰以言取之者其猶以謟爲悅者乎以不言取之者其猶以默爲容者乎以是爲穿踰之類者以若有取之之心故耳此章始言仁義而末獨言義何也蓋仁義體用相須者也人之不仁以非義害之也不爲非義而後仁可得而存故反復再三推而言之使人知所用力也○慶源輔氏曰此一節事之微而理之密又有甚於前者故以士言之夫不爲穿踰無受爾汝在士則有所不必道然一語一默之微發於計較安排而有意探取於人則是亦穿踰之類故集註亦以爲其事隱微人所忽易故特舉以見例必推無穿踰之心而達之於此類至纖至悉處亦不容有不盡方始能充其無穿踰之心也其義亦精矣○雲峯胡氏曰孟子首篇曰善推其所爲欲齊王即其不忍之心而推之也末篇曰達曰充欲人皆卽其有所不忍不爲之心而達之充之也擴此心之用無少壅遏則謂之達滿此心之量無少欠缺則謂之充集註論此達與充二字而推之一字凡五及之達者推之始充者推之終也不推不能達不達不能充集註可謂能發孟子終始敎人之本旨矣先儒云孟子平生工夫受用處只在善推其所爲一句爾非朱子孰能發之哉○新安陳氏曰此章後一節單言義無受爾汝之實正其行也戒以言不言餂之正其言也正其言行以充其羞惡之心乃於稱謂語默日用之常事以求義之精焉語曰色厲內荏其猶穿踰與表記曰君子不以色親人情踈而貌親在小人則穿踰之盜也與皆可以充廣此義所當參玩[備旨]然所謂充無穿窬之心者不特在人之稱謂也至我之語默亦所當嚴焉如士之於人當應酬之際時未可以言也而顧言之蓋欲啓其答以得其情是以言餂取人之意也時可以言也而顧不言蓋欲待其問以窺其秘是以不言餂取人之意也夫以語默探取人之情雖非穿窬其物是亦穿窬之類也人必類推至此而悉去之然後爲能充無穿窬之心而義不可勝用也夫充乎義者如此而充乎仁者不亦可知也哉

○孟子ㅣ曰言近而指遠者는善言也ㅣ오守約而施博者는善道也ㅣ니君子之言也는不下帶而道ㅣ存焉이니라施去聲

孟子ㅣ골ᄋᆞ샤ᄃᆡ言이近ᄒᆞᄃᆡ指ㅣ遠ᄒᆞᆫ者ᄂᆞᆫ善ᄒᆞᆫ言이오守ㅣ約ᄒᆞᄃᆡ施ㅣ博ᄒᆞᆫ者ᄂᆞᆫ善ᄒᆞᆫ道ㅣ니君子의言은帶에ᄂᆞ리오디아니ᄒᆞ여도道ㅣ存ᄒᆞᄂᆞ니라

●古人、視不下於帶記曲禮下天子視不上於給音劫不下於帶凡視上於面則傲下於帶則憂傾則姦則帶之上、乃目前常見、至近之處也、擧目前之近事、而至理存焉、所以爲言近而指遠也、朱子曰說言近指遠守約施博四方八面皆看得見此理本是遠近博約如一而行之則自近約始道理只是一但隨許多頭面去又不可不逐頭面理會也○慶源輔氏曰言近而指遠故測之而益深窮之而愈遠是君子敎人之事也[備旨]孟子示人以言道之準曰人之垂訓立敎必資於言凡有言必有指使高談濶論而不切於事理未足爲善言也惟所言者切近而其指則愈探而愈無窮非善言而何經世宰物必資於道凡有守必有施使好大喜功而其中漫無所守未足爲善道也惟所守者簡約而施之則愈廣而愈不匱非善道而何是以君子之言也平平立論若不下於衣帶之近而天命人心之至理未嘗不存乎其中焉指何遠也信乎君子之言善也

君子之守는脩其身而天下ㅣ平이니라

君子의守ᄂᆞᆫ그身을脩홈애天下ㅣ平ᄒᆞᄂᆞ니라

●此ㅣ所謂守約而施博也、南軒張氏曰所謂指遠者固存乎近所謂施博者固存乎約也不下帶而道存言近而指遠也蓋其所言只其身中事在目前者耳而至理初不外是也修身而天下平守約而施博也脩身則本立由是而家齊國治天下平皆其所推耳○慶源輔氏曰守約施博故推之而無不準動之而無不化是君子治天下之事【備旨】君子之守也反躬勵行惟約而修吾之身耳初無責效於人之意而天下均平之治由是成焉施何博也信乎君子之道善也

人病은舍其田而芸人之田이니所求於人者ㅣ重이오而所以自任者ㅣ輕이니라 舍音捨

人의病은그田을舍ᄒᆞ고人의田을芸홈이니人에求ᄒᆞᄂᆞᆫ밧者ㅣ重ᄒᆞ고ᄡᅥ스ᄉᆞ로任ᄒᆞᄂᆞᆫ밧者ㅣ輕홈이니라

●此、言不守約而務博施之病、朱子曰不知道者務爲高遠之言則固荒唐而無餘味然欲其近則又鄙淺而無深遠之趣也不知約之可守則固泛濫而不切矣然欲其約則又狹陋而無廣博之功也然則所謂善言善道者非有道之君子其孰能知之乎○南軒張氏曰舍其田而芸人之田者不治其身而治人之譬也不務在己者而責諸人其自任亦輕矣蓋不知一身爲天下之本故也【備旨】夫知守約而可以施博則人宜以修身爲重矣何今人通病在舍自己之田不芸而芸他人之田所求於人者甚重馳意治平而所以自任者反輕不知修身爲平天下之本也不守約而務施博之病如此則不言近而務指遠者其病可例見矣此善言善道所以必歸於君子也

○孟子ㅣ曰堯舜은性者也ㅣ오湯武는反之也ㅣ시니라

孟子ㅣᄀᆞᆯᄋᆞ사ᄃᆡ堯舜은性인者ㅣ오湯武ᄂᆞᆫ反ᄒᆞ시니라

●性者、得全於天、無所汚烏故反壞、不假脩爲、聖之至也、反之者、脩爲以復其性、而

至於聖人也、程子、曰性之反之、古未有此語、蓋自孟子發之、呂氏、曰無意而安行、性也、朱子曰呂氏說性也性下合添之者二字有意利行而至於無意、復性者也、堯舜、不失其性、湯武、善反其性、及其成功則一也、程子曰堯與舜更無優劣及至湯武便別孟子言性之反之自古無人如此說只是孟子分別出來便知得堯舜是生而知之湯武是學而能之文王之德則似堯舜禹之德則似湯武要之皆是聖人○朱子曰湯武反之其反之雖同然細看來武王終是疎略成湯卻孜孜向進如其伐桀所以[illegible]桀之罪只平說過又放桀之後惟有慙德武王數紂至於極其過惡於此可見矣○[illegible]孟子欲人盡性以希聖也[illegible]曰聖人之德要其終固無優劣之殊而原其始實有安勉之異以堯舜言之知爲生知行爲安行其初原無虧缺乃所性渾全之聖人也以湯武言之思而後得勉而後中能復還其本體乃反身修道之聖人也

動容周旋이中禮者는盛德之至也니哭死而哀ㅣ非爲生者也ㅣ며經德不回ㅣ非以干祿也ㅣ며言語必信이非以正行也ㅣ니라中爲行並去聲

容을動ᄒᆞ며周旋홈이禮예中ᄒᆞᆫ者ᄂᆞᆫ盛德의至홈이니死를哭ᄒᆞ야哀홈이生ᄒᆞᆫ者를爲홈이아니며經ᄒᆞᆫ德이回티아니홈이ᄡᅥ祿을干홈이아니며言語를반ᄃᆞ시信홈이ᄡᅥ行을正홈이아니니라

●細微曲折、無不中禮、乃其盛德之至、自然而中、而非有意於中也、經、常也、回、曲也、三者、亦皆自然而然、非有意而爲之也、皆聖人之事、性之之德也、問信言語以正行莫無害否朱子曰言語在所當信若有意以此而正行便是有爲而然也○慶源輔氏曰若有意於中則必有勉强持守之意力懈意弛則必有所不中者矣又曰三者特擧聖人之庸行人所易曉者以例其餘聖人之動無不時也豈有意而爲

之者哉故集註斷以爲聖人之事性之之德也[備旨]性者之德何如如一動容之際周旋曲折無不中禮者非有意於中乃盛德之至自然與禮合也一哭人之死則哀痛慘切若不勝情乃哀由衷出非爲盡生者之情也經德而不回邪自有得祿之理然率性而行非以干祿故不回也言語而必信實自爲正行之符然根心而言非以正行故必信也此性之之事也堯舜所以爲性之之聖者亦不過是而已

君子는 行法ᄒᆞ야 以俟命而已矣니라

君子는 法을行ᄒᆞ야ᄡᅥ命을俟ᄒᆞᆯᄯᆞᄅᆞᆷ이니라

●法者、天理之當然者也、君子行之、而吉凶禍福、有所不計、蓋雖未至於自然而已、非有所爲去聲而爲矣、此、反之之事、董子所謂正其義、不謀其利、明其道、不計其功、正此意也、○程子、曰動容周旋、中禮者、盛德之至、行法以俟命者、朝聞道、夕死、可矣之意也、新安陳氏曰惟聞道故生順死安雖夕死亦可惟行法故禍福能一聽天命其意相類 呂氏、曰法由此立、命由此出、聖人也、新安陳氏曰以法與命移上聖人說聖人從容中道身即爲度法由我立與天爲徒命由我出與天地合德與鬼神合吉凶如書云自作元命唐李泌云君相造命是也 行法以俟命、君子也、聖人、性之、君子、所以復其性也、朱子曰聖人是人與法爲一己與天爲一學者是人未與法爲一己未與天爲一故須行法以俟命也○行法以俟命三代以降惟董子嘗言之而諸葛忠武侯言於其君有曰臣鞠躬盡力死而後已至於成敗利鈍非臣之明所能逆覩也程子語其門人有曰今容貌必端言語必正非欲獨善其身以求知於人但天理當然亦曰循之而已矣此三言者所指雖殊要皆行法俟命之意○慶源輔氏曰法者凡古聖賢之所制皆是也蓋莫非天理之當然如爲君而仁爲臣而敬子孝父慈皆是也君子行之而吉凶禍福聽天所命我皆在所不計所謂俟命也雖未能如聖人之安行自然已非有爲而爲之矣[備旨]反之之事何如君子惟循夫天理當然之法盡其在我至吉凶禍福之數俟其命之自至而已矣初無所趨避於其間也此反之之事也湯武所以爲反之之聖者其亦以是而已是則性之者出於自然而非出於有意反之者出於有意而非出於有爲此其皆同歸於聖也欲希聖者當知所用力矣

○孟子ㅣ曰說大人則藐之ᄒᆞ야勿視其巍巍然이니라 說音稅 藐音眇

孟子ㅣᄀᆞᆯᄋᆞ샤ᄃᆡ大人을說ᄒᆞᆷ애곧藐히너겨그巍巍ᄒᆞᆷ을視티마롤띠니라

●趙氏、曰大人、當時尊貴者也、藐、輕之也、巍巍、富貴高顯之貌 藐焉而不畏之、則志意、舒展、言語、得盡也、

和靖尹氏曰藐者止是不以其貴勢威嚴爲事而慴非謂便視他作無物也○朱子曰說大人則藐之盖主於說而言如曰見大人則藐之則失之矣盖大人固當畏而所謂藐者乃是藐其堂高數仞之類耳這爲世人把大人許多崇高富貴當事有言不敢出口故孟子云爾○今人不是畏大人只是畏其巍巍然者若能勿視其巍巍然而不失其畏大人之心乃是眞能畏大人者○問孔子畏大人而孟子藐之何也曰孟子藐大人不視其巍巍然者而已故雖不肯枉尺直尋而齊人敬王莫如孟子也特以當世之士以道殉人內無所守故將發此而立其志使其意氣舒展無所懾懼而得以盡其所言爾若君子以禮存心固將無所不用其敬豈於大人而反藐之哉○慶源輔氏曰若不藐視之則是爲其巍巍者所動矣志氣一有所懾怯則必不能展盡底蘊剛强者有懷或不敢盡柔弱者則必至於變其所欲言而反徇之矣備旨孟子爲說大人者示曰今遊士進說大人之前往往理爲勢屈而言不盡意也自我言之大人者只當藐視之勿將他巍巍之象放在眼裏則志意舒展而言語無弗盡矣

堂高數仞과榱題數尺을我ㅣ得志라도弗爲也ㅣ며食前方丈과侍妾數百人을我ㅣ得志라도弗爲也ㅣ며般樂飮酒와驅騁田獵과後車千乘을我ㅣ得志라도弗爲也ㅣ니在彼者는皆我所不爲也ㅣ오在我者는皆古之制也ㅣ니吾何畏彼哉리오 榱楚危反般音盤 樂音洛乘去聲

堂이高홈이두어仞과榱의題두어尺을我ㅣ志를得ᄒᆞ야도ᄒᆞ디아니ᄒᆞ며食이前의方으로丈과侍ᄒᆞᆫ妾이두어百人을我ㅣ志를得ᄒᆞ야도ᄒᆞ디아니ᄒᆞ며般樂ᄒᆞ야飮酒

홈과 驅騁ᄒᆞ야田獵홈과 後車千乘을我ㅣ志를得ᄒᆞ야도ᄒᆞ디아니홀꺼시니뎌에인ᄂᆞᆫ者ᄂᆞᆫ다내의ᄒᆞ디아니홀빠오내게인ᄂᆞᆫ者ᄂᆞᆫ다녯制니내엇디뎌를畏ᄒᆞ리오

●榱、桷音角也、題、頭也、食前方丈、饌食、列於前者、方、一丈也、此皆其所謂巍巍然者、我雖得志、有所不爲、而所守者 皆古聖賢之法、則彼巍巍者、何足道哉、南軒張氏曰藐讀如眇左氏曰以是藐諸孤藐小之也小之者小其所挾也視其巍巍然則動於中動於中則慕在彼之勢而屈在我之義矣使在我不知古制之守則爲其巍巍然所動矣故程子曰內重則見外之輕得深則見誘之小後之爲士者惟不知古制之是守故未得志則有所慕既得志則行其所慕遂欲不已以爲天下害士必寡欲而後能守古制守古制而後知自重知自重而後不爲勢所屈使其身用而道行則生民受其福矣 ○楊氏、曰孟子此章、以己之長、方人之短、猶有此等氣象、在孔子則無此矣、慶源輔氏曰孟子有泰山巖巖然之氣象便是指此等處言也若聖人則大而化之泯然不見其大之迹故不至如此然非聖人覺此而不爲也德盛仁熟大而化之則自然不至有此等氣象矣【備旨】所以然者謂何彼大人者堂之高則數仞堂之榱題則數尺是宮室之美巍巍然也我若得志弗爲此侈靡之事也食列前者方丈侍妾御者數百人是食色之盛巍巍然也我若得志弗爲此奢縱之事也盤盛佚樂以飮酒驅騁車馬以田獵後車隨從以千乘是宴遊之侈巍巍然也我若得志弗爲此荒亡之事也夫在彼者皆我所不屑爲而在我者居廣居立正位行大道皆千古聖賢之法制也是我重而彼輕我大而彼小而吾何畏彼哉此所以說大人當藐之也然則今之士不能藐視大人者誠豈彼巍巍之勢可畏哉亦在我之所守不足耳

○孟子ㅣ曰養心이莫善於寡欲ᄒᆞ니其爲人也ㅣ寡欲이면雖有不存焉者ㅣ라도寡矣오其爲人也ㅣ多欲이면雖有存焉者ㅣ라도寡矣니라

孟子ㅣᄀᆞᆯᄋᆞ샤ᄃᆡ心을養홈이欲을寡히홈만善ᄒᆞᆫ이업ᄉᆞ니그人이로옴이欲이寡ᄒᆞ면비록存티아니홈이이실띠라도寡ᄒᆞ고그人이로옴이欲이하면비록存홈이이실

띠라도寡ᄒᆞ니라

●欲、如口鼻耳目四支之欲、雖人之所不能無、然、多而不節、未有不失其本心者、學者、所當深戒也、程子、曰所欲、不必沉溺、只有所向、便是欲、

周子曰養心不止於寡而存耳蓋寡之又寡以至於無則誠立明通○蔡氏曰誠立而實體安固明通而實用流行○程子曰欲寡則心自誠荀子言養心莫善於誠既誠矣又何養此己不識誠又不知所以養○朱子曰孟子只是言天理人欲相爲消長分數其爲人也寡欲則人欲分數少故雖有不存焉者寡矣不存焉者寡則天理分數多也其爲人也多欲則人欲分數多故雖有存焉者寡矣存焉者寡則天理分數少也蓋多字對寡字說若眼前事事貪要時這心便一齊走出了未便說到邪僻不好底物事只是眼前底事纔多欲本心便都紛雜了只減少便漸存得此心問周子之言曰語其所至則固然矣然未有不由寡欲而能至於無者語其所至而不由其序則無自而進由其序而不要其至則或恐其安於小成也周子之說於此爲有相發之功焉○伊川敎人直是都不去他用其心只是要得寡欲存這心最是難湯武聖人孟子猶說湯武反之也反復也反復得這本心如不邇聲色不殖貨利只爲要存此心觀旅獒之書只受一犬而反覆切諫以此見欲之可畏無小大皆不可忽○南軒張氏曰寡欲爲養心之要然人固有天資寡欲者有天資多欲者其爲人寡欲則不存者寡多欲則存焉者寡以是知養心莫善於寡欲也存者謂其心之不外馳也雖然天資寡欲之人不存固寡然不知存其存則亦莫之能充也若學者以寡欲爲要則當存養擴充由寡欲以至於無欲則其清明高遠者爲無窮矣○勉齋黃氏曰孟子嘗言求放心矣又言存其心矣操之則存舍之則亡心之存亡决於操舍而又曰莫善於寡欲何也操存固學者之先務然人惟一心而攻之者衆聲色臭味交乎外榮辱利害動乎內隨感而應無有窮已則淸明純一之體又安能保其常存而不放哉此孟子發明操存之說而又以爲莫善於寡欲也雖然寡欲固善矣然非眞知夫天理人欲之分則何以施其克治之功哉故格物致知又所以爲寡欲之要此又學者之所當察也○慶源輔氏曰程子又極其微而言之學者須是於欲有所向處便加克治若待其張王則用力難矣○雲峰胡氏曰孟子一書三養字皆切要語曰養氣曰養性曰養心合而觀之氣生於理善養氣者在養性理具於心善養性者在養心心汨於欲善養心者在寡欲寡之又寡以至於無則心存而性存氣不必言矣

【備旨】孟子示人以養心之要曰人之一心爲此身酬酢萬變之主不可不養也蓋耳目口鼻四肢之欲常足以累心故人欲養其心使淸明純一之體常存於中其要莫善於寡欲而節之不使流焉何者天理人欲迭爲消長使其爲人也能制乎情而寡欲則理爲主而欲不能役此心常虛而定雖有不存焉者寡矣使其爲人也常逐於物而多欲則欲爲主而理反爲役此心不勝其擾雖有存焉者寡矣是則欲之多寡而心之存亡係之信乎養心莫善於寡欲焉

○曾晳이嗜羊棗ㅣ러니而曾子ㅣ不忍食羊棗ᄒᆞ시니라

曾晳이羊棗를즐기더니曾子ㅣ ᄎᆞ마羊棗를食다몯ᄒᆞ시니라

●羊棗、實小、黑而圓、又謂之羊矢棗、曾子 以父嗜之、父沒之後、食必思親故、不忍食也、食之也 備旨 昔曾晳之存棗嗜羊棗而曾子於父歿之後不忍食羊棗蓋謂今雖有羊棗而親不能食矣故不忍

公孫丑ㅣ問曰膾炙與羊棗ㅣ孰美니잇고 孟子ㅣ曰膾炙哉ㄴ뎌 公孫丑ㅣ曰然則曾子는何爲食膾炙而不食羊棗ㅣ시니잇고 曰膾炙는所同也ㅣ오羊棗는所獨也ㅣ니諱名不諱姓ᄒᆞᄂᆞ니姓은所同也ㅣ오名은所獨也ㄹ새니라

公孫丑ㅣ묻ᄌᆞ와ᄀᆞᆯ오ᄃᆡ膾炙와다ᄆᆞᆺ羊棗ㅣ뉘美ᄒᆞ니잇고孟子ㅣᄀᆞᆯᄋᆞ샤ᄃᆡ膾炙ㅣㄴ뎌公孫丑ㅣᄀᆞᆯ오ᄃᆡ그러면曾子ᄂᆞᆫ엇디膾炙를食ᄒᆞ시고羊棗를食디아니ᄒᆞ시니잇고ᄀᆞᆯᄋᆞ샤ᄃᆡ膾炙ᄂᆞᆫ同ᄒᆞᆫ배오羊棗ᄂᆞᆫ獨ᄒᆞᆫ배니名을諱ᄒᆞ고姓을諱티아니ᄒᆞᄂᆞ니姓은同ᄒᆞᆫ배오名은獨ᄒᆞᆫ밴ᄡᅵ니라

●肉聶而切之、爲膾、聶之涉反詳見論語鄉黨篇膾不厭細章下 炙、之夜反 炙音隻肉也、勿軒熊氏曰須看不忍字重母沒而杯圈不能飮不忍故也○新安陳氏曰不諱姓喩食膾炙諱名喩不食羊棗 備旨 公孫丑感於其事而問曰膾炙與羊棗孰美孟子曰膾炙之味其尤美哉公孫丑曰膾炙旣美於羊棗則曾晳平日宜嗜膾炙而不專嗜羊棗也曾子旣不忍食羊棗亦宜不忍食膾炙矣然則

何爲食膾炙而不忍食羊棗哉曰膾炙衆人所同嗜也羊棗曾晳所獨嗜也同嗜者食之而無所觸獨嗜者食之而負有所傷此所以一食一不食也猶之諱親之名而不諱親之姓非重於名而輕於姓也蓋姓是一家所同名乃一人所獨故名可諱而姓不可諱也知名之諱不同於姓則羊棗之思豈可竝及於膾炙也哉若以味之美不美爲論豈知仁人孝子之用心者乎

○萬章이問曰孔子ㅣ在陳ᄒᆞ샤曰盍歸乎來오리吾黨之士ㅣ狂簡ᄒᆞ야進取호ᄃᆡ不忘其初ㅣ라ᄒᆞ시니孔子ㅣ在陳ᄒᆞ샤何思魯之狂士ㅣ시니잇고

萬章이 묻ᄌᆞ와 ᄀᆞᆯ오ᄃᆡ 孔子ㅣ 陳의 겨샤 ᄀᆞᆯᄋᆞ샤ᄃᆡ 엇디 歸ᄒᆞ야 來티아니ᄒᆞ리오 우리 黨읫 士ㅣ 狂ᄒᆞ고 簡ᄒᆞ야 進ᄒᆞ야 取호려 호ᄃᆡ 그 初ᄅᆞᆯ 닛디 몯ᄒᆞᆫ다 ᄒᆞ시니 孔子ㅣ 陳에 겨샤 엇디 魯읫 狂ᄒᆞᆫ 士ᄅᆞᆯ 思ᄒᆞ시니잇고

●盍、何不也。狂簡、謂志大而略於事、進取、謂求望高遠、不忘其初、謂不能改其舊也、此語、與論語小異。慶源輔氏曰志大謂狂畧於事謂簡如曾點甚乎三子者之撰則志大而畧於事可知直欲躐乎聖人之樂處則期望高遠可知終不肯做下學工夫後至於臨人之喪而歌不能改其舊可知狂簡二字又該括得下兩句進取即是志大不忘其初即是畧於事也【備旨】萬章問曰昔孔子周流四方在陳國之時而嘆曰盍歸乎來吾黨之士有狂簡者求望高遠知進取矣然不能忘其舊習故吾欲歸而裁之也夫士而曰狂非其志矣孔子在陳而獨思魯之狂士何故乎

孟子ㅣ曰孔子ㅣ不得中道而與之ㄴ댄必也狂獧乎ㄴ뎌狂者ᄂᆞᆫ進取오獧者ᄂᆞᆫ有所不爲也ㅣ라ᄒᆞ시니孔子ㅣ豈不欲中道哉시리오마ᄂᆞᆫ不可必得故로思其次也ㅣ시니라 獧音絹

孟子ㅣ글으샤ᄃᆡ孔子ㅣ中道ᄅᆞᆯ得ᄒᆞ야與티몯ᄒᆞᆯ딘댄반ᄃᆞ시狂이며獧인뎌狂ᄒᆞᆫ者ᄂᆞᆫ進ᄒᆞ야取ᄒᆞ려ᄒᆞ고獧ᄒᆞᆫ者ᄂᆞᆫᄒᆞ디아닐배잇다ᄒᆞ시니孔子ㅣ엇디中道ᄅᆞᆯ欲디아니시리오마ᄂᆞᆫ可히반ᄃᆞ시得디몯ᄒᆞᆯᄂᆞᆫ故로그次ᄅᆞᆯ思ᄒᆞ시니라

●不得中道、至有所不爲、據論語、亦孔子之言、然則孔子字下、當有曰字、論語、道、作行、獧、作狷、有所不爲者、知耻自好、去聲不爲不善之人也、孔子、豈不欲中道以下、孟子言也、 其次謂狂者[備旨]孟子曰欲知其思狂士之意盍觀其思狂獧之言孔子嘗曰不得中道之士而與之以傳道必也其狂獧之士乎蓋狂者志向高明而期望甚遠獧者持守堅固而有所不爲也由此言觀之孔子之意豈不欲得中道之士而敎之哉但以世無其人不可必得而斯道亦不可無傳故不得已乃思其次而及於狂也

敢問何如아ㅣ라斯可謂狂矣니잇고

敢히묻ᄌᆞ노이다엇더ᄒᆞ여아이에可히狂이라닐으리잇고

●萬章、問[備旨]萬章曰敢問當時魯國之士必何如人斯可謂之狂矣

曰如琴張曾晳牧皮者ㅣ孔子之所謂狂矣라니

글으샤ᄃᆡ琴張과曾晳과牧皮ᄀᆞᄐᆞᆫ者ㅣ孔子의닐ᄋᆞ신밧狂이니라

●琴張、名牢、字子張、子桑戶死、琴張、臨其喪而歌、事見形甸反下同莊子、莊子大宗師篇子桑戶孟子反子琴張相與爲友子桑戶死未葬孔子聞之使子貢往行事焉或編曲或鼓琴相和而歌曰嗟來桑戶乎而已反其眞而我猶爲人猗於宜反子貢趨而進曰敢問臨喪而歌禮乎二人相視而笑曰是惡音烏知禮義 雖未必盡、然、要必有近似者、曾晳、見前篇 季武子死、曾晳、倚其門而歌、事見檀弓、記檀弓下季武

子寢疾及其喪也曾點倚門而歌 又言志異乎三子者之撰、事見論語、牧皮、未詳、[備旨]孟子曰士固未可悉數也即如琴張曾晳牧皮之三子者乃孔子之所謂狂士矣在陳之思其在斯人乎

何以謂之狂也ㅣ니잇고

엇디뻐狂이라닐으ᄂᆞ니잇고

○萬章、問[備旨]萬章曰有狂之名必有狂之實敢問必何如而後可以謂之狂也

曰其志嘐嘐然曰古之人古之人이여호ᄃᆡ 夷考其行而不掩焉者也ㅣ니라 (嘐火交反 行去聲)

골ᄋᆞ샤ᄃᆡ그志ㅣ嘐嘐ᄒᆞ야골오ᄃᆡ녯사ᄅᆞᆷ이여녯사ᄅᆞᆷ이여호ᄃᆡ夷히그行을考ᄒᆞ면掩티몯ᄒᆞᄂᆞᆫ者ㅣ니라

○嘐嘐、志大言大也、重(平聲)言古之人、見其動輒稱之、不一稱而已也、夷、平也、掩、覆(敷救反)也、言平考其行、則不能覆其言也、新安陳氏曰志大言大動欲慕古狂故也平考其行行不掩言簡故也 程子、曰曾晳、言志而夫子、與之、蓋與聖人之志、同、便是堯舜氣象也、特行有不掩焉耳、此所謂狂也、雙峯饒氏曰曾晳之志固不止於如此然其不屑之於事爲其直欲徑探乎聖人之樂處則與所謂嘐嘐然曰古之人古之人之意亦不相遠而其行有不能掩其言者則又自有不可誣也故集註取程子之說以釋之夫子與之者是與其志大言大也便是堯舜氣象者是亦所謂古之人古之人之類也[備旨]孟子曰欲知狂之所以爲狂惟於其志願觀之則可見夫狂者之人其志大故其言大嘐嘐然曰古聖賢之人古聖賢之人蓋不屑以今人自居而欲以古人自期也然特其言已耳因其言而夷考其素行則志如是行未必如是而行不能掩其言者也此正所謂進取不忘其初者其狂之謂與孔子之所欲歸而裁之者正以其有此志耳

狂者를 又不可得이어든 欲得不屑不潔之士而與之ᄒᆞ시니 是ㅣ 獧也ㅣ니 是ㅣ 又其次也ㅣ니라

狂ᄒᆞᆫ者를ᄯᅩ可히得디 몯ᄒᆞ거든潔티아니타ᄒᆞ야屑티아니ᄒᆞᄂᆞᆫ士를得ᄒᆞ여與ᄒᆞ고져ᄒᆞ시니이獧이니이ᄯᅩ그次ㅣ니라

●此、因上文所引、遂解所以思得獧者之意、狂、有志者也、獧、有守者也、有志者、能進於道、有守者、不失其身、屑、潔也、朱子曰狂者知之過獧者行之過○南軒張氏曰中庸云智者過之其狂者歟賢者過之其獧者歟鄉原卽所謂小人之中庸也○慶源輔氏曰狂者是合下氣質高明便自有所見者獧者是合下氣質眞實便自有所守者狂者則於知上所得分數多獧者則於行上所得分數多聖門學者必皆中與和合德知與行並進然後爲貴所謂中道者是也此等人旣不可得故不得已而與夫狂獧也○新安陳氏曰以不善爲不潔而不屑爲之也○夫中行不可得而思及於狂旣非聖人之得己矣至狂者又不可得其何以爲情哉於是欲得不屑爲不潔之士而與之是則獧也正所謂有所不爲者也此其志不足而守有餘猶可引之進於中者是又其中行之次而孔子思及之者也夫其思狂也非與其終於狂是卽思中行之心也其思獧也非與其終於獧是卽思狂之心也聖人之爲道計者其心固若是切也在陳之嘆豈徒然哉

孔子ㅣ曰過我門而不入我室이라도 我不憾焉者ᄂᆞᆫ 其惟鄉原乎ㅣ뎌 鄉原은 德之賊也ㅣ라ᄒᆞ시니 曰何如ㅣ라아 斯可謂之鄉原矣니잇고

孔子ㅣ글ᄋᆞ샤ᄃᆡ내門에過ᄒᆞᄃᆡ내室에入디아닐ᄯᅵ라도내憾티아니ᄒᆞᄂᆞᆫ者ᄂᆞᆫ그오직鄉原인뎌鄉原은德의賊이라ᄒᆞ시니글오ᄃᆡ엇더ᄒᆞ여아이可히鄉原이라닐ᄋᆞ리잇고

●鄕原、非有識者、原、與愿同、荀子、原慤(克角反)字、皆讀作愿、謂謹愿之人也、荀子榮辱篇孝悌原慤以敦比其事業○富國篇其臣主百吏汙者皆化而脩悍者先化而原躁者先化而慤是明主之功已○正論篇上端誠則下原慤矣上公正則下易直矣 故 鄕里所謂愿人、謂之鄕原、孔子、以其似德而非德故、以爲德之賊、過門不入而不恨之、以其不見親就、爲幸、深惡(去聲)而痛絕之也、以上釋孔子語 萬章、又引孔子之言而問也、慶源輔氏曰先儒皆以原爲善不惟無所據又旣謂之善人則不應遂以爲德之賊故集註引荀子爲證以原爲愿且曰鄕人無知其所謂愿人謂之鄕原原字固淺狹又鄕人以爲愿則亦非眞愿者也(按)萬章復問曰孔子又嘗曰人情不見親近則憾易生若過我門而不入我室我全不憾焉者其惟鄕原之人乎鄕原蓋德之賊也豈以親就爲幸哉夫孔子於狂獧之士旣欲歸而裁之而於鄕原之人又如此痛絕之不知所以謂之鄕原者其實何如而孔子惡之者此也

曰何以是嘐嘐也(ᄒᆞ야) 言不顧行(ᄒᆞ며)行不顧言(이오) 則曰古之人古之人(이여ᄒᆞ며)行何爲踽踽涼涼(이리오) 生斯世也(ㅣ라)爲斯世也(ᄒᆞ야)善斯可矣(라ᄒᆞ야)閹然媚於世也者(ㅣ)是鄕原也(ㅣ니라) 行(去聲)踽(其禹反)閹(音奄)

ᄀᆞᆯᄋᆞ샤ᄃᆡ엇디뻐이리嘐嘐ᄒᆞ야言이行ᄋᆞᆯ顧티아니ᄒᆞ며行이言ᄋᆞᆯ顧타아니ᄒᆞ고곧ᄀᆞᆯ오ᄃᆡ녯사ᄅᆞᆷ이여녯사ᄅᆞᆷ이여ᄒᆞ며行ᄋᆞᆯ엇디踽踽ᄒᆞ며涼涼히ᄒᆞ리오이世예生ᄒᆞ연ᄂᆞᆫ디라이世ᄅᆞᆯ爲ᄒᆞ야善타케ᄒᆞᆷ이이可ᄒᆞ다ᄒᆞ야閹然히世예媚ᄒᆞᄂᆞᆫ者ㅣ이鄕原이니라

●踽踽、獨行不進之貌、涼涼、薄也 不見親厚於人也、鄕原、譏狂者曰何用如此嘐

嘐然、行不掩其言、而徒每事、必稱古人邪、(俗作耶) 又譏獧者曰何必如此踽踽涼涼、無所親厚哉、人旣生於此世 則但當爲此世之人、使當世之人、皆以爲善則可矣、此鄕原之志也、(以上皆釋鄕原之言) 閹、如奄人之奄、閉藏之意也、(周禮春官守祧奄八人遠廟曰祧奄如今之宦者祧他彫反) 媚、求悅於人也、孟子、言此、深自閉藏、以求親媚於世、是、鄕原之行(去聲)也、朱子曰鄕原務爲謹愿不欲忤俗以取容專務徇俗欲使人無所非刺旣不肯做狂又不肯做獧一心只要得人說好更不理會自己所見所得與夫理之是非彼狂者嘐嘐然以古人爲志雖行之未至而所知亦甚遠矣獧者便只是有志力行不爲不善二者皆能不顧流俗汙世之是非雖是不得中道却都自是爲己不爲他人鄕原反非笑之鄕原者爲他做得好使人皆稱之而不知其有無窮之禍如五代馮道者此眞鄕原也○慶源輔氏曰閹然媚於世此是鄕原之隱情匿志孟子說破其情狀 [備旨] 孟子曰欲知鄕原之爲人盍自其志行觀之乎鄕原譏狂者曰何用如此嘐嘐然言不顧行行不顧言而徒每事必稱曰古之人古之人耶又譏獧者曰何必如此踽踽然而獨涼涼然而薄擧斯世之人一無所親厚哉人旣生於斯世也則但當爲斯世之人也使人皆稱爲善人斯可矣觀其言則志可知也故言必徇時行必從俗閹然深自閉藏以求媚悅於世也者是鄕原之行也鄕原之與狂獧往往相反如此寧不爲夫子所惡乎

萬章이曰一鄕이皆稱原人焉이면無所往而不爲原人이어늘孔子ㅣ以爲德之賊은何哉잇고

萬章이골오ᄃᆡ一鄕이다原人이라稱ᄒᆞ면往ᄒᆞᆫ바애原人이되디아닐ᄃᆡ업거ᄂᆞᆯ孔子ㅣᄡᅥ德의賊이라ᄒᆞ심은엇디잇고

●原、亦謹厚之稱、而孔子、以爲德之賊故、萬章、疑之、[備旨] 萬章又問曰一鄕之人公論所出今一鄕皆稱之爲原人焉必其立身行己無所往而不爲原人矣夫謹厚似亦無害於德也孔子乃以爲德之賊何哉

曰非之無擧也오刺之無刺也야同乎流俗며合乎汙世야居之似忠信며行之似廉潔야衆皆悅之어든自以爲是而不可與入堯舜之道니故로曰德之賊也라시니라

글ᄋᆞ샤ᄃᆡ非호려ᄒᆞ여도擧홀꺼시업고刺호려ᄒᆞ여도刺홀꺼시업서流俗에同ᄒᆞ며汙世예合ᄒᆞ야居홈애忠信ᄒᆞᆫᄃᆞᆺᄒᆞ며行홈애廉潔ᄒᆞᆫᄃᆞᆺᄒᆞ야衆이다悅ᄒᆞ거든스스로뻐是호라호ᄃᆡ可히더브러堯舜의道애入디몯ᄒᆞᄂᆞ니故로글ᄋᆞ샤ᄃᆡ德의賊이라ᄒᆞ시니라

●呂侍講、曰言此等之人、欲非之、則無可擧、欲刺之、則無可刺也、流俗者、風俗頹（徒回反）靡、如水之下流、衆莫不然也、汙、濁也、非忠信而似忠信、非廉潔而似廉潔、朱子曰狂者所見過於高遠而行不到狷者能力行而見有所不逮二者皆可收拾入來至於鄉原則孟子敢斷然以爲德之賊者蓋其居之似忠信行之似廉潔衆皆悅之使其回頭來却未可知只被他自以爲是既把來做是了便休是以終身爲原人而孟子以爲德之賊也○南軒張氏曰此數句極鄉原之精狀非之無擧刺之無刺言其善自矯飾流俗能同汙世能合言其無所執守也以忠信廉潔曰似則非眞矣衆皆悅之則異乎鄉原之善者好之矣自以爲是所以卒爲鄉原而不可反也堯舜之道大中至正天理之存乎人心者也此所謂善也若鄉原所謂善斯可矣則出於一己之私竊善之似而已異端之於正道如黑與白本不足以賊德惟道之不明世俗之見易以惑溺故以爲德之賊也○慶源輔氏曰鄉原既欲人以爲謹愿故同乎流俗而不敢自異合乎汙世而不能自拔故衆皆悅之自以爲是則又迷而不知反故不可與入堯舜大中至正眞實之道也

備旨孟子曰鄉原本當非也今欲正言以非之則閉藏之周而無可擧也鄉原本當刺也今欲婉言以刺之則掩覆之密而無可刺也惟其同乎下流之俗不能以自振合乎汙濁之世不能以自振居之於心者非忠信而飾之有似乎忠信行之於身者非廉潔而矯之有似乎廉潔衆皆爲其所惑而悅

之稱之原人彼亦自以爲是而終其身不可與入堯舜中正之道是其似德而非德不但自害且以害人故曰德之賊也

孔子ㅣ曰惡似而非者하노니惡莠는恐其亂苗也ㅣ오惡佞은恐其亂義也ㅣ오惡利口는恐其亂信也ㅣ오惡鄭聲은恐其亂樂也ㅣ오惡紫는恐其亂朱也ㅣ오惡鄕原은恐其亂德也ㅣ시니라 惡去聲 莠音有

孔子ㅣ ᄀᆞᆯᄋᆞ샤ᄃᆡ ᄀᆞᆮ도ᄃᆡ 아닌 者를 惡ᄒᆞ노니 莠를 惡ᄒᆞᆷ은 그 苗를 亂ᄒᆞᆯ까 恐ᄒᆞᆷ이오 佞을 惡ᄒᆞᆷ은 그 義를 亂ᄒᆞᆯ까 恐ᄒᆞᆷ이오 利口를 惡ᄒᆞᆷ은 그 信을 亂ᄒᆞᆯ까 恐ᄒᆞᆷ이오 鄭聲을 惡ᄒᆞᆷ은 그 樂을 亂ᄒᆞᆯ까 恐ᄒᆞᆷ이오 紫를 惡ᄒᆞᆷ은 그 朱를 亂ᄒᆞᆯ까 恐ᄒᆞᆷ이오 鄕原을 惡ᄒᆞᆷ은 그 德을 亂ᄒᆞᆯ까 恐ᄒᆞᆷ이라ᄒᆞ시니라

●孟子、又引孔子之言以明之、莠、似苗之草也、佞、才智之稱、其言、似義而非義也、利口、多言而不實者也、鄭聲、淫樂也、樂、正樂也、紫、間去聲色、朱、正色也、鄕原、不狂不獧、人皆以爲善、有似乎中道、而實非也故、恐其亂德、

慶源輔氏曰佞者有口才能辯說故以爲才智之稱惟其能言則其說多似義而實不然故以爲害義巧言之人徒尙口而初無誠實故以爲害信鄕原旣譏狂者故不狂又譏獧者故不獧衆皆悅之故人皆以爲善而不可與入堯舜之道故有似乎中道而實非此聖人所以恐其亂德而深惡之據論語所載亦與此不同雖有詳略然其惡似而非之意則一也(備旨)孔子嘗言之矣曰天下有眞是者固爲盡善有眞非者亦不足惑人惟似是而非者最爲可惡惡其能亂眞耳即如莠似苗而非苗惡莠恐其亂天下之眞苗也佞似義而非義惡佞恐其亂天下之眞義也利口似信而非信惡利口恐其亂天下之眞信也鄭聲似樂而非樂惡鄭聲恐其亂天下之眞樂也紫似朱而非朱惡紫恐其亂天下之眞朱也至於鄕原不狂不獧似中道而實非中道惡鄕原恐其亂吾中行之德也此皆似是而非之可惡者吾安得不惡乎然則孔子以爲德之賊者正以其亂德之故也

君子ㅣ反經而已矣니經正則庶民이興ᄒ고庶民이興이면斯無邪慝矣리라

君子ㅣ經을反ᄒᆯᄯᄅᆞᆷ이니經이正ᄒ면庶民이興ᄒ고庶民이興ᄒ면이에邪慝이업ᄉ리라

●反、復也、經、常也、萬世不易之常道也、經只是日用常行道理 興、興起於善也、邪慝、如鄉原之屬、是也、新安陳氏曰邪慝不止是鄉原如楊墨皆是以此章言則指鄉原故云鄉原之屬 世衰道微、大經、不正故、人人得爲異說、以濟其私、而邪慝、幷起、不可勝平聲正、君子、於此、亦復其常道而已、常道既復、則民興於善、而是非明白、無所回互、雖有邪慝、不足以惑之矣、○尹氏、曰君子、取夫音扶狂狷者、蓋以狂者、志大而可與進道、狷者、有所不爲、而可與有爲也、所惡去聲於鄉原、而欲痛絕之者、爲去聲其似是而非、惑人之深也、絕之之術、無他焉、亦曰反經而已矣、問反經之說朱子曰經便是大經君臣父子夫婦兄弟朋友且先復此大經天下事未有出此五者其間却殺有曲折如大學亦先指此五者爲言使大綱既正則其他節目皆可擧若不先此大綱則其他細碎工夫如何做○問經正還只是躬行不及政事曰這箇不通分做兩件說如堯舜雖是端拱無爲只政事便就這裏做出那會恁地便了○孟子論鄉原亂德之害而卒以君子反經爲說此所謂上策莫如自治者況異端邪說日新月盛其出無窮蓋有不可勝排者惟吾學既明則彼自滅熄耳此學者所當勉而不可以外求者也○經正則庶民興蓋風化之行在上之人擧而措之而已庶民興則人人知反其本而見善明見善明則邪慝不能惑也既人不之惑則其道自然銷鑠而至於無也歐陽永叔云使王政明而禮義充雖有佛無所施於吾民矣亦此意也○慶源輔氏曰集註反經之說實辨異端息邪說之大權也○雲峯胡氏曰此章言經正而下章則以聖人相傳之說繼之不無意也 [備旨] 然鄉原之亂德由大經不正而人心之眞是未明耳君子有世道之責者亦在反經而已矣躬行以率之於上而又修明敎化以導之於下則大經旣正而風化之行庶民皆興起於善庶民興則人人知反其本而見善明雖有邪慝如鄕原之似是而非者亦不足以惑之且消鑠而至於無矣尙何邪慝之足患哉夫觀孔子之思狂獧可以見傳道之心觀孔子之惡鄕原可以見衛道之志其惓惓一念無非爲斯道計焉耳

○孟子ㅣ曰由堯舜至於湯이五百有餘歲니若禹皐陶則見而知之ᄒᆞ시고若湯則聞而知之ᄒᆞ시니라

孟子ㅣᄀᆞᆯᄋᆞ샤ᄃᆡ堯舜으로말미아마湯애至홈이五百이오ᄯᅩ餘歲니禹와皐陶ᄂᆞᆫ見ᄒᆞ야知ᄒᆞ시고湯은聞ᄒᆞ야知ᄒᆞ시니라

●趙氏、曰五百歲而聖人出、天道之常、然、亦有遲速、不能正五百年故、言有餘也、尹氏、曰知、謂知其道也、慶源輔氏曰天道固有常矣然亦不能截然整齊須有先後遲速○雲峯胡氏曰語孟末皆言堯舜以來相傳之意但論語以行言故歷述其政事之實孟子以知言故歷叙其見聞之眞堯言執中中之用也湯言降衷中之體也舜自心上發出執中之蘊而六經言心始此湯自性上推原降衷之初而六經言性始此此可見堯舜湯明道處至若見而知之言禹皐而不言稷契何也或曰擧禹皐可例其餘然考之書稷契不曰謨而禹皐獨曰謨蓋可見也況洪範九疇禹發之天叙天秩五典五禮皐發之其明道之功固不小也(衍義)孟子歷叙道統之傳而自寓任道之意也曰斯道之統必待人而後傳自精一執中發於堯舜而道統之傳始於此矣由堯舜至於湯計其時五百有餘歲堯舜之道湯承之矣湯非能親受於堯舜也當堯舜之時有若禹若有若皐陶焉親承夫精一執中之訓蓋見而知其道也若湯則聞其道而知之是湯之得統於堯舜者以禹皐陶爲之先也

由湯至於文王이五百有餘歲니若伊尹萊朱則見而知之ᄒᆞ고若文王則聞而知之ᄒᆞ시니라

湯으로말미아마文王에至홈이五百이오ᄯᅩ餘歲니伊尹과萊朱ᄂᆞᆫ見ᄒᆞ야知ᄒᆞ고文王은聞ᄒᆞ야知ᄒᆞ시니라

●趙氏、曰萊朱、湯賢臣、或曰即仲虺許偉反也、爲湯左相、去聲○雲峰胡氏曰舜言精一而後協于克一伊尹能發之堯言執中而後建中于民仲虺能發之曰勇曰智曰仁曰禮曰義中庸三達德孟子四端已散見於仲虺誥中矣吾以是知萊朱即仲虺也○論語之末言武不言文此言文不言武文王謨以明道言也武王烈以行道言也易之作也其於中古乎文王明道之功大矣○新安陳氏曰萊朱與伊尹並稱而經傳不他見仲虺作誥弘大精微仁義禮智信皆開端言之而德日新一言又首唱之湯盤銘伊尹咸有一德皆因而述之伊尹相湯虺爲左相同時他誰與之班者萊朱即仲虺也必矣

[備旨]由湯至於文王計其時亦五百有餘歲湯之道文王承之矣文王非能親受於湯也當湯之時有若伊尹焉有若萊朱焉躬逢夫聖敬日躋之隆盖見而知其道也若文王則聞其道而知之是文王之得統於湯者以伊尹萊朱爲之先也

由文王至於孔子ㅣ五百有餘歲니若太公望散宜生則見而知之ᄒᆞ고若孔子則聞而知之ᄒᆞ시니라 散素亶反

文王으로말미아마孔子에至홈이五百이오ᄯᅩ餘歲니太公望과散宜生은見ᄒᆞ야知ᄒᆞ고孔子ᄂᆞᆫ聞ᄒᆞ야知ᄒᆞ시니라

●散、氏、宜生、名、文王賢臣也、子貢、曰文武之道、未墜於地、在人、賢者、識其大者、不賢者、識其小者、莫不有文武之道焉、夫子焉不學、此所謂聞而知之也、

或曰尚父鷹揚之士也散宜生於經傳不多見亦以爲見文王之道而知之者何也雲峯胡氏曰敬勝怠義勝欲之類非太公孰發之書曰玆迪彝敎則彝倫之敎散宜生盖有助焉[備旨]由文王至於孔子計其時亦五百有餘歲文王之道孔子承之矣孔子。非能親受於文王也當文王之時有若太公望焉有若散宜生焉躬逢夫敬止緝熙之盛盖見而知其道也若孔子則聞其道而知之是孔子之得統於文王者以太公望散宜生爲之先也

由孔子而來로至於今이百有餘歲니去聖人之世ㅣ若此其未遠也ㅣ며近聖人之居ㅣ若此其甚也ㅣ로ᄃᆡ然而無有乎爾ᄒᆞ니則亦無有乎爾ㅣ로다

孔子로말미아마옴으로今에至홈이百이오또餘歲니聖人의世ㅣ去홈이이ᄀᆞᆮ티그머디아니ᄒᆞ며聖人의居ㅣ近홈이이ᄀᆞᆮ티그甚호ᄃᆡ그러나잇디아니ᄒᆞ니곧또ᄒᆞᆫ엇디아니ᄒᆞ리로다

●林氏、曰孟子、言孔子、至今時未遠、鄒魯相去、又近、然而已無有見而知之者矣、則五百餘歲之後、又豈復扶又反下同有聞而知之者乎、朱子曰由堯舜至孔子率五百餘歲而聖人一出所以異世同心歷聖同道道統緜緜相續不絶者實賴同時之見而知之者知之於先而異世之聞而知之者得以知之於後耳自孔子至今方百餘歲去孔子之時若此其未遠也孟子鄒人近孔子所居之魯又若此其甚也若使今此已無有見而知之者則如前所云五百歲之後豈復有聞而知之者乎○禹臯之徒本皆名世之士伊尹太公又湯文之師非必見其君而後知之湯文孔子又生知之聖亦非必聞前聖之道而後得之也此其曰見而知之聞而知之者蓋以同時言之則斯道之統臣當以君爲主以異世言之則斯道之傳後世當以前聖爲師學者不以辭害意可也至於章末二句則孟子之致意深矣觀其所謂然而無有乎爾則雖若託於不居而其自任之實可見觀其所謂則亦無有乎爾則雖若歎其將絶而所以啓夫萬世無窮之傳者又未嘗不在於斯也學者誠能深考其言而自得之則古人雖遠而其志意之所存者蓋無以異乎日相與言而授受於一堂之上也○雲峯胡氏曰論先後則不有見之者而孰有聞之者是則見而知之者爲先論難易則見而知之者聚精會神於一時之頃而聞而知之者心融神會於異世之遙是則聞而知之者爲難也 愚、按此言、雖若不敢自謂己得其傳、而憂後世遂失其傳、然、乃所以自見其有不得辭者、而又以見夫(音扶下同)天理民彝、不可泯滅、百世之下、必將有神會而心得之者耳、故、於篇終、歷序羣聖之統、而終之以此、所以明其傳之有在、(新安陳氏曰此申言然而無有乎爾之意孟子隱然謂道統之傳在己但其辭婉其意深非詳玩味之不能見耳)而又以俟後聖於無窮也、(新安陳氏曰申言則亦無有乎爾之意以望後世聖賢之能傳道統者此已爲程子接孟子之絕學者張本矣)其旨深哉、(雲峰胡氏曰集註神會心得四字旨深意盖爲聞而知之者言也孟子所謂見而知聞而知者知其道也知其道者知其心也時有先後之異心無先後之間萬古一理千聖一心世遠而心之神明相接迹異而心之天理相孚默而成之不言而信此其爲神會而心得之者歟)

○有宋元豊八年、河南程顥伯淳、卒、潞公文彥博、題其墓曰明道先生、而其弟頤正叔、序之曰周公沒、聖人之道、不行、孟軻、死、聖人之學、不傳、道不行、百世、(去聲)無善治、學不傳、千載、(音宰)無眞儒、無善治、士猶得以明夫善治之道、以淑諸人、以傳諸後、無眞儒、則天下、貿貿(音茂)焉、莫知所之、人欲肆而天理滅矣、(雲峯胡氏曰論語之末堯而後終之以武王孟子之末終之以孔孟道不行百世無善治武王以後事學不傳千載無眞儒孔孟以後事無善治而下又言道之不明其害有甚於道之不行者也)先生、生乎千四百年之後、(新安陳氏曰孟子沒至明道生大約年數如此)得不傳之學於遺經、以興起斯文、爲己任、辨異端、闢邪說、使聖人之道、煥然復明於世、蓋自孟子之後、一人而已、(雲峯胡氏曰朱子贊濂溪先生之言曰道喪千載聖遠言湮不有先覺孰開我人今言明道而不言濂溪者二程夫子受學於濂溪先生見而知之者也且孟子所述列聖之相傳者非徒爲其行道而言實爲其聞知見知有以明斯道而言也伊川墓述專言學不傳則道不明之害而又深言夫明道之功正與孟子之意脗合故集註述之)然、學者、於道、不知所向、則孰知斯人之爲功、不知所至、則孰知斯名(明道二字)之稱(去)情也哉聲情實也名稱其實也○慶源輔氏曰集註係以程子之說者見程子果得其傳於遺經而孟子之說至是而遂驗也○雲峯胡氏曰所向者人道之始事所至者造道之極功學者不知所向則非有志於斯道者不足以知明道不知所至則非深造乎斯道者亦不能眞知明道也趨向之正造詣之深庶乎可知明道之所以爲明道矣眞知明道則眞知堯舜以至於孔孟者矣善乎勉齋黃氏之言曰由孔子而後曾子子思繼其微至孟子而始著由孟子而後周程張子繼其絶至朱子而始著朱子出而自周以來聖賢相傳之道一旦豁然如大明中天昭晣呈露然則集註所謂百世而下必有神會而心得之者朱子亦當自見其有不得辭者矣○新安陳氏曰朱子繫以伊川此說者見得孟子之意望百世之下將有神會心得其道者而千四百年後果有如程子者出焉見孟子之言至是而果驗孟子不傳之絕學至是而果有傳也觀韓子所謂堯以是傳之舜至軻之死不得其傳焉之言見道統之傳至孟子而絶察朱子所列明道墓表之意見道統之傳旣絶而後續也孟子朱子之意章章明矣備旨由群聖相承之統而觀之必有見知者以開其先然後有聞知者以繼其後道統所以相繼而不絶也由孔子以來至於今論其世不過百有餘歲耳去聖人之世若此其未遠也非若時不相及而不得見也論其居不過鄒魯相望耳近聖人之居若此其甚也非若地不相接而不可見也宜其有得於見知者矣然而當今之世於孔子之道已無有見而知之若禹臯之於堯舜尹萊之於湯望散之於文王矣則五百餘歲之後豈復有聞而知之若湯之於堯舜文王之於湯孔子之於文王者哉斯道之傳蓋深有可憂者矣由斯言之見知孔子之道者微孟子其誰與歸

原本備旨孟子集註卷之十四終

原 本 備 旨 孟 子 集 註 (下)

初 版 發 行 ● 1983年 2月 15日
重 版 發 行 ● 2021年 3月 2日

校 閱 ● 金 赫 濟

發 行 者 ● 金 東 求

發 行 處 ● 明 文 堂(1923. 10. 1 창립)
서울시 종로구 윤보선길61(안국동)
우체국 010579-01-000682
전화 (영) 733-3039, 734-4798
(편) 733-4748
FAX 734-9209
Homepage www.myungmundang.net
E-mail mmdbook1@hanmail.net
등록 1977. 11. 19. 제1～148호

값 12,000원
ISBN 978-89-7270-983-1 93140